H. W. STOLL
MYTHOLOGIE DER GRIECHEN UND RÖMER

H. W. STOLL

Mythologie der Griechen und Römer

*Die Götter
des klassischen Alterums*

ATHENAION

© 1990 Phaidon – Akademische
Verlagsgesellschaft – Athenaion, Kettwig
Alle Rechte vorbehalten

ISBN 3-88851-135-6

Einleitung

In diesem Buche soll die *Mythologie* der Griechen und Römer dargestellt werden. Wir erklären uns zunächst dieses Wort selbst. *Mythos* bedeutete bei den Griechen ursprünglich, z. B. bei Homer, »Rede«, »Erzählung« überhaupt; später aber brauchte man das Wort besonders für Erzählungen von den Göttern und Heroen, deren Inhalt in die vor der eigentlichen Geschichte Griechenlands liegende Vorzeit fällt; *Mythologie* bedeutet die Kenntnis dieser Mythen. Nach den Persönlichkeiten des Mythos hat man in neuerer Zeit diesen wieder geschieden in *Mythos* und *Sage*, ohne daß jedoch der Unterschied immer streng festgehalten würde; für diejenigen Mythen nämlich, die wesentlich von Göttern berichten, braucht man vorzugsweise den Namen Mythos, während die Erzählungen von den Heroen gewöhnlich Sagen heißen. Die Mythologie in diesem engeren Sinne ist nahe verwandt mit *Theologie;* sie enthält Gedanken über das Wesen und die Wirksamkeit der Götter, über das Verhältnis der Götter zueinander, der Menschen zu den Göttern usw. Bei den Sagen dagegen, die von der Abstammung und den Taten der Landesheroen, von Wanderungen und Städtegründungen u. dergl. berichten, setzt man mehr einen tatsächlichen und historischen Inhalt voraus, der sich aber im Laufe der Zeit verdunkelte und durch die dichtende Phantasie vom historischen Boden weg ganz in dasselbe Gebiet wie die Göttermythen gehoben wurde.

Die Griechen kannten eine große Anzahl von Göttern. Eine solche Religion nennt man *polytheïstisch* (*polý* viel, *theós* Gott) im Gegensatz zu der christlichen *monotheïstischen* (*mónos* allein). Man hat sich nun bemüht, den Ursprung dieser vielen Götter herauszufinden. Das ist deswegen nicht leicht, weil die Griechen schon in der ältesten Zeit darüber selbst nichts wußten. Bei Homer treten die Götter auf; aber wie sie entstanden, wer sie erdacht, darüber wird selbstverständlich nichts gesagt. Es gibt aber verschiedene Hilfsmittel, die uns über den Ursprung der griechischen Religion aufklären.

Erstens muß man sich dessen bewußt sein, daß der Mensch sich seine Götter schafft. So wie er ist, so ist auch sein Gott; was er im irdischen Leben denkt und versteht, bildet auch die Grundlage für seine Ansichten von der Gottheit. Nun steht aber der Mensch früher Zeiten, in denen Staatsleben, Handel, Verkehr und Wissenschaft wenig entwickelt sind, in besonders engem Verhältnis zur *Natur;* und auf dieser Grundlage wird er sich vermutlich seine Göttervorstellungen gebildet haben. Das mannigfaltig wechselnde Leben der Natur, deren wohltätige und verderbliche Erscheinungen, Wunder und Schrecken erfüllen ihn mit Furcht und Freude, mit Staunen und Dankbarkeit und zeigen ihm zugleich seine Schwäche und Bedürftigkeit. Aber er kann sich alle diese Erscheinungen nicht erklären und sucht nun in ihnen das Wirken höherer göttlicher Mächte, die alle Veränderungen der Natur hervorbringen. Die Mannigfaltigkeit und Vielseitigkeit der Natur führte zu vielen Göttern, da der menschliche Geist noch nicht die Kraft hatte, das gesamte Naturleben, den die ganze Welt durchdringenden Naturgeist zu *einer* Persönlichkeit zusammenzufassen. So verehrte man einen Gott des Himmels, des Meeres, Götter der Flüsse und Quellen, der Sonne und des Mondes, die in dem Feuer wirkende Kraft gestaltete sich zu einem Gotte des Feuers, die lebendige schöpferische Kraft der Erde zu einer Erdgöttin usw.

Ein zweites Mittel, uns über die älteste Ansicht von den Göttern aufzuklären, ist das, daß wir uns über die eigentliche *Bedeutung* ihrer *Namen* klar zu werden suchen. Wenn wir finden, daß

6

mit *Zeus, gen. Diós*, das lateinische *sub divo*, unter freiem Himmel, zusammenhängt, so ergibt uns dies den Zeus als einen ursprünglichen Himmelsgott; die in seinem Namen ausgedrückte Eigenschaft werden wir als seine Grundeigenschaft annehmen und nun seine anderen Tätigkeiten, wie das Hüten der Eide, aus dieser abzuleiten suchen. – Dieses Verfahren gelingt aber nicht immer und namentlich nicht bei den großen Göttern. Namen wie Athena, Apollon, Artemis spotten aller Erklärungsversuche; mögen die Deutungen auch mit noch so großer Zuversicht vorgebracht werden – man liest sie oft in Handbüchern sie sind alle unsicher.

Mehr Erfolg für die Erklärung der *ältesten* griechischen Religion verspricht es, wenn wir uns bei solchen Völkern nach der Religionsübung umsehen, die heute noch auf einer recht unentwickelten Stufe stehen. Da finden wir z. B. bei vielen *Naturvölkern* den sog. Fetischdienst, der darauf beruht, daß irgend eine Pflanze, ein Tier, ein Stein zum Gotte gemacht werden kann. So sonderbar es klingen mag: auch die Griechen, die später so vollendete Götterdarstellungen schufen, haben eine für uns noch deutlich erkennbare Periode des Fetischdienstes durchgemacht. Diese liegt in ihrer Blütezeit lange vor den homerischen Gedichten, in denen schon durchaus menschliche Götter auftreten; aber die Reste des alten Dienstes bestanden noch über ein Jahrtausend weiter. Wir kennen zahlreiche Steinfetische, z. B. in Delphi, in Pessinus; der letztere wurde noch im J. 204 feierlich nach Rom geholt. In späterer Zeit konnte man sich freilich nicht mehr denken, daß man einst lediglich den Stein angebetet habe, und erfand zur Erklärung der sonderbaren Tatsache allerhand Fabeleien; aber die Tatsache bleibt bestehen. (Auch die Mohammedaner beten jetzt noch einen Stein an, die Kaaba in Mekka.) – Weiter ist bekannt, daß den griechischen Göttern Tiere heilig sind. Die spätere Zeit gab an, diese Tiere seien dem Gotte besonders lieb; aber ursprünglich waren es ebenfalls Fetische. Hier erklärt sich übrigens die Vergöttlichung schon eher als bei

7

Steinen. Das geheimnisvolle Leben in der Tierwelt, die sich so vielfach mit dem Menschen verwandt und doch wieder ihm so fremd und ungleich zeigt, die Sicherheit, Folgerichtigkeit und Unwandelbarkeit in dem Tun und Verhalten der Tiere, ihre größere Körperkraft, ihre schärferen Sinne, alles dies konnte den Menschen zu dem Glauben führen, als ob in ihnen eine göttliche Kraft verborgen wohne. Spuren solcher alter Tierfetische sind namentlich die Kulte eines Stieres. Dieser ist uns z. B. für Kreta überliefert, und die neuesten Ausgrabungen auf dieser Insel haben uns gezeigt, daß allerdings in der dortigen Religion des zweiten Jahrtausends v. Chr. G. Stierhörner eine große Rolle spielten.

Doch sind die Griechen bald über diese Stufe des Fetischismus hinausgekommen und haben sich entschieden dem Anthropomorphismus zugewendet, d. h. sie haben ihre Götter zu fester Persönlichkeit und vollkommen menschlicher Gestalt ausgedacht. Diese Menschengötter nun haben sie bald mit einer Menge von phantasievollen Sagen umgeben, die die Eigenschaften der Gottheit ausdrückten; d. h. sie schufen *Mythen*. Man begnügte sich nicht zu sagen: Dieser Gott ist so, oder jener hat jene Eigenschaft; sondern man erfand eine Geschichte, in der der Gott in seiner speziellen Eigenschaft auftrat und deutlich wurde. In dieser Form wurde das, was man sagen wollte, dem Volke viel klarer und von ihm viel schneller aufgenommen als eine dürre Darstellung von Tatsachen. Wer Kindern irgend etwas klar machen will, wird es ihnen am besten in der Form einer kleinen Geschichte erzählen. In ähnlicher Art mag sich ein einzelner einen Vorgang der Natur klar gemacht haben, und da er eine leicht faßliche Form gefunden hatte, so wurde sein Gedanke bald Gemeingut aller; vielleicht sprachen auch die Priester in dieser Weise zum Volke.

Die zuerst entstandenen Mythen, man könnte sie Urmythen nennen, waren einfach und dem kindlichen Gemüte auf der Stelle einleuchtend. Wir führen als Beispiele an: »Zeus (der

Himmelsgott) vermählt sich mit Demeter (der Erdgöttin), und ihr Kind ist Persephone (Vegetation)«, d.h. in unsere Sprache übersetzt: der Himmel befruchtet durch seine zeugerische Kraft, durch Regen und Licht, die Erde, und die Erde bringt Blumen und Kräuter hervor. Ferner: »Hades (der Unterweltsgott) raubt Persephone (Vegetation), aber nachdem diese die Hälfte des Jahres in der Unterwelt verweilt, kehrt sie zum Reiche des Lichtes zurück«, d.h. die Vegetation der Erde erstirbt im Herbste, und im Frühling kehrt sie wieder aus der Tiefe.

Im Fortschritte der Zeit haben nun solche einfache Mythen sich weiter entwickelt; überall wuchsen bei der regen Phantasie des Volkes ähnliche Mythen hervor, verbanden und ergänzten und erweiterten sich; außer den Mythen von den Göttern bildeten sich solche von den Heroen, den Repräsentanten des Volkes, die das, was das Volk von sich selbst dachte und wußte, ausdrückten; und so entstand ein großes Reich von Mythen, das die gesamte Weltanschauung des Volkes umfaßte, ein großes Gedicht, an dem die ganze Nation Jahrhunderte lang gedichtet. Nur ist daran festzuhalten, daß das Volk wenigstens zunächst diese Dichtung nicht als solche, sondern als Wahrheit empfand. Wenn heute z.B. der Dichter von dem Frühling spricht, dem schönen Knaben mit dem lächelnden Antlitze, der, von allen freudig begrüßt, ins Land gezogen kommt, um den harten Tyrannen, den Winter, zu vertreiben, daß er in die Gebirge sich flüchtet und von dort zürnend herniederschaut in die Täler, wo nun der Frühling seine Blumen streut, – wenn so der Dichter im Spiele seiner Phantasie die Natur menschlich belebt, so tut er nichts anderes, als was in uralter Zeit der mythenbildende Grieche tat; aber das ist der große Unterschied, daß wir wissen, daß diese Bilder der Phantasie nur Illusionen sind, daß aber die mythischen Schöpfungen der Griechen für sie selbst wenigstens im *Anfange* etwas *Wirkliches* waren. Später aber, nach dem Schwinden des frommen Glaubens, blieb die Mythologie der Griechen doch noch schön und voll tiefer Bedeutung; sie stammt von einem Volke von tiefsinnigem Geiste und schöpferischer Phantasie, das bei aller Lebendigkeit doch Maß und Grenze kannte und sich fern hielt von orientalischer Übertreibung, von indischer Ungeheuerlichkeit und Phantasterei.

Die *Zahl* der griechischen *Götter* mag von Anfang an nicht sehr groß gewesen sein; manche Götter sind wohl dem gesamten Volke von den ältesten Zeiten her, ehe es in Griechenland einwanderte, gemeinsam gewesen, wie Zeus. In Griechenland selbst aber, wo die Nation sich infolge der Beschaffenheit des Landes in viele einzelne Stämme zerteilte und zersplitterte, wuchs die Zahl der Götter durch verschiedene Veranlassungen. Die Eigentümlichkeit der Landschaft, in der gerade ein Teil des Volkes saß, konnte auf die Verehrung von Göttern führen, von denen man bisher nichts geahnt, oder eine solche Auffassung eines Gottes veranlassen, die von seinem bisherigen und von anderen Stämmen festgehaltenen Wesen so verschieden war, daß er für einen ganz andern Gott angesehen wurde; die Bewohner einer Gegend gaben einem Gotte, den auch andere anderswo anbeteten, einen andern Namen, die Idee *eines* Gottes spaltete sich in mehrere Götter, Namen, die nur eine Eigenschaft irgend eines Gottes bezeichneten, konnten wieder die Träger neuer Gottheiten werden usw. Wichtig ist auch, daß die Griechen bei ihrer Einwanderung in Griechenland gewiß schon Götter der alten einheimischen Bevölkerung vorfanden, die sie mit ihren eigenen verschmolzen; ferner ist es außer allem Zweifel, daß schon im 2. Jahrtausend v. Chr. ein reger Verkehr mit dem Auslande, d.i. dem Orient, stattfand, und daß von dort her die griechische Religion mannigfach beeinflußt worden ist. Auch tauschten die miteinander in Berührung kommenden Stämme des eigentlichen Griechenlands wieder ihre Götter untereinander aus, in dem natürlichen Streben, anderswo verehrte Götter auch sich zu Freunden zu machen. So entstand eine große Menge von Göttern. Dabei ist nun ein grundlegender Unterschied alter und neuer Zeit zu beobachten: es fehlt dem Griechen das *Dogma*, die allgemein gültige Grundlage für den Glauben. So große Freiheit das Christentum dem einzelnen gewährt, indem es ihm gestattet, sich so oder so zu seinem Gotte zu stellen, so gibt es doch allgemeine Glaubenssätze, die uns von Jugend auf eingeprägt und die wir zu glauben verpflichtet werden. Im Altertum aber ist lange Zeit jedem die allergrößte Freiheit gelassen worden, und so konnte es kommen, daß sich eine so ungeheure Verschiedenheit von Göttern, Göttermythen und Ansichten über die Götter bildete.

Doch darf man nun nicht denken, daß alle diese Götter zu gleicher Zeit von allen an *einem* Orte zusammen verehrt worden wären. Wie heutzutage einzelne katholische Gegenden eine besondere Vorliebe für besondere Schutzheilige haben, so bildeten sich in den einzelnen Landschaften, den verschiedenen Staaten engere Kreise von dort anerkannten Göttern, ziemlich einfache Göttersysteme, in denen das Streben nach einer gewissen Einheit nicht zu verkennen ist. Als sich dann später das griechische Volk bei wachsender Nationalbildung aus dem Zustande der Zersplitterung allmählich wieder zu größeren Einheiten zusammenschloß, entstand mit der Zeit auch in den religiösen Ansichten eine größere Übereinstimmung. Bei diesen Bewegungen haben ohne Zweifel später einzelne Priesterschaften und religiöse Institute, wie die Orakel, in älterer Zeit aber besonders die Dichter einen bedeutenden Einfluß geübt. Sie brachten die sich widerstrebenden Glieder des Göttervereins immer mehr in Übereinstimmung und stellten die Charaktere der einzelnen Götter derart fest, daß sie den Erfordernissen des Ganzen sowohl, wie dem alten örtlichen Glauben entsprachen. Das konnten sie eben, weil sie bei dem Fehlen des Dogmas für Veränderungen ganz freie Hand hatten. Auf diesem Wege ist denn endlich das *olympische Göttersystem* entstanden, an dessen Spitze Zeus steht, das Göttersystem des Homer, der ihm durch seine nationale Poesie bei dem gesamten Volke Eingang verschafft hat. Aber auch dieses System ist nun nicht dogmatisch, d.h. es brauchte nicht vom ganzen Volke angenommen und geglaubt zu werden; vielmehr blieben in dem Kultus noch immer lokale Unterschiede, indem an dem einen Orte diese, an dem andern jene Götter eine bevorzugte Verehrung genossen.

Die Religion war also beständig im Fluß und in Veränderung. Wir sahen, daß statt des Fetischismus der Anthropomorphismus durchdringt. Aber auch dieser macht mit der Entwicklung der Gläubigen seine Veränderungen durch: die *Naturgötter* werden zu sittlichen Mächten. So wie nämlich der Mensch aus dem einfachen Leben der Bauern heraustrat und sich zusammenschloß zu festen Staaten mit vollkommneren Sitten, so wie sich allmählich das Recht entwickelte und der Mensch sich überhaupt vom Naturzustande löste – so entwickeln sich auch die Götter. Sie werden aus Naturmächten zu freien sittlichen Wesen, die nun vorzugsweise im menschlichen Leben wirken. Zeus z.B., der Gott des Himmels, der seine gewaltige Macht im Gewitter offenbart und die Erde und alles, was auf Erden lebt und webt, von oben mit starkem festem Arme umschlossen hält, wird zum Herrscher der Welt, zum Könige der Menschen und Götter, der Gesetz und Ordnung handhabt, das Recht schützt, die Staaten erhält, der die Geschicke der Menschen lenkt usw. Eine ähnliche Entwicklung machen mehr oder weniger fast alle Götter durch. Dabei werden sie übrigens der Natur nicht ganz entfremdet, sondern bleiben – in verschiedenem Grade – im Zusammenhange mit ihr, doch so, daß sie nicht mehr mit ihrem Elemente behaftet sind, sondern frei über der Natur stehen als deren Herren und Lenker. Zeus ist, trotzdem daß er sich vorzugsweise dem geistigen und sittlichen Leben der Menschen zugewendet hat, noch immer der Himmelsgott, insofern er die Erscheinungen des Himmels herbeiführt, die Wolken versammelt, den Blitz schleudert und den Donner rollen läßt; aber er selbst ist als eine vollkommen ausgebildete Persönlichkeit aus seinem Naturreiche herausgetreten und schaltet mit freiem Willen in und über ihm. Manche Götter, wie die Flußgötter, die

Götter des Meeres, sind ihrem innersten Wesen nach so sehr Naturgottheiten, daß sie in steter Verbindung mit ihrem Elemente bleiben müssen, aber ihr Verhältnis zu ihm hat sich doch so gestaltet, daß die Zustände des Elements nicht mehr auch ihre eigenen Zustände sind und es ihnen möglich ist, auch dem menschlichen Leben ihre Wirksamkeit zuzuwenden.

Wir gehen nun auf diejenigen Bücher ein, denen wir unsere Kenntnis der griechischen Religion und Mythologie am meisten verdanken. An der Spitze steht *Homeros*. Die Homerischen Gedichte Ilias und Odyssee, um 800 v. Chr. G. entstanden und dem Homer als *einem* Verfasser zugeschrieben, behandeln einen Teil des großen troianischen Sagenkreises und führen damit großartige Bilder alter Zeit vor in einer solchen Vollständigkeit und Allseitigkeit, daß die kriegerischen und friedlichen Zustände vom Ende des 2. Jahrtausends v. Chr. G. und die Weltanschauung der Zeit um 800 uns deutlich vor Augen liegen. Von besonderer Wichtigkeit ist Homer für die Religion und Mythologie seines Volkes. Die religiösen Vorstellungen, wie wir sie bei ihm ausgeprägt finden, sind in den folgenden Jahrhunderten des echtgriechischen Lebens im allgemeinen und wesentlichen herrschend geblieben. Darum sagt der Geschichtsschreiber Herodot mit einigem Rechte, Homer (und Hesiod) hätten den Griechen ihre Götter gemacht, ihre Abstammung und ihr Wesen bestimmt; nur darf man die Sache nicht so auffassen, als habe Homer – von diesem sprechen wir vorerst – bei Abfassung seiner Werke religiöse Zwecke verfolgt, als habe er für sein Volk eine besondere Glaubenslehre zusammenstellen wollen; auch kann man nicht ganz mit Recht Homers Werke »die Bibel der Griechen« nennen, da eben an ihre Ansichten niemand gebunden war. Ilias und Odyssee waren beliebte Gedichte, und die in ihnen niedergelegten Vorstellungen von den Göttern nahm das Volk unwillkürlich in sich auf.

Nach den Anschauungen der Homerischen Zeit nun sind die Götter in leiblicher wie geistiger Hinsicht nach dem Bilde der

Menschen geschaffen, sie wandeln wie Menschen unter diesen. Da aber der Gott als ein höheres Wesen über die gewöhnlichen Schranken, in denen der Mensch gebunden ist, erhaben sein muß, so bemüht sich der Mensch, seine Götter alles Irdischen zu entkleiden, sie über die Mängel dieser Zeitlichkeit hinauszuheben und für sie alles Hohe und Heilige in Anspruch zu nehmen. Nun sind aber die Götter einmal mit menschlichem Kleide umgeben und in die irdischen Formen hineingezogen; so vermag sie der Dichter in dieser erhabenen Höhe nicht zu erhalten, er muß sie überall eben menschlich fühlen und denken und handeln und in menschlich beschränkten Verhältnissen sich bewegen lassen. Daher stoßen wir überall bei jenen Ansichten von den Göttern auf Widersprüche, die uns, wenn wir ruhig und besonnen das einzelne nebeneinander stellen und vergleichen, leicht ins Auge fallen; den Griechen aber werden sie so bald nicht zum Bewußtsein gekommen sein. Man denke daran, wie wenige unter den Christen an dem rächenden und zürnenden Gotte des Alten Testaments Anstoß nehmen und sich klar darüber werden, daß Rache und Zorn, rein menschliche Eigenschaften, mit dem Gotte des Neuen Testaments nicht vereinbar sind.

Die Götter haben einen Körper wie die Menschen, der auch verletzt und verwundet werden kann; er übersteigt das Maß der menschlichen Größe nicht auffallend und braucht Trank, Speise und Schlaf. Da die Götter einen Körper haben, so können sie natürlich auf einmal nur an *einer* Stelle sein; sie sind nicht allgegenwärtig oder, wie man sich ausdrückt, sie sind an den Raum gebunden. Aber diese Schranke suchte man zum Teil wieder dadurch aufzuheben, daß man den Göttern stärkere Sinne gab, daß sie aus weiter Ferne sehen und hören und unermessene Räume in der kürzesten Zeit durchschreiten können. »Die Götter wissen alles«, »die Götter können alles«, ist ein häufiger Ausspruch bei Homer und bei Späteren, aber trotzdem kommt ihnen in der Wirklichkeit weder Allmacht noch Allwissenheit zu. Selbst Zeus, der mächtigste und weiseste von allen, vor dessen Geiste Gegenwart und Vergangenheit und Zukunft offen liegt, kann hintergangen und getäuscht werden und ist in seiner Macht doch vielfach beschränkt. Im allgemeinen ist den Göttern nur eine *höhere* Macht (aber nicht *Allmacht*) zugestanden, vermöge deren sie ohne große Mühe in die Gesetze und den Gang der Natur und des menschlichen Geschickes eingreifen können. Auch den höchsten Forderungen der Sittlichkeit entsprechen die Götter nicht in vollem Maße; sie sind oft neidisch und zornig und hartherzig, sie versuchen und verführen die schwachen Menschen. Häufig werden sie die »seligen« Götter genannt, und gerade dieses ewig heitere und sorgenlose Leben scheint eine charakteristische Eigenschaft von ihnen zu sein gegenüber dem mühebeladenen unseligen Menschengeschlechte; und doch werden auch die seligen Götter heimgesucht von Angst und Not, von Sorge, Verdruß und Schmerz. So legte also der menschliche Geist den Göttern, wenn er sie an und für sich betrachtete, die höchsten göttlichen Eigenschaften bei, Allmacht und Allwissenheit, Gerechtigkeit und Heiligkeit und Seligkeit; wenn er sie aber in menschlicher Weise handeln ließ, wie dies namentlich in den Gedichten und Erzählungen der Fall sein muß, dann vermochten sie sich nicht in ihrer Höhe und himmlischen Reinheit zu erhalten, sie verfielen in die Schwächen und Mängel und Beschränktheiten irdischen Lebens.

Durch *eine* Eigenschaft aber sind die Götter wesentlich von den Menschen verschieden, die Unsterblichkeit; durch sie wird der Gott erst eigentlich ein Gott und über das Zeitliche und Irdische hinausgehoben. Aber auch hier schleichen sich wieder irdische Vorstellungen ein; die Götter nämlich erhalten sich ihre Unsterblichkeit und ewige Jugendfrische nur durch steten Genuß von *Nektar* und *Ambrosia*, »Trank und Speise der Unsterblichkeit«. Beide erzeugen in dem Leibe die Grundlage ewiger Existenz, das Götterblut, *Ichor* genannt; selbst Menschen

15

erhalten, wenn ihnen Nektar und Ambrosia zu stetem Genusse geboten wird, dadurch ein unsterbliches Leben.

Auffällig ist nun, daß sich die Homerischen Götter nicht so in ein System vereinigen lassen, daß es etwa einen Gott des Krieges, einen der Seefahrt, einen der Herden usw. gäbe. Vielmehr finden wir auf manchen Gebieten gar verschiedenartige Götter nebeneinander tätig; kriegerische Gottheiten und Siegverleiher sind z. B. Ares, Athena, Apollon, Zeus; die Herden stehen unter der Obhut des Hermes, des Apollon, der Nymphen usw. Günstige Schiffahrt geben Poseidon, die Nereïden und andere Seegottheiten, aber auch Zeus, Artemis, Aphrodite. Das Leben der Vegetation ist abhängig von der Wirksamkeit der Demeter, des Pluton, des Zeus, Hermes, Dionysos, auch der Athena, Aphrodite, ferner wieder der Nymphen, der Flußgötter und mancher anderen Götter untergeordneter Art. Diese große Verschiedenheit kommt daher, daß die Götter in verschiedenen Landschaften unabhängig voneinander entstanden sind und also, als man sie zu einem einheitlichen System vereinigen wollte, nun nicht zueinander paßten. Dazu kommt noch, daß der Dichter die Götter als frei handelnde Wesen hinstellt, die auch solche Handlungen vornehmen können, die ursprünglich nicht aus dem Kern ihres Wesens entspringen. Er ist gar nicht gezwungen, den einen Gott sich immer nur auf *einem* Gebiete betätigen zu lassen.

Die Götter sind sehr verschieden an Bedeutung, aber auch an Rang und Macht. Die oberen Götter sind wohl diejenigen, die den ausgebreitetsten Kultus genossen; ihnen schließen sich untergeordnete Wesen an, die durch Verwandtschaft mit ihnen verbunden oder ihnen dienstbar gedacht werden und sie in mancher Beziehung ergänzen. Diese sind zum Teil bloße poetische Schöpfungen ohne Kult. Der Kultus nämlich, die Verehrung ist für die Existenz der alten Götter durchaus wichtig. Namentlich für den protestantischen Christen muß diese Eigentümlichkeit der antiken Religion betont werden: der *Glaube* allein genügt noch nicht für das Dasein eines Gottes; der *Kult* erst gibt ihm seine Existenz, und ohne diesen führt er nur ein Scheinleben.

Neben Homer nennt Herodot in der oben erwähnten Stelle den *Hesiodos*, einen boiotischen Sänger, der ungefähr hundert Jahre nach Homer gelebt haben soll, als denjenigen Dichter, der den Griechen die Abstammung und das Wesen ihrer Götter festgestellt habe. Diese Worte des Herodot beziehen sich auf die »Theogonie«, ein Gedicht, das man dem Hesiod – mit Recht oder mit Unrecht – zuschreibt; die Zeit ihrer Abfassung (oder Zusammenstellung aus verschiedenen Teilen älterer Gedichte) mag um 600 fallen. Während Homer ein weltlicher Dichter ist, in dessen Gedichten aber die religiösen und mythologischen Vorstellungen seiner Zeit klar vorliegen, ist dagegen die Theogonie des Hesiod rein religiöser Art. Sie zeigt, wie das jetzt herrschende Göttergeschlecht, die Götter des Kultus, durch Zeugung und Umwälzungen aus einem früheren, dem der Titanen, und wie diese aus dem Urwesen der Natur hervorgegangen sind (s. den folgenden Abschnitt).

Homer und Hesiod sind in Religion und Mythologie für uns die ältesten literarischen Quellen; sie waren es auch für die Griechen und bildeten die Grundlage ihrer religiösen und mythologischen Anschauungen in den folgenden Jahrhunderten. Aber auch noch später, in der Blütezeit hellenischen Lebens, hat das Wirken erleuchteter Geister, wie namentlich der Dichter, noch nach mancher Seite hin einen Fortschritt zu reineren, würdigeren und erhabeneren Vorstellungen von den Göttern zuwege gebracht, wie auch die bildende Kunst die Götterideale durch die vollendetste körperliche Darstellung dem Volke klar vor Augen führte.

Von Dichtungen und Dichtern, die für die Mythologie und Religion wichtig sind, werden im folgenden häufig genannt werden zunächst die sogenannten *Homerischen Hymnen*, die erst nach Homer zu sehr verschiedenen Zeiten gedichtet worden sind. Sie wurden von Rhapsoden (epischen Sängern) ihren größeren poetischen Vorträgen oder Rhapsodenkämpfen als Einleitung vorausgeschickt und behandeln zum Teil lokale Mythen von den Göttern, bei deren Festen jene Sänger auftraten, mit großer Anmut in einfacher altepischer Weise. Ferner kommen für uns wesentlich in Betracht noch *Pindaros* und die Dichter der attischen Tragödie, *Aischylos* (gestorben 456 v. Chr.), *Sophokles* (gestorben 406) und *Euripides* (gestorben 406). Pindar (gestorben 442), der größte lyrische Dichter der Griechen, hat in seinen Siegesliedern auf die Wettkämpfer in den Nationalspielen zu Olympia, Delphi usw. fast durchgängig Mythen angewendet, um in ihnen die Ideen, die er für die Gegenwart aussprechen will, widerzuspiegeln und deren Wahrheit gewissermaßen durch Beispiele zu beweisen. Durch diese besonderen Zwecke ist auch seine Behandlung der Mythen bedingt; er hebt einzelne Teile eines Mythos hervor, während er andere fortläßt oder beschränkt. Auch ändert er oft an dem Überlieferten oder wendet eine eigentümliche Erklärung an, nicht weil er an dem Mythos im allgemeinen zweifelt, sondern weil dies oder jenes mit der Sittlichkeit oder der Erhabenheit und Würde der Götter und Heroen im Widerspruch zu stehen scheint. Da muß, glaubt er, Unverstand oder böser Wille der Erzähler den Tatbestand entstellt haben. Auch die Tragiker behandeln den Mythos in freierer Weise. Sie wählen und verändern ihn nach ihren besonderen teils äußerlichen teils poetischen Motiven, runden den Stoff ab, heben die tragischen Momente hervor usw. Dies alles geschieht bei Aischylos und Sophokles noch immer mit frommem Glauben an die Wahrheit des Mythos, weshalb sie die Überlieferung im ganzen treu zu bewahren suchen; Euripides dagegen, der mit seiner ganzen Bildung schon in den Zeiten der religiösen Aufklärung steht und einem schwankenden Philosophieren verfallen ist, verdreht und entstellt oft den Mythos durch kühne Neuerungen und Deutungen. Die spätern griechischen (alexandrinischen) und mit ihnen zusammenhän-

18

gend die römischen Dichter, die sich ganz mit der griechischen Bildung erfüllt haben, behandeln mythologische Dinge noch immer mit Vorliebe; denn wenn auch der religiöse Glaube in jenen Zeiten meistenteils verschwunden ist, so bleiben die Mythen doch wegen der ihnen innewohnenden Poesie für den Dichter stets ein willkommener Gegenstand. Von besonderem Interesse ist für uns aus dieser Zeit der römische Dichter *Ovidius*, ein Zeitgenosse des Kaisers Augustus, der in seinen »Metamorphosen«, d. i. Verwandlungen, eine große Zahl von Verwandlungsmythen mit ausgezeichnetem poetischen Geschick aufs anmutigste erzählt.

Die Mythen, die die Poesie behandelt hat, sind nur ein kleiner Teil des reichen Mythenschatzes des griechischen Volkes; denn diese Schöpfungen einer religiösen Phantasie wuchsen allerorten auf, auch noch in nachhomerischer Zeit, zahlreich wie die Blumen des Feldes. Diejenigen, welche in den Garten der Poesie verpflanzt und von der Hand der Dichter gepflegt worden sind, sind ein Gemeinbesitz des gesamten Volkes, ja heute der gesamten Kulturwelt geworden. Daß die an den verschiedensten Orten entstandenen Mythen vielfach nicht miteinander übereinstimmen, ja oft ganz Widersprechendes enthalten, ist natürlich; ferner ist aus dem bisher Gesagten leicht zu ersehen, daß ein und derselbe Mythos zu verschiedenen Zeiten verschiedene Bedeutung gehabt haben und also oft von verschiedenem Standpunkte aus erklärt werden und in sehr voneinander abweichenden Formen erzählt sein kann. Als Gebilde der Phantasie darf der Mythos fordern, nicht nur nach den Gesetzen des Verstandes beurteilt zu werden.

Die Griechen haben viele Jahrhunderte lang ihre Götter mit großer Frömmigkeit verehrt als die Wesen, auf deren wohltätigem Walten ihr ganzes Dasein beruhte. Doch mit der Zeit begann der grübelnde Verstand die bestehenden religiösen Anschauungen zu bezweifeln und zu zersetzen; bei den Gebildeten des Volks trat dies schon sehr früh ein. Zuerst erwies sich die um 600 v. Chr. in den griechischen Kolonien erwachte *Philosophie*, nachdem sie eine Zeitlang die Religion noch ruhig beiseite gelassen hatte, als Feindin des alten Volksglaubens, teils durch freigeistigen Zweifel und Spott, teils durch allegorische Deutungen. Im Vaterlande blieb die Religion länger ungefährdet. Während der Perserkriege und der nächsten Zeit der nationalen Erhebung der griechischen Staaten standen überall noch die Götter in hohem Ansehen; denn sie hatten ja, das war allgemeiner Glaube, ihrem Volke den rühmlichen Kampf gegen die asiatischen Barbaren durchkämpfen helfen und dem Lande, wo ihre Tempel und Altäre standen, die Freiheit gerettet. In der Folgezeit führte der peloponnesische Krieg einen allgemeinen sittlichen Verfall des griechischen Volkes herbei, und zugleich verbreitete sich die allgemeine Bildung. Damit drangen die Zweifel der Philosophie und eine alles Hohe und Wunderbare leugnende *Aufklärung* allmählich in das Volk ein; man suchte nachzuweisen, daß die gesamte Religion nur eine künstliche Erfindung sei, die Götter erklärte man für Menschen, denen nach ihrem Tode für ihre Großtaten und ihre Verdienste göttliche Verehrung zu teil geworden sei, und die Mythen von ihnen waren dann gewöhnliche prosaische Geschichte. Man nennt diese Auffassungsweise Pragmatismus oder, nach dem kurze Zeit nach Alexander d. Gr. lebenden Schriftsteller *Euhemeros*, der in dieser Art der Erklärung am weitesten gegangen ist, Euhemerismus.

Ungefähr zugleich mit dem Erwachen der Philosophie aber machte sich allmählich auch eine mystische, der Philosophie entgegenstehende Richtung unter dem griechischen Volke geltend. Diese wurde genährt und verbreitet durch die *Orphiker*, eine von dem alten priesterlichen Sänger Orpheus sich herleitende religiöse Sekte. Die Orphiker huldigten besonders dem aus der Fremde stammenden orgiastischen Dionysosdienste, wie überhaupt dem das *Gefühl* erregenden Kultus der chthonischen (unterirdischen) Götter; sie brachten damit neue religiöse Ideen auf, die das Gemüt mehr ansprachen und beschäftigten und den Wünschen und Bedürfnissen des Herzens mehr entgegenkamen als die Gedanken der bisherigen Religion, nämlich die Idee der Unsterblichkeit und einer Vergeltung nach dem Tode. Durch sie wurden die *Mysterien* zur Blüte gebracht, Geheimkulte, die sich von den gewöhnlichen Gottesdiensten durch geheimnisvolle, verborgene rituelle Gebräuche, durch eine enthusiastische Gemütsstimmung und eine besondere, nur von ihnen erwartete religiöse Weihe und Erbauung unterschieden. Die Entstehung des Dienstes als *Geheim*dienst ist vielleicht so zu erklären, daß ein Dienst von Daimonen oder geheimnisvollen chthonischen Gottheiten seit uralter Zeit bestanden hatte, aber durch die Verehrung der neuen, anthropomorphen, sittlichen Gottheiten verdrängt worden war und nun im geheimen gepflegt werden mußte. Als nun aber mit dem Fortschritte der Zeit die herrschende Religion mit ihren allzusehr vermenschlichten Göttern dem tieferen religiösen Bedürfnisse nicht mehr völlig zu entsprechen vermochte, suchte man sein Heil in jener zurückgedrängten Seite der Religion, in den mystischen Kulten der chthonischen und mehr mit der Natur zusammenhängenden Götter; in den Vorstellungen vom Wachsen und Welken der Pflanzenwelt, von dem Leben und Sterben der Natur sah die ahnende Seele ihre eigene Geschichte, die Ideen von dem Wechsel des Lebens und des Todes geheimnisvoll angedeutet. Diese Ideen erhielten durch die genannten Orphiker, die sich in den Mysterien Eingang verschafften, neue Nahrung, und ein großer Teil des Volkes fand wenigstens in denjenigen Mysterien, die den griechischen Charakter ziemlich rein erhielten, wie die zu Eleusis, noch lange Zeit religiöse Befriedigung. Aber die Orphiker haben doch dadurch, daß sie den alten Göttern neue Vorstellungen unterlegten und die hergebrachten mythischen Bilder in willkürlicher und phantastischer Weise zur Darstellung ihrer Ideen mißbrauchten, daß sie fremdländische Götter und Götterkulte aus Thrakien, Kleinasien, Ägypten einführten und mit den heimischen vermengten (Synkretismus), sehr zerstörend und zersetzend auf die griechische Religion und Mythologie eingewirkt und einem wüsten Aberglauben Vorschub geleistet, wie die Philosophie dem Unglauben.

So schwindet der alte fromme Glaube immer mehr. Schon im 4. Jahrhundert v. Chr. sehen wir in der bildenden Kunst eine neue Auffassung der Götter: die großen Künstler des 5. Jahrhunderts schaffen noch Tempelbilder, die den Gott eben als Gott darstellen, wie er den betenden Menschen huldvoll anblickt – so Pheidias –; das 4. Jahrhundert aber stellt die Götter in menschlichen Handlungen dar: die Eirene mit dem Plutoskinde als Mutter, die ihr Knäblein liebkost, den Hermes, der mit dem Brüderchen scherzt, den Apollon, der sich als Knabe mit Eidechsenjagd ergötzt usw. – So müssen wir schließlich annehmen, daß die antike Religion zwar noch beim *Volke* erhalten blieb, ein Trost der Mühseligen und Beladenen, die sich in der Not des Lebens an die Götter wandten; die *Gebildeten* aber suchten die Religion durch Philosophie zu ersetzen und glaubten sicher nicht an die alten Sagen, sondern lasen und erzählten sie nur in der Freude über ihren poetischen Inhalt oder mit gelehrtem Interesse. Wenn trotzdem bis in die späte Zeit des Altertums den Göttern prächtige Tempel erbaut und die alten weiter erhalten wurden, so ist dies nicht ein Beweis frommen Glaubens; vielmehr sucht entweder der einzelne reiche Privatmann mit Prunkbauten zu glänzen, oder der Staat hält, so sicher unter Kaiser Augustus, künstlich die alte Religion aufrecht als ein Mittel, die Moral der Masse zu beeinflussen. Aus diesem Verfall und Halbleben der Religion erklärt es sich denn auch, wie in der Kaiserzeit der aus dem fernen Persien eingewanderte Mithradienst, wie neben ihm das Christentum, das doch dem gebildeten Römer und Griechen zunächst nur als eine religiöse Schwärmerei eines verachteten Volkes in einem Winkel des großen *imperium* erscheinen mußte, sich so überraschend schnell und siegreich verbreiten konnte.

Die Religion der Römer war mit der der Griechen ursprünglich verwandt; denn die Bewohner der griechischen und der italischen Halbinsel sind aus einem und demselben Urvolke, dem indoeuropäischen, herausgewachsen, und daher sind auch die Grundlagen ihrer Religionen dieselben gewesen. Aber während im Laufe der Zeit der lebendige Geist und die schöpferische Phantasie des Griechen die Götter zu klaren lebensvollen Gestalten ausbildete und ihr Wesen in tausendfachen Mythen darstellte, hat der ernstere, weniger poetische Sinn der italischen Völkerschaften sich mehr der äußeren praktischen Seite der Religion, dem Zeremoniellen des Kultus zugewendet. Wir suchen daher bei den Römern vergebens die schönen poesiereichen Mythen der Griechen, in denen die Götter freundlich nah mit den Menschen verkehren; ihre Götter sind ernst und kalt und werden mit tiefer Scheu und der ängstlichsten Gewissenhaftigkeit verehrt. Darum werden sie aber auch nicht so wie die griechischen Götter in die Schwächen und Beschränktheiten des menschlichen Daseins herabgezogen; selbst die verwandtschaftliche Verbindung einzelner Gottheiten durch Ehe und Erzeugung scheint meist erst durch den Einfluß der griechischen Mythologie auf sie übertragen worden zu sein.

Die Götter der Römer, die mit den ersten Gründern aus den Landschaften Latiums in die neue Stadt einzogen, waren zum Teil alte ländliche Gottheiten der Natur, Götter des Feldes und des Waldes, unter deren segnender Obhut die Herden und die Feldfrüchte gediehen, wie Faunus, Saturnus, Vertumnus u. a., zum Teil Götter des Hauses und der Familie, wie die Laren und Penaten. Diese Götter einfacher Ländlichkeit und Häuslichkeit ehrten die Römer auch in den folgenden Jahrhunderten, als sie ihre Herrschaft weit über die Grenzen Latiums ausgedehnt hatten, noch immer durch altertümliche Feste und gewissenhaften Kultus. Den ersten Rang in der römischen Staatsreligion aber behaupteten die angeblich von dem Könige Numa eingesetzten, staatsschirmenden Gottheiten. An deren Spitze steht *Juppiter,* der Gründer und Erhalter des römischen Staates; mit ihm treten *Mars*, der als Vater des Romulus für den Vater des ganzen römischen Volkes galt, und *Quirinus*, der vergötterte Romulus, zu einem Vereine von kriegerischen Schutzgöttern zusammen. Einen zweiten staatsschirmenden Dreiverein – friedlichen Charakters – bildete Juppiter mit *Juno* und *Minerva*. Dazu trat dann noch *Vesta*, die Göttin des Herdes, der Grundlage des Staates. Außer diesen Göttern der Natur, des Hauses und des Staates verehrten die Römer noch eine große Anzahl von abstrakten, meist sittlichen Begriffen, denen sie in verstandesmäßiger Weise göttliche Wesenheit unterlegten und Tempel und Altäre weihten, wie der Treue *(Fides)*, der Tapferkeit *(Virtus)*, der Ehre *(Honor)* usw. Sie gingen in dieser Vergöttlichung von Abstraktionen so weit, daß sie selbst die gewöhnlichsten Eigenschaften und Verhältnisse vergötterten, wie die Kinderlosigkeit, die Ermüdung usw.

So lange die nationale Bildung der Römer sich rein erhielt, blieb auch ihrer Religion der echtrömische Charakter, obgleich schon ziemlich früh, besonders durch die Berührung mit den Griechen in Unteritalien, die Verehrung griechischer Götter in Rom eindrang; der Staat aber suchte die fremden Kulte in einer gewissen Abgeschiedenheit von der hergebrachten, ein festes Ganzes bildenden Staatsreligion zu erhalten und wachte mit Sorgfalt darüber, daß diese ihre nationale Reinheit bewahrte. Seit dem zweiten punischen Kriege aber, als in auffallend kurzer Zeit der Geist der griechischen Bildung in Rom einzog, fand eine vollständige Mischung der griechischen und römischen Religion statt, und zwar so, daß allmählich die griechischen Vorstellungen bei weitem das Übergewicht erhielten und nur die römischen Namen der Götter und der vom Staate in seiner Einrichtung geschützte alte Kultus bestehen blieben. Die römischen Dichter, die mit ihrer Bildung ganz in Griechenland wurzeln, haben auch in bezug auf Religion und Mythologie völlig griechisches Gepräge und bestreben sich, die poesiereichen Mythen der Götter des Olympos nach Rom hinüber zu tragen. Die Verschmelzung der beiden Religionen konnte um so schneller und leichter vor sich gehen, da sich in beiden viele Götter fanden, die ein ursprünglich gleiches oder ähnliches Wesen hatten, wie Zeus und Juppiter, Hera und Juno, Ares und Mars, Hestia und Vesta. Wenn andere sich durch die Übereinstimmung irgend einer Seite ihres Wesens zusammenfanden, so übertrug man gewöhnlich die ausgebildetere und ausgedehntere Bedeutung der griechischen Gottheit ganz auf die römische. Übrigens blieben doch einige römische Götter übrig, die unter den griechischen kein entsprechendes Wesen fanden, wie Janus; bei diesen erhielten sich die echtrömischen Vorstellungen. – –

Wir schließen diese Einleitung mit der Warnung vor einem Fehler, den man auch bei Gebildeten nicht selten findet, und der darin besteht, das Altertum als ein festes, geschlossenes Ganzes zu nehmen. Deutlicher ausgedrückt, man hört so oft sagen: Die Alten glaubten... oder: bei den Alten war es Sitte..., und damit wird etwas für das Altertum allgemein Gültiges behauptet. So richtig das manchmal sein mag, aus dem oben Gesagten geht klar hervor, daß die Anschauungen der Alten auf religiösem Gebiet (und so auf allen anderen) sich im Laufe der Zeit unendlich geändert haben. Wie könnte es auch anders sein, da sich das griechische Altertum, soweit es für uns kenntlich ist, von etwa 1500 v. Chr. bis weit in die christliche Zeit hinein erstreckt? Man überlege, welche Wandlungen in Deutschland im Laufe von 2000 Jahren vor sich gegangen sind, und wie ganz lächerlich es wäre, beispielsweise zu sagen: Die Krieger der Deutschen schmückten sich mit Stierhörnern; man nannte sie Landsknechte; ihre Anführer hießen Leutnants, Majore und Generale. Ebenso hüte man sich also, »das Altertum« als *eine* Periode der Geschichte zu fassen, sondern halte sich stets gegenwärtig, daß es auch für die antike Kultur ein Altertum, ein Mittelalter und eine Neuzeit gab, und daß das, was für die eine dieser Epochen gilt, in der nächsten wahrscheinlich nicht mehr richtig ist.

So würde es auch für die unten folgende Darstellung der einzelnen Götter das einzig richtige gewesen sein, wenn wir jedes Kapitel in zeitliche Abschnitte zerlegt und die Ansichten über jeden einzelnen Gott nicht so dargestellt hätten, wie sie *waren*, sondern wie sie sich *wandelten*. Das ist aber aus praktischen Gründen mannigfacher Art nicht möglich gewesen. Es mußte genügen, alte Anschauungen nur anzudeuten und im wesentlichen die darzustellen, die uns in der Blütezeit hellenischen Lebens und in den Hauptwerken der Dichtung und bildenden Kunst entgegentreten. So heißen also die oben getadelten, sich aber in diesem Buche trotzdem oft findenden Worte: »die Alten glaubten...« hier nicht, daß die Griechen irgend etwas nun immer und überall geglaubt hätten, sondern daß dies oder jenes im wesentlichen Gegensatze zu unseren Ansichten für längere Zeit des Altertums Geltung hatte.

Kosmogonie und Theogonie

Das Christentum antwortet auf die Frage: Wie ist die Welt
entstanden? noch heute so, wie die Juden vor Tausenden von
Jahren und vielleicht noch länger vor ihnen die Babylonier es
taten: Sie ist von Gott erschaffen; Gott aber ist von niemand
erschaffen, er ist ewig. Ein andere Antwort auf die schwierige
Frage haben die Griechen gefunden.

Nach ihrer Vorstellung sind die Götter nicht von Ewigkeit
her, noch haben sie die Welt erschaffen. Diese ist nun allerdings
auch nicht ewig, sondern entstanden, ebenso wie nach jüdi-
scher Vorstellung. Aber wer sie geschaffen, diese Frage versuchten die Griechen nicht zu beantworten. Sie gaben sich mit der
Tatsache zufrieden, daß sie eben entstanden und nun da sei.
Der Urgrund, dem sie ihr Dasein verdankt, blieb dunkel und
unbestimmbar.

Aus demselben dunkeln Urgrunde gehen nun – hierin weichen also die Griechen von unserer, d. i. der jüdischen Ansicht
ab – auch die Götter hervor, und zwar treten in einer langen
Reihe von Zeugungen und Geburten immer höhere, geistigere
Wesen ans Licht.

Die schwierigen Fragen, die wir hier nach alter Anschauung
kurz beantwortet haben, nennt man die über *Kosmogonie* (Welt-
entstehung) und *Theogonie* (Göttererzeugung). Sie haben die
Griechen schon sehr früh beschäftigt und sind von ihnen in sehr
verschiedener Weise beantwortet worden. Das von den Griechen am meisten anerkannte System ist in *Hesiods Theogonie*
dargelegt; seine Hauptumrisse sind folgende:

27

Im Anfange gab es zunächst einmal gar nichts. Dann *ward* – wie, woraus, warum, wird nicht gesagt – das *Chaos,* d. h. der »gähnende« Abgrund; es ist dies nicht eine verworrene Masse verschiedenartiger Elemente, sondern nur der dunkele lebendige Urquell alles Lebens in der Welt. Weiter entstehen dann zunächst *Gaia,* die breitbrüstige Erde, der finstere *Tartaros,* ein öder, wüster Abgrund in der Tiefe, und *Eros,* die Macht der Liebe. Kinder des Chaos sind dann *Erebos* und *Nyx,* Urfinsternis und Nacht, aus denen *Aither* und *Hemera,* Urlicht und Tag, hervorgehen. Auch die Griechen nahmen also an, daß das Licht erst später entstanden sei;

Nach dem Lichte werden Himmel *(Uranos),* Gebirge und das Meer *(Pontos)* geschaffen; d. h. Gaia gebiert sie. Diese drei haben keinen Vater. Später vermählt sich Gaia mit ihrem Sohne Uranos, und dieser Ehe entsprossen zahlreiche Kinder, mit deren Geburt nun die eigentliche Theogonie anhebt; denn die Entstehung der früheren Wesen gehört zur Kosmogonie. Die Kinder der Ehe zwischen Uranos und Gaia sind bei Hesiod zunächst die zwölf *Titanen, je sechs männliche und weibliche:*

Okeanos,	*Theia,*
Koios,	*Rheia,*
Krios,	*Mnemosyne,*
Hyperion,	*Phoibe,*
Japetos,	*Tethys,*
Kronos;	

dann die drei *Kyklopen* und die drei *Hekatoncheiren.*

Alle diese Kinder der Erde sind riesige Wesen von furchtbarer Kraft. Die übergewaltigen *Kyklopen,* d. i. Rundaugen, mit *einem* großen runden Auge mitten auf der Stirn, »die dem Zeus den Blitz machten und den Donner gaben«, bezeichnen die in dem Gewitter hervortretende Sturmesgewalt, die ja, wie es in der Odyssee geschieht, auch Schiffer verschlingt (freilich hat der Dichter der Odyssee kein Bewußtsein von dieser ursprünglichen Bedeutung der Kyklopen). Ihre Namen *Brontes, Steropes* und *Arges* beziehen sich auf den von ihnen geschmiedeten Blitz (man findet es häufig, daß die Windgötter zugleich die Metalle der Erde hüten); sie deuten das Donnergeroll, das Aufblitzen und den dem elektrischen Feuer eigentümlichen weißglänzenden Schein an. Eine andere gewaltige Naturkraft wird durch die starken riesigen *Hekatoncheiren* vertreten, die »Hunderthänder«, lat. *centimani, Kottos, Briareos* und *Gyes (Gyges),* deren jeder fünfzig Köpfe und hundert Arme hatte. Welche Naturmacht sie speziell vertraten, wissen wir nicht. Die Alten schrieben auch dem *Briareos,* der auch *Aigaion* heißt, Stürme zu; andere sehen in ihm einen Wogengott, andere einen Gott des Erdbebens und Feuerspeiens.

Auch die gewaltigen *Titanen* werden wohl zum größten Teil weltbildende oder -bewegende Naturmächte sein, doch läßt sich die Bedeutung der einzelnen nach ihren Namen nicht immer genau bestimmen. Sie heiraten zum Teil untereinander (Geschwisterehe ist unter Göttern nichts Seltenes und kam bei den Griechen auch in späterer Zeit, allerdings vereinzelt, vor; häufig war sie in Ägypten). Diese Ehen sind die von Okeanos und Tethys, Hyperion und Theia, Koios und Phoibe, Kronos und Rheia. Die beiden andern Titanen verbinden sich nicht mit Schwestern, sondern Kreios mit Eurybie, einer Tochter des Pontos, und Japetos mit Klymene, einer Tochter des Okeanos. Die Titaniden Themis und Mnemosyne gehen später Ehen mit Zeus ein.

Okeanos, der große Weltstrom, der die Erde in ewigem Kreislaufe umfließt, erzeugt mit *Tethys* die zahlreiche Schar der *Flüsse* und der *Okeaninen* oder *Okeaniden* (Okeanostöchter); er ist der Vater aller auf und unter der Erde strömenden Gewässer, der tausend Wasseradern, die den Körper der Erde zum ersten Leben erwecken.

Hyperion ist wohl der »Hochwandelnde«, der hoch über die Erde dahingeht; der Name seiner Gemahlin *Theia* kann mancherlei bedeuten: die Göttliche, die Läuferin, die Schauende.

Beide erzeugen die Götter des himmlischen Lichts: *Helios*, die Sonne, *Selene*, den Mond, und *Eos*, die Morgenröte.

Auch *Kr(e)ios* und *Eurybie* – von ihren Namen deutet der erstere wahrscheinlich, der letztere sicher auf weites Herrschen hin –, erweisen sich vielleicht durch ihre Nachkommenschaft als himmlische Lichtwesen. Einer ihrer Söhne ist nämlich *Astraios* (Sternicht), der mit *Eos* die *Sterne* und die *Winde* erzeugt; die Namen ihrer anderen Söhne, *Pallas* und *Perses*, vermögen wir nicht zu erklären.

Koios (der Name ist nicht sicher zu deuten) und *Phoibe* (die Glänzende) sind die Eltern der *Leto*, die dem Zeus Apollon und Artemis gebar, und der *Asteria* (Sternengöttin), mit der Perses die *Hekate* erzeugte.

So ist jetzt die Welt erfüllt mit Bewegung und Leben, die Erde von dem Kreislaufe strömender Gewässer, der Himmel von kreisenden Lichtgestirnen.

Das Geschlecht des *Japetos* ist von ganz anderer Bedeutung. In seinen vier Söhnen *Atlas, Menoitios, Prometheus* und *Epimetheus* sind Zustände und Eigenschaften der Menschennatur personifiziert. Wenigstens tritt dies in den Namen der beiden letzten Söhne klar zutage; *Prometheus*, der »Vordenkende«, vertritt die menschliche Klugheit und Intelligenz, sein Bruder *Epimetheus*, »Nachbedacht«, Unüberlegtheit, Kurzsichtigkeit und Unverstand. Beziehen sich also diese beiden Namen sich auf menschliche Eigenschaften und zwar auf solche des Verstandes, so hat man ähnliches auch in den beiden anderen finden wollen, die dann Eigenschaften des Gemüts bedeuten würden. Denn *Atlas* bedeutet wohl *Träger* und wäre dann die Personifikation der Ausdauer und Strebsamkeit, Standhaftigkeit und Geduld, der überstolze *Menoitios* aber, »den Zeus mit dem Blitz in den Erebos warf wegen seines Frevelmutes und seiner übermütigen Gewalt«, die des trotzigen Mutes, frevelhafter Überhebung, des Zornes und der Leidenschaft.

Das wichtigste Titanenpaar sind durch ihre Kinder *Kronos*

und *Rheia* (Rhea); denn den Kroniden, drei Söhnen und drei Töchtern, ist später die Weltherrschaft beschieden. Es sind: *Hestia, Demeter, Hera, Hades, Poseidon, Zeus.*

Alle bisher genannten Geschlechter führen ihren Ursprung zurück auf die Ehe des Uranos und der Gaia. Gaia aber ging auch mit ihrem zweiten Sohne, mit *Pontos*, dem Urmeere, der öden Meerestiefe, eine Ehe ein. Deren zahlreiche Nachkommenschaft gehört vorzugsweise dem Bereiche des Meeres an, das durch sie erst bewegt und belebt wird.

Unter den aufgezählten Göttern sind besonders drei hervorzuheben, *Uranos, Kronos, Zeus, die nacheinander die Weltherrschaft besessen haben sollen. Zuerst war Uranos* der Herr der Welt. Als diesem die gewaltigen Hekatoncheiren geboren worden waren, haßte er seine eigenen Kinder, verbarg sie im Innern der Erde und ließ sie nicht zum Lichte hervor. Die gewaltige Erde aber, beengt von der in ihrem Innern eingeschlossenen Last, ersann gegen ihren Gemahl eine schlimme List. Sie schuf das graue Eisen und machte eine große Hippe (Sichel); dann sprach sie beklommenen Herzens zu ihren Kindern: »Meine Kinder, wenn ihr mir folgen wolltet, so könnten wir unsere Mißhandlung durch euren Vater rächen; er hat ja zuerst Unziemliches ersonnen.« Alle erschraken und schwiegen, nur der jüngste, der mächtige, verschlagene Kronos, erbot sich zu dem Werke der Rache und der Rettung. Des freute sich Gaia; sie barg ihn in einem Hinterhalte und gab ihm die scharf gezahnte Hippe in die Hand, und als nun Uranos im Geleite der Nacht sich über der Erde ausbreitete, verstümmelte der beherzte Sohn mit vatermörderischer Hand seinen Leib. Aus den Blutstropfen, die aus der Wunde des Uranos zur Erde niederfielen, erwuchsen die *Erinyen*, die Rächerinnen der Blutschuld, die gewaltigen *Giganten* und die *melischen Nymphen*, d.i. Eschennymphen; aus der Esche wird die kriegerische Mordlanze gemacht. Diese neugebornen Wesen bringen zur Strafe jener Greueltat das Unheil in die Welt, Streit und Mord. Zu gleicher Zeit gebiert die *Nacht* ein furchtbares Geschlecht: das grausige Schicksalslos *(Moros)*, Vernichtung und Tod *(Ker* und *Thanatos)*, den Schlaf und das Geschlecht der Träume, ferner Tadel *(Momos)* und Klage *(Dizys)*, Vergeltung *(Nemesis)*, Betrug *(Apate)* und Liebe, das Alter und den Streit *(Eris)*, schreckhafte Wesen, die Weh und Verderben über die Welt verbreiten; dazu gebiert dann *Eris* eine Leben und Frieden zerstörende Brut von gleicher Furchtbarkeit: Mühe und Last *(Ponos) und damit gepaart das Vergessen (Lethe)*, das dem mühevollen Ringen die Krone des Ruhmes entzieht und seine Erfolge mit Vergessenheit deckt, Hunger und Schmerzen, Zweikämpfe und Totschläge, Schlachten und Männermord, Streitigkeiten, Lügen und Wortstreit, Ungesetzlichkeit, Verderben und den Eid mit den bösen Folgen des Meineides.

Einer andern Idee entspricht der Mythos, daß *Aphrodite*, die schöne Göttin der Liebe, ihren Ursprung jener Freveltat des Kronos verdankt. (S. unten unter Aphrodite.)

Uranos ist der Weltherrschaft beraubt; ihrer bemächtigt sich jetzt *Kronos* im Verein mit seinen Geschwistern, den Titanen. Da er aber von seinen Kindern ein ähnliches Schicksal befürchtete, wie er seinem Vater bereitet hatte, so verschlang er die Kinder, die ihm Rhea, seine Gemahlin, gebar, gleich nach ihrer Geburt: Hestia, Demeter, Hera, Hades und Poseidon. Als jedoch die Zeit herannahte, da Rhea ihren jüngsten Sohn gebären sollte, bat sie in ihrer Herzensangst ihre Eltern, Uranos und Gaia, um klugen Rat, wie sie ihr liebes Kind dem unbarmherzigen Vater verheimlichen könne. Auf ihren Rat ging sie nach Lyktos auf Kreta und gebar dort den *Zeus*, barg ihn in einer Höhle und reichte dem Kronos einen in Windeln gehüllten Stein, den er verschlang. Zeus wuchs in seiner Verborgenheit schnell zu herrlicher Kraft auf und zwang den Kronos, unterstützt von der List der Gaia, die verschlungenen Kinder wieder auszuspeien. Zuerst spie Kronos den Stein aus, den er zuletzt verschlungen; diesen pflanzte Zeus in dem herrlichen Pytho

(Delphi) auf, daß er ein Zeichen und ein Wunder sei den sterblichen Menschen.

Zeus und die von ihm befreiten Geschwister, die *olympischen Götter*, die *Olympier*, unternahmen nun einen Kampf gegen Kronos und die Titanen, um ihnen die Herrschaft zu entreißen. Auf die Seite der Olympier stellte sich noch mancher von den andern Göttern; denn Zeus versprach allen, die mit ihm gegen die Titanen kämpfen würden, sie in ihren bisherigen Ehren zu belassen. So erkannte Okeanos, obgleich selbst ein Titan, die Obmacht des Zeus willig an, und seine Tochter Styx eilte sogleich auf seinen Rat mit ihren Kindern, Eifer und Sieg, Kraft und Gewalt, auf den Olympos zu Zeus, der sie ehrte und zur höchsten Eidesgöttin machte. Auch die Titaniden Themis und Mnemosyne schlossen sich dem Zeus an und wurden dafür später der Ehe mit dem höchsten Gotte gewürdigt. Zeus führte eine gewaltige Waffe, Blitz und Donner, in seiner Hand; die hatten ihm die Kyklopen gegeben. Zehn große Jahre schon hatten die Olympier und die Titanen miteinander gekämpft, jene von dem Berge Olympos, diese vom Othrys aus, und noch sah man keine Entscheidung; da löste Zeus auf Rat der Gaia die drei ebenfalls in der Erde gefesselten Hekatoncheiren. Als diese auf den Kampfplatz treten, entsteht ein furchtbares Kampfgewühl, daß von dem Getös und dem Rufe der Streiter Himmel und Erde erdröhnt und selbst der Tartaros erzittert. Dreihundert Felsen schleudern jedesmal die hundertarmigen Riesen den gewaltigen Titanen entgegen, und Zeus selbst fährt mit dem Donner und den sengenden Blitzen dazwischen; die Erde steht rings in Flammen, die Meere sieden, und Dampf und Qualm erfüllt die Luft. Da endlich erliegt die wilde Kraft der Titanen den Olympiern. Sie werden gefesselt und in die dunkle Tiefe des Tartaros geworfen, wo sie, von bronzenen Schranken und dreifacher Nacht umschlossen, von den Hekatoncheiren bewacht werden. Zeus aber und die übrigen Olympier behaupten jetzt die Herrschaft der Welt.

Der Kampf der Olympier mit den Titanen, die *Titanomachie*, kann verschieden erklärt werden. Nach der einen Ansicht bezeichnet er den Kampf der später herrschenden Götter, die die schöne Ordnung in der natürlichen und sittlichen Welt eingeführt haben und stets erhalten, mit früheren Göttern niederer Art, rohen ungebändigten Naturmächten, die sich keinen höheren Gesetzen unterwerfen wollen. Dabei nimmt man aber nicht an, daß das griechische Volk vor Zeus und den Seinen die Titanen wirklich verehrt und als die herrschenden Götter anerkannt habe, und daß durch irgend welche Veränderung oder Umwälzung in dem Volke die olympischen Götter an ihre Stelle getreten wären. Vielmehr werden Zeus und die übrigen mit ihm vereinigten Hauptgötter von Anfang an die von den Griechen verehrten göttlichen Mächte gewesen sein. Aber die Vorstellungen, die ihnen unterlagen, wandelten sich im Laufe der Zeit, und eben diese Verschiedenheit mag die Grundlage für die Titanomachie gegeben haben. Anfangs dachte man sich unter den olympischen Göttern nur belebte Naturmächte, allmählich aber sind sie bei fortschreitender Bildung des Volkes zu Vertretern höherer sittlicher Mächte geworden, die über der Natur stehen und Natur und Menschenleben beherrschen. Das Bewußtsein dieses Unterschiedes alter und neuer Zeit, der alten und jüngeren Vorstellungen von den Göttern nun soll, so deutet man, die Vorstellung von den Titanen geschaffen haben; man habe ein von den Herrschern der schönen geordneten Welt verschiedenes, die gesetzlosen Naturmächte repräsentierendes Göttergeschlecht einer roheren Zeit angenommen, Wesen von gewaltiger Kraft, aber wildem, trotzigem und übermütigem Sinne, denen Kampf und Empörung lieb ist. – Eine andere Erklärung der Titanen sieht in diesen wirklich im Kulte hoch gefeierte Wesen, die aber nicht »in der Zeit und in den Landen der Dichter« der Theogonien verehrt worden und daher von diesen als besiegte, als Götter zweiten Ranges im Götterstaate dargestellt worden seien.

Kronos selbst, der listig verwegene, der an der Spitze der Titanen stand, liegt entweder bei den übrigen Titanen im Tartaros, oder er herrscht mit Rhadamanthys auf den Inseln der Seligen. Über seine ursprüngliche Bedeutung gibt es verschiedene Ansichten. Viele griechische Gelehrte hielten und manche neuere halten ihn für eine Personifikation der Zeit (das heißt im Griechischen das Wort Chronos), welche das, was sie erzeugt, auch wieder verschlingt. Wahrscheinlich bedeutet aber sein Name den Reifenden und Zeitigenden, einen Gott des Feldbaues, der die Früchte reifen läßt und die Ernte herbeiführt. Darum soll er in dem goldenen Zeitalter geherrscht haben, als auf Erden bei den Menschen ähnliche Zustände des Glücks und des Friedens herrschten, wie auf den Inseln der Seligen, in der alten Paradieseszeit, da ewige Reife und ewige Ernte war.)

Die Römer identifizieren Kronos mit ihrem Saat- und Weingotte *Saturnus* und erzählen, er sei, von Zeus seiner Herrschaft beraubt, nach Italien geflohen und habe in Latium während des goldenen Zeitalters geherrscht. Diese selige Zeit seiner Regierung suchte man sich an seinem Feste, den *Saturnalien*, die im Dezember mehrere Tage lang gefeiert wurden, ins Gedächtnis zurückzurufen. Da ruhte alle Arbeit und jedes Geschäft, man überließ sich einer ausgelassenen Freude unter dem Ausruf: *Io Saturnalia, io bona Saturnalia!*, veranstaltete fröhliche Gastmähler, bei denen die Herren ihren Sklaven aufwarteten, denn in dem glücklichen goldenen Zeitalter waren alle Menschen gleich, man spielte und scherzte und erfreute sich durch Geschenke. Bei den Griechen finden sich ähnliche Feste wie in Italien, die *Kronien*, doch war die Verehrung des Kronos nicht sehr verbreitet und bedeutend. In Kreta, wo er mit dem phoinikischen *Moloch* zusammengeschmolzen war, empfing er gleich diesem Kinderopfer, und dies ist wohl die Grundlage des Mythos, daß er seine eigenen Kinder verschlungen habe. Dargestellt wurde Kronos als ein alter Mann mit bedecktem Hinterhaupte, mit einer Hippe in der Hand.

Nach der Besiegung der Titanen war die Herrschaft des Zeus und der Olympier noch nicht völlig gesichert. Gaia zürnte dem Zeus wegen der Bewältigung der Titanen, ihrer Kinder, und gebar, ihn zu stürzen, aus einer Ehe mit ihrem Bruder Tartaros den *Typhoeus* (Typhos, Typhaon, Typhon), ein schreckliches Ungeheuer mit gewaltigen Händen und unermüdlichen Füßen; hundert Drachenhäupter reckten sich von seinen Schultern auf, mit dunklen Zungen leckend, mit feuersprühenden Augen; aus allen Köpfen stößt es wunderbar gemischte Töne aus, bald den Göttern verständlich, bald wie Brüllen des Stieres und des Löwen, bald dem Bellen junger Hunde ähnlich, dann wieder schrilles Gepfeife, daß die Berge widerhallen. Das flammende tobende Ungeheuer hätte sich der Herrschaft über Götter und Menschen bemächtigt, wenn ihm nicht Zeus schnell mit dem Blitze entgegengetreten wäre. Es erhob sich ein furchtbarer Kampf, daß Erde und Himmel erdröhnten und das Meer und der Tartaros, daß von dem Feuer des Blitzes und dem Flammenhauche des Ungeheuers die Erde in Brand geriet und das Meer brausend siedete. Endlich überwältigt Zeus das Ungetüm; mit seinen Blitzen verbrennt er ihm die Köpfe und wirft seinen gewaltigen Leib zu Boden, daß die Erde erzittert; aber eine Glut geht von ihm aus, daß alles ringsum schmilzt wie glühendes Zinn und Eisen. Zeus wirft den besiegten Feind in den weiten Tartaros. Aber auch noch aus der Tiefe der Erde sendet er Verderben zur Oberwelt; er ist der Vater der verderblichen Stürme und Glutwinde. Mit Echidna, dem furchtbaren räuberischen Ungeheuer, halb Jungfrau, halb Schlange, hat er grausige Ungetüme erzeugt, wie Orthos, Kerberos und die lernaiische Hydra, die nachmals Herakles bewältigte. – Typhoeus, der »Dampfende«, ist eine Personifikation des Erdfeuers, das aus dem Innern der Erde in den Vulkanen hervorbricht und verderblichen Sturm- und Glutwind über die Erde sendet. Dieser gewaltigen Naturmacht, die alles zu zerstören drohte, trat der herrschende Himmelskönig entgegen und bändigte sie. Nach

Homer liegt Typhoeus in der Erde im Lande der Arimer in Kleinasien, gebändigt zwar, doch noch immer dem Zeus widerstrebend und von seinen Blitzen gepeitscht. Später hat man ihn nach dem Westen verlegt, nach Sizilien, wo der Ätna tobt. Dort liegt er, wie Pindar sagt, unter der Erde ausgestreckt auf stechendem Lager von den Küsten Siziliens bis hinauf nach Kyme (Cumä), und eine zum Himmel ragende Säule, der schneeige Ätna, steht auf seiner zottigen Brust. Mit lautem Getöse speit er in ohnmächtiger Wut aus tiefen Schlünden Ströme verzehrenden Feuers aus, lodernde Flammen und wirbelnden Dampf und Gestein. – Nach einer späteren ägyptisierenden Sage hielten die Götter den Angriff des Typhon nicht aus, sondern flohen nach Ägypten und bargen sich in Tiergestalten, Apollon in einen Habicht, Hermes in einen Ibis, Hephaistos in einen Stier usw.; nur Zeus und Athena wagten den Kampf und siegten.

Wie von einer Titanomachie, so erzählte man noch von einem Kampfe der Götter mit den Giganten, von einer *Gigantomachie*. Die *Giganten* waren ein trotziges Menschengeschlecht alter Zeit, ein Riesenvolk, Söhne der Erde. Homer nennt ihren König Eurymedon; den vernichtete Zeus samt seinem Volke wegen ihres Übermuts und ihres Frevels gegen die Götter. Hesiod berichtet von der Geburt der Giganten; von der Zeit an, heißt es, herrschte Mord und Streit in der Welt. Die Giganten, seit Hesiod nicht als gewöhnliche Menschen gedacht, aber doch von sterblicher Natur, sind ähnlich wie die göttlichen Titanen übermütige Frevler, die im Vertrauen auf ihre Kraft sich trotzig gegen die Götter erheben und den Himmel zu stürmen versuchen, um den Olympiern ihre Herrschaft zu entreißen. So hat die Gigantomachie ganz denselben Charakter wie der Kampf gegen die Titanen, ja sie stellte diesen mit der Zeit in den Schatten; in späterer Zeit vermengte man auch beide Kämpfe so miteinander, daß der Name der Titanen oft für Giganten gebraucht wurde. Nach den älteren Vorstellungen waren die Giganten gestaltet und gewappnet wie sonst die Heroen und die

Götter, »leuchtend im Waffengeschmeide, mit mächtigem Speer in den Händen«; später aber dachte man sie als riesige Ungetüme von furchtbarem Aussehen, mit langem Haupt- und Barthaar; statt der Füße hatten sie als Erdgeborne geschuppte Schlangenschwänze. Darauf fahren sie über die Erde hin, blitzesschnell mit gewaltiger Kraft, noch unterstützt durch große Flügel. Doch bleiben sie, die Söhne der dunkelen Erde, stets mit dieser verbunden; zu den reinen Regionen des Himmels vermögen sie sich nicht aufzuschwingen, und im Kampfe mit den hohen Himmelsmächten werden sie trotz ihrer wilden ungestümen Kraft sicher erliegen. Der Ort dieses Kampfes mit den Himmlischen heißt Phlegra, die phlegraiischen Gefilde, d.h. Brandstätte, und ursprünglich verstand man wohl darunter das Phlegra in Makedonien auf der Halbinsel Pallene in der Nähe des Olympos. Später versetzte man den Kampfplatz auch in das attische Pallene sowie nach Italien in die vulkanischen Gegenden von Campanien.

Zeus und seine Geschwister, die Kroniden, die Olympier, sind nun über die Naturgötter Herr geworden und führen höheres Gesetz und Ordnung in die Welt ein. Die rohen Gewalten der Natur und des Menschenlebens müssen sich den Schranken dieser natürlichen und sittlichen Ordnung fügen, oder sie werden gefesselt aus der Welt gebannt: die Titanen liegen zum Teil im Tartaros, zum Teil dienen sie ohne Widerstreben dem Willen des Zeus; denn sie fürchten seinen Blitz. Gaia läßt ab von ihrem Zorne gegen den mächtigen Herrscher; Okeanos, der Alte, umschließt in ruhigem Kreislaufe die weite Erde und das Meer, und über ihnen gehen Tag und Nacht und die Gestirne des Himmels ihren gemessenen Gang; an jedem Morgen fährt Helios, vorausverkündet von seiner Schwester Eos, von den Fluten des Okeanos aus sein Lichtgespann am Himmel empor, um Göttern und Menschen das Licht des Tages zu bringen, und am Abend steigt er wieder im Westen in den Weltstrom hinab, damit seine Schwester Selene ihren friedlichen

Gang durch die Regionen des Himmels beginne. Alle Götter in den Fluten des Meeres, die Götter der Flüsse und Quellen, der Berge, Wälder und Fluren – als Naturgötter zählen sie den titanischen Wesen in weiterer Bedeutung zu – huldigen dem mächtigen Weltregierer und walten in den ihnen angewiesenen Kreisen in seinem Sinne. Doch alles, was dem Zeus verhaßt ist und seinem Willen sich nicht fügen mag, alles Grausige und Verderbliche und nächtlich Böse, ist gebannt in die Tiefe der Erde, fern von dem Leben im Lichte.

Nach der Besiegung der Titanen rief Zeus eine Anzahl von göttlichen Wesen ins Dasein, die ihn in der Durchführung seiner Weltordnung unterstützen sollten. Er erzeugte mit Themis die *Horen*, die Witterungsgöttinnen, die die *Moiren*, die Göttinnen des Schicksals, mit Eurynome die *Chariten*, die Göttinnen anmutiger Lebensfreude, mit Demeter die *Persephone*, mit Mnemosyne die *Musen*, die Gesangesgöttinnen, mit Leto Apollon und *Artemis*, mit Maia den *Hermes*, mit Hera, seiner letzten Gemahlin, *Hebe* und *Ares* und *Hephaistos*, und aus seinem eigenen Haupte *Pallas Athena*. Von sterblichen Frauen gebar ihm Semele den Gott *Dionysos*, Alkmene den *Herakles*, der wie viele andere von Zeus erzeugte Heroen im Dienste des Vaters auf Erden zur Begründung eines geordneten sittlichen Weltzustandes wirkte. Unter den genannten Zeuskindern sind die vornehmsten Götter: Pallas Athena, Apollon und Artemis, Hermes, Ares, Hephaistos, Persephone, wozu noch Aphrodite tritt, die auch für eine Tochter des Zeus und der Dione gilt; sie machen mit Zeus und seinen Geschwistern die eigentliche herrschende Götterfamilie aus. Die Olympier, die olympischen Götter heißen sie, weil sie zum größten Teil mit Zeus ihren Wohnsitz auf dem Olympos haben. Die Zwölfzahl der olympischen Götter ist erst spät festgestellt worden; es sind die Kinder des Kronos und die zuletzt aufgezählten Zeuskinder mit Ausnahme des Hades und der mit ihm vermählten Persephone, also: *Zeus* und *Hera*, *Poseidon*, *Demeter*, *Hestia*, *Athena*, *Apollon* und *Arte-*

mis, Hermes, Ares, Hephaistos, Aphrodite. Hades hat mit Persephone seinen Sitz in dem ihm zugefallenen Reiche der Unterwelt, und beide heißen mit den zu ihnen gehörigen Wesen, im Gegensatz zu den olympischen oder himmlischen Göttern, die unterirdischen, die chthonischen. Zeus hat sich nämlich mit seinen beiden Brüdern in die Herrschaft der Welt so geteilt, daß Hades in der Unterwelt, Poseidon im Meere, er selbst im Himmel herrscht, die Erde aber den drei Brüdern gemeinsam ist; doch hat Zeus als der stärkste und klügste und als das Haupt der Familie die Obmacht über seine Brüder, so daß sie in den ihnen zugefallenen Reichen nur gleichsam seine Statthalter sind; er ist der König aller Götter.

Seinen Herrschersitz hat Zeus auf den Höhen des Olympos, eines Berges auf der Grenze von Thessalien und Makedonien (jetzt Elimbo), und um ihn wohnen dort seine Geschwister und Kinder und die Mütter seiner Kinder, wie Leto, Themis, Dione u. a. Hohe Berge wurden und werden noch heute oft als Göttersitze angesehen; da ihren Gipfel selten oder nie eines Menschen Fuß betritt, so eignen sie sich zur Sagenbildung. Der hoch in die Wolken und in den Himmel hineinragende Olympos, unbestiegen, geheimnisvoll, verschwamm bald in der Vorstellung so mit dem Himmel, daß ein Unterschied zwischen Himmel und Olympos kaum bestand. Dort hat Hephaistos den Göttern goldene Paläste gebaut, und sie erfreuen sich hoch in den himmlischen Regionen ihrer Seligkeit. Glanz und wolkenlose Heiterkeit ist über ihnen ausgebreitet; da weht kein Sturm, da fällt kein Regen und kein Schnee. Auf dem höchsten Gipfel steht das Haus des Zeus, in dem sich täglich die Olympier zum Schmause versammeln. *Hebe*, die ewige Jugend, und *Ganymedes* (»Freudenersinner«?), der schöne troianische Knabe, der Sohn des Tros, den Zeus aus Liebe in den Olympos geraubt und mit Unsterblichkeit beschenkt hatte, reichen ihnen Göttertrank und -speise, Nektar und Ambrosia, und die *Musen* und die *Chariten* erfreuen sie mit Gesängen und Tänzen und jeglicher

Anmut. Zugleich aber beraten die Olympier am Tische des Zeus gemeinsam mit dem Vater und König die Angelegenheiten der Welt, in derselben Weise, wie auf Erden der patriarchalische König mit seinen Edlen ratschlagt, und ist ein wichtiger Beschluß der gesamten Götterwelt bekannt zu machen, dann läßt Zeus wohl auch, wie der irdische König die Volksversammlung, alle Götter auf der weiten Erde und im Meere bis hinab zu den Flußgöttern und Nymphen auf den Olympos zusammenrufen.

Wie Zeus auf dem Olympos, so hat *Poseidon*, der Meeresherrscher, seinen Palast in der Tiefe der See; *Aigai* heißt sein Wohnsitz, der »Wogenpalast«. Dort sind um ihn und seine Gemahlin *Amphitrite*, die schöne Nereustochter, die Götter des Meeres geschart, *Triton*, die *Nereiden* u. a., die seinem Winke gehorsam sind.

Hades oder *Pluton* thront mit *Persephone* in der Unterwelt, in dem allgemeinen Versammlungsorte der Toten, einem öden, düstren, schaurigen Raume unter der Erde, zu dem an verschiedenen Orten der Oberwelt, wie zu Tainaron, zu Hermione, auf dem attischen Kolonos, furchtbare Erdschlünde hinabführen. Dahin dringt kein Lichtstrahl und kein Auge der Götter oder der Menschen. Der finstere Schattenkönig hält die Pforten seines Reiches ängstlich verschlossen. Ein furchtbarer dreiköpfiger Hund *Kerberos* mit schrecklicher Stimme hält Wache an der Pforte; freundlich wedelt er jeden an, der in die Behausung des Hades eingeht, doch wer wieder zum Lichte zurückgehen will, den schreckt er bellend zurück. Durch die öden Räume fließt die *Styx*, der »verhaßte«, »furchtbare« Totenfluß, ein Arm des Okeanos. Homer verlegt in der Odyssee einen Eingang und Vorhof zur Unterwelt in den äußersten Westen an das jenseitige Gestade des Okeanos, wo von den Strahlen der Sonne unerreicht in dämmerndem Dunkel die Stadt der *Kimmerier* liegt. Dorthin fuhr Odysseus auf den Rat der Kirke, um den Schatten des Sehers Teiresias zu zitieren und über seine Heimkehr zu befragen. An dem niedren Gestade, wo die Haine der Persephone sind, traurige, unfruchtbare Pappeln und Weiden, opferte er den Unterirdischen und berief die Seelen der Toten, die über die *Asphodeloswiese* daher kamen aus dem tieferen Dunkel, dem *Erebos*, wo Hades wohnt und Persephone und die Schreckgestalten der Unterwelt. Asphodelos, eine im Süden häufige Pflanze von düsterem traurigem Aussehen, wurde in die Unterwelt versetzt, nicht um sie auszuschmücken, sondern um das Unangenehme und Traurige dieses düstern Ortes noch zu erhöhen. Den öden Raum unter der Erde hat die Phantasie später genauer bestimmt und mit mancherlei Wesen ausgestattet. Außer der Styx nimmt die Odyssee noch mehrere unterirdische Flüsse an, den *Kokytos* (»Klage«), den *Pyriphlegethon* (»Feuerstrom«; auch die Hölle des Christentums ist feurig) und den *Acheron* (das »Ächzen«) mit dem *acherusischen See*. Diese Flüsse schlossen zugleich mit der Styx das Gebiet der Unterwelt ein, so daß für die Seelen, die in den Hades eingehen wollten, ein Fährmann nötig war, der sie in seinem Kahne hinübersetzte. Das war *Charon*, ein unfreundlicher schmutziger Greis; ihm mußte jeder Verstorbene einen Obolos, den ihm die Hinterbliebenen in den Mund gelegt, als Fährgeld geben. An den Pforten des Hades hielt *Aiakos*, ein Neffe des Pluton, der frühere König von Aigina, mit dem furchtbaren *Kerberos* Wache. Nachdem die Seelen in den Hades selbst eingegangen sind, kommen sie auf der Asphodeloswiese zu der *Lethe*, dem Strome der Vergessenheit, aus dem sie sich Vergessen des irdischen Lebens trinken. Neben *Pluton* und *Persephone*, denen die *Erinyen* und die *Poinen* (Strafen) dienen, sitzen als Unterherrscher und Richter in der Unterwelt die alten kretischen Könige *Minos* und *Rhadamanthys*; diese senden die Gerechten in das *elysische Gefilde*, wo sie ein glückseliges Leben genießen, die Schlechten aber übergeben sie den Erinyen und schicken sie an den Ort der Gottlosen, wo sie nach dem Grade ihrer Schuld gezüchtigt werden. Diejenigen dagegen, die zwischen Gut und Böse ein mittleres Leben geführt haben, und ihre Zahl ist bei weitem die größte, irren auf der Asphodeloswiese als körperlose Schatten einher. So ungefähr dachte sich in der späteren griechischen Zeit das Volk die Unterwelt, doch blieb der Phantasie des einzelnen immer noch ein weiter Spielraum. Zu beachten ist hierbei jedenfalls ein wesentlicher Unterschied zwischen griechischen und christlichen Vorstellungen. Für den Christen ist das Leben, auch wenn es köstlich gewesen ist, doch eben nur Mühe und Arbeit gewesen; die Seligkeit aber erwartet den Menschen erst nach dem Tode. Für den Griechen aber beginnt im Gegenteil nach dem Tode ein Zustand ohne jede Freude, aber mit dem Bewußtsein des Elends. Er ist also geneigt, sich deswegen das Leben so angenehm wie möglich zu machen. Wie ganz verschieden die beiden Auffassungen auf das Leben ganzer Völker wirken müssen, liegt auf der Hand.

Der *Tartaros*, der eherne Kerker der Titanen, lag nach der ältesten Vorstellung unter dem Hades an den untersten Enden der Erde und des Meeres. Er wölbt sich unter der vom Okeanos umflossenen Erdscheibe in gleicher Ausdehnung und Entfernung, wie der Himmel über dieser; neun Tage und neun Nächte müßte ein bronzener Amboß fallen von der Höhe des Himmels bis zur Erde, und ebensolange Zeit würde er brauchen, um von da den Grund des Tartaros zu erreichen. Später hat man aber den Tartaros mit dem Hades vermengt und ihn besonders zu dem Teile desselben gemacht, in dem die Gottlosen gezüchtigt werden. – Älnlich ging es mit der Vorstellung des *Elysions*. Dieses war bei Homer kein Aufenthalt von Verstorbenen und hing mit dem Hades nicht zusammen; es war ein überirdisches glückliches Gefilde am Westrande der Erde diesseits des Okeanos, wo kein Schneegestöber ist, kein Winterorkan noch Regengewitter, sondern wo sanfte Zephyre, stets kühlend vom Okeanos herwehen, wo der blonde Held Rhadamanthys wohnt und um ihn mühelos in Seligkeit die Menschen. Dahin war auch dem Menelaos bestimmt zu kommen, ohne durch den Tod hindurchzugehen, weil er ein Eidam des Zeus war. Hesiod nennt statt des Elysions die *Inseln der Seligen,* wo am Okeanosstrom unter der Regierung des Kronos die Helden in Freuden leben und die Erde dreimal jährlich Früchte trägt. Diese Vorstellung, daß die ausgezeichnetsten Helden nach ihrem Tode im Elysion oder auf den Inseln der Seligen ein glückseliges Leben führen, findet sich häufig bei den folgenden Dichtern und mag lange unter dem Volke verbreitet gewesen sein; doch verband man in späterer Zeit das Elysion mit der Unterwelt und machte es im Gegensatz zum Tartaros, wie wir vorhin gesehen, zum Aufenthalt der verstorbenen Gerechten.

Als Beispiel späterer dichterischer Ausmalung der Unterwelt folge hier noch die Beschreibung des lateinischen Dichters Vergil, der in der Aeneïs seinen Helden Aeneas bei Cumae durch die Kluft des *Avernus* in den Orcus steigen läßt. Durch die öde finstere Kluft gelangt man zu dem inneren Eingange des Schattenreichs hinab. Vor dessen Pforten lagern nebst dem Tode der *Gram,* die *Sorgen,* die *Krankheiten,* das *Alter,* die *Furcht,* der *Hunger* und andere schreckliche Wesen, die den Tod herbeiführen und den Eingang in das Totenreich veranlassen. In der Mitte des Raumes steht eine alte Ulme, in deren Blättern die nichtigen *Träume* hängen. Auch hausen dort am Tore die leeren Schreckgestalten von *Centauren, Scyllen,* der hundertarmige *Briareus, Harpyien* usw. Aus dieser Eingangshalle führt der Weg zum *Acheron,* der sich in trüben Wirbeln in den *Cocytus* stürzt. Hier nimmt der greise *Charon* mit flammendem Blicke die am Gestade umherflatternden, sich nach dem jenseitigen Ufer sehnenden Schatten nacheinander in seinen zerbrechlichen Kahn auf. Wenn man jenseits am *Cerberus* vorbeigegangen, kommt man zuerst zu den Scharen der Toten, die vor der Zeit gestorben sind, zu den Seelen der Kinder, der unschuldig Gemordeten, der Selbstmörder, dann auf dem »Seufzergefild« zu den durch unglückliche Liebe Umgekommenen, und zuletzt zu den im Kriege Gefallenen. Diese Sitze sind den verschiedenen Klassen von dem Richter *Minos* angewiesen. Darauf teilt sich der

Weg; rechts führt er zu der *Burg des Pluton* und zum *Elysium,* links zum *Tartarus,* dem Orte der strafenden Qual, der mit dreifacher Mauer umzogen und von dem Feuerstrome *Pyriphlegethon* umströmt ist, verschlossen mit adamantener, selbst den Göttern unzerbrechlicher Pforte, vor der die Furie *Tisiphone,* hinter der die *Hydra* als Wächterinnen sitzen. Hier ist Richter Rhadamanthys, der die Schuldigen von Tisiphone und ihren Schwestern geißeln und dann in den Abgrund des Tartarus werfen läßt. Zweimal so tief, als der Himmel über der Erde ist, erstreckt sich der Tartarus in die Tiefe. Da erleiden ihre Strafe die ruchlosen Titanen, die Aloïden, Tityos, Ixion, Pirithous und andere Übeltäter. Wenn man rechtshin an dem Palaste des Pluton vorbei gegangen ist, kommt man zum *Elysium,* dem Aufenthalte der seligen Heroen und der Guten überhaupt, die sich ergötzen an Wettkämpfen, Schmaus, Gesang und Tanz. Da sind reizende Auen und Haine, von purpurnem Lichte umflossen, von eigener Sonne und eigenen Sternen leiblich erhellt; der *Eridanus* strömt durch Lorbeerwälder. Auch die noch eingeschlossenen Seelen der künftig auf Erden Lebenden befinden sich hier, sowie die, welche schon auf Erden gelebt haben, aber nach tausendjähriger Reinigung in der Unterwelt aufs neue in irdische Leiber übergehen sollen. Diese trinken aus der *Lethe* Vergessenheit alles Vergangenen.

Die einzelnen Gottheiten

I. Die Götter des Olympos

1. Zeus (Juppiter)

Zeus, der Sohn des Kronos und der Rhea – der Kronide, Kronion –, war der gewaltige Herrscher der Welt. Nachdem er mit seinen Geschwistern, den olympischen Göttern, die Titanen und die Giganten und alle unholden Wesen der Finsternis und rohen Gewalt niedergeworfen und ein Reich der Ordnung und des Gesetzes gegründet hatte, teilte er mit seinen Brüdern die Herrschaft, doch so, daß er die Obmacht auch über sie behielt; denn er war der älteste, der weiseste und stärkste. Bei Hesiod freilich ist er der jüngste der Brüder; aber auch dies soll dazu dienen, ihn als höchsten Gott darzustellen, denn in Hesiods Theogonie folgt das Vollkommenere stets auf das Unvollkommenere. Die Macht des Zeus hat ihresgleichen nicht; in ewiger Jugend und Kraft thront er in des Olympos schimmerdem Ätherrglanze, sein Gesetz und Machtgebot gilt im Himmel und auf der Erde und unter der Erde und dauert durch alle Zeiten. »Wohlan«, spricht er bei Homer, als er den Göttern verbietet, an dem Kampfe vor Troia teilzunehmen, »versucht es, hängt ein goldenes Seil vom Himmel herab und fasset es alle, Götter und Göttinnen; nicht werdet ihr mich, den Zeus, den höchsten Berater, aus dem Himmel hinabziehen, so sehr ihr euch auch abmühet; aber wollte ich ziehen, ich zöge euch herauf samt Erde und Meer und bände das Seil an das felsige Haupt des Olympos, daß die Welt schwebend im Luftraum hinge. Soviel stärker bin ich als Götter und Menschen.« Die Götter alle ehren ihn als den großen König und Gebieter über Sterbliche und Unsterbliche, als den hohen Vater der Götter und Menschen. Wenn er in ihre Versammlung im Olympos eintritt, dann erheben sich alle von ihren Sitzen und gehen ihm ehrfurchtsvoll grüßend entgegen; und setzt er sich nieder auf seinen Thron, so erbebt der ganze Olympos. Ein Gleiches geschieht, wenn die Unsterblichen ihm mit Bitten und Gesuchen nahen und er ihnen gnädig Gewährung nickt. Wie durch seine Macht, so überbietet er auch durch seine Weisheit alle andern Götter; er ist der »höchste Berater«, der weise Lenker aller Dinge; vor seinem Geiste liegt offen alles Vergangene und Gegenwärtige, und die Zukunft ist ihm nicht verborgen.

Bevor in dem Bewußtsein der Griechen die gesamte Götterwelt zu einem großen Staate geordnet war und Zeus als König und Herr an der Spitze stand, war er vorzugsweise ein *Naturgott*, ein Gott des Himmels, der hoch im Äther und auf den ragenden Bergesgipfeln thronte und die Erscheinungen des Himmels und der Witterung veranlaßte. Sein Name deutet auf Himmel und Licht. Dieses Walten in der Höhe und die Herrschaft über die Himmelserscheinungen ist ihm auch später geblieben. Doch hatten die Griechen bald kein Bewußtsein mehr davon, daß sie in Zeus eigentlich den Himmel selbst verehrten; sie sahen bald in ihm den im Himmel wohnenden Götterkönig. Die Züge, die noch auf den Naturgott hinweisen, sind folgende: Sein goldenes Haus hat er auf dem Gipfel des Olympos, der über die Wolken hinaus in den Himmel hineinragt; der Himmel in Äther und Wolken ist sein Aufenthalt, von da sendet er Segen und Schrecken herab zur Erde. Sturm und Schnee und verderblicher Hagel kommt aus seiner Hand, aber auch der befruchtende segensreiche Regenguß – »Zeus regnet« sagten die Griechen für »es regnet« – und der erfrischende Tau, der heitere Frühlingstag und die milden Lüfte. Im Gewitter offenbart der Himmelskönig seine ganze furchtbare Majestät. Die Sturm- und Donnerwolke ist bildlich ausgedrückt durch die *Aigis*, d. h. den »Sturmmantel«, den er um die Schultern wirft; da dieses Wort auch ein Ziegenfell bedeuten kann, so erklärt die Sage, Zeus habe sich aus dem Fell der Ziege Amaltheia, die ihn als Kind genährt, diesen Sturm und Wetter erregenden Mantel oder einen Schild gemacht, mit dem er zuerst in dem Titanen- und Gigantenkampfe erschienen sei. Bei Homer ist dieses stürmende Wolkengewand Waffe und schützender Schild des Zeus, furchtbar strahlend, mit Quasten umbordet, voll

Elische Münzen mit dem Zeus des Pheidias

Schrecken und Grauen. Wenn Zeus, auf den Bergen thronend oder auf seinem Wagen durch die Lüfte dahinfahrend, die schreckliche Aigis schüttelt, dann erhebt sich Sturm und Wetter, dann sammelt er um sich schwere dunkle Wolken, schleudert den Blitz und läßt den Donner rollen, daß weithin die Erde erdröhnt. Der Blitz ist seine furchtbarste Waffe; mit ihm schreckt er Menschen und Götter; die riesigen Titanen und alle, die sich feindlich wider ihn erhoben, hat er damit zu Boden geschmettert. Von dieser furchtbarsten und erhabensten Äußerung seiner Macht, dem Gewitter, hat Zeus bei den Dichtern eine große Menge von Beiwörtern erhalten; er heißt der Donnerer, der Donnerfrohe, der weit, hoch und laut Donnernde, der Blitzschleuderer, der Aigishalter, der Wolkensammler, der schwarz Umwölkte.

Aber nicht bloß der mannigfache Wechsel der Himmelserscheinungen, sondern aller Wandel und Wechsel in der Natur
geht von Zeus aus. Der große Kreislauf der Dinge mit den
ewigen Gesetzen, die allem Wandel zugrunde liegen, ist von
Zeus angeordnet; und auch die Ordnung im Menschenleben, in
der sittlichen Welt, geht von Zeus aus und wird von ihm über-
wacht. Dabei müssen wir es unentschieden lassen, ob sich der
Gott der Ordnung direkt aus dem Naturgott herleiten läßt – so
wie wir es eben versucht haben –, oder ob die Dichter der alten
Heldengesänge nicht vielmehr ohne Rücksicht auf den alten
Naturgott den Zeus als Walter und Ordner, als göttlichen Kö-
nig, nach dem Vorbilde der irdischen Könige ersonnen haben.
Der Staat, ohne den ein geordnetes und gesittetes Leben der
Menschen nicht möglich ist, steht unter seiner Hut, er schirmt
ihn nach außen und gibt Kraft und Mut zur Verteidigung der
Freiheit. Gesetz und Recht im Innern des Staates stammt von
Zeus, und die Könige der Erde, die seine Vertreter unter den
Menschen sind, die die Ordnung handhaben und das Recht
üben sollen, haben von ihm, dem Könige der Götter, ihre Ehre
und Macht erhalten, oder sind gar wie Minos, Aiakos u.a.,
seine Söhne. Schwer zürnt er dem, der in der Volksversammlung oder im Rate das Recht mit Gewalt beugt und die Gerechtigkeit vertreibt. Er ist Schirmherr der Volks- und der Rats-
versammlungen, und mit *Themis* und seiner Tochter Dike, die
seine Beisitzerinnen heißen, wacht er über allem Rechtswesen,
besonders über der Grundlage allen Rechtsverkehrs, der Treue
und Heiligkeit des Eides. Ihn rief man daher auch besonders
bei Schwüren an, und den Meineid strafte er furchtbar. Jede
bürgerliche und staatliche Genossenschaft, die Einigung der
Geschlechter und Stämme, die größeren landschaftlichen Verbindungen standen unter seinem Schutze und ebenso die klein-
ste und engste Verbindung, Familie und Haus. In der Mitte des
Hofes hatte er als Zeus »Herkeios« (Schützer des Hauses und
des Hofes) seinen Altar, an dem der Hausvater als Priester der

Familie seinen heiligen Dienst versah. Und wo so ein Haus in einträchtiger Ordnung und Frömmigkeit verwaltet ward, da fehlte der Segen des Zeus nicht, da sammelte sich durch seine Huld ein reicher Besitz. – Jegliche Forderung des Rechtes und der Humanität im sozialen Leben hat in Zeus ihren Grund; in seiner Obhut steht das Recht des Gastes und des Fremdlings, des Bettlers, des Flüchtlings und des Schutzflehenden. Ferner sieht Zeus darauf, daß die Menschen Tugend und Frömmigkeit üben, daß sie sich mit bescheidenem Sinn in den Grenzen halten, die dem Sterblichen gezogen sind, und fromm die Macht der Götter ehren. Jede Überhebung, jeden Übermut und Frevel der Menschen haßt er, und die Strafe kommt, wenn auch nicht unmittelbar nach der Tat, so doch sicher in der Zukunft, wenn nicht über den Frevler selbst, so doch über Kinder und Kindeskinder. Und oft überfällt die Strafe des Zeus die Menschen plötzlich mitten im Glücke, wie ein Wetter, das vom Himmel niedertobt, das die Meereswoge aufwühlt und die Werke der Menschen zerstört; dann steigt es wieder zum Himmel auf, und der Glanz der Sonne kehrt wieder; so stellt auch in der sittlichen Welt die Strafe des Zeus das durch die Sünde gestörte Gleichgewicht wieder her. Auch in anderer Weise führt Zeus die durch Verbrechen und sinnverwirrende Leidenschaft getrübte Ordnung des sittlichen Lebens zurück; wie er ein Rächer der Schuld ist, so ist er auch eine Zuflucht des Verbrechers, der seine Schuld bereut und sie zu sühnen wünscht. Er ist ein Bluträcher und zugleich ein Blutsühner.

Die Geschicke des Menschenlebens ruhen in Zeus' Hand; alles Gute und alles Böse kommt von ihm. An der Schwelle seines Hauses, heißt es bei Homer, stehen zwei Tonnen, die eine mit bösen Gaben gefüllt, mit Gütern die andere; daraus teilt er den Menschen nach eigener Wahl ihr Geschick zu. Wem er vermischt seine Gaben austeilt, den trifft abwechselnd bald gutes, bald schlimmes Los; doch wem er nur Weh zuteilt, den verstößt er in Schande, und herznagende Not verfolgt ihn, daß er umherirrt auf der Erde, ungeehrt von Göttern und Menschen. Auf der andern Seite aber gibt auch seine Huld das höchste Glück der Erde, Reichtum und Ehre und Macht und Sieg und alles Schönste und Edelste, was das Herz sich wünscht. Dann aber wache der Mensch wohl, daß sich ihm nicht Übermut ins Herz schleiche, daß er nicht, wie Pindar sich mahnend den Großen der Erde gegenüber ausspricht, Zeus selbst zu werden begehre; denn auf die Überhebung, so will es Zeus, folgt das Unheil. Auch Leben und Tod liegen in der Hand des Zeus. Als vor Troia der Kampf einmal ohne Entscheidung hin- und herwogte, nahm er, auf dem Ida sitzend, die goldene Waage hervor, legte in die Schalen zwei finstere Todeslose, eins der Troer, das andere der Achaier, faßte dann die Waage in der Mitte und wog; da sank die Schale der Achaier tief zur Erde, und das Verderben kam über sie. Laut donnerte Zeus vom Ida herab, und sein Blitzstrahl zuckte durch das Heer der Achaier, daß bleiches Entsetzen sie erfaßte und keiner standhielt. In gleicher Weise wog er die Todeslose des Hektor und des Achilleus gegeneinander, als diese zum entscheidenden Kampfe vor den Mauern Troias zusammenstießen; Hektors Geschick neigte sich schwer zum Hades hin, und der Tod war ihm gewiß.

So also bestimmt Zeus über Tod und Leben, über Glück und Unglück der Menschen; denn er vermag alles. Und doch, betrachtet man das eben erwähnte homerische Bild von der Waage genauer, so ergibt sich, daß die bestimmende Macht über das Schicksal außer Zeus liegt und er nur den Schicksalsschluß erforscht. Diese über Zeus stehende dunkle Schicksalsmacht ist die *Moira*. Da könnte es nun scheinen, und man hat das auf Grundlage von Stellen wie die eben erwähnten der Ilias auch geglaubt, als ob die Griechen über Zeus und die übrigen Götter hinaus noch ein höheres, allmächtiges Wesen angenommen hätten, das den Götterkönig und die gesamte, in so viele Personen gegliederte Götterwelt mit seiner Macht umfaßte. Aber es ist zu beachten, daß auf Erden auch »vieles gegen oder über das Geschick hinaus« vor sich geht, daß also auch die Moira nicht allmächtig ist. Zweitens findet man oft betont, daß das Schicksal von den Göttern bestimmt wird oder wenigstens mit ihrem Willen seinen Lauf nimmt; deswegen ist oft von einer »Aisa (= Moira) des Zeus« oder »Moira der Götter« die Rede. Und während an manchen Stellen Moira das Geschick bestimmt, dem sich die Götter unterwerfen, tut dies an anderen Zeus an ihrer Stelle, oder Zeus und Moira gemeinsam. Man darf also nicht so definieren, wie man oft liest, daß »über den Göttern die Moira stehe«, sondern man wird vorsichtiger sagen, daß diese Vorstellung an *manchen* Stellen erscheint. Wäre sie weiter gebildet worden, so würden dadurch die Olympier zu Götterwesen zweiten Ranges herabgedrückt worden sein. Aber die Griechen haben das Verhältnis der Moira zu den Göttern und auch zu Zeus nie ganz sicher und genau bestimmt.

Wie das Wesen des Zeus bisher beschrieben worden ist, so stellt es sich uns im allgemeinen bei Homer dar, und die von diesem festgestellte Anschauung ist in der Folgezeit bei dem ganzen Griechenvolke im wesentlichen dieselbe geblieben. Zeus ist der höchste Nationalgott der Griechen, der überall verehrt wurde als der Vater und König der Götter und Menschen und der höchste Herrscher der Welt. Bei Homer ist Zeus im sicheren und unbestrittenen Besitze der Weltherrschaft; die Kämpfe, durch die er sich zum Herrn der Welt emporgeschwungen oder in denen ihm seine Würde streitig gemacht werden sollte, liegen weit hinter ihm, auch diejenige Gefahr, die ihm einst von der Verbindung *dreier Gegner, der Hera, des Poseidon* und der *Athena* drohte. Diese Gottheiten standen dem Zeus an Macht und Würde und ihrem inneren Wesen nach nahe und glaubten wohl bisweilen, gleiches Recht mit ihm auf die Herrschaft zu haben. Sie hatten sich also einst verbündet, den Zeus zu stürzen, ihn durch List und Gewalt zu fesseln, wie Homer sich ausdrückt, und in Banden zu halten. Thetis aber holte schnell aus dem Meere den hundertarmigen Riesen *Briareos-Aigaion*;

der setzte sich im Vollgefühle seiner Kraft neben Zeus und schreckte die Götter, daß sie ihn nicht zu binden wagten. Und in der Folge unternahmen sie es nicht wieder, sich an dem Herrscher, dem so gewaltige Kräfte zu Gebote standen, zu vergreifen, obgleich sie sich ihm dann und wann wohl einmal entgegenstellten und ihn irgendwie zu hintergehen versuchten. Namentlich hat nach den Erzählungen Homers Hera ihn öfter zu täuschen und sich ihm zu widersetzen gewagt (s. den nächsten Abschnitt). Der Gewalt hat sie entsagt, aber sie spart keine List, um wider seinen Willen ihre Zwecke zu erreichen, und das gelingt ihr bisweilen; sie überwältigt seinen Sinn mit Hilfe des Schlafgottes Hypnos, oder sie hintergeht ihn im Bunde mit Ate, der Betörung.

So kann auch Zeus, der Weise und Gewaltige, durch andere Götter bisweilen hintergangen werden, auch muß er auf die übrigen Götter öfter mehr Rücksicht nehmen, als er wünscht; er ist in mancher Beziehung ein beschränkter Herrscher und hat vielfache Schwächen. Wie er der Täuschung und der Betörung zugänglich ist, so wird er auch öfter von menschlichen Leidenschaften hingerissen. Das kommt daher, daß die Dichter ihn wie die andern Götter, um sie als handelnde Personen in Gedichten verwenden zu können, mehr als sich mit der göttlichen Vollkommenheit verträgt, vermenschlichen, daß sie ihre Götter mit menschlichen Fehlern wie mit menschlichen Tugenden angetan haben; und wenn nun einmal die Götter dem sterblichen Geschlechte so nahe gerückt sind, so wagen auch die Dichter sie mit Vertraulichkeit zu behandeln, sie erlauben sich, sie bisweilen auch in unwürdige Verhältnisse hineinzuführen und mit einer gewissen Leichtfertigkeit über sie zu scherzen. Ein anderer Grund für die scheinbar eines Gottes unwürdige Handlungsweise des Zeus ist der, daß uns und schon den späteren Griechen unwürdig und ungöttlich erschien, was früheren Zeiten ganz unanstößig war. Uns fällt es auf, daß der Götterkönig seine eigne Schwester heiratet. Es muß aber eine Zeit gegeben haben, wo dies Sitte war, wie es denn, allerdings selten, für die Griechen und häufiger für Ägypten bezeugt ist. Neben Hera, seiner eigentlichen Gemahlin, hat aber Zeus noch eine Menge Nebenfrauen. Kein Mohammedaner würde hierin einen Tadel sehen, und so hat es auch bei den Griechen eine Zeit gegeben, wo Nebenfrauen nicht verboten waren. Eine andere, wohl richtigere Erklärung dieser *Liebesverhältnisse* des Zeus ist die: es mag eine Zeit gegeben haben, in der Hera noch nicht allgemein bei den Griechen für die Gemahlin des Zeus galt, sondern in den verschiedenen Religionskreisen und in verschiedenen Landschaften bald diese, bald jene Göttin mit ihm in ehelicher Verbindung gedacht wurde. So erzeugte Zeus mit *Demeter* die Persephone, mit *Leto* Apollon und Artemis; nach arkadischem Glauben war er mit *Maia* verbunden, und die Frucht dieser Ehe war Hermes; in Dodona ist *Dione* seine Gemahlin, und ihre Tochter ist Aphrodite. Nachdem nun die Vorstellung von der olympischen Götterfamilie sich gebildet und die in Argos und an anderen Orten von alters her als Gemahlin des Zeus verehrte Hera neben dem Himmelskönige als alleinige rechtmäßige Gattin eingesetzt war, wurden jene anderen Ehen nicht mehr als vollgültig, ja in gewisser Beziehung als unerlaubte Verbindungen angesehen; auch sanken manche Göttinnen, die in einzelnen Landschaften als Gemahlinnen des Zeus anerkannt gewesen waren, mit der Zeit zu bloßen Heroïnen und ihre Kinder zu menschlichen Heroen herab. Da hat denn die Poesie sich vielfach ein Geschäft daraus gemacht, diese alten Ausdrücke einfacher und mythologischer Gedanken wie gewöhnliche, oft anstößige Liebeshändel zu behandeln und auszuführen.

Als eine häufige Operation des schaffenden Geistes der alten Mythologie sieht man es ferner an, daß einzelne Eigenschaften, die an einer Gottheit hervortreten, wieder besonders als Personen hingestellt und diese Wesen als Ausflüsse jener Gottheit, als ihre Kinder angenommen werden. So deutet man auch zahlreiche *Kinder des Zeus* als Darstellungen und Personifikationen einer bestimmten Seite seines Wesens, z. B. die Moiren und die Horen, Töchter des Zeus und der Themis, die Chariten, Töchter des Zeus von Eurynome, auch die Musen, die ihm Mnemosyne gebar. Auch unter den Heroen finden sich Zeussöhne, die in seinem Geiste und in seinem Namen für die Begründung und Durchführung seiner Ordnung in der Menschenwelt kämpfen und wirken, wie vor allen Herakles. Auf demselben Gedanken beruht es auch, daß von den alten Königen, die ja bei den Dichtern sämtlich »zeusgeborene« heißen, gar mancher für einen Sohn des Zeus gilt; und viele edle Geschlechter suchten einen Ruhm darin, ihren Stammbaum bis zu ihm hinaufzuführen.

Aus allen diesen Gründen kam Zeus zu einer Menge von Liebesverbindungen mit göttlichen und sterblichen Frauen und zu einer zahlreichen Nachkommenschaft. Wenn man nun bei der Beurteilung dieser Verhältnisse nur die gewöhnlichen Darstellungen der Dichter, die selbst den ursprünglichen Sinn vieler Sagen nicht mehr kannten, ins Auge faßt, so findet man wohl den der griechischen Religion und Mythologie öfter – auch heute noch – gemachten Vorwurf der Unsittlichkeit gerecht, da ja selbst der höchste Gott so sehr moralischer Leichtfertigkeit verfallen sei; doch wird man das Falsche und Ungerechte jenes Vorwurfes erkennen, sobald man auf den eigentlichen Sinn aller dieser von Zeus eingegangenen Verbindungen zurückgeht.

An verschiedenen Orten Griechenlands hatten sich Vorstellungen des Zeus aus uralter Zeit erhalten, die noch mehr die ursprüngliche Naturseite des Gottes zeigten und von denen Homers sehr verschieden waren. So besonders in dem uralten Kultus des *dodonaiischen* oder *pelasgischen* Zeus zu *Dodona* in Epeiros am Fuße des quellreichen Berges Tomaros, wo der Gott ein in ältester Zeit sehr berühmtes Orakel hatte, das später zwar von dem delphischen verdunkelt ward, aber doch immer noch einen bedeutenden Rang behauptete. Von der Entstehung des Orakels erzählten die Priester des Zeus in dem ägyptischen Theben, zwei heilige Frauen seien von Phoinikern aus Ägypten geraubt, und die eine sei nach Libyen, die andere zu den Hellenen verkauft worden; jene habe das ammonische, diese das dodonaiische Orakel gegründet. Die Dodonaier hatten dieselbe Sage in etwas anderer Form: zwei schwarze wilde Tauben seien von dem ägyptischen Theben ausgeflogen, die eine nach Libyen, die andere nach Dodona; diese habe hier von einer Eiche herab mit menschlicher Stimme befohlen, ein Orakel des Zeus zu gründen. Die Fabel ist wohl von ägyptischen Priestern ersonnen, um darzutun, daß das Orakel des Zeus Ammon in Libyen und das zu Dodona miteinander verwandt seien und beide von Ägypten her stammten. – Zeus offenbarte sich in Dodona, das noch heute an schönen Eichen reich ist, im Rauschen einer solchen. Die *Selloi*, die Priester des Gottes, die diese Orakel zu deuten hatten, gingen mit ungewaschenen Füßen und schliefen auf bloßer Erde; dies ist eine besondere Form von Askese (Selbstpeinigung). Mit Zeus verband man in Dodona als Gemahlin die *Dione*, deren Name nur die weibliche Form des Wortes Zeus ist, eine Göttin der Feuchte, die in dem quelligen Wiesengrunde des Landes segnend waltete. Auch vom dodonaiischen Zeus selbst vermutet man übrigens, daß er ursprünglich ein Quellgott jener Gegend gewesen sei. In späterer Zeit, als das griechische Leben, aus Epeiros verdrängt, in andern Landschaften zu höherer Blüte gedieh, traten das dodonaiische Orakel und die dodonaiischen Religionsanschauungen in den Hintergrund; dabei verlor Dione ihre Bedeutung und wurde durch Hera von Zeus' Seite verdrängt. Sie ward später nur noch als die Mutter der Aphrodite geehrt und galt manchen für eine Nymphe; andere nannten sie wegen ihres hohen Alters eine Tochter des Okeanos und der Tethys oder des Uranos und der Ge. In Dodona scheint man sie früh als Ge, Erdgottheit, die durch den Regen des Himmelsgottes befruchtet wird, gedeutet zu haben, nach dem alten Liede, das die dodonaiischen Priesterinnen sangen:

Zeus war, Zeus ist und Zeus wird sein, o größester Gott Zeus!
Früchte spendet die Ge, drum nennet Mutter die Gaia.

Ein zweites wichtiges und, wie sich jetzt herausgestellt hat, vielleicht noch älteres Gebiet der Zeusverehrung ist die Insel *Kreta*. Wir wissen jetzt durch die dort vorgenommenen Ausgrabungen, daß diese Insel im zweiten Jahrtausend v. Chr. G. der Sitz einer erstaunlich hohen Bildung war, die sich von da aus nach Griechenland (besonders Mykenai, Tiryns) und Asien (Troia), ja bis nach Ägypten und weiter verbreitet hat. Es ist nun wahrscheinlich, daß auch die Religionsvorstellungen der Insel Kreta für die Entwicklung der Religion in Griechenland von hoher Bedeutung sind. Freilich können wir darüber Genaueres noch nicht sagen, da wir die Schrift jener Zeit noch nicht lesen können und die Spuren der Religion in Kreta, die sich bis jetzt haben nachweisen lassen, z. B. die Verehrung eines doppelten Horns, von der späteren griechischen doch recht abweichen. Auffallend ist immerhin, daß auf der Insel, die ja in späterer Zeit für Griechenland von recht geringer Wichtigkeit war, eine Menge Sagen von Zeus und anderen Göttern spielen, was eben auf eine große Bedeutung Kretas in früherer Zeit hinweist.

In späterer Zeit galt *Kreta* unter den Griechen allgemein als Geburtsort und Jugendaufenthalt des Zeus. Dort sollte er in einer Grotte des Berges Dikte geboren worden sein; diese Grotte ist beim jetzigen Dorfe Psychro wiedergefunden, und ihre Erforschung ergab interessante Altertümer. Die Nymphen *Adrasteia* und *Ide*, die Töchter des Melisseus (des Honigmannes), pflegten das Zeuskind und nährten es mit der Milch der Ziege *Amaltheia* (der Nährerin), Bienen trugen ihm Honig aus dem Gebirge zu, und die *Kureten*, rüstige, gewappnete Jünglinge, führten vor der Höhle lärmende Waffentänze auf, daß der grausame Vater Kronos, der ihn zu verschlingen drohte, die Stimme des Kindleins nicht hörte. Amaltheia, die Ziege (sie ward übrigens auch als Nymphe gedacht), wurde von Zeus zum Lohn für

ihre Dienste unter die Gestirne versetzt. Das Horn der nährenden Amaltheia galt später als Füllhorn, da ja noch bei uns ein
Zeichen strömender Segensfülle ist. Wenn wirklich dieses Horn
der Amaltheia mit den erwähnten, auf Kreta verehrten Hörnern in Beziehung zu setzen ist, so würde also das noch uns
geläufige Symbol des Segens in das zweite Jahrtausend v. Chr.
zurückgehen. Die Kureten, die man mit den asiatischen Korybanten vermischt hat, die Wächter und Beschützer des Zeuskin-
des, waren eigentlich halbgöttlich-dämonische Wesen; später
nannte man so die Priester, die auf Kreta den Dienst des Zeus
und der Rhea versahen. Dieser Dienst hatte etwas Orgiasti-
sches gleich den asiatischen Naturreligionen, mit denen er in
Zusammenhang gebracht worden ist. Zeus selbst wurde auf
Kreta als ein Naturgott gefeiert, gewissermaßen als das persön-
liche Bild der Natur; wie er auf der Insel geboren sein sollte, so
zeigte man dort auch sein Grab; er wächst fröhlich auf und
stirbt wieder gleich der Natur, die im Frühling aufblüht und
beim Herannahen des Winters hinstirbt. Sein Sterbefest feierten die Kureten in orgiastischer Trauer und Klage, sein Aufersteh-
hungsfest dagegen unter Waffentanz und schallender Musik in
jauchzender Freude.

Die Gemahlin des alten kretischen Zeus war *Europa*, die
»finster Nächtliche«, eine Tochter des Phoinix, und die alten
mythischen Könige der Insel *Minos*, *Rhadamanthys* und *Sarpedon* sollten dieser Ehe des Zeus entsprossen sein. Der Gott
sollte sich seine Gemahlin geraubt haben (auch unter den Griechen bestand die alte Sitte des Brautraubs; so raubte Zeus nach
dem Mythos einer andern Landschaft auch die Hera (siehe
Hera), Hades die Persephone). Daß Zeus sich bei dem Raube in
einen Stier verwandelt, ist vielleicht so zu erklären, daß in uralter Zeit, in der der Mythos entstand, der Gott mit seinen befruchtenden und nährenden Eigenschaften wirklich als Stier
gedacht wurde; dieser ist ein Symbol der Befruchtung, und es
treten z. B. die nährenden Flußgötter und an manchen Orten

Dionysos, der mit dem kretischen Zeus eine gewisse Ähnlichkeit hat, in Stiergestalt auf. Spätere Sagen machten die Europa nicht zu einer Tochter des Phoinix, sondern zu der eines Phoinikers, des Königs Agenor von Sidon, und aus dem Raube der phoinikischen Königstochter durch Zeus in Stiergestalt bildeten dann die Dichter eine Entführungsgeschichte, in der keine Spur von religiösen Ideen mehr zu finden ist. Wir folgen in deren Erzählung besonders dem Idyllendichter Moschos, der ungefähr 150 Jahre v. Chr. G. lebte.

Einst hatte Europa einen seltsamen Traum: Die beiden Weltteile, Asien und das gegenüberliegende Festland, kämpften in der Gestalt von Frauen um sie; und wie sich Asien auch abmühte um die Jungfrau, die sie geboren und erzogen, als Siegerin führte die andere die Königstochter davon; denn ihr habe der waltende Zeus Europa zum Geschenke gegeben.

Europa wußte den Traum nicht zu deuten; fromm betete sie, die seligen Götter möchten ihn ihr zum Guten wenden. Dann erhob sie sich und suchte nach ihren lieben Freundinnen, den gleichaltrigen trauten Gespielen beim Reigentanz, beim Bade in den Wellen des Bachs oder wenn sie süß duftende Lilien pflückten auf der Au. Und diese erschienen sogleich; sie hatten eine jede ein Blumenkörbchen im Arm und eilten mit der Königstochter hinaus auf die Wiesen am Meeresgestade, wo ihre Schar sich gewöhnlich sammelte, um sich an den sprossenden Rosen und dem Rauschen der Wellen zu erfreuen. Europa selbst trug ein goldenes Körbchen, wunderschön, ein wahres Kleinod, das Hephaistos gefertigt; die kunstreichsten Gebilde waren darauf, die ganze Geschichte der von Zeus geliebten Jo.

Als sie nun auf die blumige Au gekommen, da ergötzte sich die eine an diesen, die andere an jenen Blumen. Eine pflückte den duftigen Narkissos, die andere Hyazinthen, der gefiel die Viole, jener der Quendel; andere wieder suchten eifrig den balsamischen Krokos. Mitten unter ihnen stand das Königskind, in Schönheit strahlend wie Aphrodite unter den Chariten, und sammelte mit zarter Hand glühende Rosen. Ach, sie sollte nicht lange mehr als spielende Jungfrau sich an den Blumen ergötzen. Denn sobald Zeus, der Kronide, sie sah, die liebliche Königstochter, wie entbrannte er von Liebe! Die Geschosse der Kypris (Aphrodite), die allein den Zeus selbst besiegen kann, hatten ihn völlig bewältigt. Damit er jedoch den Zorn der eifersüchtigen Hera vermeide und um den kindlichen Sinn des Mädchens zu berücken, barg er seine göttliche Gestalt und wurde ein Stier; doch nicht ein Stier von gewöhnlicher Art, wie sie sich in den Ställen sättigen oder sich am Pflug und am Wagen abmühen; nein, sein ganzer Leib glänzte wie lichtes Gold, nur mitten auf der Stirne trug er einen runden silberweißen Fleck; auf dem Scheitel krümmten sich zwei gleichmäßge Hörner gleich den Hörnern des Mondes, sein sanftes Auge glänzte von Sehnsucht.

So kam er zur Wiese. Er flößte den Jungfrauen keine Furcht ein, sondern alle gelüstete es, heranzukommen und den schönen Stier zu streicheln, dessen ambrosischer Atem selbst den Wohlgeruch der würzigen Au von ferne schon überduftete. Jetzt trat er zu der schönen Europa heran und leckte ihr den Hals und schmeichelte ihr freundlich; die klopfte und streichelte ihn, streifte ihm sanft mit der Hand den Schaum vom Maul und küßte sogar das Tier. Der Stier brummte ihr schmeichelnd entgegen, so lieblich, als wären es die Töne einer Flöte, legte sich der Jungfrau zu Füßen und sah mit zurückgebeugtem Nacken zu ihr hinauf und bot ihr den breiten Rücken dar. Da rief sie der Schar ihrer holdgelockten Begleiterinnen zu: »Kommt her, ihr Lieben, wir wollen uns zur Kurzweil auf den Stier setzen; er trägt uns auf seinem breiten Rücken wie ein Schiff. Wie blickt er so fromm und freundlich, gar nicht wie andere Stiere! Wahrlich, er hat Verstand wie ein Mensch, nur die Sprache fehlt ihm.«

So sprach sie und stieg lachend auf den Rücken des Stiers, und eben wollten auch andere sich ihr nachschwingen: da

sprang plötzlich der Stier empor – er hatte geraubt, die er wollte
– und eilte geradeswegs dem Meere zu. Mit ausgebreiteten
Händen schaute die Jungfrau nach ihren Gespielen zurück und
rief sie um Hilfe an, aber die konnten sie nicht erreichen. Der
Stier sprang mit seiner schönen Last ins Meer und schwamm
davon, schnell wie ein Delphin. Die Göttinnen des Meeres, die
Nereïden, tauchten aus dem Meere hervor und drängten sich,
auf den Rücken von Seetieren dahinschwimmend, in Scharen
heran, der Meerkönig Poseidon selbst ebnete dem Bruder die
Wellen und führte den Zug, umringt von den Tritonen, den
Bewohnern der tiefen Salzflut, die auf ihren Muscheltrompeten
das Brautlied bliesen. Das zitternde Mädchen hielt sich mit der
einen Hand an dem Horne des Stiers, mit der andern zog sie
die Falten des purpurnen Gewandes herauf, sorgend, daß die
Woge ihr nicht den flatternden Saum netze. Hoch vom Winde
geschwellt, wallte das weite Gewand um ihre Schultern, gleich
dem Segel eines Schiffes.

Als nun die Jungfrau fern war vom Vaterlande und nirgends
mehr ein Gestade, nirgends ein Berg sich zeigte, nur der Himmel über ihr und unter ihr das unermeßliche Meer, da schaute
sie angsterfüllten Blickes um sich und sprach also: »Wohin trägst
du mich, göttlicher Stier? Wer bist du? Wie kannst du mit dem
schweren Fuß das Meer durchwandeln ohne Furcht? Den Schiffen öffnet das Meer seine Bahn, aber Stiere fürchten sonst den
salzigen Pfad. Bist du ein Gott? Nie wandeln Delphine auf dem
Lande, nie ein Stier auf dem Meere; du aber gehst übers Land
und schwimmst, ohne dich zu netzen, übers Meer und brauchst
die Hufe wie Ruder. Bald wirst du dich auch hoch in die blaue
Luft heben, gleich dem leichten Vogel! Wehe mir Armen, daß
ich das Haus meines Vaters ließ und diesem Stiere folgte, durch
fremdes Gewässer, einsam und verlassen! Sei du mir gnädig,
Poseidon, Herrscher der dunkeln Flut! Du bist's, glaube ich,
der diesen Zug anführt und durchs Meer geleitet. Nicht ohne
der Götter Geleit wandere ich diese feuchten Pfade.«

So sprach sie, und der gehörnte Stier antwortete: »Sei getrost, mein Kind, fürchte das Meer nicht! Ich bin Zeus selber, nur dem Scheine nach bin ich ein Stier; ich vermag eine Gestalt zu nehmen, wie ich sie will. Die Liebe zu dir trieb mich, in der Hülle eines Stieres diesen Weg durchs Meer zu gehen. Kreta, die schöne Insel, wird dich aufnehmen, die meine eigene Wiege war; dort wird dein Brautgemach sein, und von mir wirst du berühmte Söhne haben, zeptertragende Könige, die mit Kraft herrschen werden über die Völker.«

So sprach er, und was er gesprochen, erfüllte sich. Kreta stieg bald aus den Wellen empor und nahm die Braut des Zeus auf. Hier ward sie Mutter der großen Könige Minos, Rhadamanthys und Sarpedon.

Auch die Arkader machten Anspruch darauf, daß Zeus bei ihnen geboren und auferzogen worden sei. Der Gott hatte dort als *Zeus Lykaios* einen uralten Dienst auf dem Berge Lykaion, wie er denn überhaupt auf und an hohen, in den lichten Äther ragenden Bergen, um deren Haupt sich die Regen- und Gewitterwolken sammeln, von jeher besonders verehrt wurde. Auf dem Gipfel des Lykaion, den man auch Olympos nannte, stand ein Altar des Zeus und vor diesem zwei Säulen nach Sonnenaufgang zu, auf deren jeder ein goldener Adler saß, der dem Zeus geweihte Vogel, der kühn hinaufsteigt bis zu den Quellen des Lichts. Auf der Höhe war ein heiliger Raum, in dem weder Tier noch Mensch einen Schatten warf; denn da war nichts als Licht. Wer den Raum betrat, der starb binnen Jahresfrist; drang er vorsätzlich ein, so ward er gesteinigt. Dem Gotte wurden dort in alter Zeit Menschenopfer dargebracht, wie in Thessalien dem Zeus Laphystios. *Lykaon*, des Pelasgos Sohn, soll am Altare des Gottes sein eigen Kind geopfert haben. Da diese rohe Sitte aber später verabscheut ward, so entstand die Sage, Zeus habe ihn noch während des Opfers in einen Wolf verwandelt; *lykos* heißt im Griechischen der Wolf. In späterer Zeit aber ist Lykaon sogar mit Rücksicht auf diese Menschenopfer zu einem barbarischen, gegen die Götter frevelnden Wüterich geworden. Die ältere Sage erzählte, er habe den Dienst des Zeus Lykaios und damit den ersten Gottesdienst in Arkadien überhaupt eingesetzt, die Stadt Lykosura an dem Berge Lykaion erbaut und den Grund zu milderer Kultur gelegt; nach den Metamorphosen Ovids war er dagegen einer von den Frevlern, die den Zeus bewogen, die große Flut zur Vertilgung des verderbten Menschengeschlechtes über die Erde zu senden. Ovid erzählt:

Um sich von der Ruchlosigkeit der Menschen zu überzeugen, wandelte Zeus einst auf Erden umher und kehrte am späten Abend in Arkadien im Hause Lykaons ein. Sobald er eingetreten, gab er Zeichen, daß ein Gott genaht, und die Menge begann ihn mit Gebet und Gelübden zu ehren; aber Lykaon lachte ihrer und kündete ihnen an, er werde bald erfahren, ob der Fremde ein Gott sei oder ein Mensch, denn während der Nacht werde er ihn im Schlafe zu töten versuchen. Sogleich aber versucht er den Gast auf eine andere Weise; er schlachtet ein Kind, kocht und brät die noch halb lebenden Glieder und setzt sie seinem Gaste vor. Da wirft Zeus den rächenden Blitz ins Haus, und der Frevler flieht erschreckt davon. Als er das Freie erreicht, heult er laut auf, denn zu reden vermag er nicht, und stürzt sich mit Wut und gewohnter Mordlust, in einen Wolf verwandelt, auf die Herden.

Nach anderer Sage waren die fünfzig Söhne des Lykaon die Frevler. Sie luden den Zeus, der, um sie zu prüfen, in dürftiger Gestalt zu ihnen gekommen, zu Tische, schlachteten einen Knaben, mischten dessen Fleisch unter das heilige Opfer und setzten es auf den Rat des ältesten, Mainalos, dem Zeus vor. Der aber stieß den Tisch um und erschlug den Lykaon und seine Söhne mit dem Blitze.

Der *Zeus Am(m)on* oder *Hammon*, dessen Heiligtum und Orakel (Ammoneion) westlich von Ägypten in der libyschen Wüste in der jetzigen Oase Siwah lag, ist eine Verschmelzung des Zeus mit dem schon früh nach Griechenland eingewanderten, in Ägypten als Hauptgott verehrten Ammon. Es ist dies ein Beispiel jener namentlich bei den späteren Griechen zu findenden Sucht, fremde Gottheiten, besonders die der Ägypter, mit den ihrigen zu verschmelzen und für gleich zu erklären. Ammon wurde, entweder weil er Hauptgott Ägyptens war wie Zeus Hauptgott Griechenlands, oder deswegen, weil er, wie der Regenspender Zeus, in der Oase Wasser gab, für Zeus erklärt und auch an einigen wenigen Orten Griechenlands durch Errichtung von Tempeln und Altären geehrt. Die Ägypter, die ihre Götter häufig in der Gestalt von Tieren, von tierköpfigen Menschen oder menschenköpfigen Tieren anbeteten, bildeten ihn als Widder oder als widderköpfigen Menschen oder in vollständig menschlicher Gestalt mit gewundenen Hörnern am Kopfe. Deshalb sieht man auch Alexander den Großen, der sich für einen Sohn des Zeus Ammon hatte erklären lassen, mit Widderhörnern am Kopfe abgebildet.

Die berühmteste Kultusstätte des Zeus in Griechenland war *Olympia* in Elis am Alpheios. Der Dienst ist sehr alt; die olympischen Festspiele soll Herakles eingesetzt haben. Ursprünglich waren sie nur für die nächsten Anwohner, dann für die Peloponnesier und schließlich für alle Griechen bestimmt, und dadurch erhielten sie ihre große Bedeutung. Das Fest wurde jedes fünfte Jahr fünf Tage lang gefeiert. Die Spiele bestanden aus verschiedenen gymnischen (turnerischen) und hippischen (ritterlichen) Kämpfen. Seit etwa 460 v. Chr. wurden auch Prunkreden, Dichtungen u. dgl. vorgetragen; Herodot *soll* hier einen Teil seines berühmten Geschichtswerkes vorgelesen haben. Überhaupt ward hier bekannt gemacht, was man schnell unter den Hellenen allgemein zu verbreiten wünschte, denn aus allen Landen, soweit die griechische Zunge reichte, strömte eine zahlreiche Menge hier zusammen. Es war die größte Festversammlung, die unter den Griechen vorkam. Der Raum, in dem sich die Heiligtümer, eine Menge von Tempeln, Altären, Statuen und sog. Schatzhäusern (Häusern mit Weihegaben verschiedener

Städte) befand, hieß *Altis;* es war der Olivenhain und der Tempelhof des Zeus, den man durch prächtige Tore mit schimmernden Säulenhallen betrat. Am Eingange stand der heilige Ölbaum, von dessen Zweigen die Siegeskränze der Wettkämpfer mit goldenem Messer geschnitten wurden. Nicht weit von diesem »Ruhmeskranzbaum« stand der Tempel des olympischen Zeus mit dem von Pheidias aus Gold und Elfenbein gefertigten Bilde des Gottes, dem größten Kunstwerke der hellenischen Plastik. Dem mit dem Werke beauftragten Künstler soll nach langem vergeblichem Sinnen plötzlich das Ideal des Gottes aufgegangen sein, als er einen Sänger folgende Verse aus Homers Ilias vortragen hörte:

»Also sprach er und winkte mit schwärzlichen Brauen, Kronion;
Und die ambrosischen Locken des Herrschers wallten ihm
vorwärts
Von dem unsterblichen Haupt; es erbebten die Höh'n des
Olympos.«

Es ist die Stelle, wo Zeus der Thetis gnädige Gewährung zunickt, als sie für ihren von Agamemnnon beleidigten Sohn Achilleus um Genugtuung bittet. »Bei dem Gotte sprach die Milde des Sieg und Gnade gewährenden Herrschers aus den Zügen des Antlitzes; mit der gnädigen Huld war vereinigt eine die Höhen des Olympos erschütternde Majestät. Des Pheidias Zeusbild galt späteren Geschlechtern als ein Höchstes, ein Weltwunder; sein bloßer Anblick stillte alles Leid.« Es war eine auf prächtigem Throne sitzende gewaltige Figur, mit der Basis über dreizehn Meter hoch, und beim Anschauen begriff man kaum, wie der Tempel diesen Gott fassen könnte. Basis und Thron und alle umgebende Verzierung der einfach erhabenen Gestalt waren mit dem höchsten Reichtum ausgeführt. Die Vorderseite der Basis schmückten die goldenen Gestalten der olympischen Götter, eingefaßt von Helios und Selene, ein Bild des Olympos;

der Thron bestand aus Zedernholz mit Zierden und Reliefs aus Gold und Elfenbein, Ebenholz und kostbaren Steinen. Die kolossale Gestalt des Gottes selbst, von der die Bekleidung bis auf die Hüften herabgesunken war, bestand aus Elfenbein, die Gewänder aus Gold, das mit Blumen bemalt war. In der Rechten hielt der Gott eine Siegesgöttin, Nike, denn der überall siegreiche Gott gewährt auch auf Erden den Sieg, in der Linken trug er das aus verschiedenen Metallen zusammengesetzte königliche Zepter mit dem Adler, dem Könige der Vögel. Die Gesichtszüge des Gottes waren ernst und milde und offenbarten einen ebenso huld- wie machtvollen Herrscher und Lenker der Götter-und Menschenwelt. – Das pheidiasische Zeusbild ist uns für immer verloren; es soll später von Olympia nach Konstantinopel gebracht und dort verbrannt sein. Wie es im einzelnen ausgesehen, können wir nicht sagen. Früher nahm man an, der nach seinem Fundorte so genannte Zeus von Otricoli, jetzt im vatikanischen Museum zu Rom, sei nach dem Vorbilde des Zeus in Olympia gearbeitet. Das ist zwar nicht der Fall. Aber der Kopf ist nicht sehr viel jünger als Pheidias und zeigt uns trefflich den Charakter des Zeus, in dem »der Mähne des Löwen vergleichbaren« Haar seine Macht, aber doch in den milden ruhigen Zügen das Väterliche des Götterkönigs. – Neben den Sitzbildern des Zeus, in denen sich die Vorstellung der Macht und siegreichen Ruhe ausdrückt, gab es auch Standbilder des Gottes, der dann als tätig gedacht wurde, entweder als Schützer und Vorsteher politischer Tätigkeit oder als der durch den Blitz strafende und schützende Gott. In solchen bewegten Situationen zeigen die Köpfe des Zeus auch bewegtere Züge, den Ausdruck des Zornes und kriegerische Heftigkeit, doch immer in sehr gemildertem Maße, wie auch in der ganzen Haltung des Körpers zu starke heftige Bewegungen vermieden sind.

Der römische *Jupiter*, richtiger *Juppiter*, stimmt in Namen und Wesen mit dem griechischen Zeus überein. Sein Name bedeutet soviel als »Zeus Vater«. Er gilt ebenfalls zunächst als

Naturgott, als Beherrscher des Himmels, von dem alle Erscheinungen des Himmels ausgehen, das helle Licht, aber auch Blitz und Donner, Sturm, Hagel und Regen, weiter aber als der Gott, der die ganze Welt, Götter und Menschen beherrscht und den einzelnen Menschen sowohl wie ganzen Völkern und Staaten ihre Geschicke bestimmt. Besonders aber stand der römische Staat unter seiner Leitung und Hut; das römische Capitolium, der Mittelpunkt des römischen Reiches, war sein liebster und vornehmster Sitz auf Erden, dort hatte »der Höchste und Beste« *(Juppiter Optimus Maximus)* sein berühmtestes Heiligtum als Juppiter Capitolinus. Nach seinem Willen war Rom gegründet worden als die einstige Beherrscherin des Erdreiches, er hat den Heeren Roms den Sieg gegeben über die Völker und seinen Beamten die Macht, die Menschen zu beherrschen. Wenn der Konsul sein Amt antrat, so stieg er, vom Senate und Volke begleitet, zum Kapitol hinauf, um dem höchsten Gotte des Staates zu opfern; zog der Feldherr in den Krieg, so brachte er erst auf dem Kapitol Gebete und Gelübde dar, und kehrte er siegreich heim, so fuhr er auf prächtigem Viergespann im Triumphzuge zu dem kapitolinischen Tempel, um dort dankbar Opfer und Gebet zu verrichten und seinen Lorbeerkranz in den Schoß des Juppiterbildes niederzulegen. Die herrlichst Beute *(spolia opima)*, die von dem römischen Feldherrn dem erlegten feindlichen Feldherrn ausgezogene Rüstung, weihte man dem Juppiter. Diesem auf dem Capitolium thronenden Beschützer des römischen Staates feierte man im Monat September mehrere Tage lang im Circus Maximus die zuerst die *großen,* dann die *römischen* genannten *Spiele durch Wettkämpfe verschiedener Art und durch Volksspeisungen, sowie auch die plebejischen* und *kapitolinischen* Spiele. Dem *Juppiter Latiaris* (dem Beschützer des Latinerbundes, des gesamten Latiums) beging man auf dem Albanerberge jährlich die *feriae Latinae* (die latinischen Feiertage), bei denen alle obrigkeitlichen Personen von Rom zugegen waren und die römischen Konsuln als Leiter des Festes mit den Abgeordneten der latinischen Städte dem Juppiter ein Opfer von weißen Stieren brachten.

Neben diesem großen Staatsgotte ist aber auch noch der Wetter- und Saatengott in Juppiter deutlich erkennbar. Der Landmann feierte ihm bei der Aussaat sowie bei Beginn der Ernte ein ländliches Fest; beim Anfange der Weinlese hatte der Gott ein Fest in ganz Latium. In Tagen schwerer Not, wie z. B. nach der Schlacht am trasimenischen See, gelobte man dem Juppiter zu Abwehr der Gefahr ein sogenanntes *Ver sacrum* (einen geweihten Frühling), nämlich die Opferung sämtlicher in einem Frühling geborenen Tiere, in älterer Zeit wohl auch noch außerdem sämtlicher in dem bestimmten Frühling zur Welt gekommenen Kinder. Diese wurden jedoch nicht als Opfer geschlachtet, sondern man schickte sie, nachdem sie herangewachsen, über die Grenze, damit sie sich in der Fremde eine neue Heimat suchten.

Wie Zeus ist der römische Juppiter nicht nur ein Gott des Lichts, sondern auch ein sittlicher Gott, ein Beschützer aller sittlichen Verhältnisse im Menschenleben, der Ehe und Verwandtschaft, des Gast- und des Völkerrechts. *Fides*, die Treue, ist seine Genossin und wohnt neben ihm auf dem Kapitol; *Terminus*, der Grenzgott, hatte einen heiligen Stein in dem Tempel des kapitolinischen Juppiter.

Die italischen Götter waren ursprünglich nicht miteinander durch verwandtschaftliche Verhältnisse verbunden, und so stand auch der römische Juppiter ohne Eltern, ohne Gemahlin und ohne Kinder allein und erhaben da in seiner Herrlichkeit. Als man ihn jedoch mit dem griechischen Zeus identifizierte, gab man ihm *Saturnus* und *Ops*, die als Kronos und Rhea erklärt wurden, zu Eltern (daher wird er oft von den Dichtern Saturnius, der Saturnier, genannt), zur Gemahlin *Juno*, zur Tochter *Minerva*. Die beiden letzteren waren mit ihm auf dem Kapitol in seinem Haupttempel vereinigt und bildeten mit ihm einen staatsschirmenden Dreiverein.

2. Hera (Juno)

Hera, die Tochter des Kronos und der Rhea, war die älteste Schwester und die Gemahlin des Zeus, und weil sie mit dem Götterkönige gleichen Stammes und seine hohe Gemahlin ist, beansprucht und besitzt sie die höchste Würde unter allen Göttinnen des Olympos. Erzogen ward sie in stiller Zurückgezogenheit in der Behausung ihrer Ahnen, des Okeanos und der Tethys; dorthin brachte Rhea, wie es in der Ilias heißt, ihre liebe Tochter zu der Zeit, als der waltende Zeus den Kronos unter die Erde verstieß und sich die Herrschaft über die Welt errang. Dann raubte sich Zeus die Braut und lebte mit ihr ohne Vorwissen der Eltern in heimlicher Ehe – ein Zug, der dadurch in die Sage gekommen, daß auch die Griechen, nachgewiesenermaßen wenigstens in Samos, den Brauch hatten, sich vor der öffentlichen Vermählung heimlich mit der Braut zu verbinden und sie bei der Hochzeit zu rauben. Endlich machte Zeus seine Ehe mit Hera bekannt, erhob sie vor aller Welt zu seiner Gemahlin und machte sie neben sich zur hohen Himmelskönigin. Ein glänzendes Hochzeitsfest ward von den Göttern gefeiert; Iris und die Chariten bedienten die junge Braut, und die Götter alle brachten ihre Geschenke dar; Gaia ließ ihr einen Wunderbaum wachsen mit goldenen Äpfeln, den seitdem die Hesperiden in dem Garten der Hera fern am Rande des Okeanos warten und schützen. Das eheliche Verhältnis zu Zeus bildet bei Hera den Mittelpunkt ihres Mythos und Kultus. Wenn der Kuckuck ruft und der Lenz erwacht, dann feiert, so glaubt man, der Himmelsgott mit der stets jugendlich blühenden Göttin seine Vermählung, die sogenannte »heilige Hochzeit«; dann sprossen aus der durch den Regen des Himmels belebten Erde Kräuter und Blumen in mannigfaltiger Pracht. Und an den verschiedenen Orten, wo

Hera besonders verehrt ward, beging man zu dieser Zeit unter allerlei hochzeitlichen Gebräuchen das Vermählungsfest des göttlichen Paares; man führte das Bild der Göttin in bräutlichem Schmucke, begleitet von einer Brautjungfer, umher und kränzte es mit Blumen.

Die Himmelskönigin, »die Herrin«, wie sie öfter genannt wird, thront neben ihrem königlichen Gemahle im Olympos auf goldenem Sessel, ehrwürdig, mächtig und erhaben, wie keine andere Göttin, und wird von den Unsterblichen allen und von ihrem Gemahle hoch geehrt. Sie gebietet neben Zeus über die Erscheinungen des Himmels, über Donner und Blitz, über Sturm und Gewölk, und wäre ihr Wille stets einig mit dem des Zeus, dann würde kein anderer Gott je wagen zu widerspre-

Münze von Argos mit dem Kopfe der einst dort befindlichen
Herastatue des Polykleitos

chen. Wenn die Königin in ihrer Würde und Hoheit eintritt in die Versammlung der Götter, so erheben sich alle voll Ehrfurcht von ihren Sitzen, wie bei dem Erscheinen des Zeus selbst. Sie ist eine stattliche Gestalt von vollendeter Schönheit, »schön gelockt«, »weißarmig«, mit großem Auge, dessen strotzende Kraft und Spiegelklarheit Homer mit dem für uns befremdlichen Beiworte »kuhäugig« bezeichnet. Wenn die Göttin in ihrer ganzen Herrlichkeit auftreten will, dann badet sie ihren unsterblichen

Leib in Ambrosia, salbt sich mit feinem ambrosischem Öle, dessen würziger Duft das ganze Haus des Zeus, den Himmel und die Erde erfüllt, ordnet das glänzende Haupthaar und ringelt es zu schönen, lieblich niederwallenden Locken; dann hüllt sie sich in das zarte Gewand, das Athena künstlich gewirkt hat, und festigt es mit goldenen Spangen über dem Busen, schlingt den mit hundert Quasten umbordeten Gürtel um den herrlichen Leib und schmückt die Ohren mit prächtigen Gehängen. Darauf umgibt sie ihr Haupt mit einem schirmenden sonnenhellen Schleier und bindet unter die glänzenden Füße die schönen Sandalen. Der Wagen, auf dem die Göttin mit zwei unsterblichen Rossen einherfährt, ist ein Kunstwerk seltener Art; aus Silber bestehen Naben, Sessel und Deichsel, von Gold ist das Joch und der Kranz der Räder, die Speichen sind von Bronze, die Achse ist eisern. Iris und die Horen, ihre Dienerinnen, schirren ihr den Wagen an und ab.

Wenn Aphrodite nur das natürliche Gefühl der Liebe darstellt und bei Demeter das mütterliche Verhältnis des Weibes in Freude und Schmerz hervortritt, so vertritt Hera als die einzige wahre Ehefrau im Olympos mit tiefem sittlichem Ernste die Idee der Ehe als unzerstörbaren Rechtsverhältnisses und die Würde und Rechte der Ehefrau. Sie selbst bewahrt mit unerschütterlicher Treue die Reinheit ihrer Verbindung mit Zeus und fordert auch von ihm die Heilighaltung des ehelichen Verhältnisses und die Anerkennung ihrer hohen Würde. Und Zeus ehrt sie als seine hohe Gemahlin, er ratschlagt mit ihr über die wichtigsten Dinge und teilt ihr oft seine Pläne mit, von denen kein anderer Gott etwas erfährt; doch muß ihr der höchste Regierer der Welt auch bisweilen den Blick in seine tiefsten Geheimnisse versagen. Dann fühlt sich die Gattin in ihrem Rechte gekränkt, und es kommt wohl zu heftigen Szenen. Auch ist die Eifersucht und die sittliche Strenge, mit der Hera über der Heiligkeit der Ehe wacht, ein häufiger Grund des Zerwürfnisses mit Zeus, der nur zu oft die Pflichten der Ehe hintansetzt.

Solche bewegte Szenen des Zankes und Haders sind nun für die Dichter ein ergiebigerer Stoff als der Zustand ungetrübter Einigkeit, und darum haben sie, und unter ihnen namentlich Homer, sie mit besonderer Vorliebe aufgesucht und mit einem gewissen Humor behandelt. So ist es gekommen, daß man bei Hera gewöhnlich an die unliebenswürdigen Seiten ihres Wesens denkt, ihre leidenschaftliche Eifersucht, ihren Trotz und ihre Streitsucht, an den Haß, mit dem sie die Geliebten des Zeus und deren Kinder verfolgt. Dabei darf man aber nicht vergessen, daß solche Eifersuchtsszenen durchaus nichts so Auffallendes haben in einer Zeit und bei Völkern, die die Rivalität einer Hauptfrau gegen die Nebenfrauen voraussetzen, und eine solche Kulturperiode führen uns die homerischen Gedichte ja hie und da noch in ihren Resten vor. Auch muß man beachten, daß eben aus dem Zorn, mit dem Hera eine Verletzung der Ehe verfolgt, ihr sittlicher Ernst als Schützerin der Ehe hervorgeht, – den freilich die Dichter aus dem angedeuteten Grunde nicht schildern.

Im troianischen Kriege steht Hera auf Seiten der Achaier, denn in Argos, Mykenai und Sparta, Hauptsitzen der Achaierherrschaft, wurde sie besonders verehrt; Paris aber hatte ja in jenem Wettstreite um die Schönheit nicht ihr, sondern der Aphrodite den Preis zuerkannt und, was besonders hervorzuheben, durch den Raub der Helena die Heiligkeit der Ehe freventlich verletzt. Darum haßt sie nicht bloß den Paris, sondern alle Troer dermaßen, daß sie, wie Zeus sagte, alle mit Haut und Haaren auffressen möchte. Als Zeus einst abgesondert von den Göttern mit Thetis geratschlagt und ihr versprochen hatte, zur Verherrlichung des beleidigten Achilleus den Troianern das Kriegsglück zuzuwenden, da fiel Hera in der Versammlung der Götter über den Gemahl mit heftigen Vorwürfen her, daß er ihr stets seine Geheimnisse verberge, daß er gewiß jetzt den Achaiern Verderben beschlossen habe u. dergl. Aber Zeus wies sie mit Zorn in ihre Schranken zurück und drohte ihr mit harter

Züchtigung, daß die Göttin erschrak und, den Sturm ihres Herzens bezwingend, schweigend dasaß; denn sie gedachte wohl der furchtbaren Strafen, die Zeus bei ähnlichen Gelegenheiten an ihr vollzogen, wie er sie einst gepeitscht, wie er im Zorn über ihre Verfolgung des Herakles sie zum Himmel hinaus gehängt hatte, mit zwei schweren Ambossen an den Füßen, die Hände mit starken goldenen Banden gefesselt. Bisweilen treibt der Haß gegen die Troer die Göttin selbst auf den Kampfplatz. Dort traf sie einst mit Artemis zusammen, die den Troern Hilfe leistete und als eine Tochter des Zeus und der Leto ihr verhaßt war; sie nahm ihr den Köcher ab und schlug ihr ihn unter Schelten und Hohnlachen um die Ohren, daß die Göttin ihre Geschosse wegwarf und weinend aus dem Kampfgewühl entfloh wie eine Taube, die vom Falken gescheucht wird.

Beispiele, wie Hera die von Zeus geliebten Göttinnen und Frauen und deren Kinder verfolgt, geben namentlich der viel geplagte Herakles, aber auch Apollon und Dionysos (siehe diese Abschnitte). Unglücklich ward besonders durch den Zorn der eifersüchtigen Hera Jo, die schöne Tochter des Königs Inachos in Argos, die von der Sage eine Priesterin der Hera genannt wird. Wir erzählen ihre Geschichte nach der Schilderung des römischen Dichters Ovid.

Inachos war der Gott des gleichnamigen Flusses in der griechischen Landschaft Argolis und deren erster König. Seine Tochter, die schöne Jo, war von Zeus ausersehen, die Stammutter eines großen Heldengeschlechts zu werden, das helfen sollte, die Ordnungen des Zeus auf Erden durchzuführen. Aber Hera zürnte ihrem Gatten, weil er sich mit einer anderen vermählen wollte, und stellte der Jo nach. Deswegen verwandelte Zeus die Jungfrau in ein schneeweißes Rind, um sie so der Rache seiner Gattin zu entziehen. Hera, die die List ihres Gemahls durchschaute, lobte die schöne Kuh und fragte, woher sie komme und wem sie gehöre. Sie sei aus der Erde gewachsen, sagte Zeus, um weiteres Forschen abzuschneiden. Hera gab sich zufrieden, doch erbat sie sich von ihrem Gemahle die schöne Kuh zum Geschenke. Was sollte Zeus tun? Grausam war's, die Geliebte seiner harten Gemahlin hinzugeben, aber verdächtig, sie zu verweigern. Er gab sie ihr.

Hera überwies die Verhaßte dem Argos, dem riesigen Sohne des Arestor, zur Bewachung; der hatte hundert Augen, von denen immer nur zwei schliefen, während die übrigen nach allen Seiten hinblickten. Er weidete bei Tage das arme Rind und bewachte es mit der größten Sorgfalt; wie er auch stand, stets sah er nach der Jo, auch wenn er ihr den Rücken zugekehrt hatte. Des Nachts schloß er sie ein und fesselte ihren zarten Hals an Ketten. Die unglückliche Jungfrau, die auch in ihrer Verwandlung das menschliche Bewußtsein behalten hatte, nährte sich von Baumblättern und bitterem Kraute, trank aus dem schlammigen Flusse und lagerte auf harter Erde. Wenn sie auch, um Gnade zu erflehen, ihre Hände zu dem hartherzigen Wächter hätte erheben wollen, sie hatte keine Hand mehr; wenn sie zu klagen versuchte, so stieß sie ein Brüllen aus, und sie erschrak vor ihrer eigenen Stimme. Da ihr die Sprache fehlte, konnte sie sich ihrem Vater und ihren Schwestern, den Nymphen des Flusses Jnachos, die das schöne Tier streichelten und fütterten, nicht zu erkennen geben; endlich schrieb sie mit ihrem Fuße ihr trauriges Geschick in den Sand. Aber was half das Klagen des unglücklichen Vaters? Der unbarmherzige Hüter Argos wies ihn fort und trieb seine Kuh zu einer anderen ferneren Trift, wo er sich auf den Gipfel eines Berges setzte, um nach allen Seiten hin Wache zu halten.

Aber der König des Himmels kann nicht länger die Leiden der geliebten Jo ansehen; er befiehlt seinem dienstbaren Sohne Hermes, den Argos zu töten. Sogleich fliegt dieser vom Himmel hinab, und nachdem er seine Flügelschuhe und den beschwingten Hut abgelegt und nur seine Rute behalten, treibt er mit dieser in der Nähe des Argos wie ein Hirt Ziegen vor sich her und spielt auf den Rohren seiner Hirtenflöte, der Syrinx, schöne

Weisen. Argos lauscht mit Vergnügen den lieblichen Tönen und ruft Hermes zu sich. Dieser setzt sich zu dem Riesen, verplaudert mit ihm die Stunden des Tages und versucht, durch die Töne seiner Syrinx seine wachsamen Augen einzuschläfern. Um sich wach zu erhalten, fragt Argos nach dem und jenem, auch danach, wie die Syrinx erfunden worden sei, denn dies war erst jüngst geschehen. Darauf erzählt der schlaue Gott von der schönsten aller Nymphen in den Bergen Arkadiens, der Naiade *Syrinx*. Sie war spröde und wünschte keinen Gatten, sondern wie die strenge Artemis, die stets unvermählte Göttin des Waldes, schweifte sie hoch gegürtet und jagend durch die waldigen Berge. Nun wollte der listige Hermes weiter schildern, daß Pan, der hohe Gott der arkadischen Berge, sich mit der schönen Syrinx zu vermählen gedachte – da schlossen sich endlich, endlich alle Augen des ermüdeten Argos, und Hermes konnte nicht weiter erzählen, wie Syrinx, die die Ehe mit Pan verabscheute, auf ihre Bitte von den Göttern in Schilfrohr verwandelt wurde, und wie Pan aus dem Schilfe ungleiche Röhren schnitt und mit Wachs zusammenheftete und die so erfundene Rohrflöte Syrinx nannte nach dem Namen der geliebten Nymphe. Alles dies wollte der schlaue Hermes noch erzählen; als er aber sah, daß alle Augen des Wächters sich in leisem Schlummer geschlossen hatten, hielt er schnell inne, rührte mit seiner Zauberrute alle Augen und senkte sie in tiefsten Schlaf; dann hieb er mit seinem Sichelschwerte das im Schlafe nickende Haupt des Riesen vom Rumpfe herab, daß es blutspritzend über die Felsen rollte. Hera versetzte später Argos' hundert Augen auf den Schweif des Pfaues und schmückte so das Gefieder ihres Lieblingsvogels mit schimmernden Sternen.

So war Jo von ihrem Peiniger befreit; aber die erzürnte Hera ersann der Unglücklichen eine neue Plage. Sie schickte eine große Bremse, die die rindsgestaltete Jungfrau durch ihren Stich in Wahnsinn versetzte und angstzerrüttet durch alle Länder des Erdkreises jagte, durch Illyrien hinauf in die rauhen Länder der

Skythen, am Kaukasus vorüber, zu den Amazonen, über den kimmerischen Bosporus (Rindsdurchgang), der von ihr den Namen trägt, durch alle Länder Asiens bis südlich zu dem Felsendurchbruch, wo von Byblos' Bergen der Nil seine fruchtbare Flut hinabgießt ins Ägypterland. Dessen Strömung folgte sie und kam endlich in die Niederung Ägyptens, in das dreieckige Land (Delta), das von den Mündungen des Stromes gebildet wird. Hier fand sie ein neues Heimatland und die Befreiung von ihrer langen Qual.

Als die gepeinigte Jungfrau hier ankam, sank sie erschöpft am Ufer des Stromes in ihre Knie und flehte mit Tränen und seufzendem Schrei zum Zeus, er möge ihren Leiden ein Ziel setzen. Der besänftigte endlich durch langes Bitten den Zorn seiner Gattin und gab der Jungfrau ihre frühere Gestalt wieder. Sie wurde später in Ägypten die Mutter des Epaphos, dem die Herrschaft des Landes bestimmt war. Das Volk der Ägypter verehrte sie in der Folge unter dem Namen Isis als Göttin.

Wie im Olympos, so wachte Hera auch in der Menschenwelt über die Heilighaltung der Ehe; sie wurde, vornehmlich von den Frauen, als die Göttin der Ehe in allen Beziehungen verehrt. Selbst eine schöne jugendlich blühende Gottheit, verleiht sie der Jungfrau Schönheit und die Kraft der Jugendblüte und läßt ihr das Los der Ehe zuteil werden; in der Ehe gibt sie Glück und Frieden und den Segen der Kinder. Besonders rief man sie auch in den Nöten der Geburt; an manchen Orten wurde sie selbst als *Eileithyia* (Ilithyia), d. i. Geburtsgöttin, verehrt, wie zu Argos, sonst galt sie als Mutter der Geburtsgöttinnen, der Eileithyien.

Die Idee einer Mutter tritt bei der Ehegöttin Hera wenig hervor, obgleich sie dem Zeus drei Kinder gebar: den kriegerischen kampfrüstigen *Ares*, den lahmen *Hephaistos*, den friedfertigen Künstler, der gerne den Zwist im elterlichen Hause besänftigt (s. Hephaistos), und die Tochter *Hebe*, die Göttin ewiger Jugend.

Aus dem bisherigen sieht man, daß Hera ihre Hauptwirksamkeit als Schützerin der Frauen und auf sittlichem Gebiete hat; doch stand sie ursprünglich wie Zeus und die meisten andern Gottheiten in enger Beziehung zur Natur. Als ihren ursprünglichen Charakter hat man bald den einer Luft-, bald den einer Erdgöttin angesehen, beides ohne genügenden Beweis; auch daß sie eine Gewittergöttin sei, ist nicht wahrscheinlich. Am glaubhaftesten ist, daß sie ursprünglich eine Mondgöttin bedeutet, die sich später zur Schützerin des Frauenlebens entwickelt hat.

Hera wurde in ganz Griechenland verehrt. Hauptorte ihres Kultus waren von alters her Argos und Mykenai, zwischen denen das berühmte Heiligtum der argivischen Hera lag, dasselbe, an dem die Mutter der durch ihre kindliche Liebe bekannten argivischen Jünglinge Kleobis und Biton Priesterin war, ferner Sparta, Korinth, die Insel Euboia, die boiotischen Städte an dem Gebirge Kithairon usw. – Heilig war ihr der Granatapfel als ein Heilmittel für Frauenkrankheiten, der Kuckuck, der Verkünder des Frühlings, der Jahreszeit, in der Hera sich mit Zeus vermählte; später auch der aus Indien über Samos nach Griechenland eingeführte Pfau, ein durch die stolze Pracht seines Gefieders der stolzen Himmelskönigin ziemender Vogel, der mit seinem hundertäugigen Schweif aus dem Blute des allsehenden Argos entstanden sein sollte. In Rom war besonders die Gans der Juno heilig.

Die bildende Kunst hat Hera immer in edler erhabener Gestalt als die hohe Gemahlin des Zeus dargestellt. Ihr berühmtestes Bild im Altertume war die von Polykleitos verfertigte kolossale Goldelfenbeinstatue in dem Heratempel (Heraion) zwischen Argos und Mykenai, die sich dem olympischen Zeus des Pheidias würdig an die Seite stellt. Sie saß auf einem Throne, auf dem Haupte eine Art Krone (Stephanos), die mit den Bildern der Horen und Chariten verziert war, in der einen Hand einen Granatapfel, in der andern ein Zepter, auf dem ein Kuckuck saß. Von den erhaltenen Büsten der Hera ist die berühmteste die sogenannte Hera Ludovisi, jetzt im Thermenmuseum zu Rom, die man früher irrtümlich als eine Nachbildung der Polykleitischen Hera in Argos ansah. Es ist ein Kopf voll erhabener Anmut, in dessen Zügen uns das Ideal einer Gattin des Zeus entgegentritt. In statuarischen Darstellungen ist die Gestalt der Hera blühend und völlig ausgebildet, umkleidet mit einem langen Chiton, der nur Hals und Arme frei läßt; darüber ist ein Himation geworfen, das um die Mitte der Gestalt liegt. Der Schleier, ein wesentliches Attribut der Verlobten und der Frau, ist gewöhnlich nach dem Hinterhaupte zurückgeschoben.

Die römische *Juno*, die Gemahlin Juppiters, wurde mit Hera für gleichbedeutend erklärt und erhielt daher zu Eltern Saturnus und Ops, die man für Kronos und Rhea hielt. Daher heißt Juno bei den römischen Dichtern häufig Saturnia. Sie wurde neben Juppiter auf dem römischen Kapitol als Himmelskönigin und als Beschützerin des römischen Staates verehrt; besonders aber erstreckte sich auch hier ihre Sorge auf das Haus und alle Verhältnisse des weiblichen Geschlechtes, vor allem auf die Ehe; als *Lucina* rief man sie in den Nöten der Geburt an. Ihr Hauptfest waren die von allen Frauen gefeierten *Matronalien*, das Hausfrauenfest am 1. März, der Sage nach zum Andenken an die Einsetzung der Ehe gestiftet, die an diesem Tage einst Romulus vorgenommen.

3. Pallas Athena (Minerva)

Athena, Pallas Athena, Pallas, eine der höchsten Gottheiten des Olympos, ist die Tochter des Zeus, aus seinem Haupte entsprungen, »die Tochter eines gewaltigen Vaters«, wie ein häufiges Beiwort des Homer sie nennt. Zeus war, so heißt es, zuerst mit *Metis* (Personifikation der Einsicht und Klugheit) vermählt. Nun war ihm vom Schicksale vorherbestimmt, Metis solle ihm überaus kluge Kinder gebären, die dem Vater an Kraft und sinnvollem Rate glichen, eine Tochter Athena und einen Sohn von übergewaltigem Mute, der ihn stürzen und sich zum Könige der Menschen und Götter erheben würde. Um dies zu verhüten, verschlang Zeus, wie der Mythos sagt, vor der Geburt der Athena die Metis unter listigen schmeichelnden Worten und gebar dann selbst aus seinem Haupte die Tochter Athena. Als die bestimmte Stunde erschien, spaltete ihm auf sein Gebot mit einem gewaltigen Hiebe eines Beiles Hephaistos (oder Prometheus) das Haupt, und die Jungfrau sprang stürmend, sofort in ihrer vollen Größe und Kraft, gewappnet ans Licht; unter mächtigem Schlachtrufe schwang sie den Speer, daß der Olympos erbebte, es dröhnte die Erde, hoch wallte das Meer auf, und staunend hielt Helios seinen Wagen an, Zeus aber erfreute sich an der kräftigen Tochter.

Wir haben oben gesehen, daß Zeus ein Himmelsgott ist. Nun wird in diesem Mythos der Kopf des Zeus, also der Himmel, gespalten, und mit Getöse – dem Schlachtruf –, bei einer Empörung der ganzen Natur springt Athena mit blitzenden Waffen hervor: man erkennt leicht, wie hier im Donner des Gewitters *der Blitz* geboren wird. Dies ist die wahrscheinlichste Deutung des sonderbaren Geburtsmythos. Aber freilich die *Griechen* kannten Athena nicht mehr als eine Göttin der Wetterwolke und des Blitzes. Schon bei Homer, also bei dem ältesten Zeugen, ist die Auffassung der Naturgöttin, die wir aus der Geburtssage erschließen, verschwunden.

Bei Homer und ebenso immer in der Folgezeit erscheint Athena als eine rein menschliche Göttin. Sie ist eine starke gewaltige Gottheit, kampfgerüstet, klug und besonnen, das Lieblingskind ihres Vaters, mit dem sie gewöhnlich eines Sinnes ist und der sie, wenn sie auch zuweilen, wie im troianischen Kriege, ihrem eigenen Willen folgt oder dem Vater widerspricht, wegen seiner Vorliebe zu ihr zuletzt stets gewähren läßt. In reinster Klarheit des Geistes überschaut sie das Getriebe der Welt, und wo sie sich einmal zum Handeln entschlossen hat, da gelangt sie auf sicherem Wege zum Ziele. So hat der Charakter dieser Jungfrau etwas Bestimmtes, männlich Festes. Und zu diesem wenig mädchenhaften Wesen paßt es auch, daß ihre Ruhe nie durch eine Liebesregung ihres Herzens getrübt wird; nie ist sie, weder mit Göttern noch mit sterblichen Jünglingen, vermählt gewesen. Aber als Helferin tritt sie oft den Menschen nah, sie versenkt sich gerne in das menschliche Treiben, um eine gute Sache zu fördern, um tapfere und kluge Helden in ihren Nöten und Kämpfen zu unterstützen, wie Perseus und Bellerophon, Herakles und den klugen und vielgewandten Odysseus. Sie tritt entweder ohne weiteres den Menschen in eigener Gestalt an die Seite oder erscheint ihnen in irgend einer fremden Gestalt, gibt ihnen guten Rat und haucht

Athenakopf auf einer Münze von Syrakus

ihnen Mut in die Seele, greift auch wohl selbst handelnd mit ein. Oft gibt sie im Traume ihre Offenbarungen, nicht aber durch die mehr künstliche Weise der Orakel.

Besonders nach zwei Seiten hin zeigt sich die Wirksamkeit der Athena im menschlichen Leben: sie ist Kriegsgöttin und eine Göttin menschlicher Kultur. Das sind nun freilich zwei ganz verschiedene, schwer zu vereinigende Eigenschaften: denn der Krieg zerstört ja die Kultur. Zudem erscheint eine Jungfrau gerade als Kriegsgöttin sonderbar. Aber wenn wir Athena oben richtig als Blitzgöttin erklärt haben, so wird sie als Kriegsgöttin schon weniger auffallend. Denn der Verderben bringende Blitz, die Waffe des Zeus, und der Donner – das Schlachtgebrüll – haben ja deutliche Beziehungen auf den Krieg. Und die Verbindung einer Kriegsgöttin mit einer Kulturgöttin wird klarer werden, wenn man bedenkt, daß ja der Krieg auch zum Schutze der Stadt und der heimischen Güter geführt werden kann. Und in der Tat unterscheidet sich Athena als kriegerische Gottheit durchaus von dem Kriegsgotte Ares. Während dieser in wildem Toben sein Herz erfreut an Blutvergießen und Schlachtgetümmel und ohne höheres Interesse kämpft, ist Athena eine kluge besonnene Lenkerin geordneten Kampfes, die durch ihn stets ein höheres Ziel verfolgt. Durch ihren besonnenen Mut und ihre gewaltige Kraft erlangt und gibt sie überall den Sieg; darum heißt sie selbst Siegesgöttin, *Nike*, oder ihre Statuen tragen die Nike als eine besondere Personifikation des Sieges auf der Hand. Sie feuert das Volk zu mutigem Kampfe an und schirmt Stadt und Staat, Mauer und Tor, Burg und Hafen. Vielleicht deswegen standen ihre Tempel und Statuen besonders auf den Burgen; oft verwahrte man in diesen ein *Palladion*, ein altes Schnitzbild der Pallas mit gezückter Lanze und geschwungenem Schilde, als schützenden Talisman. Das sagenberühmteste Bild dieser Art war das vom Himmel gefallene Palladion von Troia, das erst von Diomedes und Odysseus geraubt werden mußte, ehe man die Stadt erobern konnte; später behaupteten verschiedene Städte in seinem Besitze zu sein, wie Athen, Argos, Rom. Ein Symbol des Schreckens, mit dem die unbezwingbare Athena die Feinde zurückwirft, ist das Gorgonen- oder Medusenhaupt, das grauenhafte *Gorgoneion*, vor dem jeder, der es erblickt, zu Stein erstarrt. Athena, der es Perseus zu eigen gegeben, setzte es sich auf die Brust, und so war sie jedem Feinde unnahbar.

Zur Förderung menschlicher Kultur hat die sinnige kluge Göttin mit dem hellen Blick eine Menge nützlicher Erfindungen gemacht und dem Menschengeschlechte mitgeteilt. Wir besprechen zunächst diejenigen, die gleich wichtig für den Krieg und die friedliche Kultur sind, um zu zeigen, daß der oben berührte Abstand zwischen Kriegs- und Kulturgöttin nicht so groß ist, als er zu sein schien. Sie hat das wilde Roß durch den Zügel gebändigt und erst dadurch zu einem brauchbaren Tiere für die Menschen gemacht; man verwandte es von alters her besonders für den Krieg und zu ritterlichen Wettkämpfen. Das erste Roß, das durch die Kunst der Athena gebändigt wurde, war das dem Bellerophon dienstbare Flügelroß Pegasos; in Athen hat sie das Anschirren der Rosse vor den Wagen den Erichthonios gelehrt, der die ritterlichen Spiele der Panathenaien eingeführt haben soll und nachmals von Zeus als Fuhrmann unter die Sterne versetzt ward, und dieser Dienst, den sie den Menschen geleistet, wurde höher angeschlagen als der des Poseidon, der das Roß geschaffen. Darum wurde sie auch neben Poseidon, dem »Rossefürsten« (*Hippios*), als »Rossefürstin« (*Hippia)* zu Athen und anderwärts verehrt. Auch durch die Erfindung des besegelten Schiffes, das wie ein Roß mutig durch die Fluten strebt, tritt Athena dem Poseidon nah. Ferner erfand sie für den Krieg die Trompete und außerdem die Flöte, ein gleich kriegerisches wie friedliches Musikinstrument. Diese entstand, als Perseus das Haupt der Medusa abgehauen. Da ahmte nämlich Athena bei dem Wehklagen der beiden andern Gorgonen die feinen klagenden Töne, die aus den Mäulern der Schlangen an ihren Häuptern ertönten, auf dem Rohre nach; als sie später jedoch merkte, daß das Blasen der Flöte ihr Gesicht entstellte, warf sie sie von sich (siehe unten unter Silenos).

Eine rein friedliche Tätigkeit der Athena, aber der Bändigung des wilden Rosses verwandt, ist, daß sie durch Auflegung des Joches die Kraft des Stieres den Menschen dienstbar macht zum Aufgraben des Bodens und zur Fortschaffung von Lasten; und so verdankt die Menschheit schließlich alle Gewerbe und Künste des praktischen Lebens der erfindungsreichen Göttin.

Darum wurde sie auch mit dem kunstfertigen Hephaistos und dem klugen Prometheus, die gleich ihr sich um die menschliche Kultur verdient gemacht und nicht ohne Grund bei der Geburt der Göttin zugegen und behilflich gewesen sein sollen, zu Athen gemeinschaftlich verehrt. Spätere Zeiten machten sie überhaupt zur Göttin aller Weisheit, Wissenschaft und Kunst. – Unter den Künsten, die von Athena stammen, ist eine der wichtigsten die der Frauen, Wolle und Gewänder zu spinnen, zu weben und zu färben; besonders mit Bezug auf diese weiblichen Kunstfertigkeiten, mit denen sie selbst sich gerne beschäftigt, heißt die Göttin *Ergane*, die »Werktätige«. Wie der Handwerker und Künstler, so genießen auch fleißige und in ihrer Arbeit geschickte Frauen das huldvolle Wohlwollen der göttlichen Jungfrau; doch darf bei aller Geschicklichkeit der Mensch sich nicht frevelnd überheben und der hohen Meisterin sich gleich stellen wollen, wie dies *Arachne* tat, die Tochter des lydischen Purpurfärbers Idmon (des »Kundigen«), eine treffliche Weberin, von der uns der römische Dichter Ovid folgendes erzählt: Arachne war hochberühmt in den lydischen Städten als kunstreiche Weberin. Selbst die Nymphen von den Weinbergen am Tmolos und den Gewässern des Paktolos kamen oft nach dem kleinen Hypaia, wo die Künstlerin wohnte, und sahen staunend ihrer Arbeit zu. Sie schien von der Pallas selbst ihre Kunst gelernt zu haben. Doch das leugnete sie stets und rief sogar beleidigt: »Sie mag kommen, die Göttin, und mit mir streiten, ich fürchte nicht, daß sie mich besiegt.« Da kam Pallas, die von Arachnes Ruhme und Prahlen gehört, in der Gestalt eines alten Weibes, mit grauem Haar, die schwachen Glieder auf einen Stab gestützt. Sie sprach: »Nicht lauter Schlimmes, Arachne, hat das Alter, mit den Jahren reift die Erfahrung; darum verwirf meinen Rat nicht! Suche dir den Ruhm, alle Sterblichen in der Kunst der Wollarbeit zu übertreffen; doch der Göttin weiche und bitte sie in Demut um Verzeihung ob deinem verwegenen Worte; der Bittenden wird sie vergeben.« Arachne ließ zornig den angefangenen Faden aus der Hand sinken und sah die Alte mit finsteren Blicken an. »Du bist eine Törin, Alte; deine Jahre machen dich schwach! Solche Reden magst du deiner Schnur oder deiner Tochter vorpredigen, nicht mir; ich weiß mir selber zu raten. Es bleibt bei meinem Vorsatz. Warum erscheint sie nicht selbst, warum vermeidet sie den Kampf mit mir?« Da rief die Göttin: »Sie ist da!« und die falsche Gestalt abwerfend, stand sie da als die hehre Pallas. Die Nymphen und die lydischen Frauen huldigten ihr in Ehrfurcht; die Jungfrau allein zagte nicht, obgleich sie errötete. Eine rasche Glut überzog ihr Antlitz, aber eben so rasch verschwand sie wieder; die Trotzige beharrte bei ihrem Entschlusse und rannte, getrieben von der Begierde nach Sieg, in ihr nahes Geschick.

Der Wettkampf begann sogleich. Beide, die göttliche und die menschliche Künstlerin, stellten an gesonderten Orten die Webebäume auf und machten sich eifrig mit kundigen Händen an ihr Werk. Aus Purpur und tausend anderen Farben wirkten sie ihre kostbaren Gewebe, aus denen sich die wundervollsten Gemälde hervorhoben. Pallas Athene wirkte in der Mitte ihres Gewebes den Felsen der athenischen Burg und darauf ihren altberühmten Streit mit Poseidon um den Besitz Attikas. Die zwölf Himmlischen, in ihrer Mitte der Allvater Zeus, sitzen als Richter da in ihrer erhabenen Würde; denn demjenigen war die Herrschaft über das Land versprochen, der ihm die nützlichste Gabe schenke. Poseidon stößt mit dem Dreizack Meerwasser (nach anderer Sage das Roß) aus dem Felsen, Athena in Helm und Aigis, mit Schild und Speer treibt die Spitze ihrer Lanze in den Boden und ruft dadurch den Ölbaum hervor, die schönste Gabe für das attische Land; dafür erhält sie von den Göttern den Sieg. In die vier Ecken webte sie vier Beispiele menschlicher Überhebung, die durch die Götter bestraft ward, und um das Ganze einen Kranz von den Blättern ihres Ölbaumes. Arachne aber bildete in ihrem Teppiche den Raub der Europa, wie sie von dem in einen Stier verwandelten Zeus über das Meer getragen wird, und daneben noch mehrere andere Geschichten, in denen die Himmlischen in ihrer Erniedrigung und Schwäche erscheinen. Das Ganze umzog sie mit einem Kranze von Efeu, mit Blumen durchflochten.

Selbst Pallas nicht, selbst der Neid nicht konnte die Kunst der Jungfrau tadeln. Ihr Gewebe war wie das Werk einer Göttin und stand in der Kunst dem der Pallas nicht nach; aber in den Bildern, die sie in ihren Teppich gewirkt, sprach sich ihr Götter verachtender frevelhafter Sinn aus. Darum zerriß Pallas im Zorn die schmachvollen Gemälde und schlug mit dem Weberschiffe, das sie noch in der Hand trug, die Frevlerin drei- und viermal vor die Stirne. Das ertrug die Unglückliche nicht; sie schlang sich ein Seil um den Hals und hängte sich auf. Pallas hob sie voll Mitleid aus der Schlinge und sprach: »Lebe du, doch hange, Frevlerin! und diese Strafe soll fortdauern bei deinem Geschlechte bis zu den späten Enkeln.« Indem sich die Göttin entfernte, besprengte sie die hangende Arachne mit dem Safte eines Zauberkrautes, und sofort entfielen dieser die Haare, und sie schrumpfte zusammen zu einer häßlichen *Spinne* – das heißt im Griechischen *aráchne* –, die, im Gewebe hangend, noch immer die alte Kunst treibt. –

Wie Athena die Gemeinde gegen auswärtige Feinde schützt und ihre Hand fördernd und segnend über die Werktätigkeit der Bürger hält, so liegt ihr auch das leibliche Wohl der Bürgerschaft am Herzen; sie wird verehrt als eine *Hygieia* (Gesundheitsgöttin), die jung und alt Kraft und Gedeihen gibt.

Weiter sorgt sie im Staate noch für die Handhabung des Rechtes im Sinne der Mäßigung und der Humanität und für eine kluge, besonnene Verwaltung des Gemeinwesens. Deswegen heißt sie *Poliás* oder *Poliuchos* (Stadtschirmerin), und als solche hatte sie den Hauptsitz ihrer Verehrung in Athen, das vor allen Städten Griechenlands ihr Lieblingsort, dessen geistreiche und tatkräftige Bewohner ihre besonderen Schützlinge waren. Auf der Burg, wo der Streit um das attische Land vor sich gegangen war, hatte sie den heiligsten Dienst und die ausgezeichnetsten Heiligtümer, das Erechtheion und den Parthenon. Im Erechtheion zeigte man zum Andenken an jenen Wettstreit den Salzquell des Poseidon, den erechtheïschen Quell, und den von Athena geschaffenen Ölbaum. Von diesem stammten alle Ölbäume Attikas; es war ein Baum von unverwüstlicher Lebenskraft, der, bei der Eroberung der Burg durch die Perser in Asche gelegt, sogleich wieder ein kräftiges Triebreis aus seinen Wurzeln hervorsandte. Im Erechtheion befand sich auch das älteste Schnitzbild der Athena, das vom Himmel gefallen sein sollte. Der Parthenon, ein von Perikles aufgeführter Prachtbau, erregt noch heute in seinen Trümmern die Bewunderung der Welt. In ihm stand das 12 m hohe Standbild der Athena *Polias* oder *Parthenos* (der Jungfrau Athena) aus Gold und Elfenbein mit einem, wie man sagt, 1150 kg schweren goldenen Gewande, das von der Statue abgelöst werden konnte, ein Werk des *Pheidias* und das großartigste Bild, das von der Göttin existierte; auf der rechten Hand trug es eine Nike. In dem Hinterbau des Parthenon wurden das Vermögen und die Urkunden des Staates aufbewahrt. Ferner stand auf der Akropolis, und zwar im Freien, zwischen dem Eingange der Burg (den Progylaien) und dem Erechtheion, eine Kolossalstatue der Athena von Bronze, ebenfalls von Pheidias gefertigt, die man gewöhnlich Athena *Promachos* (»Vorkämpferin«) nennt; sie ragte hoch über die Tempel hervor, und ihr goldener Helm und die goldene Lanzenspitze waren schon vom Meere aus dem Schiffer sichtbar. Eine dritte Athenastatue des Pheidias auf der Burg wird unten besprochen werden.

Unter den zahlreichen Festen, die der Athena zu Athen gefeiert wurden, war das bei weitem ausgezeichnetste das der großen *Panathenaien* (das Fest der Gesamtathener), ein Bundesfest, das zum Andenken an die Vereinigung des gesamten Landes zu *einem* Staate vom 24. bis 29. Hekatombaion (Mitte August) begangen wurde. Die sogenannten kleinen Panathenaien wurden jedes Jahr, die großen alle vier Jahre gefeiert. Am ersten Tage fand seit Perikles in dem von ihm erbauten Odeion ein musischer Wettkampf von Sängern, Kithara- und Flötenspielern und andern musischen Künstlern statt, am zweiten und dritten gymnische und ritterliche Spiele. Die Kampfpreise bestanden, wenigstens für die gymnischen Wettkämpfe, in einem Kranze von Ölzweigen und einem irdenen Gefäße mit Öl von den heiligen Ölbäumen; solche »panathenaiische Amphoren«, die Jahrhunderte lang immer in derselben altertümlichen Weise angefertigt wurden, sind noch heute zahlreich erhalten. Der glänzendste Akt der Feier war der große Zug, in dem am 28. des Monats, dem Geburtstage der Göttin, das reich mit Bildwerken durchwirkte Safrangewand (ein Peplos), das attische Frauen jedesmal neu zur Bekleidung des alten Schnitzbildes im Erechtheion gewebt hatten, in Form eines Segels an einem auf Rollen fahrenden Schiffe aufgehängt, auf die Burg gebracht wurde. Edle Bürgerstöchter trugen Körbe mit Opfergeräten auf dem Haupte (Kanephoren), ehrwürdige schöne Greise und Greisinnen folgten mit Ölzweigen in den Händen (Thallophoren), die Frauen und Töchter der Freigelassenen und Beisassen (der Metoiken) trugen teils Näpfe und Krüge zum Gebrauche beim Opfer, teils, wie man sagt, Schirme für die vor ihnen herziehenden Frauen und Töchter der Bürger. Die ganze Bürgerschaft unter ihren Vorstehern, die junge Mannschaft im Waffenschmuck zu Fuß und zu Roß – dies ein besonders glänzender Teil des Zugs, denn Pferdesport war bei den Athenern weitaus am meisten beliebt –, die Sieger in den verschiedenen Kampfarten der Panathenaien nahmen teil an dem Zuge, bei dem der athenische Staat seine ganze Macht und Herrlichkeit vor den Augen der zahlreich herbeigeströmten Menge der Fremden entfaltete. Den Schluß der ganzen Feier machte das große Festopfer von Stieren. Dargestellt ist der panathenaiische Festzug in Reliefs am Friese des Parthenon, die unter der Leitung des Pheidias ungefähr 440 v. Chr. G. hergestellt wurden; ihr größter Teil befindet sich jetzt im British Museum in London.

Der Athena ist heilig der Ölbaum, der Hahn, wohl infolge seiner Wachsamkeit und Kampflust der kriegerischen Göttin lieb, die Schlange, ein Symbol von gar verschiedenartiger Bedeutung, die Eule mit ihrem scharfen, die Finsternis der Nacht durchdringenden Blicke. »*Glaux*« heißt im Griechischen die Eule, und Athena selbst hat gar häufig als Beiwort *Glaukopis*, das man wohl mit »eulenäugig«, auch »blauäugig« übersetzt findet; doch bedeutet das Wort eigentlich die »Glanzäugige«, und auch der Eule ist bei den Griechen wegen des Glanzes in ihrem Auge ihr Name gegeben worden. Der helle Glanz des Auges war ein charakteristisches Merkmal der Athena.

In der bildenden Kunst hat Pheidias das Ideal der Athena festgestellt. Ruhiger Ernst, selbstbewußte Kraft und Klarheit des Geistes sind die Hauptzüge ihres Charakters. Das männliche Wesen ihres Geistes, wodurch die Jungfrau über alle weibliche Schwäche erhaben ist, drückt sich auch in ihren Gesichtszügen und dem ganzen Bau ihres Körpers aus. Brust und Hüften entbehren der weiblichen Fülle, Haupt und Blick sind etwas gesenkt, wie bei einer Sinnenden; die Nase ist lang und fein gebildet, ein ernster, etwas strenger Zug umgibt Lippen und Wangen, das Kinn ist stark und fast eckig, längs der reinen klaren Stirn sind die Haare kunstlos zurückgestrichen und wallen in den Nacken herab. Ihre gewöhnlichen Attribute sind Helm, Lanze, Schild und die Aigis, der Sturmmantel, den wir schon bei Zeus kennen lernten. Bei den älteren Bildwerken war diese Aigis statt des Schildes wie ein Mantel um den linken Arm und um die Schultern geworfen, später erscheint sie als ein Schuppenpanzer um die Brust mit dem Gorgoneion in der Mitte und mit Schlangen am Rande statt der Quasten. Oft ist die Aigis nur angedeutet durch das Gorgoneion und die Schlangen. – Die Statue der Athena hat eine sonderbare Geschichte. In Bologna steht ein Kopf, der lange den Namen »Kopf eines schönen Jünglings« trug. Die Form seines Halses zeigt an, daß er ursprünglich nicht für sich gemeißelt, sondern bestimmt war, in eine Statue eingesetzt zu werden. Zwei deutsche Gelehrte haben nun im Dresdner Albertinum die Statue gefunden, in deren Halsausschnitt jener Kopf paßt, und es ist nachgewiesen, daß diese Statue in Marmor genau einer berühmten pheidiasischen Bronzestatue auf der Akropolis in Athen nachgebildet ist, der helmlosen sogenannten *Athena Lemnia*. So können wir uns jetzt von einem Werke des Pheidias eine Vorstellung machen. Wie kam es aber, daß der Kopf der Athena lange für den eines Jünglings gelten konnte? Eben weil im Wesen der Göttin eine so merkwürdige Mischung von Mädchen- und Jünglingshaftem liegt; dies hat der Künstler so meisterhaft ausgedrückt, daß man in der Tat schwanken konnte, ob man einen mädchenhaften Jünglingskopf oder einen jünglingshaften Mädchenkopf vor sich habe. Das Haar ist kurz geschnitten wie bei einem Knaben; aber die tief einschneidende Binde läßt keinen Zweifel, daß wir weiches Mädchenhaar vor uns haben.

Bei der später völlig mit Pallas Athena identifizierten *Minerva* der Römer, deren Namen die Göttin des Sinnens und Nachdenkens (me-min-i) und Erfindens bezeichnet, trat ursprünglich besonders ihre Beziehung zu den Handwerken und Künsten, dann auch die zu den Beschäftigungen der Frauen hervor; auch wurde sie im Verein mit Juppiter und Juno auf dem Kapitol als Schützerin der Stadt verehrt. Ihr Hauptfest war das im März fünf Tage lang gefeierte Fest *Quinquatrus;* daran beteiligte sich die Schuljugend, die an diesen Tagen Ferien hatte, die weibliche Arbeit lernenden Mädchen, die Handwerker, Künstler und Gelehrten der verschiedensten Art.

4. Phoibos Apollon (Phoebus Apollo)

Apollon ist der Sohn des Zeus und der Leto (Latona), ein ernster, erhabener und mächtiger Gott. Ein alter homerischer Hymnos auf Apollon erzählt, wie Leto invielen Ländern der Erde
umherirrte, ohne einen Ort zu finden, wo sie den Gott gebären
konnte; denn die Länder fürchteten sich vor dem Gewaltigen,
der jetzt ans Licht treten sollte. Endlich kam Leto auf die unfruchtbare Felseninsel Delos. Die bot ihr eine ruhige Stätte und
freute sich der Aussicht, daß sie, die bis jetzt verrufene Insel,
durch den zu erwartenden Gott zu hohen Ehren gelangen solle,
und daß dessen Verehrer von nah und fern zu ihr strömen
würden mit zahlreichen Hekatomben; doch ließ sie sich erst
von Leto zuschwören, daß Apollon ihre arme felsige Küste nicht
wieder verlassen werde. Man zeigte auf Delos am Berge Kynthos den heiligen Palmbaum, unter dem auf blumiger Wiese der
Gott geboren ward, der »Delier«, der »Kynthier« (Kynthios,
Cynthius), wie ihn die Alten nach seiner Geburtsstätte nannten.
Als der hehre Gott ans Licht trat, da lachte die Erde, und mit
freudigem Gruße schlugen die Meereswellen an die Küste des
mit ambrosischem Dufte erfüllten Eilandes. Laut jauchzten die
Göttinnen, die um die beglückte Mutter versammelt waren,
und Themis reichte dem neu Geborenen Nektar und Ambrosia.
Kaum hatte der Gott die göttliche Speise genossen, so stand er
da in seiner vollen Kraft und Schönheit mit wallenden Locken
und sprach: »Die Kithara wähle ich mir und den Bogen, und im
Orakel will ich den Menschen verkünden den untrüglichen Willen des Zeus.« Da staunten die Göttinnen und ganz Delos
strahlte in goldenem Glanze. Der Gott aber ging aus und gründete in allen Landen seine Heiligtümer, doch keine Stätte war
seinem Herzen lieber als Delos. – Nach anderer Sage ward Leto

91

vor der Geburt ihrer Zwillingskinder Apollon und Artemis durch die Eifersucht der Hera auf der ganzen Erde umhergetrieben, bis Delos, das bisher als wüster Fels in den Wogen umhergeschwommen, jetzt aber durch ragende Säulen auf dem Grunde des Meeres befestigt ward, ihr eine sichere Zuflucht bot. Ovid läßt in den Metamorphosen Leto oder Latona auch noch mit ihren unmündigen Zwillingskindern vor dem Zorn der Hera auf der Erde umherirren und erzählt uns: Kaum hatte die Göttin, die Geliebte des Zeus, auf der Insel Delos die Zwillingskinder Apollon und Artemis geboren, so verfolgte sie wieder der Zorn der Hera, der eifersüchtigen Gemahlin des Himmelsgottes, und die Unglückliche wanderte wieder unstet und flüchtig wie vorher, ihre beiden Kindlein am Busen tragend, auf dem weiten Erdkreise umher von einem Lande zum andern. Einst kam sie an einem heißen Sommertage ermüdet von der langen Wanderung in die Gefilde von Lykien. Die Strahlen der Sonne brannten glühend auf ihren Scheitel und ihre Zunge lechzte vor Durst. Da sah sie tief unten im Tale einen kleinen See; Landleute sammelten sich Reiswerk und Schilf, das an seinem Ufer wuchs. Die Titanin trat freudig zu dem Wasser und senkte sich an dem Rande des Sees aufs Knie, um sich einen frischen Trunk zu schöpfen. Die rohe Schar der Landleute aber stürzte herzu und wehrte ihr. Mit rührenden Worten bat die Göttin, ihr die Erfrischung zu gönnen; aber nicht einmal das Mitleid mit den beiden Kindlein an ihrer Brust vermochte die rohe Menge umzustimmen. Man bestand darauf, ihr das Wasser zu wehren, und fügte noch Schimpfworte hinzu und Drohungen, wenn sie nicht auf der Stelle sich entferne. Und damit noch nicht genug: sie sprangen in den See und trübten, den Schlamm aufrührend, tückisch mit Händen und Füßen die Flut. Da betäubte der Zorn den Durst. Leto flehte nun nicht weiter die Unwürdigen an und ließ sich nicht mehr herab zu Worten, die einer Göttin nicht ziemen; sie hob ihre Hände zum Himmel und rief: »So lebt denn ewig in diesem Sumpfe!« Ihr

Wunsch ging in Erfüllung. Die tückische Schar hat ihre Lust daran, in den Fluten umherzuspringen, bald ihre Glieder ganz unters Wasser zu tauchen, bald den Kopf hervorzustrecken oder oben auf der Fläche zu schwimmen. Oft setzen sie sich auf den Rand des Ufers, und dann springen sie wieder in das Wasser zurück. Auch jetzt noch üben sie ihre schändlichen Zungen im Zanke, und schamlos mühen sie sich, selbst unter dem Wasser noch zu schimpfen und zu schmähen:

ob sie die Flut auch bedeckt, auch bedeckt noch schimpfen sie kecklich.

Auch wird die Stimme schon rauh, die geblähten Hälse schwellen, das Geschimpfe erweitert noch das breite Maul. Schulter und Kopf berühren sich und scheinen den Hals zu verdrängen; der Rücken ist grün, der breite Bauch ist weiß: und als *Frösche* hüpfen sie in dem Schlamme des Sees. –

Apollon auf einer Münze von Antiochos IV.

Apollon wird gewöhnlich für einen Gott der Sonne gehalten. Das ist nicht ganz richtig. In uralter Zeit mag er ein Lichtgott gewesen sein; vielleicht deutet darauf sein Name *Phoibos*, wenn dieses der »Reine«, der »Strahlende« heißt. Aber schon einen anderen häufigen Beinamen des Apollon, *Lykeios*, kann man nicht als Beweis für diese Ansicht anführen; denn dieses Wort kann ebensowohl »Lichtgott« bedeuten als »Wolfsverscheucher«, da Apollon, wie wir sehen werden, in alter Zeit ein Herdengott war. Jedenfalls tritt der Gott bei Homer und in der folgenden eigentlich griechischen Zeit *nicht als Sonnengott* auf; das ist Helios, eine von Apollon verschiedene Gottheit. In späterer Zeit freilich hat man Helios und Apollon verschmolzen, so daß dann Apollon auch Sonnengott ist. – Die Versuche, die eigentliche Bedeutung des Namens Apollon zu finden, sind mißlungen. So sind wir über das eigentliche Wesen des Gottes und den Ursprung seiner Religion sehr im unklaren. Möglicherweise stellt der Apollon, den die Griechen der klassischen Zeit verehrten, gar kein einheitliches Wesen dar, sondern ist eine Verschmelzung aus mehreren Gottheiten, einem Orakel-, einem Seefahrer- und einem Herdengotte. Eines aber können wir mit Bestimmtheit sagen: immer ist Apollon ein hochheiliger, ernster, feierlicher Gott; in seiner Würde steht er über anderen Göttern des Olympos, die oft recht sehr menschliche Schwächen zeigen. Die Majestät des Gottes zeigt uns besonders eine Stelle aus den homerischen Hymnen. Dort heißt es, daß selbst die Götter im Olympos erschrecken, wenn der Schütze mit seinem Bogen in die Versammlung tritt; alle springen auf von ihren Sitzen. Nur Leto bleibt ruhig und der donnerfrohe Zeus; sie nimmt dem Sohne den Bogen von der Schulter und hängt ihn mit gelöster Sehne an die Säule seines Vaters auf an dem goldenen Pflocke, führt den Sohn dann auf seinen Thron, und der Vater reicht ihm in goldenem Becher den Nektar. Jetzt erst setzen sich die Götter wieder ruhig zum Mahle nieder, und Leto erfreut sich des starken Sohnes, des Bogenschützen. – Wir stellen nun die einzelnen Tätigkeiten des Gottes dar. Dabei wird sich vielfach eine Beziehung zu einem alten Sonnen- oder Lichtgotte finden lassen: Apollon gibt Saaten und Herden Gedeihen wie die warme Sommersonne; wie diese kann er Krankheiten heilen, aber auch senden; wie das leuchtende Gestirn des Himmels seine glühenden Pfeile schießt, so ist Apollon mit

Bogen und Pfeil bewaffnet, oder er sendet sonst Verderben usw. Aber da die Griechen selbst, wie gesagt, diese Beziehungen nicht empfanden, so sind sie im folgenden beiseite gelassen.

Als Gott des *Ackerbaus*, des gesamten Wachstums überhaupt und der *Viehzucht* erscheint Apollon namentlich in der Peloponnes als Apollon *Karneios* oder *Lykeios;* die Verehrung dieses Gottes ist uralt, ebenso wie das ihm gefeierte Fest der Karneia. Auch der *Apollon Smintheus,* der die Mäuse vom Felde abwehrt, gehört hierher. Er wurde namentlich in der Landschaft Troas verehrt. – Wie die Früchte des Feldes unter dem segensreichen Schutze des Apollon gedeihen und die Herden sich mehren, zeigen uns die Sagen, in denen Apollon, der Hirtengott, selbst als Hirt unter den Menschen lebt.

Aus Liebe zu dem jungen *Admetos,* dem frommen und gastlichen Könige von Pherai in Thessalien, kam Apollon in dessen Haus; eine andere alte Sage erzählt, daß er dem Admetos dienstbar werden mußte zur Buße für den Mord des Python (siehe unten). Als nun der Gott zu dem sterblichen Manne kam, zog unendlicher Segen mit ihm ein. Auf den weiten Feldern des Admetos wuchsen die besten Früchte, seine Rosse waren die schönsten und schnellsten weit und breit, seine Schafe und Rinder mehrten sich wunderbar. Apollon selbst pflegte und weidete die Herden. Wenn der jugendliche Gott in seiner Schönheit den Rindern folgte und auf der Rohrflöte spielte oder seine goldene Leier schlug, dann kamen, durch die Töne aus ihren Schlupfwinkeln gelockt, von den Höhen des Othrys die gefleckten Luchse und die feuerfarbene Schar der Löwen und wandelten friedlich mit der Herde, manch gesprenkeltes Reh eilte herzu aus dem luftigen Tann und umtanzte den Kithara spielenden Gott, an dem lieblichen Sange sich ergötzend. So schildert es uns der Dichter Euripides in seinem Drama Alkestis. Der Gott bändigte durch die Macht seiner Töne die wildesten Tiere, und auch den Admetos, seinen Liebling, machte er stark, daß er der Forderung des Pelias, des Königs in Jolkos, genügen konnte. Dieser wollte die schönste seiner lieblichen Töchter, *Alkestis*, nur dem zum Weibe geben, der seinen Wagen mit einem Löwen und einem Bären zu bespannen vermöchte. Admetos, der »Unbezwingliche«, so heißt sein Name, durch den Gott unterstützt und mit Kraft begabt, erfüllte die Bedingung und gewann die herrliche Alkestis, das durch seine treue Gattenliebe im Altertum hoch gefeierte Weib. – Auch in der Sage von dem troianischen Könige *Laomedon* tritt Apollon als Hirte und Hirtengott auf, dem gottlosen Könige nicht zum Heile. Dieses Verhältnis wurde ebenfalls als eine Knechtschaft dargestellt, die dem Gotte wegen irgend einer Verschuldung von Zeus auferlegt war, wie man später angab, weil er mit Poseidon den Zeus hätte fesseln wollen. Apollon und Poseidon, so erzählt Homer, kamen, von Zeus gesandt, zu Laomedon und dienten ihm ein volles Jahr um Lohn. Poseidon baute ihm die gewaltige Mauer um die Stadt Ilion, Apollon weidete seine schönen Rinder in den Tälern des waldreichen Ida; doch als das Jahr um war, enthielt der König ihnen den bedungenen Lohn vor und wies sie von sich mit der Drohung, er werde ihnen beiden die Ohren abschneiden; den Apollon wollte er an Händen und Füßen fesseln und auf eine ferne Insel verkaufen. Da verließen beide Götter Troia voll Zorn; der übermütige König aber büßte seine Treulosigkeit, denn Apollon sandte eine Pest ins Land, Poseidon ein furchtbares Seeungeheuer.

Schließlich gedenken wir hier noch des Feld-, Wald- und Herdengottes *Aristaios*. Der Name Aristaios (der Beste) war ursprünglich wohl nur ein Beiwort des Apollon und des Zeus, allein die Sage hat ihn zur Bezeichnung eines besonderen Gottes erhoben. Als dessen Mutter wird *Kyrene* genannt, eine thessalische Nymphe, die starke Tochter des Hypseus. Sie liebte nicht, wie Pindar erzählt, die Ergötzung des Mahls im Kreise spielender Mädchen, noch die Arbeit am Webstuhl, sondern, bewaffnet mit Speer und Schwert, erlegte sie im Gebirge Pelion die reißenden Tiere und schützte so die Herden ihres Vaters.

Einst sah sie Apollon, wie sie ohne Jagdspieß allein mit einem starken Löwen rang, und Liebe zu der heldenmütigen Jungfrau erfaßte sein Herz. Auf goldenem Wagen brachte er sie sofort nach dem fernen Libyen (Afrika), in das reiche Land von Kyrene, wo er sich mit ihr vermählte und sie zur herrschenden Nymphe des Landes machte. Sobald ihm Aristaios geboren war, trug Hermes ihn zu den Horen und zu Gaia; die nahmen ihn auf ihren Schoß und gaben ihm Nektar und Ambrosia, und er ward ein unsterblicher Gott, seinen Lieben auf Erden ein hilfreicher Freund, ein Hort der Lämmer, der »Jäger« genannt und der »Hirte« und »Aristaios« (der beste [Helfer]). Man verehrte den Aristaios als Gott der Herden und der Wälder, als Pfleger des Ölbaumes und der Rebe, als Beschützer der Bienenzucht in Theassalien, Arkadien, zu Kyrene und an anderen Orten.

Apollon, der Schützer des Wachstums, ist auch ein Freund des *Frühlings,* in dem sich die Natur zu frischem Leben verjüngt und auch die Menschenbrust sich wieder hebt und heitere Freude aufs neue in die Herzen einzieht. Im Frühling feierte man dem Apollon seine schönsten Feste unter Paianen (Festliedern) und Saitenklang und mit fröhlichem Jauchzen. Die finstere Macht des Winters dagegen, der wüst und feindselig alles Leben zu vernichten droht, flieht Apollon. Wenn die schlimme Winterzeit kam, dann zog der Gott, so glaubte man an den Hauptorten seiner Verehrung, wie zu Delphi und zu Delos, von weißen Schwänen durch die Lüfte getragen, weithin in das Land der *Hyperboreier.* Dieses Wort bedeutet ursprünglich nichts als Überbringer, nämlich von Gaben für den Gott; und diese Überbringer wohnen in Griechenland, eben an den Orten, wo Apollon verehrt wird und ihm Gaben dargebracht werden. Nun klingt aber der zweite Teil des Namens wie das griechische Wort Boreas, Nordwind, Norden. Deswegen verlegte die Sage die Hyperboreier in den äußersten Norden, in die Gegend jenseits der Sitze des rauhen Boreas, und schuf dort ein mythisches Land, in dem ewiger lichter Frühling ist. Dort weilt Apollon bei den frommen Hyperboreiern und erfreut sich an ihren Opfern, bis der Frühling kommt; dann kehrt er mit seinen Schwänen wieder zum Hellenenvolke, eingeladen durch fromme Gesänge; dann strahlt die ganze Natur in freudigem Lichte, dann klingt die Leier, es singen die Nachtigallen und die Schwalben und die Zikaden dem Gotte zu Ehren; der Quell Kastalia ergießt silberne Wellen, und rauschend schwellen die Wogen des Kephissos beim Nahen des Gottes. So sang Alkaios, der lesbische Dichter, in einem Paian auf Apollon. – Aber die Blumen des Frühlings, die der Gott liebt, sie welken ja schnell dahin und sterben ab unter dem Brande der Sonne. Dies deutet uns vielleicht der schöne Mythos von *Hyakinthos* an, den uns Ovid erzählt:

Apollon, der Götterjüngling, liebte vor allen den schönen Knaben Hyakinthos, den Sohn des lakonischen Königs Amyklas. Zuerst schwang Apollon mit starkem Arme die schwere bronzene Scheibe und warf sie hoch bis in die Wolken. Als sie eben wieder zur Erde fiel, eilte der Knabe, um wetteifernd auch einen Wurf zu tun, hastig hinzu; da sprang die Scheibe vom Boden zurück, dem Hyakinthos ins Antlitz. Zum Tode getroffen, erbleicht der Knabe; bleich, wie er, springt der Gott herzu und fängt den zusammensinkenden Liebling in seinen Armen auf. Bald wärmt er ihn, bald trocknet er die blutende Wunde, bald sucht er durch aufgelegte Kräuter die fliehende Seele zurückzuhalten. Alles ist umsonst. Wie das Veilchen, wie die Lilie, im Garten gepflückt, die zarten Blätter senkt und das welkende Haupt zur Erde neigt, so sank das Haupt des schönen Knaben sterbend nieder, und sein Geist entflog. Mit tiefem Schmerze steht Apollon vor dem toten Lieblinge und bedauert, daß er, ein Gott, nicht mit ihm sterben kann; doch damit der Geliebte nicht ganz dem Tode verfallen und von ihm geschieden sei, läßt er aus dem Blute, das auf den Rasen hinabgeströmt, eine Blume sprossen, lilienförmig, purpurrot; es ist der Hyakinthos. Auf den Blütenblättchen steht der Seufzer des Gottes eingeschrieben: AI, AI! Weh, weh! In jedem Frühling ersteht die Blume in neuer Pracht zu ewigem Gedächtnisse des Hyakinthos; zur Zeit der Sommerhitze aber begingen Sparta und Amyklai ihm und dem Gotte zu Ehren das Fest der Hyakinthia, das der Trauer um seinen Tod und zugleich der Freude über seine Wiederbelebung gewidmet war.

Wie der Gott die heranwachsenden Herden, die aufblühende Saat beschützt, so ist er auch ein *Freund der* heranwachsenden *menschlichen Jugend*. Diese entwickelt sich zu blühender Schönheit des Körpers durch die Turnübungen der Palaistra und des Gymnasions; und hier treffen wir ebenfalls den Gott, der sich ja auch in der eben erzählten Sage an turnerischem Spiel ergötzt. Er ist selbst kräftig und jugendlich, und der männlichen Jugend gibt er Kraft und Gesundheit. Dem Faustkämpfer ist er hold sowie dem Bogenschützen und dem Jäger; gar mancher treffliche Schütze hat von ihm seine Kunst gelernt. Hier und da wurde er sogar wohl als Kriegsgott verehrt; jedenfalls wurde er in älterer Zeit nicht bloß mit Bogen und Pfeil, sondern in voller Waffenrüstung dargestellt.

Die wichtigste Eigenschaft des Apollon ist seine Weissagungsgabe. Wer ihn als Sonnengott auffaßt, wird sich dies so erklären, daß, wie das Licht überallhin dringt und uns die natürliche Welt enthüllt und offenbart, so auch dem Geiste des Lichtgottes Apollon nichts verborgen ist. Man hat ihn aber auch statt als lichten himmlischen vielmehr als einen irdischen (chthonischen) Gott erklärt, da er den Tieren und Pflanzen der Erde Gedeihen gibt und aus der Tiefe der Erde heraus den Menschen seine Weisheit verkündet; den chthonischen Göttern ist auch sonst oft die Weissagegabe eigen. Von dem weissagenden Apollon sagt der Dichter Pindar: Er weiß, wie viele Frühlingsblätter die Erde heraufsendet und wie viele Sandkörner im Meere und in den Flüssen Wind und Welle dahinwälzt, was kommen wird und woher es kommt, er kennt aller Dinge Ende und Ziel und alle Mittel zu allem. Und darum wenden sich die Menschen an ihn, um durch seine Orakel zu hören, was ihnen beschieden ist, was sie tun sollen und was lassen, sie forschen bei ihm nach dem Willen und den Ratschlüssen des Zeus. Nicht seinen eigenen Willen verkündet er der Welt, sondern den Willen seines Vaters, mit dem er aufs engste zusammenhängt und dessen »lieber Sohn« er vor allen andern heißt. Er ist der Prophet, der Mund des Zeus. Was er verkündet, ist Wahrheit, doch vermag der menschliche Geist in seiner Beschränktheit nicht immer die göttlichen Sprüche zu fassen und sich deutlich zu machen; darum hat der Gott den Beinamen *Loxias,* der »Verworrene«, der »Dunkele«. An verschiedenen Stätten hatte Apollon seine Orakel, bei weitem das berühmteste aber war das zu *Delphi* (Delphoi, auch Pytho genannt; daher heißt er der *pythische* Gott). Delphi liegt in Phokis am südlichen Abhange des Parnassos. Vor Apollon hatten dieses Orakel Gaia und Poseidon besessen, danach Themis, und es ward von einem furchtbaren Drachen, *Python* oder *Delphyne,* bewacht. Apollon suchte bald nach seiner Geburt einen Ort, wo er den Menschen seine Orakel verkünden könnte, und er kam nach längerer Wanderung nach Delphi. Der Drache verwehrte ihm die Besitznahme des Ortes und ließ sich in einen Kampf mit ihm ein; Apollon erlegte ihn mit seinen Pfeilen. Da erscholl zum ersten Male von dem Gotte selbst und von dem Chore der delphischen Jungfrauen der *Paian,* ein helles freudiges Siegeslied, wie man es seitdem zu jeder Zeit nach Abwehr einer Gefahr durch den rettenden heilenden Apollon sang. Nun setzte der Gott an dem heiligen Erdschlunde von Delphi sein Orakel ein, um die Satzungen des Zeus zu verkünden und eine höhere sittliche Ordnung in der Welt einzuführen. Kretische Männer, die er fern auf dem Meere hinsegeln sah, führte er in Gestalt eines Delphins an die Küste von Delphi und verkündete ihnen alsdann, er habe sie ausersehen, an der von ihm erwählten Stelle seinen Dienst zu üben. Das Orakel war Jahrhunderte lang das wichtigste religiöse Institut in Griechenland und von weitestem Einflusse. Man hielt Delphi für den Mittelpunkt der Erde; wenigstens war es lange

Zeit der Mittelpunkt des griechischen Lebens. Keine wichtige Handlung wurde von einzelnen oder von ganzen Staaten unternommen, ohne daß man vorerst den Rat des Gottes zu Delphi gehört hätte; und so haben die Apollonpriester durch dieses Amt als Orakelgeber nicht wenig auf den Gang der Geschichte Griechenlands eingewirkt, sie sind die Führer und Lenker des Volkes in seinen wichtigsten Angelegenheiten geworden. Auf ihren Rat wurden Bündnisse geschlossen und Kriege unternommen, Verfassungen eingeführt und abgeschafft und Kolonien gegründet; deswegen heißt Apollon auch der *Städte- und Staatengründer*, der *Kolonienführer*. – Die Stätte, wo die Orakel erteilt wurden, soll ein aufregende Dämpfe aushauchender Erdschlund gewesen sein, über dem das innere Gemach des großen Apollotempels erbaut war. Unmittelbar über dem Schlunde stand ein hoher Dreifuß, auf dem ein Becken mit einer kreisförmigen durchbrochenen Scheibe ruhte, und über dieser Scheibe war der Stuhl für die weissagende Priesterin, die *Pythia*, angebracht. Nach allerlei vorbereitenden Waschungen und Reinigungen, nachdem sie von den Blättern des heiligen Lorbeers, der in der Nähe des Dreifußes stand, gegessen und von dem Wasser getrunken hatte, das aus einer Quelle, wohl der sogen. Kassotis, in den inneren Raum des Tempels geleitet war, bestieg die Pythia, eine Greisin, mit goldenem Haarschmucke, in langem fließendem Gewande den Dreifuß. Schon der Genuß der Lorbeerblätter und des Quellwassers der Kassotis sollte einen aufregenden Einfluß auf den Geist der Priesterin üben; sobald sie aber auf dem Dreifuß saß, geriet sie in krampfhafte Verzückungen und in eine solche Ekstase, daß sie, ihres eigenen Geistes nicht mehr mächtig, nur ein Werkzeug des Gottes war, der durch sie den Menschen jetzt seinen Geist offenbarte. Die Worte, die sie in der Verzückung aussprach, wurden, wenn sie nicht schon in Versen bestanden, von Dichtern, die im Dienste des Gottes standen, in Verse, meist in epische Hexameter, gebracht und den Gläubigen als Weissagung des Gottes übergeben, meistens Sprüche in symbolischer Form von dunkelem vieldeutigem Sinne. Man nennt die Art der Orakel, bei denen wie zu Delphi die Weissagung durch den Mund eines Menschen geschah, Spruchorakel, zum Unterschiede von den Zeichenorakeln, wie das dodonaiische war; und die apollinischen Orakel sind besonders Spruchorakel.

Apollon, der göttliche Seher und Vorsteher jeglicher Weissagekunst, ist daher auch der Herr und Meister aller menschlichen Seher und Wahrsager; sie haben von ihm ihre Kunst und werden fortwährend zu deren Ausübung von seinem göttlichen Geiste erfüllt, wie z. B. *Teiresias* in Theben und *Kalchas*, der Seher der Griechen vor Troia. Auch *Kassandra*, die Tochter des troianischen Königs Priamos, hatte ihre Sehergabe von Apollon, der sie liebte; da sie jedoch dem Willen des Gottes sich nicht ganz rückhaltlos hingab, so verhängte dieser im Zorn das Unglück über sie, daß sie zwar noch immer die Zukunft wahr verkündete, aber niemand ihren Sprüchen Glauben beimaß. Selbst auf ihren Bruder *Helenos*, der ebenfalls ein kundiger Seher und Vogeldeuter war, scheint noch ein Teil des göttlichen Zornes übergegangen zu sein; er hatte das unglückliche Geschick, den Feinden zum Verderben seines eigenen Vaterlandes weissagen zu müssen. Weissagende Frauen und Priesterinnen des Apollon sind auch die *Sibyllen*, die besonders in Kleinasien zu Hause waren, wie *Herophile* in Troas. Auch nach Delphi versetzte man eine Sibylla. Bekannt ist die von Cumä in Unteritalien (Herophile oder Deïphobe), von der die unter Tarquinius Superbus nach Rom gebrachten sibyllinischen Bücher stammen sollten.

Apollon waltet durch sein Orakel auch über der Ausübung der Blutrache. Einst hat er dem Orestes als heilige Pflicht auferlegt, den Tod seines Vaters an den Mördern zu rächen durch vergeltenden Mord. Wer Blut vergossen hat, des Blut soll wieder fließen, das ist ein alt Gesetz; doch wenn es in seiner ganzen Strenge durchgeführt würde, so würde das Blutvergießen nimmer enden und die Schuld stets neue Schuld erzeugen. Da tritt Apollon rettend und heilend ein durch die *Mordsühne*. Er sorgt dafür, daß der flüchtige, aus der Gesellschaft ausgeschlossene und von den Verwandten des Erschlagenen verfolgte Mörder einesteils mit der Seele des Gemordeten ausgesöhnt, andernteils von der Schuld, die wie eine Befleckung auf seiner zerrütteten Seele ruht, gereinigt werde durch allerlei Sühngebräuche, die durch den apollinischen Kultus namentlich von Delphi aus unter den Griechen verbreitet worden sein sollen. Er selbst hat sich, nachdem er durch die Erlegung des Python die finstern Mächte der Erdtiefe zu Zorn und Rache gegen sich aufgerufen und sich mit Blut und Mord besudelt hat, den Gesetzen der Mordsühne unterworfen. Er ist außer Land geflohen und hat bei Admetos Knechtesdienste getan; denn Knechtschaft war in der ältesten Zeit ein gewöhnliches Mittel der Buße für einen Mord; der Mörder kaufte dadurch gewissermaßen sein verwirktes Leben los. Nach acht Jahren, einem »großen Jahre« – so lange dauerte die Zeit der Buße – und nachdem er in den Lorbeerhainen des Tempetales gereinigt worden, kehrte er nach Delphi zurück und übte jetzt erst als *Phoibos*, als »reiner« und »klarer« Gott, sein Orakelamt; nachdem er selbst den Gesetzen der Blutsühne sich unterzogen, kann er um so eher von jedem andern verlangen, daß er sich denselben Vorschriften unterwerfe. Diese Flucht und Buße des Gottes wurde zu Delphi alle acht Jahre sinnbildlich dargestellt. Nach Aufführung des Drachenmordes mußte ein Knabe, der den Gott vorstellte, auf dem heiligen Wege bis in die Gegend von Tempe, wo Apollo selbst gereinigt worden war, fliehen und symbolisch dienstbar werden, bis er nach Ablauf er vorgeschriebenen Zeit, durch Besprengung mit Lorbeerzweigen und andere Sühngebräuche gereinigt, in feierlicher Prozession auf derselben pythischen Straße wieder nach Delphi zurückkehrte.

Der Gott, der so den Tod der Menschen rächt, hat überhaupt eine große Macht *über Leben und Sterben* der Menschen. Dabei ist festzuhalten, daß er in älterer Zeit mehr als *Todesgott*, später aber als *Heilgott*, als Arzt und Helfer der Menschen hervortritt. So hat er bei Homer einen verderblichen Einfluß auf Menschen und Tiere; er sendet die Pest, die die Griechen vor Troia im zehnten Jahre des Krieges heimsuchte. Und auch sonst wissen die Sagen davon zu erzählen, wie vernichtend die Pfeile des Apollon wirkten. Den Zorn des Bogenschützen hat *Tityos* erfahren, der riesige Sohn der Erde, der es wagte, die freche Hand an Leto zu legen, als sie nach Pytho ging; ihn tötete der strafende Pfeil des Apollon, und noch in der Unterwelt büßt er seine böse Lust. Auch die übermütigen *Aloaden* oder *Aloïden* (Söhne des Aloeus), *Otos* und *Ephialtes*, erlegte Apollon mit seinen Pfeilen. Beide waren riesige Knaben von übermäßiger Kühnheit; alle Jahre wuchsen sie eine Elle in die Breite und eine Klafter in die Länge, so daß sie im neunten Jahre neun Ellen in die Breite und neun Klafter in die Länge maßen. Sie strebten nach dem Besitze der Hera und der Artemis und bedrohten, den Titanen gleich, die Götter im Himmel mit ihrem Angriff, indem sie den Ossa auf den Olympos und auf den Ossa den Pelion türmen wollten; und sie hätten es ausgeführt, hätte nicht Apollon sie, bevor sie Jünglinge geworden, mit seinen Pfeilen getötet. Durch Apollons Pfeile fielen die Söhne der *Niobe*, durch ihn, den mächtigsten und furchtbarsten Helfer der Troer, sanken vor Ilion die herrlichen Helden *Patroklos* und *Achilleus* in den Staub. Überhaupt schrieb man jeden schnellen plötzlichen Tod den Pfeilen des Apollon zu, auch wenn man keine besondere Veranlassung bei dem Gotte voraussetzen mußte. Nicht immer braucht ihn der Zorn getrieben zu haben; sein Todespfeil kann auch ein milder sanfter Pfeil sein, der leicht und schnell den Menschen dahinnimmt, so daß sein Ende als Wohltat erscheint. Zu dieser Eigenschaft des Apollon als Todesgott, wie sie in älterer Zeit erscheint, stimmt es, daß er bei Homer als Arzt nicht auftritt. Da ist der Götterarzt auf dem Olympos *Paiëon* (oder Paian). Später aber wird Apollon mehr und mehr ein Helfer in Not und Krankheit. Der Name Paian wird nun nicht mehr von einem besondern Götterwesen gebraucht, sondern er wird ein Beiname des Apollon (oder des Asklepios).

Besonders tritt Apollon als Heilgott hervor in seiner Verbindung mit Asklepios (Aesculapius). *Asklepios*, ein Sohn des Apollon, der Gott der Heilkunde, wurde von Koronis, der Tochter des Lapithen Phlegyas, in Theassalien geboren. Sein Vater brachte ihn auf das durch seine frische gesunde Luft und seine heilkräftigen Kräuter berühmte Gebirge Pelion zu dem weisen Kentauren Cheiron, daß er ihn aufziehe und in der Heilkunde unterweise. Asklepios erreichte in seiner Kunst solche Vollkommenheit, daß er nicht bloß jegliche Krankheit heilte, sondern selbst Tote wieder auferweckte; da aber hierdurch die Ordnung der Welt gestört ward und Pluton bei Zeus Klage führte, so erschlug ihn dieser mit dem Blitze. Seinen Tod zu rächen, soll dann Apollon die Kyklopen getötet haben, die dem Zeus die Blitze schmiedeten. Es gab übrigens noch andere Sagen über die Geburt des Asklepios; und in älterer Zeit war er wohl nicht bloß der Gott der Heilkunde, sondern besaß größere Macht. Später scheint man seine Tätigkeit eingeschränkt zu haben; jedenfalls erscheint er in historischer Zeit immer als Gott, der seine Heiligtümer besonders in Hainen, an Heilquellen und an gesunden, außerhalb der Städte gelegenen Orten hatte; meistens waren mit diesen Heiligtümern viel besuchte Heilanstalten verbunden. Der Hauptort seines Kultus, vergleichbar mit einem unserer großen Badeorte, war *Epidauros*. Asklepios wurde dargestellt als älterer bärtiger Mann, in einer dem Zeus ähnlichen Gestalt, mit sanfter, ruhig sinnender Miene. Sein gewöhnliches Attribut ist die kluge Schlange, zugleich ein Symbol sich verjüngender Lebenskraft, und der Wanderstab, der an den nimmer rastenden Hilfespender erinnert; um diesen ist gewöhnlich die Schlange gewunden. Dieser Schlangenstab ist bekanntlich bis heute das Abzeichen der Ärzte geblieben. In der

Hand trägt der Gott oft eine Schale mit dem heilenden Tranke. Geopfert wurde ihm der Hahn. Unter den Kindern des Asklepios ist besonders zu nennen *Hygieia,* die »Gesundheit«, eine in jugendlicher Blüte strahlende Göttin mit sanft lächelndem Auge, dem Apollon lieb und wert. In der Linken hält sie meist eine Schale, aus der sie eine Schlange tränkt.

Besonders wichtig ist Apollon als Gott der *Musik* und der *Dichtkunst.* Wir werden diese seine Tätigkeit am besten von dem Orakelgotte Apollon ableiten; denn zwischen Weissagung und Dichtkunst besteht enge Verwandtschaft. Wenn der Seher prophezeit, so ist seine Seele enthusiastisch erregt, d.h. von göttlichem Geiste durchhaucht; der Grieche benannte ihn und seine Kunst, die Mantik, nach einem Worte, das »verzückt sein« bedeutet, sein Zustand ist der einer verzückten Begeisterung. In ähnlichem Zustande ist der Sänger und Dichter, wenn er die Saiten schlägt und seine göttlichen Lieder singt, und wer ihn vernimmt, dessen Seele stimmt er in gleicher Weise. Auch äußerlich zeigt sich eine Beziehung des Orakels zur Dichtung: die Sehersprüche wurden in Versform gegeben. Apollon ist also der Gott der Sänger wie der Seher, und mancher Sänger der mythischen Vorzeit, wie *Orpheus* und *Linos,* heißt Sohn des Gottes. Er selbst ergreift, wenn er den furchtbaren Bogen zur Seite gelegt, gern die goldene Laute und ergötzt sein Herz an ihren süßen Klängen. Wenn im Olympos sein Saitenspiel ertönt, begleitet von den lieblichen Stimmen der Musen, dann werden die Herzen der Götter bezaubert, und alle Gefühle werden weich und mild; dann vergißt, so singt Pindar, Ares, der rauhe Kriegsgott, den Kampf der Lanzen, der Blitz erlischt in der Hand des Zeus, und der Adler, der auf seinem Zepter sitzt, läßt einschlummernd zu beiden Seiten die schnellen Schwingen niedergleiten; eine dunkle Wolke senkt sich ihm auf das gekrümmte Haupt und schließt süß seine Lider; so sitzt er da, der König der Vögel, überwältigt von den Tönen der Phorminx, und das Gefieder seines Rückens wogt auf und ab, indem er schlummert. Doch was den Zeus nicht liebt und das Licht und die Ordnung, das schaudert zurück vor dem Klange der Saiten und birgt sich in finsteren Tiefen, wie der hundertköpfige Typhon, der Götterfeind. – Mit den Musen steht Apollon in engem Bunde; als *Musagetes*, »Musenführer«, tritt er an ihre Spitze, und sein hoher Geist erfüllt und hebt den ganzen stattlichen Chor. Will der jugendliche Teil der Götter im Olympos sich besonders ergötzen, so schreitet Apollon mit dem Musenchor durch den himmlischen Saal; er selbst spielt die Kithara, und die Musen singen; dann fassen die schön gelockten Chariten und die freundlichen Horen einander an den Armen, es reihen sich an Harmonia und Hebe und Aphrodite, auch mischen sich drein Ares und Hermes, und nun tanzt die jugendliche Schar der Göttinnen heiter dahin, an der Spitze Artemis, die hoch ragende Schwester des Apollon, der, die Neunzahl der Musen führend, von lichtem Glanze umstrahlt, in gehobenem Tanzschritt dahin wandelt. So schildert es uns ein homerischer Hymnos auf Apollon.

Wir haben im vorstehenden die verschiedensten Eigenschaften des Apollon kennen gelernt. Noch bleibt eine Seite des Gottes zu erwähnen, die man bei ihm nicht vermutet: er erscheint auch als *Meeresgott*. Als solcher führt er den Beinamen *Delphinios*; er schützt die Schiffahrt, das Meer und die Inseln sind ihm heilig; namentlich auf Kaps wird er verehrt. Wie die Sage diesen Namen des Gottes mit seiner Verwandlung in einen Delphin erklärt, haben wir oben gesehen. Vielleicht gehört hierher die dort ebenfalls schon besprochene Tätigkeit der Überwachung von Kolonien- und Städtegründungen. Aus dem Gotte der Fahrt übers Meer entwickelt sich dann überhaupt ein *Schutzgott des Verkehrs:* Apollon ist der Hort des Menschen auf allen Wegen und Straßen, beim Aus und Eingange des Hauses. Darum stellte man sein Bild oder eine einfache Säule, die dieses vertrat, gern an Vorhöfen und Türen auf, und indem man es sorglich bekränzte und an ihm opferte, flehte man zu dem Gotte um gutes Glück. Apollon ist einer der höchsten Götter der griechischen Religion und wurde mit großer Ehrfurcht in ganz Griechenland verehrt. Die zwei berühmtesten Stätten seines Kultus waren Delos und Delphi.

Die Insel *Delos* war dem Gotte ganz geweiht, ja eine Zeit lang durfte kein Toter dort begraben werden, weil der Reine und Makellose mit Unreinem nicht in Berührung kommen sollte. Dort feierte der Stamm der Jonier, für den gerade Delos der Mittelpunkt seines Apollokultus war, alle fünf Jahre mit großer Pracht dem Gotte zu Ehren festliche Spiele.

Der dorische Stamm schloß sich vorzugsweise an *Delphi* an, das sowohl durch sein Orakel, als durch die pythischen Spiele ein glänzender Mittelpunkt des griechischen Nationallebens war. Die pythischen Spiele oder die Pythien wurden dem Apollon jedes fünfte Jahr im Frühling gefeiert; er selbst soll sie nach Ermordung des Python eingesetzt haben. Es waren anfangs bloß musische Wettkämpfe im Kithara- und Flötenspiel, wie sie dem Apollon Musagetes zukamen; später traten auf der Ebene von Krisa bei Delphi auch ritterliche Kampfspiele hinzu.

Französische Ausgrabungen haben die trümmerhaften Reste des einst herrlichen Delphi zutage gebracht; die Ruinen zeugen noch heute von den zahlreichen prächtigen Bauwerken und dem reichen Schmucke der Weihgeschenke. Der heilige Bezirk Delphis muß wie der von Olympia oder wie heutzutage berühmte, Jahrhunderte alte katholische Kirchen ein wahres Museum der besten Kunstwerke gewesen sein, die frommer Sinn oder Prachtliebe und die Sucht zu glänzen hier aufgehäuft hatte. Auf einer etwa 23 000 qm großen, von unten nach oben 50 m hoch schräg ansteigenden Terrasse erhoben sich um den im Mittelpunkte liegenden großen Tempel des Apollon eine große Reihe von sogenannten Schatzhäusern, d. i. Gebäuden einzelner Städte, in denen diese oder einzelne ihrer Bürger ihre Weihgeschenke aufstellten, darunter besonders gut erhalten die der Knidier und der Athener; weiter eine große Zahl einzelner frei stehender Monumente, unter denen die nach dem Siege von Plataiai geweihte, heute in ihren Resten in Konstantinopel befindliche Schlangensäule aus der Geschichte des Pausanias bekannt ist, und neben vielen anderen Gebäuden und Monumenten ein Theater. Von der Fülle der Statuen allein macht man sich einen Begriff aus der Angabe, daß, nachdem Nero 500 davon entführt hatte, doch noch gegen 3000 vorhanden waren! Eine heilige Straße führte vom Haupteingange – denn der ganze Bezirk war mit einer Mauer umschlossen – im Zickzack an den Schatzhäusern und am Tempel vorbei bis zum Theater. – In der Cella des delphischen Tempels vor dem Gemache des Erdschlundes befand sich der sogenannte Omphalos (Nabel, d. h.

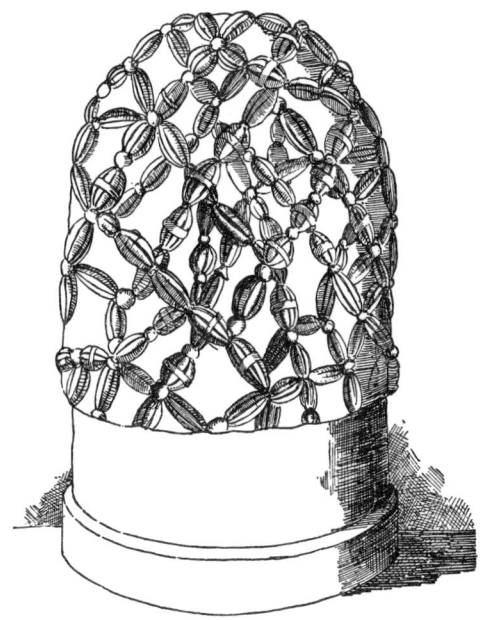

Omphalos in Delphi

109

Mittelpunkt der Erde). Es war ein Stein aus weißem Marmor, auf beiden Seiten mit Bildern der Adler, die einst, von den entgegengesetzten Enden der Erde von Zeus ausgesandt, hier zusammengetroffen waren, das Zeichen, daß diese Stelle der Mittelpunkt der Erde war. Über den Stein war ein Netz von Wollfäden gehängt; so zeigt sich uns der Omphalos in einer im Altertume gefertigten Nachbildung des eigentlichen heiligen Steins, die bei den französischen Ausgrabungen in Delphi jüngst gefunden worden ist.

Von *andern Orakeln* des Apollon nennen wir noch das des ismenischen Apollon am Ismenosflusse bei Theben, das zu Didyma bei Milet und das zu Klaros bei Kolophon in Kleinasien. Überhaupt wurde Apollon in Kleinasien von alters her verehrt, so besonders in der Troas, wo das Heiligtum des thymbraiischen Apollon berühmt war und in Lykien.

Dem Apollon ist besonders heilig der Wolf, ein Symbol der Blutrache und zugleich durch seinen Namen *(lykos)* an den Apollon Lykeios erinnernd; der Delphin, dessen Name an Apollon Delphinios und an den delphischen Gott erinnert, ein Freund der Musik; der Schwan, der Sänger, der, wie man glaubte, noch vor seinem Tode, den er weissagerisch ahnt, ein Klagelied singt; unter den Bäumen der Lorbeer, dem man reinigende Kraft zuschrieb und der deshalb besonders bei Sühnungen verwendet wurde. Die Apollotempel waren häufig von Lorbeerhainen umschattet, wie der zu Delphi, wo auch der Sieger in den Wettspielen mit einem Lorbeerkranze, den der Gott selbst gerne trägt, geehrt ward. Der Lorbeer heißt im Griechischen *daphne;* daraus hat die Sage eine *Nymphe Daphne* gemacht, eine Tochter des thessalischen Flusses Peneios, dessen Ufer schöne Lorbeerhaine des Apollon schmückten. Apollon liebte die Nymphe; aber Daphne, eine Jägerin wie Artemis, die nur Wald und Einsamkeit liebte, erwiderte seine Neigung nicht, und um dem Gotte zu entgehen, ließ sie sich von ihrem Vater in einen Baum verwandeln, der nachmals *daphne* genannt wurde.

110

Die Kunst stellte den Apollon dar als eine hoch ragende, kräftige Gestalt in der schönsten Jugendblüte; er ist mit Hermes der schönste unter den Göttern. Seine Gesichtszüge sind erhaben, stolz und klar; über der Stirne ist sein langes volles Haar in der späteren Kunst oft zu einem Knoten zusammengebunden, der die erhabene Gestalt noch erhöht. Er wird meist nackt dargestellt, mit Bogen und Köcher. Der Apollon Musagetes oder der Kitharode (der Sänger zur Kithara) dagegen erscheint in einem langen ionischen Gewande, so daß man ihn auf den ersten Blick für ein weibliches Wesen halten möchte, mit der Laute in den Händen. Die berühmteste der noch erhaltenen Statuen ist der Apollon vom Belvedere im Vatikan zu Rom; hier ist er als Bogenschütze (nicht mit der Aigis in der Linken) dargestellt.

Die *Römer* hatten keinen einheimischen Gott, der dem Apollon entsprach; sie nahmen ihn ohne weiteres unter seinem Namen *Apollo* bei sich auf. Schon zur Zeit der Tarquinier befragten sie wohl das delphische Orakel. Später errichteten sie ihm in ihrer Stadt Tempel, besonders als einem Arzt und Heilgotte, und feierten ihm die *apollinarischen Spiele* als dem Abwehrer der Feinde und Verleiher des Sieges. In dieser Eigenschaft ehrte ihn auch besonders Augustus durch Einsetzung der *actischen Spiele*, weil er glaubte, durch seine Hilfe bei Actium den Sieg über Antonius davon getragen und die Weltherrschaft errungen zu haben. Der prachtvolle Apollotempel auf dem Palatin stammt ebenfalls von Augustus.

5. Artemis (Diana)

Artemis ist die Zwillingsschwester Apollons, eine Tochter des
Zeus und der Leto, zu Delos am Berge Kynthos geboren (daher
Kynthia), stark und blühend, jugendlich und unvermählt wie ihr
schöner Bruder. Beide sind durch das Band inniger Liebe untereinander und mit der Mutter vereinigt. Leto lebt nur ihren
Kindern und blickt mit Freude und Stolz auf das stattliche Paar,
und diese wachen mit Sorgfalt, daß die Mutter nicht gefährdet
oder in ihrer Würde gekränkt werde. – So kennen die Griechen
der historischen Zeit die Artemis. Wir können aber vermuten,
daß im ältesten Griechenland noch eine Artemis anderer Art –
sei es unter diesem, sei es unter anderem Namen – verehrt
wurde, die man erst später mit der Letotochter verschmolz. Am
ehesten sind die beiden Göttinnen, die später eine Einheit bilden, daran kenntlich, daß die eine von ihnen, die ältere, eine
mütterlich sorgende Gottheit war, die die Schicksale vermählter
Frauen und ihrer Kinder lenkte; die Letoïde dagegen war stets
unvermählt. Weiter ist die ältere Göttin nicht die Schwester
Apollons, sondern mit anderen männlichen Gottheiten verbunden. Später also hat man beide Göttinnen miteinander verschmolzen und die Eigentümlichkeiten beider vermischt. Dadurch wird es uns oft schwer, zu sagen, welche Eigenschaft wir
der einen, welche der andern Göttin zuteilen sollen. Manchmal
freilich waren die Züge beider Göttinnen zu verschieden voneinander, als daß man sie hätte vereinigen können: so das mütterlich frauenhafte Wesen der einen, das mädchenhafte der anderen. Hier ist später der *eine* Zug ganz verschwunden, und die
Letoïde hat den Sieg davongetragen. Bei Homer, also ungefähr
im achten Jahrhundert vor Chr., sind die Göttinnen schon verschmolzen; Artemis ist die Schwester Apollons, aber die Züge

der anderen alten Göttin sind doch noch vielfach zu erkennen. – *Nicht* ist jedenfalls bei *Homer* Artemis eine *Mondgöttin.* Wir sahen bei Apollon, daß auch dieser bei Homer nicht als Sonnengott auftritt, sondern daß dort Helios dieses Amt hat, das er erst später an Apollon abgibt. Ebenso heißt bei Homer der Mond durchaus nur *Selene* oder Mene, und erst später übernimmt Artemis diese Funktion. Auch sonst ist der Wirkungskreis der Artemis in späterer Zeit durch Verschmelzung mit anderen Göttinnen, z. T. barbarischer Völker, sehr erweitert worden. Das Charakteristische an Artemis ist ungefähr folgendes:

Sie ist zunächst eine große *Naturgöttin*, die Wachstum, Leben und Gedeihen auf der Erde fördert bei Pflanzen, Tier und

Artemis mit Hirsch. Geschnittener Stein

Mensch. Sie beschützt insbesondere die Jugend, ist eine Göttin der Hochzeit und der Geburt und überhaupt der Frauen. Daneben steht eine Artemis als *Todesgöttin.* Das ist aber keine Sondergottheit, die einst für sich bestand, sondern sie ist wohl aus der Naturgöttin Artemis abgeleitet; wie nämlich diese das Leben gibt und fördert, so kann sie es auch nehmen. Möglich wäre freilich auch die Annahme, daß die Todesgöttin Artemis mit der Letotochter zu verbinden sei; denn auch der Sohn Letos,

113

Apollon, ist ja ein Herr über Leben und Tod. Als Todesgöttin ist Artemis mit Bogen und Pfeil bewaffnet und straft damit die Verbrecher. So werden gewöhnlich Tityos und die Aloaden als von ihr und nicht von ihrem Bruder getötet angesehen; die Kinder der Niobe erschoß sie zur Hälfte, nämlich die Mädchen. Überhaupt glaubte man, daß, wie Apollon die Männer, so Artemis die Frauen durch ihre Pfeile rasch und schnell aus dem Leben nehme. Diese mit Pfeil und Bogen bewaffnete Göttin hängt mit der *Jagdgöttin* aufs engste zusammen.

Der *Letoïde* Artemis – die also von der oben geschilderten Naturgottheit ursprünglich ganz verschieden war – werden wir diejenigen Züge ihres Wesens geben, die sie eng mit ihrem Bruder verbinden: sie ist eine *Göttin des Meeres* und der Schifffahrt, die den Griechen in Aulis und den günstigen Wind versagt, eine *Göttin des Verkehrs,* der Wege und Stege; die Städte und Staaten erfreuen sich ihres dauernden Schutzes; sie ist eine Retterin und Stadtschirmerin, von den Bürgern in der höchsten Not angerufen. Auch noch andere Züge haben beide Geschwister gemeinsam; doch ist zu beachten, daß manche Seiten Apollons, die bei ihm hoch entfaltet sind, bei Artemis weniger hervortreten, wie Musik, Tanz und Mantik. Das Umgekehrte ist der Fall mit einer Eigenschaft der Artemis, die sich bei Apollon nicht entwickelt findet, bei seiner Schwester aber das Hauptmerkmal geworden ist. Dies ist ihre Jagdliebe.

Als *Jagdgöttin* ist sie unseren Gebildeten am meisten vertraut, weil die bildende Kunst der Griechen und nach ihr die moderne die Jägerin Artemis mit ganz besonderer Vorliebe dargestellt hat. Artemis ist also eine schnelle stürmende Jägerin, die »pfeilfrohe« Göttin der Jagd. Das Wild, das sie sorglich hegt und pflegt, wird zu anderer Zeit hartherzig von ihr getötet. Bewaffnet mit Bogen und Pfeil oder mit dem Jagdspieße, streift sie mit kurzem, bis an die Knie reichendem Gewande, das ihren schnellen Lauf nicht hindert, durch die schattigen Wälder und auf den windumbrausten Berghöhen umher, die Hirsche jagend und den wilden Eber, und mit ihr jagen die Nymphen, die schönen Töchter des Zeus; schöner aber als alle ist Artemis selbst, die reine jungfräuliche Göttin schlanken hohen Wuchses, die mit den Schultern und dem schönen Antlitz hoch über alle emporragt, so daß sie leicht zu erkennen ist. Und wenn sie der Lust des Jagens müde ist, dann spannt sie die Sehne des Bogens ab und geht nach Pytho zu dem prächtigen Hause ihres Bruders; da hängt sie Bogen und Köcher auf und ergötzt sich in lieblichem Schmucke mit den Musen und Chariten an schönen Reigentänzen (homerischer Hymnos).

Am deutlichsten tritt uns die jungfräuliche Jagdgöttin entgegen in der Erzählung von *Aktaion*, die wir hier nach Ovids Darstellung (in den Metamorphosen) wiedergeben.

Aktaion war ein starker, mutiger Jüngling, ein Freund der Jagd und der Bergeshöhen. Einst jagte er mit seinen Genossen in den Wäldern des Gebirges Kithairon. Sie machten reiche Beute; als aber die Mittagssonne herniederbrannte, begehrten sie der Ruhe. Aktaion entließ seine Gefährten und suchte in dem schluchtenreichen Gebirge einen einsamen, kühlen Platz, wo er die heißen Stunden des Tags verbringen könne. Er gelangte in ein von Zypressen und Fichten dicht bewachsenes Tal, das der Artemis heilig war. Dort war eine kühle, einladende Grotte, von der Natur kunstreich gebildet, und ihr zur Rechten eine Quelle klarsten Wassers, von grünem Rasensaume umgürtet. Artemis kannte den Platz wohl; hier pflegte sie, wenn sie vom Jagen ermüdet war, ihre jungfräulichen Glieder im kühlen Nasse zu erquicken. Eben war sie wieder in die Höhle getreten. Einer der Nymphen, die sie begleiteten, hatte sie Jagdspieß, Köcher und Bogen übergeben; eine zweite nahm ihr Gewand, zwei lösten ihr die Sohlen von den Füßen, und die geschickteste band die um den Nacken wallenden Locken zu einem Knoten. Andere schöpften mit Urnen Wasser aus dem Quell, um es über die Herrin zu gießen.

Da führte den Aktaion sein böses Geschick zu der Grotte. Die erschreckten Nymphen drängen sich, nackt wie sie sind, um die Herrin, um sie mit ihrem Körper vor den Blicken des Mannes zu decken. Doch die Göttin ist höher als alle und überragt sie mit dem ganzen Haupte. Ihr Antlitz rötet sich vor Scham, da sie ohne Gewand von einem Manne gesehen worden ist. Und damit der Jüngling nie ausplaudere, daß er sie geschaut, macht sie ihn stumm: aus seinem Haupte sproßt das Geweih eines Hirsches; der Hals verlängert sich, die Ohren werden spitz, die Arme werden zu Beinen und die Hände zu Klauen, und den ganzen Körper überzieht ein gesprenkeltes Fell. Mit der Furchtsamkeit eines Hirsches flieht der Jüngling davon.

Da ersehen den Unglücklichen die fünfzig Hunde, die ihn begleitet hatten. Mit wütendem Gebell stürzen sie auf ihn ein und jagen ihn über Berg und Tal, durch Fels und Geklüft. Endlich schlagen sie ihre Zähne in seinen Rücken und zerreißen mit wütenden Bissen seinen Leib. Die Jagdgefährten waren durch den Lärm der Hunde herbeigerufen worden. Sie hetzen sie noch mit Zuruf auf ihren Herrn, den sie nicht erkennen und bedauern, daß er nicht da ist, den herrlichen Fang zu sehen. So starb der Arme an tausend Wunden durch den Zorn der Artemis, die er im Bade gesehen.

Am meisten von allen griechischen Landschaften verehrte die Artemis Arkadien. Dort treten auch die Züge der ehemaligen mütterlichen Göttin am ehesten zutage; eine Kultgemeinschaft mit Apollon kannten die Arkader nicht. Die Göttin weilte hier an Flüssen, Seen und Quellen, wo sie auch ihre zahlreichen Heiligtümer hatte; mit einer Schar von Nymphen zog sie jagend in den Gebirgen umher, sie selbst eine nymphenartige Göttin, eine belebende und nährende Naturgottheit. Die Arkader hatten sie sich vor alters unter dem Symbol einer Bärin gedacht und verehrten sie unter dem Namen *Kalliste* oder *Kallisto*, die »Schönste«; sie betrachteten sie als ihre Stammmutter, indem sie ihren Ahnen *Arkas* einen Sohn der Kallisto und des Zeus nannten. In späterer Zeit aber, als Artemis allgemein für unvermählt galt, hat man Kallisto, die Mutter des Arkas, zu einem besonderen Wesen gemacht, zu einer Nymphe aus der Jagdgesellschaft der Artemis, die von der eifersüchtigen Hera in eine Bärin verwandelt und von Artemis erschossen worden sei. Zeus, sagte man, habe sie als große Bärin unter die Gestirne versetzt. – Die Erscheinung, daß aus einer besonderen Eigenschaft einer Gottheit – hier der mütterlichen – eine Sondergottheit geschaffen wird, findet man auch sonst oft, besonders häufig aber bei Artemis. Die Gelehrten nennen eine solche Abzweigung eine *Hypostase*.

Außer durch die Ausbildung von Hypostasen ist die Artemisreligion noch durch einen anderen charakteristischen Zug besonders lehrreich: die Göttin wird sehr oft *mit fremden,* ihr in irgend einer Beziehung ähnlichen *Gottheiten vermischt.* Das bekannteste Beispiel hierfür bietet die *taurische Artemis.*

In der taurischen Chersones (heute Krim) wurde eine jungfräuliche Göttin verehrt, der blutige Menschenopfer fielen. Diese haben die Griechen mit ihrer Artemis verbunden, und zwar aus mancherlei Gründen. Einmal waren beide Göttinnen jungfräulich, unvermählt; weiter hatten auch die Griechen eine Artemis, die blutige Menschenopfer forderte (siehe unten). Schließlich trug die griechische Artemis als eine Schützerin der Herden, besonders der Stierherden, den Namen *Tauropolos* (Stiertummlerin); und der Klang der ersten beiden Silben dieses Wortes mag – neben anderen Gründen – dazu geführt haben, an die taurische Göttin zu denken. – Freilich war es den Griechen nicht bewußt, daß die taurische Jungfrau und ihre eigene Artemis ursprünglich zwei ganz verschiedene Gottheiten waren. Die Dichter erzählen, Iphigeneia, Agamemnons Tochter, habe mit ihrem Bruder Orestes Bild und Dienst der taurischen Artemis nach Griechenland gebracht. Verschiedene Städte behaupteten, dieses Bild von Iphigeneia erhalten zu haben, wie Sparta und Brauron in Attika, wonach die Göttin die *brauronische* hieß.

Alte Menschenopfer für eine echt griechische Artemis erkennen wir noch im Dienste der *Artemis Orthia* in Sparta, die durch Lykurgos' Gesetzgebung besonders bekannt ist. Was ihr Name bedeutet, wissen wir nicht; einige deuten die »Gerade«, »Aufrechtstehende« von der steifen Haltung ihres alten Bildes. Jedenfalls forderte sie Menschenopfer; Lykurgos aber soll diesen harten Brauch gemildert haben, indem er verordnete, daß in Zukunft bei dem jährlichen Feste der Göttin an ihrem Altare Knaben gepeitscht würden, so daß ihr Blut den Altar bespritzte; denn Blut verlangte die Göttin noch immer.

Enge Verwandtschaft zeigt ferner Artemis mit *Hekate*. Es ist nicht sicher, ob dies auch eine Hypostase der Artemis derart, wie oben geschildert, ist, so also, daß Hekate und Artemis ursprünglich dieselbe Göttin waren und später *eine* Tätigkeit der Artemis, der Schutz der Wege, auf die Sondergöttin übertragen wurde. Die andere Möglichkeit wäre die, daß Hekate so wie die taurische und zwei gleich zu besprechende andere Göttinnen ursprünglich nicht griechisch war und erst später mit Artemis verschmolzen wurde. Bekannt ist Hekate am meisten dadurch, daß sie auf den Wegen, besonders an Dreiwegen, ihr Wesen treibt, und zwar beschützt sie dort bei Mondlicht allerhand Spuk und Zauberwerk. – Weil nun Hekate deutliche Beziehungen zum Monde hat und ihre Verwandtschaft mit Artemis den Griechen immer bewußt blieb, so hat sie viel dazu beigetragen, daß *Artemis* sich immer mehr zur *Mondgöttin* entwickelte, eine Auffassung, die wenigstens für die homerische Zeit abzulehnen war. Als Mondgöttin ist Artemis in der *späteren* Zeit ebenso bekannt wie ihr Bruder Apollon als Sonnengott.

Kein Zweifel dagegen kann herrschen über die Herkunft der *ephesischen Artemis*. Dies war ursprünglich eine asiatische Gottheit, eine allerzeugende und allnährende Mutter, ähnlich der Rhea Kybele, aber durchaus verschieden von der griechischen jungfräulichen Artemis. Doch ist sie auch ebenso wie diese eine Pflegerin alles Lebens in den Wäldern und auf den Bergen, wo

118

sie wohnt und waltet, und diese Eigenschaften, die wohl an die griechische Artemis erinnern konnten, führten dazu, sie mit dieser zu verbinden. Ihr aus der Apostelgeschichte allen bekannter Dienst zu Ephesos, der von Amazonen gegründet sein sollte und durch eine zahlreiche Priesterschaft besorgt wurde, war sehr glänzend; in dem prachtvollen großen Tempel stand ihre mumienartige Statue, unten keilförmig zulaufend, mit zahlreichen Symbolen nährender Fruchtbarkeit; auf dem Haupte trug sie eine Mauerkrone.

Ebenso wie die ephesische Artemis ist sicher ursprünglich nicht griechisch die römische *Diana*. Sie ist eine rein italische Göttin, sei es des Lichts, sei es der Frauen; aber die Römer haben sie später ganz mit der griechischen Artemis identifiziert und das Wesen dieser Göttin, wie es bei den Griechen ausgebildet worden war, ganz auf jene übertragen. Diana erscheint als Jagdgöttin, als Geburtsgöttin (Lucina), Mondgöttin oder Hekate (Luna, Trivia). In einem Haine zu Aricia verehrte man eine »Haingöttin« mit einem eigentümlichen blutigen Dienste. Der Priester des Heiligtums nämlich, der »Hainkönig«, der immer ein entlaufener Sklave war, erlangte jedesmal sein Priestertum durch einen Zweikampf, in dem er seinen Vorgänger erlegte, und mußte mit jedem entlaufenen Sklaven, der ihn zum Zweikampfe herausforderte, um seine Stelle kämpfen. Die Göttin forderte also Menschenblut, und darum hielt man sie für die taurische Artemis und erzählte, Orestes oder Hippolytos habe ihren Dienst nach Aricia gebracht.

Heilig war der Artemis besonders der Hirsch, der Eber, der Bär und Hund; den Lorbeer hatte sie mit Apollon gemein. Die jüngere Kunst stellt sie gewöhnlich als Jägerin dar mit Bogen und Köcher, in aufgeschürztem Gewand, schlank und leichtfüßig wie Apollon, und ohne weibliche Fülle; ihr Gesicht ist dem des Bruders ähnlich, nur zarter und rundlicher. Als Mondgöttin hat sie einen Schleier über dem Kopfe, den Halbmond überm Scheitel, in den Händen Fackeln, und trägt langes bis zu den

Füßen herabreichendes Untergewand. Die bekannteste noch erhaltene Statue der Artemis ist die von Versailles. Sie stellt die Göttin jagend dar, begleitet von der ihr heiligen Hirschkuh (der man sonderbarerweise im Altertum oft ein Geweih gab). Artemis hört das Geräusch eines nahenden Wildes, wendet spähend den Kopf und greift nach einem Pfeile.

6. Hermes (Mercurius)

Hermes ist ein sehr alter Gott; denn schon Homer kennt die wesentlichsten seiner Eigenschaften. Er ist der Sohn des Zeus und der arkadischen Nymphe Maia, einer Tochter des Atlas, in einer Grotte des arkadischen Berges Kyllene geboren (daher sein Beiname »Kyllenier«), ein gewandter listiger Gott, erfindungsreich und geschickt zu jedem Werke. Dies sehen wir am hübschesten in einem alten Liede, dem homerischen Hymnos auf Hermes. Dort wird erzählt:

Gleich nach seiner Geburt zeigte Hermes die ihm angeborene Natur. An demselben Tage, an dem er das Licht der Welt

Hermes, ein Götterkind, den Arkas tragend.
Münze von Pheneos in Arkadien.

erblickte, schlüpfte er aus seinen Windeln, um die Rinder des Apollon zu stehlen. Vor der Höhle seiner Mutter fand er eine Schildkröte, und sogleich kam ihm der Gedanke, ihr Gehäuse zur Verfertigung eines Saiteninstrumentes zu verwenden. Er trug sie in die Höhle, bohrte das Fleisch aus der Schale und machte diese zum Resonanzboden einer Lyra, die er mit sieben Saiten bespannte. Sofort erprobte er das neu erfundene Instru-

121

ment; er spielte und sang dazu gar lieblich von der Liebe des Zeus und der Maia. Dann steckte er die Leier in seine Wiege, stahl sich wieder aus der Höhle und eilte mit Sonnenuntergang nach Pierien, wo Apollon die Herden der Götter weidete. Hier entwendete er fünfzig Stück von der Herde; indem er durch Laub und Reiswerk, das er an die Füße der Tiere band, die Spuren hinter sich verwischte, wußte er sie mit solcher List fortzuführen, daß man von seinem Wege nichts entdecken konnte. In Boiotien kam er an einem alten Manne vorbei, der noch spät in einem Weinberg arbeitete; dem legte er strenges Schweigen auf. Spätere Schriftsteller nennen diesen Greis Battos (den Plauderer) und erzählen von ihm noch folgendes: Hermes schenkte ihm eine Kuh unter der Bedingung, daß er von der Begegnung schweige. Nach kurzer Zeit kehrte aber der verschmitzte Gott in veränderter Gestalt zurück und verlangte von dem Alten Auskunft über die Rinder unter Zusicherung einer Kuh und eines Stieres. Battos ließ sich durch das reichere Geschenk verleiten, seine frühere Zusage zu brechen, und zeigte den Versteck der Rinder an. Dafür strafte ihn der Gott; er verwandelte den Plauderer in einen Felsen.

Nun brachte Hermes die Tiere nach Pylos, wo er sie in einer Höhle verbarg. Dort schlachtete er zwei Rinder und opferte sie; darauf entfernte er alle Spuren des Opfers, spannte die Häute der Opfertiere, um sie nutzbar zu machen, zum Trocknen auf einen Felsen aus und begab sich dann mit dem anbrechenden Tage unbemerkt in die Grotte der Mutter, wo er sich in seiner Wiege, dicht in die Windeln gehüllt, so stellte, als sei nichts vorgefallen. Aber die Mutter hatte doch die Abwesenheit des Knäbleins während der Nacht gemerkt und stellte ihm scheltend die Rache Apollons in Aussicht. Keck antwortete der junge Gott, er gedenke nicht ohne Habe und ohne Ehre ewig mit ihr in der Höhle zu bleiben, sondern mit jeglicher Kunst werde er dahin streben, reich und mächtig und geehrt unter den übrigen Göttern sein gebührendes Teil zu haben, so gut wie Apollon, und wolle ihm der etwas anhaben, so werde er in Pytho seinen reichen Tempel plündern. Apollon hatte sich unterdes aufgemacht, die verschwundenen Rinder zu suchen. Trotz seiner Weisheit vermochte er nicht, die listig verwischten Spuren aufzufinden; endlich führte ihn ein Weissagevogel nach Pylos in die Nähe der Höhle, in der die Rinder waren. Allein der verschmitzte Räuber hatte die Tiere rückwärts in die Höhle gebracht, so daß die Spuren aus ihr herausführten und Apollon sein Vieh nicht in dem Versteck vermutete. Er eilte daher zur Grotte des Kyllene. Hermes hatte sich, als er Apollon im Zorne hereintreten sah, in seine Windeln verkrochen und legte sich mit der unschuldigsten Miene aufs Leugnen. Da Apollon ihn faßte und aus seiner Verhüllung herauszog, zwang er durch seine Schelmerei und Unverschämtheit selbst den ernsten Gott zum Lachen. Endlich entschlossen sich beide, den Streit ihrem gemeinsamen Vater Zeus zur Entscheidung vorzulegen, und gingen zusammen – das Hermeskind in sein Bettuch gewickelt – zum Olympos hinauf, wo sie im Kreise der Götter vor Zeus miteinander rechteten. Auch hier versuchte der verschmitzte Knabe zur Ergötzung seines Vaters wieder allerlei Ränke; doch Zeus, der seine List durchschaute, befahl ihm, mit Apollon die Rinder zu suchen und sie zurückzugeben. Hermes lieferte die Tiere aus, doch gab er sie noch nicht auf. Mit listiger Berechnung nahm er seine Lyra zur Hand und spielte und sang dem Apollon schöne Lieder vor, und der ward von dem kunstvollen Instrumente mit dem lieblichen Klange so bezaubert, daß er seinem Bruder dafür die Rinder überließ. So schlossen beide Söhne des Zeus Friede und Freundschaft und gingen zurück in den Olympos; Apollon erfreute sich hinfort an dem Spiele der Lyra, Hermes aber, dem nun das Weiden der Herden oblag, erfand sich zum Ersatz die Syrinx, die Hirtenflöte.

Hermes und Apollon hatten in ältester Zeit viele Eigenschaften untereinander gemein, und auch später, als sich ihr Wesen schärfer gegeneinander abgegrenzt hatte, zeigt sich noch ihre

Verwandtschaft. Beide sind Götter der Herden und der Musik, beide sind Freunde der kräftigen Jugend und walten über ihr in Gymnasion und Palaistra, sie sind Beschützer der Wege und Straßen. Aber dennoch ist ihr Wesen – wie dies schon die Erzählung des Hymnos andeutet – verschieden: während sich der erhabene Sinn Apollons mehr höheren, geistigen Zielen zuwendet, betätigt sich Hermes, der Gewandte, Listige und Anstellige, im praktischen Leben.

Diese Eigenschaften treten bei Homer besonders darin hervor, daß Hermes ein schneller und gewandter, allezeit tätiger *Diener des Zeus* und der Götter, ein »Bote des Zeus« und ein *»Herold der Götter«* ist. Besonders in der Odyssee hat er das Botenamt, das in der Ilias eigentlich der Iris zufällt. Bisweilen richtet er nur einfach eine Bestellung seines Vaters oder der Olympier bei irgend einem Menschen oder einem Gotte aus, wie er z. B. der Nymphe Kalypso den Befehl des Zeus zubringt, den Odysseus heimzusenden, oder dem Aigisthos die Warnung der Götter, den Agamemnon zu morden; gewöhnlich greift er aber selbsttätig mit klugem Sinne, mit Geschick und Gewandtheit ein und hilft im Auftrage des Zeus die Geschäfte der Götter und Menschen vollführen. Er erschlug auf Zeus' Befehl den Argos, den Wächter der Jo und schützte den Odysseus durch Überreichung des Krautes Moly gegen den Zauber der Kirke; den Priamos geleitete er als Bote des Zeus in der Nacht durch das Lager der Griechen zu dem Zelte des Achilleus, um ihm die Leiche Hektors zu verschaffen usw. – Diesem Herolde der Götter nun gleicht der menschliche Herold, er steht unter dem besonderen Schutze des Hermes. Und wie die menschlichen Herolde auch priesterliche Funktionen bei dem Opfer hatten, so ist auch Hermes ein Opferherold, ein *Vorsteher des Opfers,* das er selbst erfunden haben sollte.

In den menschlichen Angelegenheiten betätigt sich Hermes aufs mannigfaltigste. Er ist der freundliche Geleiter, der den Wanderer schützt, und ein *Gott der Wege und Straßen.* Es war von alter Zeit her Brauch, ihm an den Wegen Steinhaufen zu errichten, zu denen jeder Vorübergehende einen Stein hinzufügen mußte. Diese Sitte hatte einen doppelten Zweck; entweder zeigten die Steinhaufen, wenn der Weg fehlte, die Richtung, oder der vorhandene Weg wurde von Steinen gesäubert. In solchen oben spitz zulaufenden Steinhaufen wurde ein Pfeiler aufgerichtet und darauf ein Hermeskopf gesetzt. Danach bildete man dann die *Hermen* (die man auch Hermessäulen nennt, aber mit Unrecht, denn es sind keine Säulen, ebensowenig wie eine Statue eine »Bildsäule« ist). Hermen sind unten etwas spitz zulaufende Steinpfeiler mit einem Hermeskopfe, aber ohne Arme und Beine; sie standen vielfach an Wegen, an den Straßen der Städte und auf öffentlichen Plätzen sowie an den Türen der Häuser. Bekannt ist, daß in Athen zur Zeit des Alkibiades in einer Nacht einmal alle Hermen verstümmelt wurden. In späterer Zeit verwandte man diese Form auch zur Darstellung anderer Götter und schließlich auch von Sterblichen, und dies tun wir heute noch.

Auch auf dem Wege zur Unterwelt führt Hermes. Er ist *Psychopompos*, der *Seelengeleiter«*, der mit seinem goldenen Zauberstabe dem Hades die Schatten zutreibt; zu bestimmten Zeiten, bei Totenfesten, bei Totenbeschwörungen und Totenorakeln, bringt er sie auch zur Oberwelt herauf. Seine Macht erstreckt sich ferner auf das dem Tode so verwandte Gebiet des *Schlafes und* die Welt der *Träume*. Mit seinem Zauberstabe schläfert er die Menschen ein und weckt sie wieder auf, und den Schlummernden führt er die Träume zu. Darum betete man vor dem Schlafengehen, um einen sanften Schlaf und einen günstigen Traum zu erlangen, zu Hermes; man spendete ihm den Abendtrunk, Hermes genannt, und Hermesbilder hingen über den Betten.

Ein viel weiteres Feld mannigfaltigster Wirksamkeit aber ist dem Hermes, dem tätigen und gewandten Vermittler, im wirklichen praktischen Leben eröffnet. Da unterstützt er die Menschen in jeglicher Weise, er gibt ihnen Klugheit und Geschick und breitet über ihr Tun selbst eine gewisse Anmut aus. Namentlich ist er der *Gott des Verkehrs*, des Handels und Wandels auf Markt und Straßen, ein Gott der *Kaufleute*. Wem hier bei dem allgemeinen Streben nach Gewinn der Gott wohlwill, dem gewährt er Klugheit und erfindungsreiche List, daß er seinem Gegner den Vorteil abzuringen vermag; er ist ihm »Reichtumgeber« und »Gewinnbringer«. Für Handel und Verkehr hat er, der kluge Erfinder, die Zahl, Maß und Gewicht und die Buchstabenschrift erdacht; letzteres behauptete man freilich wohl erst dann, als man Hermes dem ägyptischen Gotte Thot gleichsetzte, und nun übertrug man nach jenem Vorbilde auf den klugen Gott auch die Erfindung der Mathematik überhaupt und der Astronomie. Hermes ist auch der Gott der gewandten, überzeugenden und gewinnenden Rede, die im menschlichen Verkehr unentbehrlich ist, und als solchem kam ihm bei den Opfern die Zunge des Opfertieres zu. Bei dem Ringen nach Erwerb ist Lug und Trug, selbst Diebstahl und Meineid nicht ausgeschlossen, und man glaubte, daß der Gott selbst dem Betrüger und dem Diebe beistehe; hatte er doch selbst, kaum geboren, die Rinder des Apollon gestohlen und bei der Verheimlichung des entwendeten Gutes Lüge und Verstellung und falschen Schwur nicht gespart. *Autolykos*, der mütterliche Großvater des Odysseus, ein König am Parnassos, der nach Homer »hoch vor den Menschen berühmt war durch Verstellung und Schwur« und für den verschlagensten Dieb des Altertums galt, war ein Sohn des Hermes und hatte von ihm seine Kunst gelernt. – Das erscheint uns nun freilich sonderbar, daß die Griechen für Lüge, Diebstahl und Meineid einen besonderen Schutzgott hatten, und für die Kaufleute ist es gleich gar nicht schmeichelhaft, daß der Herr des Diebsgesindels auch der ihre sein soll! Aber man muß bedenken, daß man im Süden, in den Mittelmeerländern eine andere Auffassung vom Diebstahl und vom Handel hatte und hat als wir. Im Diebstahl sah man nicht allein das Unehren-

hafte, sondern erkannte auch die listige Klugheit an, mit der
der Dieb und Betrüger vorgehen muß; sollen doch die spartani-
schen Kinder von Staats wegen – freilich mit gewissen Beschrän-
kungen – die Erlaubnis zum Stehlen gehabt haben, um zur
Kriegslist gebildet zu werden. Und der Handel war und ist zum
Teil für den Südländer noch heute mehr ein lustiger und listiger
Krieg zwischen Verkäufer und Käufer, wobei es neben der Ware
auch auf einen Wettkampf in der Schlauheit ankommt. So wird
auch der Nordamerikaner, der durch riesenhafte Reklame das
Publikum überlistet, keine allzugroßen Gewissensbisse empfin-
den; ja das Wort, das die Amerikaner für einen solchen Kaufmann haben – *smart* –, hat einen gewissen rühmenden Klang.
Die Übervorteilung eines andern, ja die Entwendung einer Sache kann auf eine so geschickte Weise geschehen, daß wir für
einen Augenblick das Unmoralische an der Handlung vergessen
und nur die Gewandtheit und Schlauheit, mit der der Täter den
andern berückt und hintergeht, mit Bewunderung und Ergötzen im Auge behalten. Da kann man wohl eine solche ergötzli-
che und bewundernswerte Virtuosität noch für eine göttliche
Gabe ansehen. In diesem Sinne also galt Hermes, der nach
späteren Sagen mit scherzender List selbst dem Zeus das Zepter, dem Poseidon den Dreizack, dem Apollon, während er ihn
wegen des Rinderdiebstahls bedrohte, Bogen und Pfeile, dem
Ares das Schwert entwendet haben sollte, als Patron der Diebe
und der im Dunkel der Nacht schleichenden Räuber; ja die
Samier feierten dem Hermes ein Fest, bei dem das Stehlen
erlaubt war!

Die Bedeutung des Hermes als Reichtumgeber und Gewinnbringer war so ausgedehnt, daß man auch das durch Zufall
Erlangte, wie den Gewinn des Würfelspieles und des Loses,
den Fund auf dem Wege, seinem Wohlwollen zuschrieb; der
Fund hieß im Griechischen »*hermaion*«, und wenn zwei zu gleicher Zeit einen Fund taten, so riefen sie sich zu: gemeinschaftli-
cher Hermes! (*koinòs Hermés*). –

Auch für die Ringer in der Palaistra, der *Ringschule*, ist der jugendliche Hermes der Hauptgott und das Vorbild für alle Faustkämpfer, Läufer und Diskoswerfer; sie haben von ihm die Gewandtheit und die jugendliche Kraft des Körpers und die Geistesgegenwart, die im richtigen Momente ihren Vorteil zu erfassen weiß. Deshalb standen die Statuen des Hermes in und vor den Ringschulen.

Alle diese Betätigungen im praktischen Leben zeigen die gewandte, hilfreiche und gewinnbringende Natur des Hermes. Er wurde vor allen Göttern der Segensreiche genannt, und als solcher bewährte er sich auch noch auf anderen Gebieten. Als ein chthonischer, d. h. ein in der Tiefe der Erde waltender Gott, der das Naturleben zum Lichte hervorführt, schuf er den Segen der Felder, als Hirtengott mehrte er den Reichtum der Herden. In Arkadien, dem Lande der Hirten, wurde Hermes besonders in der Eigenschaft eines *Hirtengottes* verehrt. Er weidete dem Dryops einst selbst seine Herden in den Wäldern und Bergen Arkadiens und gab ihnen wunderbares Gedeihen; von der Tochter des Dryops und von Hermes stammte der arkadische Weidegott *Pan*. Auch die Sagen anderer Orte weisen auf den segensreichen Hirtengott hin, der unter dem Vieh besonders die Schafe in seiner Obhut hatte.

Das sind nun freilich recht verschiedene Eigenschaften eines und desselben Gottes, die wir hier aufgezählt haben. Wie mögen die Griechen dazu gekommen sein, einer Gottheit so viele Tätigkeiten beizulegen? Man ist versucht, *eine* dieser Funktionen als die ursprüngliche anzusehen, aus der dann die übrigen abzuleiten wären. Aber wie ist das möglich? Wie könnte beispielsweise der Schutzgott der Wege die Grundlage für den Traumgott sein, wie etwa der Schutz der Leibesübungen mit dem der Diebe zusammenhängen? Solche schwierige Fragen sind hier und bei den anderen Göttern aufzuwerfen. Wir haben sie sonst nicht berührt, weil die Darstellung in diesem Buche nicht zu gelehrt werden sollte, und weil eine ganz sichere Antwort nicht zu geben ist. Wußten ja schon die Griechen selbst die Fragen nicht zu beantworten; denn bei ihrem ältesten Dichter, bei Homer, erscheinen die Götter und besonders Hermes schon mit der Vielheit der Eigenschaften.

Hier aber soll einmal trotz der Schwierigkeit eine Erklärung versucht werden. Nicht, als ob sie völlig sicher wäre; aber es ist hier einmal besonders schön möglich zu zeigen, wie man sich bemüht hat, eine Einheit in die Vielheit zu bringen. Ein Gelehrter vermutet, Hermes sei ursprünglich ein *Windgott* gewesen; denn für die ältesten Zeiten müssen wir uns möglichst an Götter halten, die mit der Natur eng verbunden sind. Mit dieser Voraussetzung nun gelingt es ganz verblüffend, alle Eigenschaften des Gottes zu erklären. Hermes ist der Sohn des Zeus; Zeus ist aber der Gott des Himmels; der Wind stammt vom Himmel. Seine Mutter ist Maia, eine der Plejaden, der Regengöttinnen: Wind weht, wenn sich der heitere Himmel mit Regengewölk überzieht. Geboren wird er im Gebirge: der Wind fährt hernieder von den Bergen. Nach der Auffassung vieler Völker ist der Wind ein Diener der Götter: so ist Hermes der Diener und Herold des Zeus. Der Wind fährt schnell und mit Kraft dahin: Hermes ist der beflügelte schnelle Gott, zugleich von kräftigem Körper und ein Schützer kräftiger Jünglinge bei ihren Leibesübungen. Der Wind entführt und entrafft: Hermes ist ein Dieb. Der Wind pfeift: Hermes erfindet die Syrinx und die Flöte. Die Seelen sind Luft, wie ihr lateinischer Name *anima* besagt, der mit griech. *anemos* – Wind zusammenhängt: wer ist geeigneter, ihr Führer zu sein, als der Windgott? Traumbilder haben im Lateinischen und Griechischen denselben Namen wie die Seelen (*simulacra*): so entwickelt sich Hermes, der Seelengeleiter, zum Schlaf- und Traumgott. Wind bedingt die Fruchtbarkeit der Äcker und nach der Anschauung der Alten auch der Herden: Hermes wird zum Hirtengotte. Nichts ist unbeständiger und launenhafter als der Wind und – das Glück, d.h. Hermes, der Glücksgott. Die Wanderer flehen um gutes Wetter, die Seeleute um guten Wind, d. h. sie beten zum Windgotte, dem Schützer der Wege und des Verkehrs. Heilig ist dem Windgotte der Hahn, der Wetterprophet. Und schließlich: Sicher ist unser germanischer Wodan-Odin ein Windgott. Dieser hat aber so viele Ähnlichkeit mit Hermes, daß schon die Römer, als sie ihn kennen lernten, ihn Mercurius, also Hermes nannten. –

Unter den *Attributen* des Hermes ist besonders zu merken die Rute oder der Stab *(caduceus)*, mit dem er Reichtum und Segen austeilte, die Seelen der Toten zur Unterwelt führte und die Augen der Menschen zum Schlummer schloß, der ihm aber zugleich als Heroldstab diente. Ursprünglich war es wohl ein einfacher Hirtenstab oder auch eine Rute mit zwei gabelförmig auseinandergehenden Sprossen, die vorn zu einem Zauberknoten verschlungen waren, vergleichbar mit der deutschen Wünschelrute; später erscheint er in der Form eines von zwei Schlangen umwundenen Stabes, und dieser ist noch heute das Abzeichen unserer Kaufleute. Ein weiteres Attribut des Gottes ist ein flacher Reisehut (Petasos oder Pilos, d. i. Filz) mit breiter Krempe, wie er sich für einen Hirten und für den Wandersmann eignet. An dem Hute sind gewöhnlich Flügel angebracht. Flügel gab man dem Hermes zunächst an die Sohlen; die schönen, ambrosischen, goldenen Flügelsohlen trugen ihn über das Meer hin und die unendliche Erde, schnell wie der wehende Wind. Dann aber setzte man ihm Flügel an den Hut oder, wenn dieser fehlte, an den Kopf selbst, auch an den Heroldstab. Als Gott des Handels und Gewinnes trägt er oft einen gefüllten Geldbeutel in der Hand, als Opfergott oder als Hirtengott hat er einen Widder auf den Schultern oder im Arme, oder das Tier steht neben ihm. Die ältere Kunst bildete Hermes gewöhnlich als starken bärtigen Mann mit dem Hute, mit Flügeln an den Füßen und mit einer Chlamys bekleidet, dem Oberkleide der Männer. Die jüngere ausgebildete Kunst stellte ihn als einen kräftigen schlanken Jüngling dar, mit kurzem wenig gelocktem Haar, gleich dem starken griechischen Jüngling in der Ring-

schule, weder so erhaben wie Apollon, noch so weich wie Dionysos, mit dem Ausdruck der Klugheit und der Heiterkeit.

Der römische *Mercurius* ist nicht ein alter italischer Gott,
sondern durchaus der griechische Hermes. Er führt einen ganz
anderen Namen, – der mit den Wörtern *mercari* »Handel treiben« und *mercator* »Kaufmann« zusammenhängt –, weil die
Römer besonders die Tätigkeit des Hermes als Gott des Handels und Verkehrs ins Auge faßten. Hierzu werden sie dadurch
veranlaßt worden sein, daß sie den Hermes zuerst durch griechische Kaufleute kennen lernten. Allmählich wird der italische
Mercurius, namentlich bei den römischen Dichtern, ganz gleich
dem Hermes.

7. Hephaistos (Vulcanus)

Hephaistos ist der Gott des Feuers, so daß von Dichtern das Feuer oft einfach mit dem Namen Hephaistos bezeichnet wurde, wie man den Wein wohl Dionysos, den Krieg Ares nannte. Göttlich ist aber das Feuer besonders, wenn es direkt vom Himmel stammt: also wird wohl Hephaistos zunächst das *Blitzfeuer* darstellen. Dies wenigstens ist die wahrscheinlichste Erklärung seiner Natur. Ganz Sicheres können wir nicht angeben. Denn schon sehr früh ist der Gott des Feuers im allgemeinen zu der beschränkten Bedeutung eines kunstfertigen, mit Hilfe des Feuers gestaltenden Werkmeisters umgewandelt worden. Diese letzte Vorstellung von Hephaistos finden wir bei Homer und den Dichtern überhaupt, und sie ist die bei den Griechen zumeist geltende.

Vielleicht lassen sich aber Spuren von der ursprünglichen Bedeutung des Hephaistos in den Sagen, die über ihn erzählt wurden, nachweisen. Der Mythos nennt ihn Sohn des Zeus und der Hera, also ein Kind der Himmelsgötter: der Blitz aber stammt vom Himmel; dort ist er geboren, von dort stürzt er zur Erde herab. Und wirklich erzählt die Sage, Hephaistos sei vom Himmel herabgeschleudert worden: Hera warf ihr Kind gleich nach seiner Geburt, weil es lahm und schwach und häßlich war, aus dem Himmel hinaus. Der unglückliche Hephaistos fiel ins Meer, aber Thetis, die Tochter des Meergottes Nereus, und Eurynome, die Tochter des Okeanos, fingen ihn in ihrem Schoße auf und bargen das Kind in einer Grotte tief unter den Fluten des Okeanos. Da wohnte der junge Gott neun Jahre lang allen verborgen und schmiedete in seinem erfinderischen Sinne seinen Wohltäterinnen manch schönes Kunstwerk, Spangen und Ringe und Kettlein, Haarnadeln und Gehänge. Auch hierin findet man eine Beziehung auf den Blitzgott: denn der Blitz wohnt verborgen bei den Wassern, die im Gewitter herabströmen. – Von dem Himmelssturze des Hephaistos erzählt Homer dann noch eine andere Sage, der aber derselbe Sinn, nämlich die Herabkunft des Feuers vom Himmel, zugrunde liegt: Als Zeus einmal in heftigem Streite seine Gattin Hera mißhandelte, sprang Hephaistos der Mutter bei; allein Zeus ergriff ihn im Zorne am Fuße und schleuderte ihn aus dem Himmel; er stürzte den ganzen Tag, und erst mit der sinkenden Sonne fiel er halb entseelt auf der Insel Lemnos nieder, wo ihn Männer von dem Volke der Sintier aufhoben und freundlich empfingen. Nach späteren Sagen wurde er erst durch diesen Fall lahm.

Wie der Gott wieder in den Olympos zurückkehrte, berichtet ein späterer Schriftsteller, wohl auch auf Grund eines alten Mythos: Hephaistos schickte seiner Mutter Hera, um sich an ihr wegen ihrer Lieblosigkeit zu rächen, einen goldenen Sessel, den er in seiner okeanischen Grotte gefertigt, zum Geschenke; als sich die Göttin darauf niedergelassen, wurde sie durch unsichtbare Bande des Sessels festgehalten, und niemand konnte sie lösen. Die Götter kamen nun alle zu Hephaistos, um ihn in den Olympos zu holen, damit er seine Mutter befreie; allein Hephaistos weigerte sich standhaft, bis Dionysos ihn mit seinem Weine trunken machte und beredete, mit in den Olympos zurückzukehren. Dieser Mythos ist von den Alten oft in Bildwerken dargestellt worden, und zahlreich erhaltene Vasengemälde zeigen uns den Hephaistos, wie er trunken, von Dionysos und dem bakchischen Gefolge begleitet, in die Versammlung der Olympier einzieht. Hier wäre freilich die Bedeutung des Hephaistos als Blitzgott schwerer zu erkennen, doch liegt sie wahrscheinlich auch hier zugrunde. – Deutlicher zeigt sich dagegen wieder der Blitz in der Sage von Athenas Geburt: so wie der Blitz den Himmel spaltet, so spaltet Hephaistos das Haupt des Zeus.

Seit Homer galt Hephaistos besonders als *der kluge* erfindungsreiche *Werkmeister*, der mit Hilfe des Feuers die Metalle schmelzt und zu schönen Kunstwerken verarbeitet. Er heißt der »Kunstberühmte«, der »Schmied« bei den lateinischen Dichtern *Mulciber*, der »Metallschmelzer«. Seine schönste Werkstätte hatte er auf dem Olympos in seinem sternenhellen Hause, das er sich selbst aus Bronze neben den ebenfalls von ihm errichteten Palästen der übrigen Götter aufs prächtigste erbaut hatte. Zwanzig Blasebälge unterhielten ihm das Feuer, bald mit aller Gewalt die Glut anfachend, bald nachlassend, je nachdem es dem Gotte gefiel, wenn er, der hinkende Künstler mit nervigem Halse und starker Brust, von Schweiß und Staub bedeckt, seine Metalle schmelzte, Bronze und Zinn, Silber und Gold, um auf dem Ambosse mit Hammer und Zange die herrlichsten Kunstwerke zu formen. Manch wunderbares Geräte schuf dort seine kunstfertige Hand für ihn und für die Götter und auch für bevorzugte Menschen, zum Beispiel Dreifüße auf goldenen Rädern, die sich von selbst bewegten und aus seinem Hause in den Versammlungssaal der Götter rollten und wieder zurückkehrten. Diese nennt Homer *Automaten*, »die sich von selbst antreibenden«. Im späteren Altertume hat man dann dieses Wort für selbsttätige Verkaufsmaschinen angewendet, und so brauchen wir es jetzt: wenige ahnen, daß diese Erfindung, die sie für ganz modern halten, so alt ist und sogar auf den alten Schmiedegott zurückgeführt wird. Ferner schuf Hephaistos, nach Homers Bericht, dem Phaiakenkönig Alkinoos goldene und silberne Hunde zur Bewachung seines Hauses, dem Achilleus zum Danke für seine Rettung durch seine Mutter Thetis die berühmte Rüstung mit einem an wunderbaren Bildwerken reichen Schilde, für sich selbst goldene Dienerinnen, die ihn im Gehen unterstützten und mt Verstand und Sprache begabt waren. In seinem Hause waltet die schöne *Charis;* die Göttin der Anmut eignete sich zur Gemahlin des kunstreichen Werkmeisters, der solche Werke strahlender Anmut bildete. In demselben Sinne heißt auch *Aphrodite,* die Göttin der Schönheit, seine Gemahlin. Die

Verbindung des Hephaistos und der Aphrodite stammte wahrscheinlich von Lemnos, wo beide Gottheiten seit alter Zeit nebeneinander verehrt wurden; da aber Aphrodite zu Theben von alters her für die Gemahlin des Ares galt, so hat man danach gedichtet, daß Aphrodite, die Gemahlin des Hephaistos, an ihrem häßlichen, in Ruß ud Staub arbeitenden Gatten wenig Gefallen gefunden und treulos ihre Liebe dem schönen, jugendlich kräftigen Kriegsgotte zugewandt habe.

Hephaistos ist ein gutmütiger Charakter, wenn er auch bisweilen die Geheimnisse seiner Kunst listig dazu verwendet, diesen oder jenen zu strafen, wie seine unnatürliche Mutter durch den fesselnden Stuhl. Lahmheit und Häßlichkeit wird ihm von alter Zeit her oft zugeschrieben. Der obere Teil seines Körpers ist stark und wohlgebildet, seine Füße aber sind schwach und hinkend, so daß er einer künstlichen Stütze bedarf, eines Stabes oder der oben erwähnten goldenen Mägde. Nun ist es auffällig, daß einer der unsterblichen Götter ein körperliches Gebrechen haben soll. Man hat verschiedene Erklärungen dafür aufgestellt; die Alten behaupteten, der Gott sei lahm, weil ja auch die Flamme wackelt und flackert. Merkwürdig ist jedenfalls, daß auch in der deutschen Sage der Schmied Wieland, der Feuergott Loki und der mit diesem verwandte Teufel hinken. Was auch die erste Veranlassung zu dem Glauben an die Mißbildung des Gottes gewesen sein mag, eine solche Gestalt verträgt sich mit der Natur der Handwerker; denn wer schwere körperliche Arbeit tut, hat leicht auch einen schweren, schleppenden Gang. – Der gutmütige, aber kluge und listige Werkmeister Hephaistos streift in seiner körperlichen Mißbildung an das Komische und ist von den alten Dichtern öfter nach dieser Seite hin verwendet worden. Wir haben oben schon erwähnt, wie Hephaistos, der Schmied, von Dionysos trunken gemacht, auf einem Esel reitend von einer lustigen Schar in den Olympos geführt wird. Eine schöne humoristische Szene führt uns Homer in der Ilias vor. Zeus und Hera hadern miteinander auf dem Olympos, so daß die versammelten Gäste erschreckt dasitzen und der Freude des Mahles vergessen. Da ergreift der Sohn des Hauses, Hephaistos, einen Becher und reicht ihn der Mutter dar mit dem klugen gutmütigen Rate, nicht weiter die Gesellschaft zu stören, sondern sich dem Vater zu fügen, damit er sie nicht in seinem Zorne strafe wie damals, als er selbst ihr zu Hilfe eilen wollte und von dem erzürnten Vater über die Schwelle des Himmels hinabgeschleudert ward. Hera nimmt den Rat an und empfängt lächelnd den Becher aus der Hand des Sohnes; der schenkt nun erfreut allen Gästen den Nektar ein und hinkt gar geschäftig im Saale umher, so daß nach der peinlichen Stille plötzlich die seligen Götter in unauslöschliches Gelächter über den eifrigen Mundschenken ausbrechen.

Aber nicht immer zeigt sich der Gott von dieser lächerlchen Seite. In der Ilias ist er in den Schlachten vor Troia ein starker Gott ebenso wie in dem Kampfe der Götter mit den Giganten. Die Menschen erblickten in ihm einen wohltätigen Gott, dem sie viel verdankten. Freilich war der Dienst des Hephaistos in Griechenland nicht allgemein verbreitet. Außer auf Lemnos verehrte man ihn besonders zu *Athen*. Dort sah man in ihm nicht bloß den göttlichen Lehrmeister und Beschützer der Künstler in Bronze und Ton (denn auch der Töpfer braucht das Feuer zur Herstellung seiner Werke); sondern er stand auch in enger Verbindung mit Athena und Prometheus als ein Gott, der durch die Gabe des Feuers die Menschen zuerst aus Roheit und Unkultur emporgehoben, die Familien um das Feuer des Herdes versammelt und dadurch ein milderes Leben der Gesittung herbeigeführt hatte. An die Wohltat der Verleihung seines Feuers erinnerte man sich an seinen Festen durch den heiteren Fackellauf, einen Wettlauf, bei dem es darauf ankam, zwar möglichst schnell zu laufen, aber doch nicht so schnell, daß die Fackeln verlöschten.

Das spätere Altertum, das die Beziehung des Hephaistos zum Blitze ganz vergessen hatte, verband ihn mit einer anderen

Quelle des Feuers für die primitiven Menschen, den *Vulkanen*. Zuerst wird dies auf *Lemnos* der Fall gewesen sein. Diese Insel vulkanischer Natur mit dem Feuerberge Mosychlos war das Lieblingsland des Hephaistos. Gleich unter dem Mosychlos stand der alte Tempel des Gottes an der Stelle, wo er einst niedergefallen war. Hier war die vorzüglichste Stelle des Feuerdienstes des Hephaistos. Die mythischen Sintier, die alten Bewohner von Lemnos, galten als die ältesten Bearbeiter der Metalle; von Hephaistos, der von ihnen freundlich aufgenommen und gepflegt worden war, hatten sie diese Kunst gelernt und mit ihm sie geübt. Der Gott selbst hatte seine Esse und Werkstätte in dem Berge Mosychlos; da hämmerte und pochte er oft mit seinen Gesellen Tag und Nacht. Übrigens muß Hephaistos auf Lemnos, das eine fruchtbare Weininsel ist, auch als ein Gott betrachtet worden sein, der durch die Wärme seines unterirdischen Feuers das Wachstum und Gedeihen der Pflanzen fördert. Drauf bezieht sich wohl ursprünglich seine Verbindung mit den lemnischen Kabeiren.

Die *Kabeiren* waren wohl eigentlich alte Gottheiten nichtgriechischer Herkunft und einst von großer Bedeutung. Verehrt wurden sie besonders auf den Inseln Lemnos, Imbros und Samothrake. Auf Lemnos aber verbanden sie sich als untergeordnete Wesen mit Hephaistos, dessen Söhne sie heißen, hilfreiche, Segen bringende Dämonen der Erde und Weinlese; und da Hephaistos mit der Zeit vorzugsweise ein kunstreicher Arbeiter in Metall wurde, so gab man ihm die Kabeiren als kunstfertige Schmiedegesellen zu. An manchen Orten, namentlich auf Samothrake, erhielten sie einen mysteriösen Dienst; als rettende Götter in Sturmesnot (vielleicht ist dies ihre ursprüngliche Bedeutung) wurden sie mit den Dioskuren vermengt.

Wie im Osten der Mosychlos, so wurde später im Westen der Ätna als vorzüglichste Werkstätte des Gottes auf Erden angesehen, und seine Gehilfen und Schmiedegesellen sind hier die *Kyklopen*, die gewaltigen Riesen, für deren Aufenthaltsort in späterer Zeit meist Sizilien gehalten wurde.

Die Kunst hat den Hephaistos gewöhnlich als kräftigen bärtigen Mann dargestellt, dessen Lahmheit nur leise angedeutet war, mit den Werkzeugen seiner Kunst in der Hand, eine halb eiförmige Mütze auf dem Kopfe zum Schutze gegen den Staub der Werkstätte.

Der römische *Vulcanus* ist ebenfalls ein Feuer- und Herdgott und besonders auch ein Gott der künstlichen Metallarbeit; er hat die Venus zur Gemahlin. Der Name dieses alten Gottes lebt noch heute: wir (nicht die Römer) haben ihn auf solche Berge übertragen, in denen die Alten seine Werkstätte vermuteten.

8. Ares (Mars)

Ares, der Sohn des Zeus und der Hera, ist der Gott des Kriegs, des Schlachtenlärms und blutigen Kampfgewühls. Blutvergießen und Männermord ist seine Freude; wo der Kampf am wildesten tobt, da stürmt er hinein, er ist ein »Parteigänger« bald auf dieser, bald auf jener Seite, ohne zu fragen, wo das Recht ist. Erzgepanzert, mit schimmerndem Helme und wallendem Helmbusche, den gewaltigen stierledernen Schild in der Linken, rast er tobend, leuchtenden blutgierigen Blickes, durch die Schlacht, stark, schnell und heftig, in riesiger Größe; laut schreiend schwingt er die Lanze, durchbohrt die Schilde, durchbricht die Reihen und mordet unersättlich. Bald treibt er sich zu Fuß in den Männerreihen umher, bald auf dem Streitwagen. Deimos und Phobos, »Furcht« und »Schrecken«, seine wilden Söhne, schirren ihm den Wagen an und gehen ihm in der Schlacht zur Seite, Eris, die Erregerin des Streites, gesellt sich hinzu und Enyo, die mordende, Städte zerstörende Kriegsgöttin. Von dem Begriffe, der in dem Worte Enyo liegt, hat Ares selbst den Beinamen Enyalios.

Ein solcher Gott scheint unwiderstehlich und unbesiegbar und doch wird er besiegt. Gerade in seiner verwegenen Kampfeswut, die keine Besonnenheit kennt, liegt seine Schwäche. Wenn ihm Athena, die Göttin besonnener Kriegsführung, entgegentritt, dann ist kein Zweifel, auf welche Seite der Sieg fällt. Im troianischen Kriege steht Ares auf Seiten der Troer, Athena hält zu den Griechen. Da treffen denn öfter beide Gottheiten feindlich zusammen. Einst stürmte Ares auf die Aigis. Doch diese durchbohrt selbst der Blitz des Zeus nicht; Athena wich zwar zurück, erfaßte aber einen gewaltigen Feldstein und schleuderte ihn dem Ares an den Hals, daß er betäubt mit klirrenden

Waffen in den Staub fiel und sieben Hufen Landes mit seinem Leibe deckte. Aphrodite ergriff den Gefallenen bei der Hand, um ihn fortzubringen; doch auch sie ward durch einen mächtigen Schlag gegen die Brust niedergeworfen. Gehöhnt und verspottet von der mächtigen Schlachtengöttin lagen beide am Boden. – Selbst sterbliche Kämpfer vermögen den Ares zu bezwingen, wenn Athena, die Besonnene und Starke, ihnen zur Seite steht. So führte einst Athena den Diomedes auf seinem Streitwagen dem Ares entgegen. Als der Gott, dessen Blicken sich Athena verborgen hatte, den Helden erschaut, schleudert er, begierig ihn zu morden, die Lanze nach ihm; doch die Göttin wendet die Waffe zur Seite, daß sie ihren Helden nicht trifft, und nun stößt Diomedes, von Athena unterstützt, dem Ares die Lanzenspitze in die Weichen, daß der Gott laut aufschreit, wie neuntausend, ja zehntausend Streiter, die im Kampfe sich begegnen, und, in dunkles Gewölk gehüllt, einem Orkane gleich zum Olympos hinauffährt. Dort beklagt er sich bei Zeus über Athena, denn er weiß recht wohl, daß durch ihre Hilfe der Sterbliche ihn besiegt hat; aber Zeus fährt ihn mit harten Worten an: »Winsele mir nicht! Verhaßt bist du mir vor allen olympischen Göttern, denn stets ist Zank dir lieb und Kampf und Fehde; deiner Mutter bist du gleich an Starrsinn und trotziger Streitsucht.« – Ares erkennt selbst die Überlegenheit der Athena an. Als sein Sohn Askalaphos vor Troia gefallen war, wollte er, ihn zu rächen, aus der Versammlung der Götter im Olympos in den Kampf eilen, obgleich Zeus eine Einmischung der Himmlischen verboten hatte; aber Athena brachte ihn schnell zur Besinnung, indem sie ihm die Waffen abnahm und ihm mit ernsten Worten zuredete. Ruhig ließ sich der Stürmische von der besonnenen Göttin auf seinen Thron zurückführen.

Noch eine andere Göttin vermag den wilden Schlachtengott zu bändigen, die Göttin der Liebe und Schönheit, Aphrodite. In der Liebe zu ihr findet Ares die Ruhe, die seinem stürmenden, auch im furchtbarsten Kampfgewühle nicht befriedigten Tatendrang die Wage hält; die Sehnsucht nach ihr ergreift auch sein hartes Herz. Die Tochter des Streitgottes und der Göttin der Liebe ist Harmonia, »Eintracht«; auch Eros und Anteros, »Liebe« und »Gegenliebe«, heißen ihre Kinder. Diese Verbindung des Ares und der Aphrodite ist von Theben ausgegangen, wo Ares von uralter Zeit her verehrt wurde, nicht aber als einfacher Kriegsgott, sondern als eine chthonische, unterirdische Gottheit, die Segen und Verderben bringen konnte. Doch ist diese seine älteste Bedeutung nicht ganz klar; denn später und schon bei Homer ist die verderbliche Seite bei weitem zumeist an ihm hervorgetreten. Der Drache, der den Aresquell im theba-

Behelmter Ares

nischen Lande bewachte und von Kadmos erschlagen wurde, als dieser die Stadt Theben bauen wollte, heißt ein Sohn des Ares. Wenn die angegebene Deutung des ursprünglichen Ares richtig ist, so kann man in seinem Drachensohne die finstere Seite des Erdgottes sehen, der neidisch dem Menschen den aus der Erde hervorquellenden Segen und in der Wildnis die Stätte zur Gründung einer blühenden Ansiedlung und eines geordneten Staatenlebens verwehrt. Kadmos erschlug den Drachen und erkämpfte sich einen Sitz für höhere Kultur, ähnlich wie Apollon durch Besiegung des Python. Aber dadurch zog er sich den Zorn des Ares zu und erst nachdem er zur Sühnung des Mordes wie Apollon Knechtesdienste getan, war Ares so weit versöhnt, daß er ihm seine Tochter Harmonia, hier die Vertreterin einträchtigen Staatslebens, zur Gemahlin gab und die Gründung des thebanischen Staates gestattete. Aber trotzdem blieb Ares ein Feind des Kadmos; der Zorn des Gottes ruhte auf seinem ganzen folgenden Geschlechte und durch Mißwachs und Hungersnot, Pest, Mord und Krieg in Verbindung mit vielfachen sittlichen Irrungen suchte Ares das thebanische Königsgeschlecht und die unglückliche Stadt heim. Von Ares, dem Gotte der zehrenden Pest, der das jammernde Volk vernichtend anfällt, singt noch bei Sophokles im »König Oidipus« der Chor der thebanischen Greise.

Ares war vielleicht auch ein Gott der Blutrache. Zu Athen hatte auf dem Areopag oder richtiger Areios Pagos (Areshügel), an dem er und die bluträchenden Erinyen Tempel besaßen, von alters her das Gericht über die Blutschuld seine Sitzungen. Nun ist es sonderbar, daß der stürmische Gott, der im Kampfe Recht und Unrecht nicht scheidet und die Scharen hinmordet, ein Richter über Blutschuld sein soll. Vielleicht kann man die Sache so erklären: das Volk faßt gern das Unglück, das den Menschen trifft, als Strafe für seine Vergehungen auf. So wird der Unglück und Verderben sendende Gott ein strafender Gott, der besonders die schwerste Schuld, den Mord, rächt. An Kadmos, der ihm den Sohn, den Drachen, erschlagen, übte Ares selbst die Blutrache, indem er den Helden in Knechtschaft hielt. Die Athener erzählten, ihr Blutgericht auf dem Areopag sei in uralter Zeit eingesetzt worden, als die zwölf Götter über Ares selbst Gericht hielten wegen eines Mordes, den er an Halirrhothios, einem Sohne des Poseidon, begangen. Der Gott wurde zur Knechtschaft verurteilt und nachdem er sich selbst der Buße unterworfen, ließ er auf dem ihm geweihten Hügel die Blutschuld richten, ähnlich wie Apollon in Delphi über der Blutrache waltete, nachdem er selbst die Sühne des an Python begangenen Mordes auf sich genommen hatte.

Ares wurde in Griechenland nicht überall verehrt. Außer Theben und Athen nennen wir noch das kriegerische Sparta. Homer bezeichnet – mit Recht – Thrakien als Wohnsitz des Gottes; ein rauhes nordisches Land mit seinen Stürmen und wilden kriegerischen Völkern konnte wohl als ein Lieblingsland des stürmischen Kriegsgottes angesehen werden.

Der römische Kriegsgott Mars (Mavors, Mamers, Marspiter) ward später mit Ares ganz verschmolzen. Er war nach Juppiter der vornehmste Gott der römischen Staatsreligion und der Vater des ganzen Volkes, insofern er der Vater des Romulus war, des Gründers der Stadt. Romulus war selbst unter dem Namen Quirinus unter die Götter versetzt worden und bildete mit Juppiter und Mars zusammen einen Dreiverein von Schutzgöttern des Staates; ursprünglich aber ist Quirinus vielleicht ein Beiname des Mars selbst und Romulus-Quirinus, der Vater des römischen Volkes, nur eine andere Form des Mars. Mars schützt und unterstützt sein Volk im Kriege, er führt das Heer in den Kampf und verleiht ihm den Sieg. Der Exerzierplatz vor der Stadt war ihm geweiht, er hieß Campus Martius, das Marsfeld; dort feierte man ihm zu Ehren Wettkämpfe mit Rossen.

Übrigens war Mars den Römern mehr als Kriegsgott; von alters her stand er mit dem Landbau in engster Beziehung. Zur Sühnung der Fluren schreibt Cato der Ältere in seinem Buche über den Landbau folgende Formel vor: »Vater Mars, ich bitte dich, sei gnädig mir und meinem Hause und meiner Familie; darum habe ich befohlen, dir das Schwein-Schaf-Stieropfer um mein Grundstück herumzuführen. Wehre ab äußere und innere Krankheiten, Verödung, Verwüstung, Schaden und böse Witterung. Laß Früchte, Getreide, Weinpflanzung und Gesträuch wachsen und wohl gedeihen. Erhalte Hirten und Herden gesund und gib Heil und Wohlfahrt mir, meinem Hause und meiner Familie...« Besonders weisen die Feste des Mars darauf hin, daß er ursprünglich ein Gott der Aussaat und der Ernte war. Sie fallen alle in den Frühling und den Hochsommer, keines in den Winter. Im Frühjahr, gewöhnlich am 29. Mai, führten die römischen Landleute Opfertiere, die der Ceres, dem Mars und andern ländlichen Gottheiten geweiht waren, um ihre Äcker herum und flehten um Gedeihen der Feldfrüchte. Dies war das *ambarvale sacrificium*, die Feldweihe. In dem altertümlichen Liede, das ebenfalls im Mai die zwölf *Arvalbrüder* am Feste der *Dea Dia*, einer Göttin der Fruchtbarkeit der römischen Feldflur, tanzend sangen, wurde unter andern Göttern auch Mars angerufen, daß er böse Seuchen abwende. Vom 1. März an, in dem Monate, der dem Mars heilig und nach ihm benannt war, zogen die zwölf *Salier* (Tanzpriester, von *salire* tanzen) mehrere Tage dem Gotte zu Ehren in der Stadt selbst umher, in kriegerischer Kleidung, mit Speer und Schwert und mit den Schilden des Mars, den *Ancilia*, die sie mit bronzenen Stäbchen unter Gesang und Tanz schlugen. Von diesen Ancilia erzählte man folgendes: Zur Zeit des Numa war während einer Pest ein Schild vom Himmel gefallen als Pfand der Rettung und Erhaltung des Staates, also ähnlich den griechischen Palladien; Numa ließ noch elf gleiche Schilde dazu machen, damit man den echten nicht herausfinde und der Stadt raube. Mit diesen Schilden nun zogen die Salier durch die Stadt von der Regia aus, dem königlichen Palaste, der nach Vertreibung der Könige das Amtsgebäude des obersten Staatspriesters, des *Pontifex Maximus*, war, übers Forum und Comitium und andere öffentliche Plätze nach dem Capitolium, wobei man an verschiedenen Punkten Halt machte und alle Altäre und Tempel umwandelte. In den Liedern, die man bei den Prozessionen sang, wurde besonders Mars, aber auch andere stadtschirmende Gottheiten angerufen und gefeiert. Den Waffentanz der Salier verglichen schon die Alten mit dem der Kureten. Der Kuretentanz nun bedeutet eine Abwehr feindlicher Mächte von dem jungen Zeuskinde, so hat man auch den Saliertanz als Verjagung des dem

144

Frühlingsgotte Mars feindlichen Winters erklärt. – Zu dieser Bedeutung des Mars gehört auch, daß in der Not meist ihm das *ver sacrum*, die Gaben des Frühlings, besonders die Erstlinge an Menschen und Vieh, geheiligt wurden. Nun stellte man sich aber häufig den Frühlingsgott selbst bewaffnet vor, da er ja gegen den Winter zu kämpfen hatte. Weiter ziehen häufig die Jünglinge des *ver sacrum* bewaffnet aus, um sich fern von der alten Heimat eine neue Siedlung zu suchen. Schließlich ist die Zeit vom Frühlinge bis zum Herbste, die, wie wir sahen, dem Mars heilig war, die Zeit des Kampfes und der Kriegsführung. So wird es gekommen sein, daß aus dem Schutzgotte der Herden und der Stadt mit Hervorkehrung seiner kriegerischen Eigenschaften der spätere Mars entstand, der allgemein als Schutzgott aller Kämpfer, der Imperatoren, Soldaten und Gladiatoren verehrt wurde.

Dem Ares war heilig der blutgierige Wolf, der Specht und der Hahn, beides kampflustige Vögel. Die griechische Kunst hat ihn im ganzen wenig dargestellt; häufiger sind seine Statuen bei den Römern. Er wird gebildet als kräftiger jugendlicher Mann mit starkem Nacken und kurz gelocktem oder gesträubtem Haar, älter als Apollon und Hermes; seine Stirn ist weniger heiter, als bei andern Zeussöhnen; gewöhnlich ist er nackt gebildet mit dem Helme auf dem Haupte. Berühmt ist die Gruppe der Villa Ludovisi, jetzt im Thermenmuseum in Rom, die Ares darstellt, wie er nach langem Kampfe ausruht und im Begriffe ist, in Nachdenken zu versinken; welche Gedanken ihm kommen, welche Gefühle sich regen, das deutet uns der kleine Eros zu seinen Füßen an.

Neben Mars verehrten die Römer noch eine Kriegsgöttin *Bellona* (von *bellum* Krieg), eine altitalische Göttin wohl sabinischen Ursprungs, entsprechend der griechischen *Enyo*. Sie heißt Wagenlenkerin, Schwester, Tochter oder Gemahlin des Mars. Von ihr ist zunächst zu scheiden eine später mit ihr verschmolzene asiatische Göttin, die aus Komana in Kappadokien wahr-

scheinlich zur Zeit der mithridatischen Kriege in Rom eingeführt wurde und einen blutigen, orientalisch-fanatischen Dienst
hatte. Ihre Priester opferten ihr bei ihren Festen ihr eigenes
Blut, indem sie sich bei dem Opfer in enthusiastischer Aufre-
gung verwundeten und sich und andere mit Blut besprengten,
wobei sie weissagten.

Aphrodite (Venus)

Aphrodite, die Göttin der Liebe und Schönheit, ist bei Homer die Tochter des Zeus und der Dione, und daher heißt sie Dionaia und auch selbst Dione. Ein anderer Mythos aber erzählt: Als Kronos seinen Vater Uranos vom Throne stürzte und freventlich verstümmelte, warf er ein abgeschnittenes Stück seines Körpers ins Meer, und nach Verlauf langer Zeit stieg aus dem darüber aufgärenden Schaume ein wunderbares Gebilde hervor, Aphrodite, die schönste der Göttinnen. Das geschah in der Nähe der Insel Kythera, der sie später immer so hold war; von da trug sanfter Windeshauch die neugeborene Göttin in weichem Schaume über das Meer hin nach dem Strande ihrer Lieblingsinsel Kypros. Gras und Blumen sprossen auf unter den zarten Füßen der Göttin, sobald sie das Land betritt, die Horen des Frühlings eilen herzu und kleiden sie mit reizenden goldgewirkten Gewändern, bekränzen ihr Haupt, zieren sie mit Blumen und schmücken Hals und Brust mit köstlichem Geschmeide; dann führen sie in Gemeinschaft mit *Eros* und *Himeros* (Liebe und Verlangen) die Liebliche in den Olympos zu den seligen Göttern. Die begrüßen sie freundlich, bezaubert von ihrer holdseligen Erscheinung und jeder wünscht sie als Gemahlin in sein Haus zu führen. –

Man glaubte früher, der Kultus der Aphrodite in Griechenland sei hervorgegangen aus dem der asiatischen und speziell syrisch-phoinikischen Liebesgöttin *Astarte*, einer großen Naturgöttin und Lebensmutter, die ebenfalls aus dem Wasser geboren ist, alle Fruchtbarkeit und alles Leben fördert und auch sonst deutliche Verwandtschaft mit Aphrodite zeigt. Doch ist dies wohl nicht ganz richtig. Wir werden vielleicht Aphrodite als eine rein griechische Göttin, die ehedem wohl besonders in

Thessalien heimisch war, annehmen müssen. Aber freilich ist deren Dienst und Charakter auf das Stärkste von dem der Astarte beeinflußt worden. Auf dem Wege, den Astarte von Asien nach Westen zu nahm, ist eine wichtige Station die Insel Kypros, allezeit eine Hauptstätte der Aphroditenverehrung. Freilich wußten die Griechen auch davon zu erzählen, daß der Dienst der Göttin aus Griechenland (von Tegea in Arkadien) dahin gebracht worden sei; bei Homer aber ist an einigen Stellen Aphrodite eine aus Kypros stammende Gottheit *(Kypris)*. Die Phoiniker, die in alter Zeit das ganze Mittelmeer befuhren, mögen bei der Verbreitung des Astarte-Aphroditedienstes eine wichtige Rolle gespielt haben. Darauf deutet die Vorliebe der Aphrodite für die Insel Kythera an der Südspitze der Peloponnes und ihr Kult daselbst; denn auf dieser Insel befanden sich wegen der dort vorkommenden Purpurschnecken phoinikische Faktoreien. Die griechische und die asiatische Göttin sind nun eng verschmolzen worden und schließlich trägt Aphrodite ein echt griechisches Gepräge, an der das Ausländische auf den ersten Blick gar nicht zu erkennen ist.

Aphrodite ist eine Göttin, die in allen Reichen der Natur ihre unwiderstehliche Macht übt; »sie wandelt in den Lüften«, singt Euripides, »in der Meeresflut ist Aphrodite, und auf Erden blüht alles auf aus ihr.« Die ganze beseelte Natur verdankt ihr den Ursprung und wird durch sie zu einer grenzenlosen Entfaltung geführt; die Brut der Fische im Meere, die Vögel der Lüfte fühlen ihre Macht, die wilden Tiere des Waldes, Wolf und Löwe, Pardel und Bär, kommen schmeichelnd an sie heran, wenn sie durch die waldigen Gebirge wandelt und huldigen ihr. Auch die Gewächse und Blumen in Garten und Hain verdanken der Aphrodite ihr üppiges Wachstum; der Frühling mit seinen Blumen ist der Göttin lieb und geheiligt, unter deren Füßen, sobald sie die Erde betrat, Blumen und Kräuter aufsproßten, die gleich nach ihrer Geburt von den Horen des Frühlings empfangen und geschmückt ward; sie ist eine Frühlingsgöttin und Blumenkönigin.

Besonders aber wird Aphrodite gefeiert als die *Göttin der Liebe*, die das Menschenherz erfüllt und selbst die Götter bezwingt; »jungfrauenhaftes Kosen, anlächelnder Blick und Betörung und holdseligste Lust, Liebreiz und schmeichelnde Anmut« sind nach Hesiod ihr erlostes Teil unter den Göttern und Menschen, wodurch sie ihre Herrschaft ausübt im Olympos und auf Erden. Sogar Zeus, der Götterkönig, und der ernste Fürst der Schatten unterliegen ihrem milden Zwange, alle Göttinnen des Olympos und die auf Erden wohnen, werden von Aphrodite überwältigt, nur Athena, Artemis und Hestia nicht. Die Liebe aber huldigt der Schönheit; so muß also die Göttin der Liebe, die »goldene« Aphrodite, wie die Dichter sie gewöhnlich nennen, selbst schön sein. Sie ist die lieblichste aller Göttinnen, ein Bild ewiger Jugend und unvergänglichen Liebreizes; unerschöpfliche Wonne liegt in ihrem holden schmachtenden Blick und dem süß lächelnden Antlitz. In ihrem Gürtel sind alle Zauber gebannt, schmachtende Liebe und Sehnsucht, Getändel und schmeichelnde Bitte, die sogar den Weisen betört; selbst die herrliche Himmelskönigin Hera muß von ihr sich diesen Gürtel der Anmut leihen, wenn sie die Liebe des Zeus gewinnen will. Ihr goldener Schmuck leuchtet heller als das Feuer und des Mondes Glanz, ambrosisch duften ihre köstlichen Gewänder und das goldbekränzte Haar. Die jugendlichen *Horen* und die *Chariten*, die Göttinnen der Anmut, bekleiden und bedienen sie; in ihrer Gesellschaft sind *Peitho* (lat. Suada, Suadela), die Göttin süßer schmeichelnder Überredung. Eine solche Göttin vermag wohl selbst den blutigen Schlachtengott Ares zu fesseln; wo sie nur auftritt, da ist sie Siegerin, sie triumphiert über alle Macht und Stärke. Darum hat man sie, die liebende Genossin des Ares, auch oft mit den Waffen des Kriegers in stolzer selbstbewußter Haltung dargestellt; doch ist der Tummelplatz des blutigen Kampfes nicht der rechte Ort für die Göttin. Im troianischen Kriege begünstigte sie die Troer und wagte sich wohl bisweilen auch in das Kampfgetümmel; als sie aber einst ihren von Diomedes niedergeworfenen Sohn Aineias aus der Schlacht entführen wollte, ward sie von dem Speere des griechischen Helden an der Hand verwundet. Mit lautem Schrei läßt sie den Sohn auf die Erde fallen und enteilt, außer sich vor Schreck und Schmerz, auf dem Wagen des Ares zum Olympos; dort wirft sie sich in den Schoß ihrer Mutter Dione und klagt ihr Leid. Die Mutter nimmt sie in ihren Arm und streichelt sie und tröstet sie, während Athena und Hera beiseite stehen und sie höhnen; ihr Vater Zeus aber ruft sie zu sich heran und spricht lächelnd: »Sorge dich nicht, mein Kind, um den grausigen Krieg! Ordne du lieber in Anmut liebliche Hochzeit! Den Krieg aber betreibe Ares, der Stürmende, und Athena.«

Wie nun Aphrodite in den Herzen der Menschen den zarten Trieb der Liebe erregt, so schenkt sie ihnen auch das Glück der Erfüllung ihrer Wünsche. Namentlich haben sich Mädchen und Jungfrauen ihrer Huld zu erfreuen; die Göttin gibt ihr blühende Gesundheit und Kraft, gewinnende Schönheit und Liebreiz und führt sie dem schönen Ziele der Ehe entgegen. Und auch die Frau verdankt das Glück in der Ehe der Aphrodite, den Frieden und die Eintracht, die auf treuer reiner Liebe und häuslicher Zucht und Ehrbarkeit beruhen, und den blühenden Segen der Kinder. Wer die Göttin ehrt und sich vertrauend an sie wendet, dem steht sie bei, den befreit sie von den Sorgen und dem Kummer der Liebe und gibt ihm, was das Herz sich wünscht. So erzählt Sappho, die lesbische Dichterin, in einer Ode, wie die gnädige Göttin, von ihr gerufen, das himmlische Haus ihres Vaters verließ und auf goldenem Wagen, gezogen von schnellen Sperlingen, durch den Äther herabkam und mit lächelndem Antlitz sie fragte, was sie leide:

Was begehrt so stürmisch dein sehnend Herzchen?
Wen soll deiner Liebe ich wieder schenken?
Nenne mir den Kühnen, der meinen Liebling
Wagte zu kränken.

Still nur. Der dich meidet, soll bald dich suchen.
Lacht er deiner Gaben – er soll bescheren!
Soll, wenn du ihm wehrtest selbst, deiner Küsse
Flammend begehren.

Welche Leidenschaft die Göttin einflößen kann, das zeigt das
mythische Beispiel einer Medeia, die um den Geliebten das
Vaterland und die Eltern verließ und selbst Verbrechen nicht
scheute; einer Ariadne, die um den Theseus, einer Helena, die
um Paris ähnliches gewagt; einer Phaidra, die unter der verzehrenden Glut ihrer Liebe zu Hippolytos hinschmachtete; und
dieselbe Sappho schildert von sich, in welchen Zustand die
Liebe sie versetze, wenn sie den Geliebten sieht und seine süße
Stimme vernimmt:

...doch mir schrickt im Busen das Herz zusammen,
Wenn du nahst, beklommen versagt die Stimme
Jeglichen Laut mir.

Ach, der wortlos Starrenden rinnt urplötzlich
Durch die Glieder fliegende Glut; verworren
Flirrt es mir vor Augen und dumpf betäubend
Klingt es im Ohr mir.

Die Gefühle, die Aphrodite in anderen entzündet, erfüllen auch
ihre eigene Brust. Wie sie den Ares liebt, ist schon besprochen;
ferner erzählen besonders asiatische Sagen von Heroen, die
durch die Liebe und Huld der Aphrodite berühmt geworden
sind. Zu diesen gehört *Adonis*. Vielleicht ist dieser, wie Aphrodite selbst, eigentlich griechischen Ursprungs, der freilich den
Griechen selbst nicht mehr klar war. Diese faßten ihn als asiatischen Gott (dann würde sein Name »der Herr« bedeuten) und
nahmen ihn in ihre Religion als Halbgott auf. Die Sage nennt
ihn einen Königssohn von Kypros (oder von Phoinikien, Assy-

rien), von zarter wunderbarer Schönheit. Sobald Aphrodite ihn sah, faßte sie die heftigste Liebe zu ihm; von der Zeit an meidet sie Paphos und Knidos und alle ihre Lieblingsorte, ja selbst dem Himmel zieht sie den Adonis vor. Mit ihm streift sie, die zarte Göttin, ganz gegen ihre sonstige Gewohnheit, jagend durch die rauhen Gebirge; denn der Jüngling liebt die Jagd und den Wald und Aphrodite kann ihn davon nicht abbringen, so sehr sie es auch möchte; doch warnt sie ihn stets vor der gefährlichen Jagd auf reißende Tiere, Löwen und Eber. Aber ihre Vorstellungen sind vergebens; einst jagt Adonis, während Aphrodite fern ist, einen Eber, und dieser tötet ihn durch eine furchtbare Wunde in den Schenkel. Man sagte, Ares habe aus Eifersucht das Tier gegen Adonis gesendet, oder Persephone habe den schönen Jüngling töten lassen, weil auch sie ihn liebte und zu besitzen wünschte. Als der Aphrodite der Tod ihres Lieblings gemeldet wurde, suchte sie in Verzweiflung seine Leiche im Gebirge auf und überließ sich an ihr einer grenzenlosen Trauer. Zum Andenken an ihn ließ sie aus seinem Blute die Anemone aufsprossen; aus ihrem Blute dagegen, denn bei ihrem Suchen hat sie des Gestrüpps und der Dornen nicht geachtet, die ihre zarte Haut zerfleischten, erwuchs die duftige Rose. Zeus aber bestimmte, Adonis solle die eine Hälfte des Jahres bei Persephone in der Unterwelt verweilen, während der andern Hälfte aber auf der Oberwelt sich der Liebe der Aphrodite erfreuen. Man beging in einem großen Teile Vorderasiens und auch schon früh unter den Griechen (in Athen, namentlich aber in Alexandreia) dem Adonis und der Aphrodite zu Ehren die *Adonien*, das Adonisfest; an einem Tage feierte man unter Trauer und Klagen das Verschwinden des Adonis, am andern mit großem Jubel sein Wiederfinden und seine Vereinigung mit Aphrodite. Dabei wurden Bilder der Aphrodite und des Adonis umhergetragen und zur Schau gestellt, umgeben mit mannigfachem Schmucke, mit süßem Backwerke in der Gestalt von allerlei Tieren, mit Blumen und Früchten und Laubwerk und namentlich mit den sogenannten »Gärten des Adonis«, Blumentöpfen, in die man schnell aufsprossende und schnell verwelkende Pflanzen gesät hatte, ein Symbol der schnell hingestorbenen Jugendblüte des schönen Adonis. – Man erkennt noch leicht die Bedeutung des Adonis; er bezeichnet, wie so viele ähnliche Knaben und Jünglinge der alten Sage, das Leben der Natur, das im Frühlinge in seiner ganzen Schönheit erwacht, aber nur zu bald durch die sengende Glut der Sommersonne, durch die Mächte der Unterwelt und des Todes wieder dahingerafft wird; Aphrodite aber gibt in dieser Sage noch klar ihren Zusammenhang mit dem gesamten Naturleben kund.

Auch *Anchises*, der junge schöne Dardanerkönig in Troas, wurde von Aphrodite geliebt und von ihr auf den Höhen des Idegebirges, wo er seine Herden weidete, besucht; *Aineias* (Aeneas), der tapfere Kämpfer im troianischen Kriege, war ihr und des Anchises Sohn. *Paris*, der troianische Königssohn, genoß die besondere Gunst der Aphrodite, weil er, wie die Sage erzählt, die Göttin der Liebe und Schönheit der Weisheit der Athena und der von Hera ihm angebotenen Weltherrschaft vorgezogen hatte; zum Lohne dafür gab sie ihm ihr irdisches Ebenbild, *Helena*, zur Gemahlin und das höchste Glück der Liebe. Ein ähnlicher Gedanke liegt in der Fabel von *Pygmalion*, einem mythischen Könige oder Künstler von Kypros, dem die Huld der Aphrodite ihr schönes Bild zum Leben erweckte und zur Gemahlin gab.

Pygmalion lebte – so erzählt Ovid – aus Scheu vor den Fehlern des weiblichen Geschlechtes ehelos ein einsames Leben. Einst formte er mit wunderbarer Kunst aus schneeigem Elfenbeine die Gestalt eines Weibes, so schön und vollkommen, wie nie ein Weib auf Erden erwuchs, und verliebte sich in sein eigenes Werk. Es ist ganz die Gestalt einer Jungfrau, sie scheint zu leben und sich bewegen zu wollen, wenn nicht die Scheu sie zurückhielte. So sah man in dem Werke der Kunst kaum noch das Kunstwerk. Er schaut sie bewundernd an und während er sie bewundert, bemächtigt sich immer größere Liebe seiner Seele. Oft faßt er das Werk mit prüfender Hand an, ob es Körper sei oder Elfenbein, und auch dann noch weiß er kaum, daß es Elfenbein ist. Er gibt ihr Küsse und glaubt sie erwidert, er spricht mit ihr und hält sie in seinen Armen. Er überhäuft sie mit schmeichelnden Liebkosungen, bringt ihr Geschenke, die den Mädchen lieb sind, Muscheln, Vögel, tausendfarbige Blumen. Auch schmückt er ihre Glieder mit schönen Gewändern, ihre Finger mit Ringen, ihren Hals mit prächtigen Schnüren. Er macht ihr ein Lager von Purpurdecken und legt unter ihren Nacken, als wenn sie dies fühlte, ein weiches Polster.

Es war ein Festtag der Aphrodite, hoch gefeiert in ganz Kypros. Pygmalion brachte der Göttin am weihrauchduftenden Altare ein weißes Rind dar mit vergoldeten Hörnern. Als er nach Vollendung des Opfers betend am Altare stand, sprach er schüchtern: »Ihr Götter, wenn ihr alles geben könnt, so sei mein Weib – die elfenbeinerne Jungfrau«, wollte er sagen, doch scheute er sich und sprach: »so sei mein Weib ähnlich der elfenbeinernen Jungfrau.« Aphrodite, die selbst dem Feste genaht war, verstand, was der Wunsch Pygmalions sagen wollte und ließ zum Zeichen holder Gewährung dreimal die Opferflamme hell auflodern. Als er nach Hause zurückkehrte, eilte er gleich zu dem Bilde der Jungfrau, neigte sich in Liebe über sie und küßte sie. Es schien ihm, als ob ihre Lippen warm wären. Er küßte sie wieder und berührte ihren Arm mit der Hand. Das berührte Elfenbein ist weich und gibt dem Drucke des Fingers nach, wie Wachs, das die Sonne erweicht hat. Während er staunend noch schwankt zwischen Freude und der Furcht vor Täuschung, berührt er immer aufs neue versuchend ihre Glieder. O Freude! Es ist ein lebendiger Leib, die Adern schlagen unter der prüfenden Hand. Der Jüngling richtet innige Worte des Dankes an Aphrodite und schließt in seliger Wonne die Arme um die errötende Jungfrau.

Aber die Göttin der Liebe kann auch hassen. Wer ihre Macht

verehrt, den berührt sie mit linder Hand, doch wer ihr in Übermut widersteht, den faßt sie und wirft ihn schmählich in den Staub. Das erfuhr *Hippolytos*, des Theseus Sohn. Er verachtete die Aphrodite und hielt sich nur zu der jungfräulichen Artemis, mit der er jagend durch die Gebirge zog; da er den Umgang und die Liebe der Frauen mied, brachte ihm der Zorn der Aphrodite den Tod. Berühmt und von den Hirten viel besungen war das Leid des *Daphnis*, des jugendlichen schönen Hirten in Sizilien, eines Göttersohnes, den die sizilischen Hirten wie einen Halbgott feierten. Seine Mutter, eine Nymphe, hatte ihn nach seiner Geburt in einem Lorbeerhaine ausgesetzt (daher sein Name *Daphnis*, denn das Wort *daphne* bedeutet Lorbeer), und Hirten hatten ihn gefunden und aufgezogen; so wurde er selbst ein Hirte, der es vor allen verstand, die Syrinx zu blasen und der die ersten Hirtengedichte gesungen haben soll. Früh war er einer schönen Nymphe in treuer reiner Liebe zugetan; seitdem aber dieses Verhältnis gelöst war, entsagte er aller andern Liebe. Aphrodite versuchte ihre Macht an ihm; aber das Mädchen, das ihn zu neuer Liebe erregen soll und selbst ihn innig liebt, wird von ihm verschmäht; vermessen prahlt er, an ihm würden alle Künste der Aphrodite und des Eros zuschanden werden. Da erzürnt Aphrodite und beschließt, seinen Trotz zu strafen; sie entzündet in ihm heftige Liebe zu einer Fremden, die er nur flüchtig gesehen und nimmer erreichen kann. Indem er so ein Mädchen flieht, das ihn liebt und das er lieben sollte, sucht er in verzehrender Sehnsucht eine andere, die ihm versagt ist. Diese Sehnsucht will er zwar aus Trotz gegen Aphrodite stets verbergen, aber sie bricht ihm das Herz; als er sterbend hinschmachtet, wird er in eine Quelle verwandelt. Wie *Narkissos* in unbefriedigter Selbstliebe hinwelkt, so stirbt Daphnis in unbefriedigter Liebe zu einer andern; das Geschick beider aber war eine Strafe der Aphrodite für ihre unempfindliche Sprödigkeit. –

Man unterschied zwischen einer Aphrodite *Urania*, der

»himmlischen«, und einer Aphrodite *Pandemos*, einer das ganze Volk durchdringenden Liebesgöttin. Diesen Gegensatz hat die spätere Zeit so ausgedeutet, daß die Urania für die Göttin reiner himmlischer Liebe, die Pandemos dagegen für die Göttin gemeiner sinnlicher Liebe erklärt ward. In den Zeiten sittlicher Entartung hat die Verehrung dieser Aphrodite Pandemos, deren Symbol der Widder oder der Bock war, viel zum Verfall keuscher Sitte beigetragen. – Zu der Aphrodite Urania und Pandemos gesellte sich noch eine dritte Form der Göttin, eine *Aphrodite des Meeres;* sie waltet auf dem Meere, stillt die Wogen und gibt den Seeleuten glückliche Fahrt. Überhaupt hatte Aphrodite häufig ihre Heiligtümer an den Häfen und den Meeresküsten, von wo aus ihr Bild herrschend über die weite See hinschaute. Eine Erklärung dieser Tätigkeit der Aphrodite als Meeresgöttin, die mit der der Liebesgöttin gar nicht zusammenpaßt, ist nicht leicht. Vielleicht kann man daran anknüpfen, daß Aphrodite wie Astarte aus dem Wasser geboren ist; vielleicht aber ist der Grund äußerlicher, nämlich der, daß der Dienst der Göttin sich wesentlich über das Meer verbreitet hat und zuerst an den Küsten und auf den Inseln festen Fuß faßte. In den Seestädten wurde sie jedenfalls von jeher am meisten verehrt, so auf Kypros zu Paphos, Amathus, Idalion, zu Knidos in Karien, auf der Insel Kos, auf Kythera, zu Korinth, auf dem Berge Eryx in Sizilien, und von diesen Orten hat sie ihre zahlreichen Beinamen: *Kypris, Paphia, Amathusia, Idalia, Knidia, Kythereia* und *Kythera, Erycina.*

Heilig waren der Aphrodite als Sinnbilder der Liebe die Myrte, die ihr schon im Orient geweiht war und noch jetzt unsere Bräute schmückt – ein interessantes Beispiel von Jahrtausende langem Nachleben einer Anschauung; ferner die Rose, die Äpfel (unter diesem Namen begriff man auch Quitten, Granaten, Pfirsiche und dergl.), der Mohn, ein Symbol der Fruchtbarkeit, der Sperling, die Taube, die in ihren Heiligtümern zahlreich gehalten wurde, wie auf Kypros und dem Eryx; der

Schwan, die Schwalbe, die Verkünderin des Frühlings, die Schildkröte, ein Sinnbild häuslicher Zurückgezogenheit; der Delphin gehört ihr zu als einer Göttin der See. – Die ausgebildete Kunst stellt Aphrodite dar als ein reizendes, in voller Blüte stehendes Weib mit etwas länglichem Gesichte, verschwimmenden Augen und lächelndem Munde. Die berühmteste Statue des Altertums war die von Praxiteles gefertigte *Aphrodite zu Knidos*, von der noch zahlreiche Nachbildungen vorhanden sind; am besten ist ihr Kopf in dem sogenannten Kaufmannschen Kopfe in Berlin erhalten. »Wo sah Praxiteles mich nackt?« soll Aphrodite ausgerufen haben, als sie dies ihr Bild erblickte. Die Göttin ist in dem Augenblicke dargestellt, da sie zum Bade eben ihr Gewand abgelegt hat und nun in ihrer ganzen Wehrlosigkeit dasteht; aber die Wehrlose feiert durch ihren unwiderstehlichen Liebreiz und den Ausdruck keuscher Schamhaftigkeit den schönsten Triumph. Die berühmte Statue der *Aphrodite von Melos*, so genannt nach ihrem Fundorte (in neugriechischer Aussprache Milo), jetzt im Louvre in Paris, stellt die Göttin mehr ernst und großartig dar, ihrer unwiderstehlichen Macht sich bewußt. Die bekannte *Mediceische Venus* in Florenz, früher übermäßig gepriesen, steht der Knidierin an keuschem reinem Sinne und der Aphrodite von Melos an Hoheit und Würde weit nach.

Die römische *Venus* entspricht wenigstens in der späteren Zeit ganz der Aphrodite; sie war Göttin der Liebe, besonders der ehelichen Liebe. Merkwürdig ist ihr Kultus als *Venus Libitina*, der auf Grab und Tod hinweist. In ihrem Tempel wurden alle Geräte, die bei der Bestattung gebraucht wurden, aufbewahrt und nach einer Anordnung des Königs Servius mußte für jeden Verstorbenen ein Geldstück dorthin entrichtet werden. Der Dienst der Venus blühte in Rom erst durch Cäsar und Augustus recht auf, die sie als die Stammutter ihres Geschlechtes, des iulischen, ansahen. Julus oder Ascanius, der Stammvater des iulischen Geschlechtes, war ja ein Sohn des Aeneas, dessen Mutter Venus war.

10. Eros (Amor, Cupido)

Das Wort *éros* bedeutet bei Homer die Liebe, als Eigenname jedoch zur Bezeichnung des Liebesgottes kommt es bei diesem Dichter noch nicht vor; ihm ist Aphrodite die einzige Gottheit, die über der Liebe waltet. Nach Hesiod dagegen ist Eros einer der ältesten Götter. Als das Urwesen Chaos sich feindlich auseinanderschied in Erde und finsteren Tartaros, da trat als drittes Wesen Eros hinzu, der schöpferische Vereiniger; bei dem Werdeprozeß der Welt war Eros als das bildende Prinzip unentbehrlich, und darum wurde er in den alten Kosmogonien in den Anfang aller Bildungen gestellt. Er wird nicht nur Sohn des Chaos, sondern auch des Uranos und der Ge, des Kronos usw. genannt; oder man gab an, er habe keine Eltern gehabt. – Außerdem erfahren wir aus älterer Zeit von dem Kulte des Eros in Thespiai in Boiotien; doch wird hier ein alter Naturgott der Zeugungskraft verehrt worden sein, nicht jener kosmogonische Gott des Hesiod. Denn die Verehrung des Eros von Thespiai ist uralt. Das sehen wir aus der Form seines Kultbildes, das nichts anderes war als ein roher Stein. Wir haben diese Darstellungsform schon bei Apollon und Hermes gefunden. Sie führt uns in Zeiten, in denen in Griechenland noch eine Art Fetischdienst verbreitet war, wie wir ihn jetzt in Afrika finden. Von den Mythen dieses alten Eros können wir nichts sagen.

Die spätere Zeit kennt einen jugendlichen *Gott der Liebe,* der aber weniger die Liebe im ganzen Weltall als die der Menschen zueinander vertritt. Diesem Eros jüngerer Vorstellung gab man meist die Aphrodite zur Mutter und den Ares oder den Zeus zum Vater, sagte auch wohl, weil er denn doch mit dem älteren Eros eines Wesens ist, er habe keine Eltern oder seine Eltern seien unbekannt.

Dieser Liebesgott Eros (die Römer haben ihn unter dem Namen *Amor* oder *Cupido* bei sich aufgenommen) wurde der Aphrodite, mit der er gleiche Bedeutung hatte, als willfähriger Sohn und Diener untergeordnet; durch ihn übt sie überall ihre Macht, ähnlich wie Zeus durch seinen Sohn Hermes. »Eros, der schlau Umgarnende mit den schimmernden Flügeln«, heißt es bei Euripides, »fliegt auf raschem Fittich über die Erde und die laut tosende Meeresflut; wem er naht in dem Glanze goldschimmernder Flügel, den bezaubert seine Macht, das bergbewohnende Getier, des Meeres Schöpfungen und die Menschensöhne; über die alle führt Aphrodite die glänzende Herrschaft.« Man dachte den Eros als schönen lieblichen Knaben auf der Grenze des Jünglingsalters; mit goldenen Flügeln schweift er umher, bewehrt mit Bogen und Pfeil; wenn ein Herz von seinem Geschosse getroffen wird, so wird es ergriffen von Liebe. Kein Mensch und kein Gott ist sicher vor dem kecken Knaben; gegen die eigene Mutter, die nicht immer ihre Obmacht über ihn zu behaupten weiß, und selbst gegen Zeus, den Gewaltigen, richtet er seine Waffe. Seine allbesiegende Macht, die in alle Regionen dringt, ist ein Lieblingsgegenstand der Dichter. Berühmt ist der Chorgesang in Sophokles' Antigone: »Eros, Allsieger im Kampf, Eros, der du gewaltig auf deine Beute fällst, der du lauernd ruhst auf des Mägdeleins zarter Wange! Du schweifest umher auf der Meeresflut und zu den ländlichen Wohnungen; kein ewiger Gott entflieht dir, keiner der Menschen, der Söhne des Tags; und wen du erfassest, der raset.« Er, der uns zur süßesten Lust weiht, reißt aber auch fort in alle Schrecken; seine Pfeile, denen nicht Flammen, denen nicht des Helios Geschoß gleicht, regen oft die verderblichste Leidenschaft an. Das hat Semele erfahren, der die Liebe zu Zeus den Flammentod brachte, das erfuhr Herakles, den die Leidenschaft zu Jole und die Liebe der Deïaneira zu ihm auf den Scheiterhaufen führte und viele andere. Und wenn auch nicht äußeres Unglück mit der Leidenschaft verbunden ist, die Eros einflößt, immer schafft er, obgleich er das Herz mit süßer Wonne erfüllt, manchen Kummer und manche Sorge. Ohne Liebesqual liebt keiner; die Pfeile des Eros sind süß und bitter zugleich. Der spielende Witz namentlich der späteren Dichter weiß viel zu erzählen von der List und Tücke und Grausamkeit des wilden, leichtsinnigen, flatterhaften Knaben mit den schönen Locken und dem lieblich schalkhaften Blicke, der, wenn man ihn auch zu meiden sucht, sich doch durch allerlei Künste einschleicht, bald durch süße Tränen, bald durch freundliches Lächeln und liebenswürdiges Plaudern; wenn er uns dann in seiner Gewalt hat, ergötzt er sich daran, uns zu peinigen. Wahrlich, ein so grausamer hartherziger Knabe ist im rauhen Gebirge aufgewachsen zwischen hartem Felsgestein. Schon bei seiner Geburt ahnte Zeus die Unruhe, die er anstiften würde und er befahl der Aphrodite, ihn zu töten; allein sie verbarg ihn in Wäldern, dort säugten ihn wilde Löwen. Und doch kann niemand dem Peiniger zürnen: der muntere mutwillige Knabe ist zu schön und weiß so neckisch zu scherzen und so lieb zu schmeicheln. Dieser Eros der späteren Poesie wurde mehr in der Gestalt eines Kindes gedacht, und auch die spätere Kunst hat ihn gewöhnlich so dargestellt, während er in den Bildungen der älteren Kunst mehr als ein dem Jünglingsalter nahe stehender Knabe von vollendeter Schönheit erscheint, eine Darstellung, die auch mehr der älteren ernsteren Auffassung des Gottes entspricht. In der späteren griechischen und in der römischen Zeit umgab man den Eros mit einer zahlreichen Schar kleiner Brüder, *Eroten (Amoretten);* es waren kleine Kindergestalten, unter denen manchmal Eros selbst als älterer Knabe hervorragte, geflügelte Genien tändelnden Liebesspiels. Sie kommen häufig auf Bildwerken vor in der Umgebung der Aphrodite, des Dionysos, mit wilden Tieren und Seeungeheuern spielend oder tanzend und musizierend; allen Göttern schleppen sie ihre Abzeichen fort, dem Zeus den Blitz, dem Apollon den Bogen, Schild und Helm dem Ares, dem Herakles die Keule usw.; denn sie, die Kindlein, sind stärker als die Gewaltigen des Olympos.

Nicht bloß die Liebe des Mannes zum Weibe, sondern auch die zwischen Männern und Jünglingen stammte von Eros; deshalb stand sein Bildnis in vielen Gymnasien zwischen dem des Hermes und des Herakles. Weil auf dem Zusammenhalten des Heeres, auf wechselseitiger Liebe und Hilfeleistung der Streitenden das Glück der Schlachten beruht, opferten die Lakedaimonier und Kreter dem Eros vor der Schlacht.Auch die heilige Schar der Thebaner, die aus lauter Liebenden und Geliebten bestand, war dem Eros geweiht.

Der kleine Eros wollte nicht wachsen und gedeihen, erzählt eine späte Fabel; da beschloß Aphrodite, ihm einen Gespielen zuzugesellen. *Anteros* wurde geboren, der Gott der Gegenliebe und nun blühte Eros freudig auf. Die Gegenliebe ist eine notwendige Ergänzung der Liebe; Eros und Anteros vereint drücken erst vollkommen die Idee des Liebesgottes aus. In Elis standen in einer Palaistra (Ringschule) die Bilder beider Knaben; Eros hielt einen Palmzweig in der Hand, den ihm Anteros zu entreißen strebte, ein Bild des Wetteifers der durch Liebe verbundenen männlichen Jugend.

Ein Eros, der als Werkzeug der Aphrodite in andern die Liebe erweckt, kann eigentlich selbst nicht in Liebe verfallen; darum haben wir aus älterer Zeit keinen Myhtos, der von einer Liebe des Eros erzählte. Dagegen kam in späterer Zeit die Vorstellung von der Liebe des Eros zu *Psyche* auf. Psyche ist die Personifikation der menschlichen Seele. Man stellte sie dar als zartes Mädchen mit Schmetterlingsflügeln oder auch in der Form eines Schmetterlings, der bei den Griechen zum Symbol der unsterblichen Seele geworden ist. In beiden Darstellungsweisen hat sie die spätere Kunst vielfach mit Eros verbunden; Eros liebt sie, er spielt mit ihr, er umarmt und küßt sie, aber andererseits quält und mißhandelt er sie auch, er hält sie in einer Fußangel gefangen oder wenn sie als Schmetterling dargestellt ist, so versengt er sie, rupft ihr die Flügel aus u. dergl. Im zweiten Jahrhundert nach Chr. hat Apuleius, ein philosophischer Schriftsteller, die *Liebe des Eros und der Psyche* ausführlich dargestellt. Wir geben hier den Inhalt des Märchens kurz wieder.

Es war einmal in einer Stadt ein König und eine Königin, die hatten drei Töchter von ausgezeichneter Schönheit. Bei weitem die schönste aber war die jüngste, Psyche mit Namen; sie war von so glänzender Schönheit und so lieblichem Wesen, daß die Menschen weit und breit sie wie die Göttin Venus selbst anbeteten und die Altäre und Heiligtümer dieser Göttin unbesucht blieben. Darüber erzürnt Venus und befiehlt ihrem Knaben Amor, sie zu rächen und Psyche mit der Liebe zu dem gemeinsten und niedrigsten Menschen der Erde zu bestrafen. Indessen heiraten die beiden älteren Schwestern, Psyche aber bleibt unvermählt. Da befragt der Vater des unglücklichen Mädchens das Orakel und erhält die Antwort, er solle die Tochter in bräutlichem Schmucke in der Wildnis auf hohem Felsen aussetzen; da würde ihm nicht ein sterblicher Mensch, sondern ein wilder wütiger Drache als Eidam zu teil werden. Man muß dem Ausspruche gehorchen und die weinende Psyche wird, bräutlich geschmückt, in einem hochzeitlichen Leichenzuge zu dem Felsen geführt und auf dessen Gipfel zurückgelassen. Während sie hier einsam und vor Furcht zitternd den schrecklichen Drachen erwartet, wird sie auf einmal auf des Zephyrs Schwingen in ein tiefes Tal getragen und schlafend auf sanftem Rasen niedergelassen. Als sie erwacht, sieht sie in dem weltabgeschiedenen Tale einen herrlichen, mit unermeßlichen Schätzen angefüllten Palast. Dort begrüßen sie körperlose Stimmen als ihre Herrin und laden sie ein, sich des Palastes und all seiner Schätze und Bequemlichkeiten zu bedienen. In der Nacht kommt Amor, der, von ihrer Schönheit bezaubert, sie an diesen einsamen Ort hat bringen lassen und macht sie zu seiner Gemahlin. Er hat also dem Befehle seiner Mutter nicht gehorcht; aber wenigstens bleibt er seiner jungen Gattin unsichtbar und verbietet ihr auch streng, nach seinem Antlitz zu forschen, sonst würde sie all diese Herrlichkeit verlieren und beide unglücklich machen. So leben sie lange; jede Nacht kommt Amor, während des Tages ist Psyche allein. Unterdessen haben die beiden Schwestern der Psyche sich auf den Weg gemacht, um die Verlorene zu suchen. Sie kommen klagend auf den Felsen und werden auf Bitten der Psyche von dem Zephyr herabgetragen. Nun sehen sie das Glück ihrer Schwester und ihre Brust wird von Neid erfüllt. Daher beschließen sie, Psyche zu verderben, reden ihr ein, ihr Gatte sei ein furchtbarer Drache, und bereden sie, ihn während der Nacht im Schlafe zu ermorden. Um dies auszuführen, entzündet Psyche in der Nacht eine Lampe; da erkennt sie in dem Gotte, dem sie sich bisher nur im Dunkeln genaht, Amor selbst in seiner ganzen Schönheit. Und von Liebe überwältigt, neigt sie sich über ihn und küßt ihn; aber ein Tropfen glühenden Öls fällt von der Lampe auf die Schulter des Gottes; der erwacht und entflieht erzürnt durch die Lüfte. Psyche faßt den Fuß des Fliehenden und wird mit in die Luft getragen, aber sie fällt ermattet zur Erde. Amor liegt krank an der Wunde in dem Palaste seiner Mutter, Psyche aber zieht, den Verlorenen zu suchen, in allen Landen umher und erträgt unsägliches Leid. Auf ihrem Wege kommt sie in die Städte, wo ihre Schwestern herrschen; um sich an ihnen zu rächen, redet sie jeder ein, Amor wolle sich mit ihr vermählen, und beide stürzen sich hoch erfreut den Felsen hinab, auf dem Psyche ausgesetzt worden war – nicht aber in die Arme Amors, wie sie gehofft, sondern auf die zackigen Klippen, an denen sie zerschellen. Endlich, als al' ihr Suchen vergeblich ist, begibt sich Psyche freiwillig in den Palast der ihr so feindseligen Venus, ob sie vielleicht dort den Geliebten finde. Venus mißhandelt sie und legt ihr mehrere schwere und gefahrvolle Arbeiten auf, die sie alle durch die geheime Hilfe Amors glücklich besteht. Zuletzt wird sie sogar in die Unterwelt geschickt, um für Venus ein wenig Schönheit von der Proserpina zu erbitten. Sie erhält das Verlangte in einer Büchse; aber als sie, wieder zur Oberwelt zurückgekehrt, aus Neugier die Büchse öffnet, wird sie von tiefem Schlafe überfallen. Unterdes ist Amor von seiner Wunde geheilt und der Haft der Mutter entflohen; er erweckt Psyche durch die Spitze seines Pfeils und schickt sie mit der Büchse zu Venus, während er selbst zu Juppiter eilt und für Psyche bittet. Juppiter läßt diese durch Mercur in den Himmel führen und vermählt sie mit Amor. Ihre Tochter heißt *Glückseligkeit*.

Man hat sich viele Mühe gegeben, in dieser Erzählung einen tieferen philosophischen Sinn zu finden. Eros, sagte man, sei das Gute und Schöne, nach dem Psyche, die menschliche Seele, trachtet, mit dem sie sich aber nur nach schweren Mühen und mannigfachen Läuterungen vereinigt. Neuere Forscher betrachten aber die Geschichte fast einstimmig als reines Märchen, in das freilich später philosophische Ideen eingedrungen sind.

11. Hymenaios (Hymenaeus)

Hymen oder *Hymenaios* ist der Gott der Vermählung, der im Brautliede, das ebenfalls Hymenaios heißt, angerufen und gepriesen ward. Er war ein Sohn einer Muse und des Musenführers Apollon oder auch ein Sohn des Dionysos und der Aphrodite, in deren Gesellschaft er zugleich mit Eros ist. In den Sagen aber, die über ihn im Gange waren und erklären wollten, weshalb er im Brautliede angerufen wurde, galt er für einen menschlichen Jüngling, der später unter die Götter aufgenommen ward. Er ward ein Argiver, der einmal an der attischen Küste vorbeisegelte und attische Jungfrauen von den Gewalttätigkeiten pelagischer Seeräuber befreite; dafür wurde er von jenen bei ihrer Vermählung im Brautliede gepriesen. Oder er galt als athenischer Jüngling, so schön und zart, daß er für ein Mädchen gehalten werden konnte. Als Mädchen verkleidet, folgte er einst einer Jungfrau, die er hoffnungslos liebte, nach Eleusis zum Feste der Demeter. Von dort wurde er mit der Geliebten und andern Jungfrauen von Räubern übers Meer in eine ferne wüste Gegend entführt. Als die Räuber schliefen, tötete sie Hymenaios und brachte dann die Jungfrauen wohlbehalten nach Athen zurück. Zum Danke erhielt er die Geliebte zum Weibe und wurde seitdem im Brautliede gefeiert. Nach einer andern Sage war Hymenaios ein Jüngling, der am Tage seiner Vermählung von dem einstürzenden Hause erschlagen und nachher der Sühne wegen bei Hochzeiten angerufen ward; denn bei aller Lust und allem Jubel der Hochzeit klingt doch auch ein wehmütiger Ton durch in der Erinnerung an die sobald dahinschwindende Jugendzeit. – Hymen wurde von der Kunst älter und größer dargestellt als Eros und mit ernsterem Ausdrucke, geflügelt, die Brautfackel in der Hand.

Bei den Römern war der übliche Hochzeitsruf bei dem Einzuge der Braut in das Haus des Bräutigams: »Talassio«, und daraus machte man den Hochzeitsgott *Talassio* oder *Talassius*. Die Sage erzählte, bei dem Raube der Sabinerinnen sei eine Jungfrau von besonderer Schönheit für einen vornehmen Römer namens Talassius geraubt worden und die Leute, denen der Raub aufgetragen war, hätten auf dem Wege zu dessen Hause auf die Frage, wem die Jungfrau gebracht würde, immer gerufen: Talassio, d. i. dem Talassius. Einige deuten »Talassio« als den Wollkorb, der als ein Symbol der häuslichen Tätigkeit der Frau in dem feierlichen Zuge zu dem Hause des zukünftigen Gatten der Braut nachgetragen wurde. – Die richtige Erklärung des Rufs ist freilich unklar.

12. Hestia (Vesta)

Hestia heißt bei Hesiod die älteste Tochter des Kronos und der
Rhea; andere nennen sie die jüngste, vermutlich, weil sie beobachteten, daß sie bei Homer noch gar nicht als Göttin erwähnt
wird, und also die Entstehung ihres Kultus als verhältnismäßig
jung ansahen. Um die Jungfrau warben Poseidon und Apollon,
nach Zeus die ausgezeichnetsten Götter; sie aber schwur, indem sie das Haupt des Zeus anfaßte, einen gewaltigen Eid, sie
werde stets unvermählt bleiben. Dafür gab ihr Zeus die schöne
Ehre, daß sie in der Mitte des Hauses und in allen Tempeln
verehrt werden solle. Hestia ist die Göttin des heiligen Feuers,
besonders des Herdfeuers, das die Opfer verbrennt, und des
Hausherdes. Sie hält sich nach Art der Jungfrau in stiller be-
scheidener Zurückgezogenheit fern von dem Geräusche der
Welt; darum gab es auch fast keine Mythen von ihr und selbst
wenige Statuen; um so heiliger und eifriger aber ward ihr Kultus geübt. Man verehrte sie an jedem Herde, also in jedem
Hause, und an jedem Altare oder Opferherde, also in jedem
Tempel und deshalb finden sich auch wenige eigene Tempel
der Göttin. An jedem Opfer, das man einer andern Gottheit
darbrachte, hatte sie teil, zu Anfang oder am Ende des Opfer-
schmauses oder beide Male brachte man ihr heilige Spenden;
sie war ja als die Göttin des Opferherdes und des Opferfeuers
die Vorsteherin aller Opfer. Auch Hermes ist, wie wir gesehen,
ein Opfergott und darum kommt Hestia oft mit diesem in Verbindung vor und wird gemeinsam mit ihm angerufen. Doch
mag auch zu der Zusammenstellung beider Gottheiten ihr dem
Menschen besonders freundliches Wirken beigetragen haben;
denn den Erwerb und Segen, den Hermes durch Unterstützung
im äußeren Verkehre in das Haus bringt, mehrt in den stillen

häuslichen Räumen das wohlwollende Walten der Hestia. Und der Herd ist der fest gegründete Mittelpunkt für die menschliche Gemeinschaft, die Familie; sie findet in ihm ihren Zusammenhalt und stellt auf ihm die Bilder ihrer Götter, der Hausgötter, auf. Zurückgezogen von dem wechselvollen Treiben der äußeren Welt, findet der Mensch am Herde im Schoße der Familie Ruhe und Frieden, da herrscht Eintracht und Liebe und fromme Sitte. Alle diese Segnungen friedlicher und gesicherter Ansässigkeit, einträchtigen Familienlebens und geordneten Gottesdienstes wurzeln in dem Wesen und dem Kultus der Hestia, einer reinen jungfräulichen Göttin, die freundlich und mild im Innern des Hauses waltet. Hestia ist aber auch für solche, die nicht zu dem Hause gehören, eine hilfreiche Göttin; der Fremde, der das Gastrecht in Anspruch nimmt, steht unter ihrem Schutze, der Landflüchtige und Verfolgte findet an ihrem Herde allezeit Zuflucht und Sicherheit vor jeder Unbill.

Wie Hestia die Göttin der Familie und des Hauses war, so war sie auch die Vorsteherin jeder größeren Genossenschaft und namentlich des Staates, der, auf der Familie beruhend, selbst eine große Familie ausmacht. Als Mittelpunkt der Stadt galt der Tempel der staatsschützenden Hestia, meist, wie in Athen, Prytaneion genannt und zugleich Regierungsgebäude. Dort hatte sie einen Altar, auf dem ihr, wie auf dem Herde eines jeden Hauses, von unverheirateten oder verwitweten Frauen ein ewiges Feuer unterhalten wurde und an dem die Prytanen, die Mitglieder der Regierung, täglich Spenden und an bestimmten Tagen unter Gesang und Saitenspiel Brandopfer darbrachten und Opfermahle hielten. Dort, am Herde der Hestia, wo die Prytanen täglich speisten, empfing auch der Staat die fremden Gesandten und bewirtete sie; und auch andere Ehrengäste des Staates speisten hier, wie zu Athen die Nachkommenschaft des Harmodios und Aristogeiton. Eine derartige dauernde Bewirtung durch den Staat war eine hohe Auszeichnung und entspricht der Ehre nach etwa einem unserer hohen Orden; deshalb erbitterte Sokrates seine Richter so sehr, als er verlangte, statt zum Tode verurteilt, vielmehr zum Staatsgast im Prytaneion ernannt zu werden. – Dieser Herd der Hestia wird ursprünglich eine rein praktische Bedeutung gehabt haben: eine Zeit, die Schwierigkeiten in der Bereitung des Feuers fand, richtete sich ein bequemes ewiges Feuer ein, von dem jeder Einwohner die Flamme holen konnte. Auch für die Unterhaltung des Feuers durch Mädchen oder Witwen wird die nüchternste und prosaischste Erklärung die richtigste sein: man gab diese leichte Arbeit Frauen und zwar solchen, die durch die Arbeit für die eigne Familie wenig oder nicht in Anspruch genommen waren. Und da die athenischen Prytanen den ganzen Tag über ununterbrochen im Dienste waren, so richtete man für die Beamten am Staatsherd eine Staatsküche – einen Ratskeller – ein. Aber das ewige Feuer des Staatsherdes hat über diese nüchterne Bedeutung hinaus eine weit idealere erhalten. Es vergegenwärtigte den Bürgern stets ihre Zusammengehörigkeit, erinnerte sie an die Gemeinsamkeit des Wohnsitzes, des Staatslebens und der Gottesverehrung, und wenn Söhne dieser großen Familie auszogen, um in der Ferne eine neue Ansiedlung zu gründen, so nahmen sie zum Zeichen der Angehörigkeit und des verwandtschaftlichen Zusammenhangs von dem Herde des heimatlichen Prytaneions heiliges Feuer für das neu zu gründende Prytaneion mit. Auch größere nationale Vereine, namentlich religiöser Art, hatten oft ein gemeinsames Heiligtum der Hestia. So galt die Hestia in Delphi, das überhaupt als Mittelpunkt der Erde angesehen ward, gewissermaßen als der religiöse Mittelpunkt des ganzen griechischen Volkes. Für die ganze Welt aber, den gemeinsamen Staat der Götter und Menschen, war der Herd in dem Hause des Zeus auf dem Olympos, wo das ewige Feuer brannte, das Heiligtum, der Hestia als der Trägerin der gesamten natürlichen und sittlichen Weltordnung.

Der griechischen Hestia entspricht fast ganz die römische *Vesta*. Bei den Römern aber war ihr Dienst, als der reinen

Herdgöttin des ganzen Staates, noch viel wichtiger als bei den Griechen und von ganz besonderer Heiligkeit. Der Vestatempel liegt ganz dicht neben der Regia, dem königlichen Hause, so daß der Herd des Tempels als der Herd der königlichen Wohnung betrachtet werden konnte; die Wohnung des Königs aber galt als der Mittelpunkt der Stadt und des Staates, der König selbst als der Vater der großen Staatsfamilie. Nach Vertreibung der Könige war die Regia Amtsgebäude des Pontifex Maximus, der die Aufsicht über den heiligen Herd des Staates und dessen Priesterinnen, die sechs *Vestalinnen*, hatte. Diese wohnten in einem Hause beim Vestatempel und hatten für die Erhaltung des heiligen Feuers zu sorgen; denn das Erlöschen der Flamme wurde für ein großes Unglück des Staates gehalten. Wenn ein solches Unglück eingetreten war, so wurde die Vestalin, durch deren Nachlässigkeit die Flamme erloschen war, hinter einem Vorhange stehend von dem Pontifex gepeitscht; die Flamme aber wurde nicht an solchem Feuer, das durch den menschlichen Gebrauch verunreinigt war, wieder erneuert, sondern mußte durch Bohren oder Reiben eines Brettes neu erzeugt oder durch Brennspiegel vom Himmel herabgeholt werden. Die Vestalinnen, die dem heiligen Dienste der hehren Jungfrau gewidmeten Jungfrauen, standen in sehr hohem Ansehen, waren aber, um in ihrer Person die erhabene Reinheit der Göttin selbst darzustellen, sehr strengen Gesetzen unterworfen und mußten mit der größten Gewissenhaftigkeit ihres Dienstes warten. Wenn eine Vestalin sich heimlich vermählte, so wurde sie auf dem sogenannten Frevelfelde lebendig begraben. Im Tempel der Vesta befand sich kein Bild der Göttin, die reine Flamme sollte das Bild der reinen Göttin sein; dagegen glaubte man, daß im Innersten des Tempels die Bilder der Staatspenaten verwahrt würden, die aber allein den Vestalinnen und dem Pontifex bekannt seien. Jährlich am 9. Juli feierte man der Vesta die *Vestalien*, ein Fest, das auch in der spätern Zeit in seinen Gebräuchen noch den Charakter altertümlicher Einfachheit hatte. Man setzte der Göttin Speisen auf den Herd und führte Esel, die zum Drehen der Mühlen dienten, mit Kränzen geschmückt und mit Broten behangen, zu dem Tempel der Vesta, zum Zeichen, daß sie der Familie die tägliche Speise verleihe. Brot, Salz, Gemüse, Fische, die einfachsten Lebensmittel, waren ihr heilig. – Statuen der Hestia waren, wie schon bemerkt, selten; erhalten davon ist wohl keine. Denn die oft als Hestia angesehene Statue der Sammlung Giustiniani, jetzt im Museo Torlonia in Rom (gewöhnlich noch Hestia Giustiniani genannt) kann als Hestia nicht erwiesen werden.

An die Hauptgötter des Olympos reihen wir noch eine Anzahl von Göttern niederen Ranges, die sich jenen teils als dienende Gottheiten des Olympos anschließen, teils als Wesen, in denen sich eine besondere Seite eines olympischen Gottes entfaltet und verselbständigt hat, wie die Schicksalsgottheiten, die Gottheiten der Witterung u.a.

13. Moira (Parca, Parze)

Das Wort »*Moira*« bedeutet zunächst den Teil, den bestimmten Teil, weiter den dem Menschen bestimmten Teil des Lebens, seine Lebensdauer und das im Leben zugeteilte Geschick, sowie den dem Lebenden zugeteilten Tod. Dieser Begriff ist zu einer Schicksalsgöttin *Moira* (die Zuteilerin) personifiziert worden. Bei Homer ist die Personifikation noch nicht völlig durchgedrungen; der Ausdruck schwankt zwischen dem abstrakten »Anteil« und persönlich gedachter Gottheit und bezeichnet die dunkle Macht des Verhängnisses, über deren Verhältnis zu Zeus, dem weltregierenden Gotte, oben gesprochen worden ist. An einer Stelle bei Homer aber sind die *Moiren* schon in der Mehrzahl genannt und an einer zweiten Stelle werden diese mit dem Namen *Klothes*, die »Spinnerinnen«, bezeichnet als die Wesen, die dem Menschen das Lebenslos »zuspinnen«, ein Ausdruck, der übrigens bei Homer auch von Zeus und den Göttern überhaupt gebraucht wird, insofern sie die Geschicke der Menschen bestimmen. Namen, Zahl und Abstammung der Moiren sowie ihre Attribute sind aber bei Homer noch nicht festgestellt; erst bei den späteren Dichtern hat sich jene dunkle Macht der Moira entfaltet und zu einer Dreizahl lebendiger Gestalten entwickelt. Hesiod nennt zuerst ihre Namen: *Klotho*, die »Spinnerin«, *Lachesis*, die »Loserin« und *Atropos*, die »Unabwendbare«. Sie sind die Gottheiten menschlicher Lebensdauer und menschlicher Geschicke oder nach einer allgemeineren Auffassung erhabene Wesen, die – nach einem Ausdrucke des Aischylos – das Steuer der Notwendigkeit führen, die über der gesamten Ordnung der Welt walten und mächtiger sind als Götter und Menschen; als Zeichen ihrer Macht und Würde halten sie Stäbe und Zepter in den Händen. Die Angaben über ihre Abstammung

Moiren auf einem Puteal aus Madrid. Links Klotho mit dem Spinnrocken in der Linken und der Spindel in der gesenkten Rechten (jetzt zerstört). Lachesis mit einem Bündel von drei Lostäfelchen, deren eines sie mit abgewandtem Gesicht herauszieht. Rechts Atropos, deren Attribute zerstört sind.

sind bei den verschiedenen Schriftstellern ganz verschieden. Bei Hesiod werden sie die Töchter der Nacht genannt, die Schwestern der Keren. An einer andern Stelle desselben Dichters aber heißen sie Töchter des Zeus und der Themis, »von Zeus ausnehmender Ehren gewürdigt, die den sterblichen Menschen austeilen Gutes und Böses.« In dieser Form leiten sie von dem Begriff eines unabwendbaren und unbegreiflichen Geschickes hinüber zu dem Begriffe der Vorsehung; sie sind nunmehr als Göttinnen der menschlichen Schicksale abhängig von ihrem Vater Zeus, der nicht nach Willkür, sondern nach bestimmten, in seinem Geiste begründeten Gesetzen über dem Menschenleben waltet. Die Horen, die das Walten des Zeus in der Natur darstellen, sind ihre Schwestern.

Die Namen und Attribute der Moiren bezeichnen die Vorstellungen, die man mit den Schicksalsmächten verband. *Klotho* heißt die Spinnerin und erscheint mit der Spindel dargestellt; aus formloser Masse spinnt sie den einzelnen Faden in das Dasein hinaus und bildet und bestimmt so das Schicksal des einzelnen Menschen. Man hat in späterer Zeit dieses Bild des Spinnens weiter ausgedehnt, so daß sich auch die beiden andern Moiren an dem Werke beteiligen; während Klotho spinnt, hält Lachesis den Faden und Atropos, die Unabwendbare, schneidet ihn mit der Schere unerbittlich ab. Diese Verteilung der Tätigkeit auf die drei Schwestern ist unseren Gebildeten geläufig, z. B. aus Thumanns bekanntem Bilde, war es aber den Griechen der *klassischen* Zeit nicht. Das einfache Bild der Spinnerin war hinreichend zur Versinnlichung des Schicksalsbegriffs, so daß schon die ihr gegenüberstehende, den Faden zerschneidende Atropos etwas störend eingreift; für *Lachesis* aber hatte man Mühe, überhaupt noch eine Stelle bei dem Werke aufzufinden. Ihr lag auch ursprünglich, wie ihr Name zeigt, eine andere Vorstellung als die des Spinnens zugrunde; sie zieht das *Los* und insofern im Lose der Zufall waltet, erscheint durch sie das

Geschick, das von anderer Seite als fest und unabwendbar gedacht wird, als blind und zufällig. Was so nun einmal durch die beiden Schwestern bestimmt ist, das trägt *Atropos* als unabwendbar in Schicksalsbücher ein; sie wird dargestellt mit dem Griffel und einer Rolle. Übrigens gibt es auch Darstellungen anderer Art. Wir besprechen sie nicht weiter, weil sie sämtlich später Zeit angehören; die klassische griechische Zeit hatte wenig Bilder der Moiren und oft bildlosen Dienst der Göttinnen, z. B. in Korinth, Olympia, Theben. Daraus darf man aber nicht schließen, daß die Moiren dem griechischen Volke fern gestanden hätten. Im Gegenteil wurzelten sie so tief in seinem Bewußtsein, daß sie trotz dem Siege des Christentums noch heute vom Volke in Griechenland als waltend gedacht werden so wie die ihnen ähnliche Tyche (Schicksalsgöttin).

Bei den Dichtern kommt noch *Aisa* als Personifikation der Schicksalsmacht vor, die mit den Moiren bei der Geburt den Schicksalsfaden zuspinnt. Ihr Name hat wohl gleiche Bedeutung mit Moira; sie ist aber viel mehr als diese eine bloße Personifikation ohne Leben geblieben. Auch *Heimarmene* und *Pepromene*, Namen, die beide das »Verhängte« bezeichnen (eigentlich: *die* verhängte; es ist Moira zu ergänzen), sind blasse Abstraktionen, wie auch das lateinische *Fatum*. Dieses heißt wörtlich das »Gesprochene« und bedeutet den ausgesprochenen Götterwillen teils als fest bestimmtes unwiderrufliches Verhängnis, teils als gutes wie schlimmes Lebenslos und als Lebensziel, den Tod; wie drei Moiren, so kommen auch *tria Fata* vor. Die römische *Parca, Parze* und in der Mehrheit die *Parzen* entsprechen der Moira und den Moiren der Griechen.

Neben Moira und den Moiren treten in homerischer Zeit nur noch in gewisser Beziehung die Erinyen als lebendig gestaltete Schicksalsmächte auf; die Vorstellung der übrigen Schicksalsgottheiten sind erst später entstanden, so die der

175

14. Tyche (Fortuna)

Tyche ist die Göttin des Zufalls und des Glückes, das im Wechsel der Geschicke dem Menschen zufällt. Als Bezeichnung einer Person kommt der Name zuerst bei Hesiod in der Aufzählung der Töchter des Okeanos und der Tethys vor. Pindar nennt Tyche die mächtigste der Moiren, eine Tochter des Zeus, die ein zwiefaches Steuerruder, das des Glückes und des Unglückes, führt nach ihrem Gutdünken, während die Hoffnungen der Menschen ohne sicheres Zeichen über ihre Absichten den Schiffen gleich auf- und abfahren auf den Wellen des Trugs. Besonders aber ist Tyche doch eine *Geberin des Glückes* für den einzelnen wie für ganze Staaten, und als solche trägt sie das Horn der Amaltheia, das Symbol reicher Glücksgaben, oder den Knaben *Plutos*, den Reichtum, im Arme und heißt die »gute Tyche«, das »gute Geschick.« Durch sie, sagt Pindar, werden die schnellen Schiffe, die die Güter der Menschen tragen, durch das unsichere Meer gelenkt, auf dem Lande leitet sie den stürmischen Krieg und die beratenden Versammlungen der Bürger; so wird sie, die würdige Tochter des »befreienden« Zeus, den Städten, denen sie wohlwill, eine Göttin der Rettung und des Glückes. Als solche verehrten sie besonders die Bürger; in der späteren hellenistischen und römischen Zeit hatten die einzelnen Städte ihre besonderen Tychen, die in weiblicher Form den Daimonen oder Genien der Örter entsprachen.

Bei den Römern war der Dienst der *Fortuna*, die mit Tyche zusammenfällt, alt und sehr ausgedehnt. Servius Tullius, der als Sohn einer Sklavin durch ihre Huld auf den Königsthron gelangt war, sollte ihren Kultus eingesetzt und ihr mehrere Tempel geweiht haben. Sie wurde in den verschiedenartigsten Beziehungen unter allerlei Namen verehrt, als Göttin des Zufalls,

Fors Fortuna, der Jungfrauen *(Virginalis)*, der Frauen *(Mulie-bris)*, der Männer *(Virilis)*, als die Holde *(Blanda)*, die Gute *(Bona)*, die Böse *(Mala)*, die Zweifelhafte *(Dubia)*, die Bestän-dige *(Stata)*, als die Geleiterin auf Reisen *(Comes)* usw. – Ne-ben einer Statue der Bona Fortuna auf dem Capitolium stand eine Bildsäule des *Bonus Eventus*, des »guten Erfolgs«. Auch die *Felicitas*, das wirkliche »Glück«, die »Glückseligkeit«, hatte einen Tempel in Rom.

15. Daimonen und Genien

Bei Homer heßt Gott entweder *theós*, und dies ist das gewöhnliche Wort für Gott, oder *daimon*. Beide Wörter bezeichnen nicht verschiedenartige Wesen, sondern derselbe Gott kann Theos oder Daimon heißen. Wenn man einen Unterschied zwischen beiden Namen finden will, so würde Theos den Gott für sich in seiner seligen Ruhe und Abgeschiedenheit von der Menschenwelt bedeuten; Daimon aber heißt er in Beziehung auf den Menschen, insofern er auf dessen Schicksal wohltätig oder verderblich, gütig und fördernd oder schreckend einwirkt. Aber es gab auch eine besondere Klasse göttlicher Wesen, die man Daimonen nannte. So heißt es schon bei Hesiod in dem Gedichte »Werke und Tage«, die Menschen des goldenen Zeitalters seien nach ihrem Tode auf den Ratschluß des Zeus gute überirdische Daimonen geworden, Wächter der Menschen und Spender des Reichtums, die des silbernen Zeitalters aber unterirdische selige Sterbliche von niedrigerem Range als jene überirdischen Daimonen. Recht ausgebildet haben die Lehre von den Daimonen erst die Philosophen. Wie man die Heroen als höhere Wesen verehrte, so stellte man in die Mitte zwischen Götter und Heroen als eine besondere Klasse von göttlichen Wesen die Daimonen. Es ist schwer oder unmöglich, eine ganz deutliche und einheitliche Erklärung dieser Daimonen zu geben.

Denn auch die Griechen selbst hatten keine ganz bestimmte Vorstellung von ihnen; die Lehren der Philosophen kreuzten und mischten sich mit denen des Volkes, die nicht immer ganz scharf durchdacht gewesen sein mögen; sicher spielen hier wohl uralte Ideen aus dem Toten- und Heroenkulte, ja vielleicht sogar asiatische, namentlich babylonische Gedanken herein. Bald ist Daimon das unentrinnbare Menschenschicksal, bald ist der

Verstorbene Daimon, bald hat jeder Lebende einen Daimon als Schutzgeist. Bei Plato tragen die Daimonen die Bitten und Gebete der Menschen hinauf zu den Göttern und bringen der Götter Befehle und Gaben zur Erde nieder. Es wird ihnen also hier eine ähnliche Tätigkeit und Stellung zugeschrieben, wie den Engeln im christlichen Himmel oder den katholischen Heiligen. Man glaubte sich von unsichtbaren Daimonen umgeben und schrieb ihnen das jedem zu teil werdende Glück und Unglück zu; und nach diesen zwei Seiten hin teilte man sie dann wieder in gute und böse Daimonen und nahm neben wohlwollenden Schutzgeistern auch Rache- und Plagegeister an, die den einzelnen und ganze Geschlechter verfolgen und ins Unheil stürzen. Auch die guten Daimonen waren nicht bloß Schutzgeister für einzelne, sondern für ganze Geschlechter, für Städte und Länder, und dazu eigneten sich vor allen die Geister einzelner Landesheroen. An vielen Orten verehrte man einen besonderen *Agathodaimon* (Bonus Eventus), einen »guten Geist« teils als Schutzgott der Stadt, teils als einen Spender ländlichen Segens; beim Weingenuß des Mahles brachte man ihm eine fromme Spende. Bekannt ist auch das Daimonion des Sokrates, eine innere Stimme, die ihn vor unrechten Taten warnte. So glaubte man auch, bei der Geburt werde jedem Menschen sein Daimon oder ein guter, schützender und ein böser, schädlicher Daimon für das Leben mitgegeben. – Die Juden und Christen haben später alle heidnischen Götter für Daimonen erklärt und zwar für böse Daimonen, Teufel.

In Italien finden wir ähnliche Vorstellungen wie die von den Daimonen in dem Glauben an den Genius. Die Genien waren eigentlich die Götter der Lebenserzeugung. Jeder Mann hatte seinen Genius (die Frauen dagegen eine Juno, die als Juno Lucina auch eine Geburtsgöttin ist); dieser ist gewissermaßen ein anderes Ich, »der Charakter des Menschen, aus ihm herausgestellt und zum Gotte gemacht.« Der Geburtstag des Menschen war ein Festtag für dessen Genius; man brachte ihm alsdann Weihopfer, Kuchen, Wein und Blumen als Opfergaben dar und überließ sich ihm zu Ehren einer fröhlichen Laune. Denn dadurch, daß man sich das Leben erheiterte und durch weisen Genuß verlängerte, lebte man seinem Genius zu Gefallen; wer sich das Leben verkümmerte, beleidigte seinen Genius. Man erkennt, wie nahe der Glaube an den römischen Genius mit derjenigen griechischen Anschauung verwandt ist, die einen rein persönlichen Daimon annimmt; und darum wurden Genien und Daimonen manchmal auch für völlig gleichbedeutend erklärt. Beide Male ist die Unterscheidung von Genius und Seele für uns nicht leicht. Der römische Genius war vorzugsweise der gute Geist des Menschen, doch sprach man nach dem Vorgange der Griechen auch von bösen Genien. Schließlich hatte jedes Haus, jede Familie und Genossenschaft, hatten Städte, Länder und Völker ihren Genius; auch dem Meere, der Erde und der gesamten Welt gab man zuletzt einen solchen. Die Genien oder Daimonen der Örter bildete man gewöhnlich in Gestalt von Schlangen, die vorgesetzte Früchte verzehren. Der Genius der Menschen dagegen wurde dargestellt als ein Mensch (manchmal porträtähnlich) in der Toga mit verhülltem Hinterhaupte, Schale und Füllhorn in den Händen; auch sieht man häufig Genien in Gestalt von geflügelten Knaben, ähnlich den Eroten.

16. Nemesis, Themis und Dike

Es möge genügen, diese drei Göttinnen kurz zu erwähnen, da sie nach der Übersetzung ihrer Namen ohne weiteres in ihrem Wesen verständlich sind, und da sie sich von einer bloßen Personifikation eines Begriffs nur wenig zu wirklichen Götterwesen erhoben haben.

Nemesis bedeutet im allgemeinen Verteilung und im besonderen Sinne Zuteilung des Gebührenden nach dem sittlichen Rechtsgefühl, sowie den Anmut und die Entrüstung über Unrecht, Ungebührliches und Unschickliches, weshalb man bei den Dichtern Nemesis öfter mit *Aidos*, der »Scham«, zusammengenannt findet. Vorzugsweise besteht das Gerechtigkeit fördernde Wesen der Nemesis in der Wiederherstellung des Gleichgewichtes in der sittlichen Welt, wenn dieses durch Übermut und Frevel der Menschen gestört worden ist; sie ist eine strafende und rächende Göttin, die durch schweres Mißgeschick den sich überhebenden Sünder mit gewaltiger Hand und schonungslos niederwirft, ein Amt, das sonst auch Zeus, der höchste Vertreter der Sittlichkeit, selber übt. Auch wo ein Sterblicher mit allzureichem Glücke überhäuft ist, da tritt plötzlich die Nemesis ein mit herbem Verluste und schwerem Verhängnisse, damit das Gleichgewicht zwischen Glück und Unglück wieder hergestellt wurde und der Mensch erkenne, daß er ein Sterblicher ist.

Themis kommt schon bei Homer, obgleich noch unentwikkelt, als Gottheit vor. Ihr Name bedeutet »Satzung«; sie bezeichnet das Gesetz und die Ordnung, die Zeus in der Welt durchgeführt hat, in der Natur wie im Menschenleben. Bei Homer wird eine Götterversammlung, auf Erden werden die Volksversammlungen, in denen durch kluge Beratung Ordnung und Gesetz

181

begründet und gehandhabt wird, durch sie zusammenberufen und wieder aufgelöst. Weil die Satzungen des Zeus durch die Orakel verkündet wurden, ward Themis auch eine weissagende Göttin; das delphische Orakel sollte zuerst Ge, dann Themis und nach ihr Apollon besessen haben.

Dike bedeutet Gerechtigkeit; sie ist nach Hesiod eine Tochter des Zeus und der Themis, eine der Horen, »die in Obhut nehmen die Werke der sterblichen Menschen.« Sie wacht, daß die Satzungen des Zeus und der Themis nicht verletzt werden, sie ist Schützerin des Rechts und der Gerichte, eine Feindin des Trugs; wenn ein Richter das Recht beugt, so naht sie klagend dem Throne des Zeus. Sie ist »der sichere Grund des Staates«, wie Pindar sie nennt; ihr Walten bringt Ruhe und Frieden und Gesetzmäßigkeit.

17. Nike (Victoria)

Nike, die Siegesgöttin, ist ebenso wie die vorgenannten Göttinnen ohne weiteres verständlich; nur muß bemerkt werden, daß
sie nicht den Sieg selbst bedeutet, sondern ihn von den oberen
Göttern des Olympos überbringt. Wir erwähnen sie besonders
deshalb, weil sie in der Geschichte der griechischen Kunst oft
begegnet. Sie wird nämlich nicht selten dargestellt und zwar
zunächst mit denjenigen Gottheiten zusammen, die den Sieg
verleihen; die beiden großen chryselephantinen (goldelfenbeinernen) Statuen von Pheidias, der Zeus in Olympia und die
Athena Parthenos auf der Akropolis in Athen, trugen eine Nike
auf der einen Hand. Athena selbst hieß Athena Nike und hatte
als solche auf der Akropolis neben den Propyläen einen zierlichen Tempel, der heute aus seinen Trümmern wieder aufgebaut ist. Diese Athena Nike ist ungeflügelt (dies bedeutet ihr
Name Apteros); Nike selbst, die Überbringerin des Siegs, wurde
immer geflügelt gebildet. Vom Olympos herabfliegend war sie
in Olympia von Paionios von Mende dargestellt. Diese Statue
ist bei den deutschen Ausgrabungen wiedergefunden worden
und zeigt, wie meisterhaft der Künstler die schwierige Aufgabe,
das Fliegen eines Menschen darzustellen, gelöst hat. Eine andere berühmte Nike, jetzt ein Prachtstück des Louvremuseums
in Paris, ist die von Samothrake, die, auf ein Schiffsdeck hintretend, mit Trompetenstoß einen Seesieg verkündet; der Seewind
wühlt in ihrem Gewande, das dem Künstler ganz besonders
trefflich gelungen ist. – Wie die Eroten, so wurden auch die
Niken in der Mehrzahl dargestellt.

18. Die Musen

Die Musen sind nach Hesiod die Töchter des Zeus und der Mnemosyne; andere Schriftsteller nennen auch andere Götter ihre Eltern; so erscheint z. B. Apollon, »der Musenführer«, als ihr Vater. Das Wort *mnemosyne* bedeutet gewöhnlich Gedächtnis. Die Musen sind also Kinder einer Geisteskraft und das Wort *musa* selbst bedeutet entweder das Produkt der Geisteskraft (Lied, Gesang, Musik, Wissenschaft, Bildung) oder die Fähigkeit zu solchen Produkten, die dann bald als eine Person gefaßt wurde.

Man muß annehmen, daß es ursprünglich nur *eine* Muse gab, eben die Personifikation des geistigen Strebens. Später vermehrte man die Zahl und schon früh bildete sich die *Neunzahl* heraus, an der die spätere Literatur und Kunst immer festhielt. In die Zeit des Überganges von einer Anschauung zur anderen gehören die homerischen Gedichte.

Homer ruft bald *eine* Muse an, bald nennt er sie in der Mehrheit; nur an einer Stelle, die aber schon von den Alten für jünger angesehen wurde als die übrigen homerischen Gesänge, wird die Neunzahl genannt, jedoch ohne die einzelnen Namen. Im ganzen ist die Vorstellung von den Musen bei Homer noch wenig entwickelt. Doch treten sie bei ihm schon auf als die Sängerinnen bei den Mahlen der Götter unter Führung des Apollon; die Dichter sind ihre Söhne und Lieblinge, denen sie ihre Gabe des Gesanges verleihen und den Stoff ihrer Lieder in die Seele legen.

Hesiod nennt zuerst die Namen der neun Musen: Kleio, Euterpe, Thaleia, Melpomene, Terpsichore, Erato, Polymnia, Uranie, Kalliope. Die letzte trägt den Zusatz: »sie aber ist die vorzüglichste von allen«, und Kalliope ist auch auf der ältesten erhaltenen Darstellung der Musen, einem Bilde der nach ihrem Entdecker genannten Françoisvase in Florenz besonders ausgezeichnet. Man hat in dieser Hervorhebung einer Anführerin der Musen wohl mit Recht eine Erinnerung an die ursprünglich *eine* Muse gesehen.

Bei der Betrachtung der Musen, die uns Hesiod nennt, muß man noch ganz absehen von den Begriffsbestimmungen der späteren Zeit, in der die musische Kunst ihre verschiedenartigen Zweige schon zu völliger Entwicklung hervorgetrieben hat. Während sich nämlich die Späteren mühen, jeder Muse eine bestimmte Tätigkeit zuzuschreiben, haben die neun Musen Hesiods noch ganz eine allgemeine Bedeutung, die eines singenden und tanzenden Chores. Ihre Namen lassen sich ungefähr so übersetzen: *Kleio* ist die »Ruhmverkünderin«, die durch das Heldenlied die Taten der Vorzeit preist. *Euterpe* ist die »Erfreuerin«. *Thaleia*, die »Blühende«, erinnert durch ihren Namen an die blühende Festesfreude des Mahles, wobei die Weihe des Gesanges nicht fehlen durfte. *Melpomene* heißt einfach »Sängerin«. Mit dem Gesange aber verband man den Chortanz, in dem sich die durch den Gesang angeregte Lebenslust erst recht ausdrückte; ihn vertritt *Terpsichore*, die »Reigenfrohe«. Es folgen *Erato*, die »Liebliche«, *Pol(yh)ymnia*, die »Hymnenreiche«, *Uranie*, die »Himmlische«, deren Name am wenigsten Bezug auf den Gesang oder überhaupt auf Geistesgaben hat und *Kalliope*, die»Schönstimmige«, »die ausgezeichnetste von allen, die im Gefolge ehrwürdiger Könige geht.«

Der Chor der Musen hat auf dem Olympos seine Wohnungen und seine Tanzplätze, und neben ihnen wohnen die Chariten und Himeros. Aber sie weilen auch gerne auf ihrem heiligen Berge *Helikon;* da baden sie in dem schattigen Quell *Hippukrene,* tanzen liebliche Reigen und wandeln ungesehen in der Nacht umher durch Täler und Höhen, in schönstimmigem Gesange den Zeus und die Hera und alle Götter zumal preisend. Oder sie ziehen im Chore hinauf zum Olympos in das Haus

185

ihres Vaters und dort ertönen bei freudigen Gelagen ihre Stimmen zum Reigentanze. Dann hallt das weite Haus und die Häupter des Olympos freudig wider und an dem herrlichen Gesange ergötzt sich das Herz des großen Zeus. Sie singen Gegenwärtiges und Künftiges und das Vergangene, sie verherrlichen die Gesetze des Alls und die Sitten und Bräuche der Himmlischen; von den Göttern singen sie, die von Ge und Uranos stammen, von den Titanen, die Zeus bezwang, von Zeus, dem Vater der Götter und Menschen, auch von dem Geschlechte der Menschen und den gewaltigen Giganten. – Wie von Zeus die Könige, so stammen von den Musen und Apollon die Sänger und Kitharaspieler. Glücklich der Sterbliche, den die Musen lieben; süßer Sang strömt ihm vom Munde, und wo irgend ein Mensch Leid im bekümmerten Herzen trägt, sobald er des Sängers Lieder hört von den ruhmreichen Taten der Vorzeit und von den seligen Göttern, alsbald zerstreut sich ihm der Kummer und er vergißt sein Leid. Auch den *Hesiodos* liebten die Musen. Als er einst an den Abhängen des Helikon seine Schafe weidete, kamen sie zu ihm heran und hießen ihn, sich als Sängerstab einen Lorbeerzweig brechen und hauchten ihm den göttlichen Gesang ein. *Thamyris* aber, der thrakische Sänger, der sich vermaß, mit ihnen im Gesange zu wetteifern, ward von ihnen des Gesanges beraubt und mit Blindheit bestraft. Nach einer später erzählten Sage ließen sich nicht mit besserem Glücke auch die *Pieriden* mit den Musen in einen Wettstreit ein. Pieros, ein König in Makedonien, hatte neun Töchter, denen er die Namen der neun Musen gab. Diese kamen nach Thespiai am Helikon und forderten die Musen, um ihnen ihre Verehrung streitig zu machen, zu einem Wettkampfe auf. Sie wurden besiegt und zur Strafe in schreiende Elstern verwandelt. Pieriden ist übrigens auch ein Beiname der Musen selbst, den sie von der Landschaft Pierien in Makedonien am Fuße des Olympos erhielten. Vielleicht hat eine Eifersucht zwischen den Musenverehrern am Helikon und denen am Olympos die Sage veranlaßt.

Wie schon oben angedeutet, erhielten die einzelnen Musen später eine bestimmtere Charakterisierung und je nach den verschiedenen ihnen zugewiesenen Gattungen der Poesie eine mehr abgegrenzte Bedeutung und Wirksamkeit sowie eigentümliche Attribute. Doch ist dabei festzuhalten, daß es sehr lange gedauert hat, bis die einzelnen Tätigkeiten der Musen festgestellt wurden. Sehr oft kann man in der alten Literatur und Kunst Abweichungen von der im folgenden gegebenen Aufstellung finden; je nach Belieben teilten die Schriftsteller, Bildhauer und Maler der einen Muse die, der andern jene Eigenschaft zu. – *Polyhymnia* vertritt den Gesang, manchmal speziell die Hymnenpoesie, später aber den Pantomimus, jene bei den Alten so sehr beliebte Bühnendarstellung, bei der die Handlung nicht durch Worte, sondern durch Gesten angedeutet wurde. Sie ist ohne Attribut und tief in ihr Gewand gehüllt. *Urania*, die »Himmlische«, mit dem Attribute der Himmelskugel, bedeutet eine bei den Alten sehr verbreitete, uns noch ganz fehlende Gattung der Poesie, die des astronomischen Gedichts, das die Vorgänge am Himmel nicht im trocknen Lehrtone, sondern in anmutig dichterischer Sprache darstellt; später ist sie die Muse der Sternkunde überhaupt. Der »Erfreuerin« *Euterpe* gab man die Flöte als Attribut; die Flötenmusik vergegenwärtigte den Alten in der Musik am meisten den frohen Genuß. *Terpsichore* ist anfangs die Muse des gesetzmäßig ernsten Chortanzes, eine erhabene Gestalt von großartiger Einfachheit und Ruhe, im langen Chorgewande mit der schweren, unserer Harfe ähnlichen Kithara; in der Rechten hält sie das Plektron, das Stäbchen, mit dem die Saiten geschlagen werden. Später aber erhält sie als Muse der lyrischen Dichtung die Lyra oder Laute. Diese war lange der *Erato* als der Muse heiteren anmutigen Scherzes, an dem die Liebe den vorzüglichsten Anteil hat, eigen gewesen; später aber trägt Erato die Kithara. *Kalliope*, die Göttin der »schönen Stimme«, wird die Muse des epischen Gesanges; ihre Attribute sind eine Buchrolle oder auch wächserne Schreibtäfelchen mit dem Stilus, dem Schreibgriffel. *Kleio* (Clio) hat man zur Muse der Geschichte gemacht und also über das Gebiet der Poesie hinausgeführt; sie hat die ernste Aufgabe erhalten, den Tatenruhm der Vorzeit und alles Geschehene prüfend zu betrachten und für die Nachwelt aufzuzeichnen. Ihr Attribut ist die Buchrolle. *Melpomene* ist die Muse der Tragödie; die heitere *Thaleia* (Thalia), geboren in der Mitte froher Gelage, vertritt die andere Seite der dramatischen Poesie, die Komödie. Bekanntlich trugen die griechischen Schauspieler auf der Bühne Masken erhabenen oder komischen Aussehens. Diese Masken bilden die Attribute der beiden Musen der theatralischen Dichtung, die tragische das der Melpomene, die komische das der Thaleia; außerdem trägt Melpomene wohl auch ein Schwert oder eine Keule, Thaleia einen Krummstab (Pedum, Hirtenstab), denn auch die heitere bukolische (d. i. Hirten-)Poesie gehört ihr an.

Die Verehrung der Musen ist aus alten Lokalkulten am Olympos und am Helikon in Boioticn nach Griechenland und der ganzen alten Welt verbreitet worden. Der Berg Helikon mit seinen Grotten und Hainen, mit seinen Quellen *Aganippe* und *Hippukrene* war den Musen heilig, ebenso der benachbarte Parnassos mit der an seinem Fuße sprudelnden *Kastalia*. Nach ihren Lieblingsaufenthalten hatten sie die Beinamen *Pieriden*, die *olympischen, helikonischen, parnassischen, kastalischen* Göttinnen. Die Verehrung an Quellen und in Grotten führt darauf, in den Musen ursprünglich Quellnymphen zu sehen. – Die Römer nahmen von den Griechen den Namen Muse und die neun hesiodeischen Einzelnamen an, sie gebrauchten aber auch den lateinischen Namen *Camenen*. *Camena* bezeichnete bei ihnen eine weissagende Quellnymphe. *Egeria*, die Nymphe des Quells Egeria in einem Haine bei Aricia nahe bei Rom, die den König Numa ihres Umgangs und ihrer Lehre würdigte, war eine solche Camene. *Carmenta* oder *Carmentis*, die Weissagerin, die man zur Mutter des Latium eingewanderten Euander machte, ist ihrem Namen nach gleich Camena.

19. Die Chariten (Gratiae, Grazien)

Wie bei den Musen, so müssen wir bei den Chariten statt der späteren Vielzahl eine ursprüngliche Einzelcharis annehmen, eine Göttin dessen, »worüber man sich freut.« Das besagt ihr Name. Aus der Einzelgöttin entwickelte sich später ein Zwei- oder, nach der Anschauung der meisten, ein Drei-Verein. Homer kennt, genau wie bei den Musen, teils eine Charis, die Gemahlin des Hephaistos, teils hat er eine Mehrzahl der Chariten, aber er nennt weder ihre Zahl noch, mit einer Ausnahme, ihre Namen. Wieder überliefert beides zuerst Hesiod; doch fin-

Chariten

det man nach ihm wiederum zahlreiche abweichende Angaben. Bei Hesiod und nach ihm oft in der Poesie sind die Chariten die Töchter des Zeus und der Eurynome und heißen *Euphrosyne*, die »Erfreuende«, *Thalia* die »Blühende« und *Aglaia*, die »Glänzende«. Dagegen kennt Homer eine Charitin Pasithea;

189

die Athener verehrten die Charitinnen Auxo, Thallo und Karpo, »Sprossen, Wachsen und Frucht«, oder Auxo, Thallo und Hegemone (»Führerin«), die Lakedaimonier nur zwei namens Klenna und Phene oder Kleta und Phaenna usw.

Man nimmt wohl mit Recht an, daß die Chariten ursprünglich Göttinnen des Erdsegens waren, die durch die Gaben der Natur die Menschen erfreuten. Darauf weisen z. B. die athenischen Namen. So wie die Pflanzen, so schützen sie aber auch die heranwachsenden Menschen und verleihen ihnen Anmut und erfreuenden Reiz. Das ist ihr wesentliches Gebiet. Sie verschönen den Menschen das Leben; alles, was lieblich und schön ist und das Herz erfreut, kommt aus ihrer Hand. Wo sich die Menschen zu Fest und Spiel, zu Tanz und Gelagen vereinen, da erscheinen sie leicht und frei und lösen die beengenden Bande; heitere glänzende Freude gießen sie aus, doch wehrt ihr sinnig ordnendes Walten der tobenden Lust. Ohne sie fehlt jeglichem Genusse die höhere Weihe, selbst die Götter, sagt Pindar, ziehen nie ohne der Chariten Geleit zu fröhlichem Reigen noch zu festlichem Mahle. Mit den Musen, die durch ihre Gesangeskunst die Freuden des Lebens erhöhen, verkehren die Chariten gern, sie wohnen neben ihnen auf dem Olympos und führen mit ihnen unter lieblichem Gesange den Reigen auf. Die Aphrodite umgeben sie freundlich als dienende Schar; sie baden und salben sie, schmücken sie zu den Festen der Liebe und erheitern sie durch Tanz und Spiel. Erst durch sie hat Aphrodite eine dauernde Macht; Schönheit ohne Anmut vermag nur auf kurze Zeit Liebe zu gewinnen. Auch die Kunst erhält erst durch die Anmut ihre wahre Weihe, und darum sind sie eben die Genossinnen der Musen, mit denen sie auf der Hochzeit des Kadmos die schönen Worte singen: »Was schön ist, ist lieb, was nicht schön ist, ist nicht lieb.« Darum war auch Charis die Gemahlin des Künstlers Hephaistos; die schönsten Werke heißen Werke der Chariten oder sind getaucht in den Born der Chariten. Mit Hermes sind sie befreundet, der namentlich durch die Gnade

anmutiger Rede seine schönsten Triumphe feiert. Deshalb ist
Peitho, die Überredung, oft in ihrer Mitte, ja diese wird sogar
selbst eine der Chariten genannt.

Den berühmtesten Kultus hatten die Chariten von uralter
Zeit her in dem boiotischen Orchomenos. Auch hier verehrte
man sie ursprünglich als Naturgottheiten; ihre Bilder waren
kunstlose Steine, die vom Himmel gefallen sein sollten. – Die
spätere Kunst stellte die Chariten gewöhnlich in der Dreizahl
vereinigt dar, in wechselseitiger anmutiger Umschlingung, ohne
Bekleidung, in mädchenhafter Unbefangenheit, blühender
Jungfräulichkeit, in schlanker vollendetster Gestalt mit freundli-
cher Gesichtsbildung.

20. Die Horen

Wie die Chariten, so waren auch die *Horen* Naturgöttinnen. Die Chariten nun haben sich, wie wir sahen, mehr dem Leben der Menschen zugewendet; die Horen aber, die schönlockigen blühenden, behielten ihre alte Naturbedeutung viel mehr bei. Doch stehen sich Chariten und Horen so nahe, daß schon das Altertum sie nicht immer recht zu scheiden vermochte. Die Horen sind die Göttinnen der Witterung und des wechselnden Zeitenlaufs, der Welle auf Welle dahingeht und jeglichem Dinge seine Erfüllung und Zeitigung bringt. Bei Homer sind sie die Dienerinnen des Zeus, die Hüterinnen des Olympos, die mit einer Wolke das Himmelstor öffnen und schließen und hierin offenbart sich am meisten noch ihre alte Naturbedeutung; durch den Wechsel der Witterung bringen sie der Pflanzenwelt Wachstum, Blüte und Frucht. Aber dieser Wechsel und Wandel der Witterung ist an Gesetzmäßigkeit und regelmäßig wiederkehrende Ordnung geknüpft, ohne die Erzeugnisse der Natur zu keinem Gedeihen gelangen. In der regelmäßigen Ordnung des Jahres-, nach späterer Auffassung auch der Tageszeiten offenbart sich am deutlichsten das Walten der Horen. Das Wort »Hora« bezeichnet überhaupt jeden begrenzten Zeitraum des Jahres, doch nicht wie das lateinische Wort *hora*, die Stunde, nur einen bloßen Zeitabschnitt, sondern es verbindet sich damit die Vorstellung dessen, was die Hora bringt. So waren auch in der späteren Zeit die göttlich, gestalteten Horen, als man bei ihnen schon zumeist an die sich regelmäßig folgenden Jahreszeiten dachte, nicht farblose leere Personifikationen dieser Zeitabschnitte, sondern diese Begriffe sind erfüllt mit der Vorstellung der einer jeden Jahreszeit eigentümlichen Witterungserscheinungen, besonders aber mit dem Gedanken an all die mannigfaltigen Erzeugnisse, die in ihrem Verlaufe erscheinen. Darum darf man aber nicht denken, daß die Horen nun immer eigentliche Göttinnen der Jahreszeiten gewesen seien. Wie irrig das ist, sieht man schon daraus, daß ihre Zahl ursprünglich gar nicht feststand. Später aber sind besonders Frühling und Herbst die rechten Zeiten der Horen. Im Frühlinge wecken sie das Leben in der Natur; dann öffnen sie, sagt Pindar, ihr duftiges Gemach und streuen über die Erde hin die lieblichen Veilchen und die Blüten der Rose. Im Herbste schütten sie den Menschen den reichen Segen der unter ihrem Walten gezeitigten Früchte aus. Sie sind heitere liebliche Göttinnen; im Frühlinge, der Zeit der Blüte und der Freude, spielen und singen und tanzen sie gern mit den Musen und Chariten und mit Aphrodite, der Freundin des Frühlings.

Wie nun die Horen im Naturleben eine feste Ordnung des Wachsens bedeuten, so bringen sie diese auch in das Leben und Treiben der Menschen. Dem Menschen sind sie freundlich und gnädig; sie vollführen ihm zur festgesetzten Zeit jegliches Werk, das er beginnt. Spät zwar kommen sie oft, sehnlich erwartet von den ungeduldigen Menschen, doch erscheinen sie endlich leisen Ganges mit zartem Fuße und immer bringen sie etwas Schönes und Liebes. Namentlich lieben sie die Jugend, wie sie den Frühling lieben. Die Götterkinder Hermes und Dionysos und auch die junge Hera haben sie gepflegt und mit ihren süßen Gaben genährt; und so sind sie auch die Nährerinnen und Wärterinnen der menschlichen Jugend.

Aus diesen Naturgottheiten, die sich zu Göttinnen der Ordnung entwickelt haben, wurden nun schließlich eigentlich sittliche Mächte, die Recht und Gesetz ordnen. Deswegen sind die Töchter des Zeus, von dem wie alle Witterung, so auch die gesamte Ordnung in der Natur ausgeht; ihre Mutter ist Themis, das Recht. Sie sind drei an der Zahl: *Eunomia*, die »Wohlgesetzliche«, *Dike*, die »Gerechtigkeit« und *Eirene*, »Friede«. Diese goldenen Kinder der wohl beratenden Themis, sagt Pindar, sind der sichere Grund der Staaten und den Männern die Schaffnerinnen des Reichtums. Die Dreizahl der Horen ist bei den Griechen vorherrschend und so aufzufassen wie der Dreiverein der Moiren und Chariten; freilich paßte dazu hier besonders, daß man in Griechenland auch gewöhnlich nur drei Jahreszeiten annahm, Frühling, Spätsommer oder Herbst und Winter; in späterer Zeit, als man das Jahr in vier Abschnitte teilte, werden auch vier Horen genannt. In Athen hat man von alters her nur zwei verehrt, die Frühlingshore *Thallo* (die »Blühende«), die die Pflanzen sprossen und blühen läßt und die Hore des Spätsommers *Karpo* (die »Fruchtbringende«), die die Früchte zur Reife bringt. Außer Athen genossen die Horen Verehrung zu Korinth, Argos, Olympia u. a. O. Die Kunst stellte sie dar als reizende jugendliche Gestalten entweder einzeln oder in Gemeinschaft, tanzend, mit Blumen und Früchten, später mit den Attributen der verschiedenen Jahreszeiten; sie sind (zum Unterschiede von den Chariten) meist in lange faltige Gewänder gehüllt. – Zu den Horen fügen wir noch die Blumengöttin der Römer, *Flora*, die bei diesen einen sehr alten Kultus hatte. Vom 28. April bis zum 3. Mai feierte man ihr die *Floralien*, ein Freudenfest, an dem man sich einem fröhlichen, ja ausgelassenen Lebensgenusse überließ.

21. Helios (Sol)

Helios, der strahlenprangende Sonnengott, der Bruder der Selene und der Eos, war nach Hesiod der Sohn des Titanen Hyperion, des »Gottes der Höhe«, und der Titanin Theia (die auch Euryphaëssa, die »Weithinleuchtende«, genannt wird), und heißt daher auch vorzugsweise *Titan.* Bei Homer aber wird er der Hyperionide genannt oder auch selbst *Hyperion;* dieser Name bezeichnet ja nur eine Eigenschaft des Sonnengottes, der hoch über allen andern Wesen des Himmels und über der Erde schreitet. Helios führt den glänzenden goldenen Sonnenwagen mit dem Viergespanne mutiger, Feuer schnaubender Rosse den Tag über am Himmel hin, ein starker jugendlicher Gott, der mit gewaltigem Arme die feurigen Rosse zu bändigen und zu lenken versteht; furchtbar leuchtet sein Blick, eine Strahlenkrone schmückt sein umlocktes Haupt und ein zartes leuchtendes Gewand umwallt seine Glieder. So erhebt er sich, ein unermüdlicher Gott, an jedem Morgen im Osten von den Ufern des Okeanos, um Göttern und Menschen sein allerfreuendes Licht zu bringen und am Abende steigt er im Westen an den Toren des Helios, dem Eingange der Finsternis, wieder in den Okeanos nieder und läßt die ermüdeten Pferde ausruhen. Bei Aischylos erhebt sich Helios am Morgen aus einem allnährenden See bei den Aithiopen am Okeanos. Später verlegte man dorthin eine strahlende Sonnenburg, die von Ovid in der unten erzählten Geschichte von Phaëthon dichterisch geschildert ist. Nach einer andern Vorstellung ist das Land *Aia* oder Aiaie im Osten, wo die sonnverbrannten Kolcher wohnen, beherrscht von *Aietes,* dem Sohne des Helios, der Ort, »wo die Strahlen des schnellen Helios liegen in goldenem Gemache an den Ufern des Okeanos«; und diesem östlichen Lande entsprach im Westen in der Gegend des Niedergangs das Sonneneiland Aia, auf dem Kirke wohnte, die Tochter des Helios. Sobald Helios, vorausverkündet von der rosigen Eos, sein feuriges Gespann über den Erdkreis herauführt, dann fliehen vor seinem Strahle die Sterne all in den Schoß der heiligen Nacht, dann röten sich die Höhen der Berge und empfangen das Licht des erwachenden Tages, das sich ringsum auf die Menschengeschlechter ergießt, während aus den Tälern süßer Duft aufsteigt. Und wenn er am Abende sich in den westlichen Okeanos senkt, aufgenommen in dem Schoße der Tethys, dann zieht er hinter sich her die schwarze *Nacht (Nyx)*, die mit ihren feuchten Schwingen sternenglänzend die weite Erde deckt; sie hat sich zum eigenen Untergange, sagt Sophokles, den Helios geboren, aber bringt ihn auch wieder zu sanfter Ruhe. Auch ihr gab man wohl ein Rossegespann, mit dem sie am Himmel hinzog, begleitet von der Schar der Sterne und der Scheibe des Mondes. Vom Westen nach Osten aber führte den Helios ein von Hephaistos gefertigter becherförmiger Kahn, der goldene Sonnenkahn, der Sonnenbecher, auf dem Okeanos um die nördliche Hälfte der Erde herum nach dem Osten zurück.

So erzählt der Mythos. Selbstverständlich ist das aber eben *bloß Mythos*. Die Griechen mögen in uralter Zeit diese Vorstellungen vom Sonnenumlauf wirklich für wahr genommen haben: daß man sie früh als falsch erkannte, zeigt die hohe Entwicklung der Astronomie im Altertume. In zweitausend Jahren wird man, wenn man unsere Geschichte vom Rotkäppchen liest, nicht behaupten dürfen: »die Deutschen glaubten im 20. Jahrhundert, Kinder könnten von Wölfen gefressen, aber dann noch lebend aus deren Leibe geholt werden«, sondern man wird sagen, daß die Deutschen ein solches *Märchen* hatten. So ist also auch die häufig gehörte Behauptung falsch: »Die alten Griechen stellten sich die Erde als eine Scheibe und den Himmel als eine Halbkugel dar, an der Helios fahre.« Sie wußten schon sehr früh, daß die Erde eine Kugel und die Sonne eine feurige Masse ist.

Auf *Thrinakia*, einer fabelhaften westlichen Insel, hatte Helios nach Homer »sieben Herden Rinder und gleichviel trefflicher Schafe, fünfzig in jeglicher Herde und niemals mehret sie Anwuchs, nie auch schwindet die Zahl.« Bewacht wurden sie von den Nymphen *Phaëthusa* und *Lampetie*, der »Glänzenden«, und der »Strahlenden«, den Töchtern des Helios und der *Neaira*, und Helios erfreute sich täglich an ihrem Anblicke. Schon die alten Gelehrten haben diese Herden des Helios richtig gedeutet; Aristoteles erklärte sie als die 350 Tage und Nächte des (Mond-)Jahres.

Der Morgen. Bild einer apulischen Vase.

Soweit ist Helios durchaus ein Sonnengott. Hieran knüpfte man, gemäß dem Wesen der Sonne, die Vorstellung von Helios als dem Spender des Wachstums, der Nahrung und alles Lebens; auch als Urheber der Jahreszeiten erscheint er. Besonders aber tritt die sittliche Seite bei ihm hervor. Helios, der hoch Wandelnde, dringt mit seinem Lichte überallhin, selbst in die verborgensten Orte, er sieht alles und weiß alles; wie geheim auch ein Verbrechen sei, *»die Sonne bringt es an den Tag«* und

197

führt die Bestrafung des Missetäters herbei. Darum rief man Helios besonders bei Beteuerungen und Schwüren an.

Vermählt war Helios mit der Okeanostochter *Perse* oder *Perseïs*, und aus dieser Ehe gingen die Zauberin *Kirke* und der Zauberer *Aietes*, der »Verderbensinnende«, wie Homer ihn nennt, hervor. Aietes aber verband sich mit *Idyia*, der »Wissenden«, ebenfalls einer Okeanide, und ihre Tochter ist die bekannte Zauberin *Medeia*, die »Sinnende«. Zur Erklärung dieser Verwandtschaftsverhältnisse hat man gesagt, daß Helios, wie jedes Wachstum, auch das der Giftpflanzen erzeuge und deshalb der Vater derer sei, die mit Gift den Sinn des Menschen bezaubern; oder daß die Kinder des allsehenden Helios eben deswegen besonders klug gewesen seien. Doch ist diese Deutung des verwandtschaftlichen Verhältnisses sehr zweifelhaft.

Die zerstörenden Wirkungen allzugroßer Sonnenglut, die man hier und da auf der Erde sah, vergegenwärtigte man sich besonders in dem Mythos von *Phaëthon,* den wir nach Ovid erzählen:

Phaëthon war der Sohn des Helios. Seine Mutter war Klymene, und bei ihr war Phaëthon im Lande der östlichen Aithiopen zu einem stattlichen Jünglinge aufgewachsen. Einst verlachte ihn Epaphos, der Sohn des Zeus und der Jo, und erhob Zweifel an seiner göttlichen Abkunft. Voll Scham und Zorn eilte Phaëthon zu seiner Mutter Klymene, warf sich an ihre Brust und klagte ihr die Kränkung. Diese schwur es ihm, daß er der Sohn des Helios sei und gestattete ihm, in dessen nicht allzuweit entferntes Haus zu gehen, um den Vater selbst zu befragen. Sogleich eilte der Jüngling durch das Land der Aithiopen und der Inder zum Aufgange der Sonne. Als er hier ankam, fand er auf ragender Höh' die glänzende Sonnenburg, von hohen Säulengängen umgeben, strahlend im Feuerglanze von Gold und Karfunkel. Das Dach war mit schimmerndem Elfenbein gedeckt und die Flügel des Doppeltores strahlten in Silberglanz; Hephaistos selbst, der kunstreiche Schmiedegott, hatte sie mit kostbaren Bildern geschmückt. Als Phaëthon durch die prächtigen Pforten eintrat, suchte er sogleich das Antlitz des Vaters; aber er blieb von ferne stehen, denn er vermochte das strahlende Licht nicht in der Nähe zu schauen.

Erst als Helios ihn freundlich anredete, bat er ihn um ein Unterpfand, mit dem er seine Abkunft von ihm unzweifelhaft dartun könne. Da nahm Phöbus die blitzende Strahlenkrone, die des Sohnes Auge blendete, vom Haupte, rief ihn zu sich

Der Morgen. Bild einer ampulischen Vase.

heran und bestätigte ihm, Klymene habe die Wahrheit gesagt; und damit er nicht lange zweifele, schwur er, ihm eine Bitte zu erfüllen. Kaum hatte Phöbus die Worte gesprochen, da erbat sich Phaëthon, der Vater möge ihm auf *einen* Tag die Lenkung des Sonnenwagens überlassen.

Phöbus erschrak und bereute seinen Schwur; dann riet er dem Sohne ab. »Dein Begehren ist mit großer Gefahr verbunden, es ist für deine jugendlichen Kräfte zu groß; du bist sterblich, aber was du wünschst, ist ein Werk für Unsterbliche, ja, nicht einmal für diese. Keiner außer mir vermag fest auf der feuertragenden Achse zu stehen, selbst der König des Olympos, der in seiner furchtbaren Rechten die wilden Blitze schwingt, möchte diesen Wagen nicht lenken. Der Weg, den mein Wagen zu machen hat, ist anfangs steil, so daß ihn die Rosse kaum in der Frühe mit frischen Kräften erklimmen können; mitten am Himmelsgewölbe ist er furchtbar hoch und mit bebender Angst schaue selbst ich oft hinab auf Erde und Meer; gegen Abend rollt der Wagen auf abschüssiger Bahn dem Meere zu und ohne meine sichere Leitung würde er zerschmettert in die Tiefe stürzen.« So warnt der Vater den Sohn; noch viele andere Schrecknisse der Fahrt schildert er ihm; aber alle seine Vorstellungen sind umsonst. Der Jüngling umschlingt seinen Nacken und bittet und fleht, und der Vater hat den heiligen Eid bei der Styx, dem Flusse der Unterwelt, geschworen, einen Eid, der den Unsterblichen der heiligste von allen ist; er muß den Wunsch des Törichten gewähren. So führt er ihn denn zu dem hohen Sonnenwagen, einem Werke und Geschenke des Hephaistos. Eos, die Göttin der Morgenröte, öffnet das purpurne Tor des Ostens und die rosenbestreuten Hallen; die flüchtigen Horen (Stunden) schirren die vier feuerschnaubenden, mit Ambrosia gesättigten Flügelrosse an. Dann bestreicht Helios das Antlitz des Sohnes mit heiliger Salbe, damit das verzehrende Feuer ihn nicht schädige und setzt ihm die Strahlenkrone aufs Haupt, schweren Herzens und unter Seufzen. Warnend spricht er dann: »Schone mir, Kind, die Stacheln – Stecken und mit Stacheln benutzt man, wie im Altertume, noch heute im Süden oft zum Antreiben der Tiere – aber brauche wacker die Zügel; denn die Rosse rennen von selbst, und es kostet Mühe, sie im Fluge aufzuhalten. Die Straße geht schräg in weit umbiegender Krümmung; du wirst die Geleise der Räder deutlich sehen. Darauf halte dich, senke dich weder zu tief, sonst steckst du die Erde in Brand, noch steige zu hoch, sonst verbrennst du den Himmel. Doch auf! Die Finsternis flieht, Aurora ist erwacht, nimm die Zügel zur Hand – oder, noch ist es Zeit, nimm meinen Rat an und laß mich den Wagen lenken.«

Ohne weiter auf die Worte des Vaters zu hören, springt der Jüngling freudigen Mutes auf den Wagen und ergreift die Zügel. Tethys, die Meergöttin, öffnet die Schranken und der weite Himmel tut sich auf. Mutig durchstampfen die Rosse die wallenden Nebel und stürmen voran. Doch der Wagen ist zu leicht, es gebricht ihm die gewohnte Schwere des gewaltigen Sonnengottes. Kaum merken dies die Rosse, so rennen sie wild aus der gewohnten Bahn. Der Jüngling erschrickt und reißt ratlos und unkundig des Weges die Zügel hin und her; und wie er hinabschaut aus des Äthers Höh' tief, tief auf die Länder unten, da erblaßt er, seine Knie zittern, Dunkel umzieht sein schwindelndes Auge. Da wünscht er, nie seine Abkunft erkannt, nie die Rosse seines Vaters berührt zu haben. Aber zu spät; ein weiter Raum liegt hinter ihm, noch ferner das Ziel. Ohne zu wissen, was beginnen, starrt er in den weiten Raum und läßt weder die Zügel schießen, noch zieht er sie an; auch kennt er die Namen der Rosse nicht, um sie anzurufen. Jetzt sieht er voll Angst um sich her die mannigfaltigen Wunder des Himmels, die Gestalten furchtbarer Tiere, die die Sage der Alten als Sternbilder an den Himmel versetzte. Eben naht er dem Skorpione, der drohend die gewaltigen Scheren nach ihm ausreckt. Entsetzt läßt Phaëthon die Zügel los und nun stürmen die Rosse ungehemmt in wilder Flucht regellos dahin. Bald springen sie hoch zwischen die fest gehefteten Fixsterne, bald stürzen sie wieder in die Nähe der Erde. Versengt dampfen die Wolken, Feuer ergreift die Höhen der Erde, tiefe Spalten reißen sich in das vertrocknete Land; das Gras verdorrt, die Bäume brennen, es brennt alle Saat; ja ganze Städte mit ihren Türmen gehen zugrunde, ganze Völker werden zu Asche, weithin stehen alle Gebirge mit ihren Wäldern in lichten Flammen. Heißer Dampf, mit Asche und sprühenden Funken durchmischt, umwallt den unglücklichen Wagenlenker und er weiß nicht, wohin die wilden Rosse ihn reißen. Damals, so glaubt man, drang den aithiopischen Volksstämmen das kochende Blut zur Haut und schuf ihnen ihren schwarzen Negerleib, damals ward Libyen eine sandige wasserlose Wüste. Die Nymphen, die Göttinnen der Quellen und Seen, weinen laut mit zerrauftem Haare, aufkochend verdampfen die Flüsse, der Nil entflieht voll Schrecken in die äußerste Ferne und verbirgt sein Haupt, so daß den Menschen seine Quelle so lange verborgen blieb. Durch die Spalten der Erde dringt das Licht in die Tiefen des unterirdischen, sonst so finstern Tartarus; das Meer zieht sich zusammen; wo der Seegrund war, ist jetzt ein weites Feld trockenen Sandes. Die Fische suchen den tiefen Grund, entseelte Robben schwimmen auf lauer Flut; selbst die Meeresgötter, Nereus und Doris und ihre Töchter, flüchten in die tiefen Grotten, und auch da beschwert sie noch die Hitze. Poseidon wollte dreimal die Arme und das finstere Antlitz aus den Wogen aufstrecken, doch dreimal scheucht ihn die Glut zurück. Jetzt hebt die ehrwürdige Tellus, die Erde, ihr versengtes Haupt und fleht Juppiter um Rettung der gefährdeten Welt an, und der schleudert nun endlich seinen Blitz auf den unglücklichen Phaëthon und dämpft Flamme mit Flamme. Die Rosse reißen sich los von dem zerschmetterten Wagen und rennen scheu nach verschiedenen Seiten; Phaëthon aber stürzt entseelt mit brennendem Haupte, wie ein fallender Stern, aus der Höh' und fällt fern von der Heimat weit im Westen in die Fluten des Eridanus. Hesperische Naïaden, d. i. Flußnymphen, die im Westen wohnen, begraben den zerschellten Leib und setzen dem Unglücklichen einen Grabstein.

Der Vater Helios verhüllte, als er das Unglück seines Sohnes sah, in tiefem Schmerze sein Haupt, und *einen* Tag, wenn's glaublich, war die Welt ohne Sonne; die Flamme des Brandes gab Licht. Mit Klymene aber, der trostlosen Mutter, klagen an dem Grabe ihre Töchter, die Heliaden (Sonnentöchter) oder Phaëthontiaden, und vergießen dem lieben Bruder zahllose Tränen vier Monate lang. Dann werden sie – ein merkwürdiges Wunder – zu Pappeln. Aber auch nach ihrer Verwandlung flie-

ßen ihre Tränen von den Bäumen, die gerinnen an dem Ge-
zweige im Strahle der Sonne zu Bernstein. Der klare Fluß
nimmt die goldglänzenden Tränen auf und trägt sie mit sich; sie
werden den Töchtern der Erde ein Schmuck.

Helios wurde nicht gar zu häufig in Griechenland verehrt,
meistens auf sonnigen Bergen und am Meere, so auf der Akropolis von Korinth, im Spartanerlande auf dem Taygetos und auf
Tainaron, besonders aber auf der Insel *Rhodos.* Einheimische
Sagen erzählten hier: Als die Götter die Erde unter sich verteil-

Phaëtons Sturz. Geschnittener Stein.

ten, war Helios, weil er den Sonnenwagen führte, nicht zugegen und wurde daher vergessen. Da er sich deswegen bei Zeus
beklagte, war dieser bereit, die Verlosung nochmals vorzuneh-
men, doch Helios ließ das nicht zu, indem er sprach, er sehe in
der Tiefe des Meeres ein Eiland aus dem Grunde allmählich
heraufwachsen, das einst viele Menschen und Herden zu nähren vermöge; Zeus und Lachesis möchten ihm das zuschwören.
Dies geschah und sobald die schöne Insel Rhodos ihr Haupt aus
der Meeresflut emporhob, nahm sie der strahlende Gott in
seinen Besitz. Und er vermählte sich dort mit der Nymphe
Rhodos und erzeugte sieben Söhne von großer Weisheit, die
Stammväter der rhodischen Bevölkerung. An dem Eingange

des Hafens der Stadt Rhodos stand ein Bild des Helios von mehr als 32 Meter Höhe, der sogenannte Koloß von Rhodos, eines der sieben Wunderwerke der alten Welt. Geweiht war dem Helios der den Tag verkündende Hahn, geopfert wurden ihm besonders weiße Tiere, unter andern Pferde; auch unterhielt man ihm heilige Herden mit Tieren von weißer oder rötlicher Farbe. Die Kunst stellte ihn dem Apollon ähnlich dar. In ganzer Figur erscheint er gewöhnlich bekleidet, auf seinem Wagen die Rosse mit der Peitsche regierend. Um das Haupt trägt er einen Strahlenkranz, den wir als Nimbus in der christlichen Kunst bei den Darstellungen Gottes und der Heiligen wiederfinden.

Mit Helios wurde später der im Orient verehrte *Ba'al* vermengt. Als die Griechen sich in *Ba'albek* (bei Damaskos) festsetzten, nannten sie es Sonnenstadt, *Heliopolis*. Wir nennen diese Stadt deswegen besonders, weil sie auf Veranlassung unseres Kaisers, der sie besuchte, von den Deutschen wieder ausgegraben ist; man hat dort großartige, für die Geschichte der Kunst in der Kaiserzeit höchst wichtige Ruinen gefunden. – In späterer Zeit stellte man den in Ba'albek verehrten Gott übrigens auch dem Juppiter gleich und nannte ihn *Juppiter Heliopolitanus*.

22. Selene (Luna)

Selene, auch *Mene* und von den Römern *Luna* genannt, die Mondgöttin, »das Auge der Nacht«, wird bei Homer noch nicht als Göttin bezeichnet; bei Hesiod heißt sie Tochter des Hyperion und der Theia, die Schwester des Helios. Sie ist eine zarte milde Göttin, weißarmig, schönlockig, geschmückt mit goldenem Diadem, von dem sich schimmernder Glanz ausgießt durch den weiten Äther und über alle Länder. Wenn sie ihre schöne Gestalt im Okeanos gebadet und in glänzende Gewande gekleidet hat, dann schirrt sie ihren Wagen an und treibt ihr Gespann einsam am nächtlichen Himmel hinan, langsamen ruhigen Laufs. Zwei weiße Pferde ziehen ihren Wagen, oder auch Maultiere oder Rinder, denn das Rind ist durch seine Hörner ein Symbol des Halbmondes. Auch dachte man wohl Selene auf einem Pferde oder Maultiere reitend. Im ganzen ist das Wesen der Selene nicht so ausgebildet, wie das ihres Bruders; auch hat man nur wenige Mythen von ihr. Am bekanntesten ist ihre Liebe zu *Endymion*. In Karien (in Kleinasien) erzählte man von einem schönen jugendlichen Jäger oder Hirten dieses Namens; dieser ruht nach der Sage in ewigem Schlummer in einer Höhle des Berges *Latmos*, und allnächtlich steigt die liebende Selene zu dem schönen Jüngling nieder, um ihn zu küssen und bei ihm zu ruhen. – Selene wurde in späterer Zeit mit Artemis, Hekate, Persephone und anderen Göttinnen vermengt. Die Kunst hat sie der Artemis ähnlich gebildet, aber in vollständigerer Bekleidung; über dem Scheitel trägt sie oft den Halbmond, ein bogenförmiger Schleier wölbt sich über ihrem Haupte; auch gibt man ihr wohl eine Fackel in die Hand. Kultstätten der Selene sind ebenso wie die des Helios nicht häufig. In Rom war der Dienst der Luna alt; sie hatte dort mehrere Tempel.

23. Eos (Aurora)

Eos, die Göttin der Morgenröte, eine Schwester des Helios und der Selene, war eine schöne liebliche Göttin. Am frühen Morgen erhebt sie sich, rosig und schön gelockt, im safranfarbenen Gewande, die früh geborene Bringerin des Lichtes, von ihrem Lager und öffnet die Tore des Ostens mit ihrer rosigen Hand; die »Rosenfingrige« ist ihr häufiges Beiwort bei Homer. Mit einem schnellen Gespanne weißer oder rötlicher Rosse fährt sie am Himmel herauf, voran ihrem Bruder, dem Sonnengotte oder sie fliegt auf weiten rosigen Flügeln dahin und gießt den Tau auf die Erde, heiter und froh, rasch und frisch, wie der junge Tag, eine Freundin rüstiger Tätigkeit am frühen Morgen.

Eos ist ein jugendlich lebendiges Wesen und ihr Herz wird leicht von der Liebe ergriffen; rasch und schnell entschlossen, raubt sie dann den Geliebten, wo sie ihn findet und entführt sich ihn. Wie Homer von einem Menschen, der spurlos verschollen, sagt, die Harpyien hätten ihn entführt, so glaubte man auch von Eos, sie raffe schöne Jünglinge mitten aus dem Leben weg und trage sie zum Genusse seliger Liebe davon. So raubte sie nach Homer den *Kleitos* »wegen seiner Schönheit, daß er unter den Unsterblichen wohne.« Namentlich liebt und raubt sie die schönen rüstigen Jäger, die sie in der Morgenfrühe schon auf den zuerst von ihren Strahlen geröteten Bergen trifft, wie den *Kephalos*, den Sohn der »Bergeshöhe« und den Jäger *Orion*. Man wird dies so zu deuten haben, daß diese schönen Jünglinge Sternbilder sind, die mit dem Erscheinen der Eos verschwinden. Kephalos verschmähte übrigens die Eos aus Liebe zu seiner Gattin Prokris und Orion wurde von Artemis, die ihn ebenfalls liebte, aus Eifersucht mit dem Pfeile getötet. So sind für Eos die Freuden der Liebe kurz, wie der schöne frische

Morgen ja auch so schnell dahin ist. Das erfuhr sie auch bei ihrer Liebe zu *Tithonos*, dem Sohne des troianischen Königs Laomedon, der den Unsterblichen gleich an Schönheit war. Auch ihn entführte sie zu ihrer Wohnung an den Strömungen des Okeanos und machte ihn zu ihrem Gemahle. Sie erbat sich von Zeus für ihn ewiges Leben und das ward ihr gewährt; aber sie hatte vergessen, ihm auch ewige Jugend zu erbitten. Seine irdische Natur vermochte die Unsterblichkeit nicht zu tragen. Bald schwanden die Reize seiner Jugend, sein Haar und sein Bart wurden grau und Eos fing an ihn zu meiden; doch pflegte sie ihn noch mit Ambrosia und gab ihm schöne Gewänder. Aber als nun ganz das häßliche Alter über ihn kam, als seine Glieder vertrockneten und alle Kraft verloren und der Klang seiner Stimme schwand, daß er nur noch fort und fort wisperte, wie eine Zikade, da trennte sie sich für immer von ihm; sie legte ihn in ein Gemach und verschloß die Türe. Der Mythos von Tithonos wird so fortgesetzt, daß er selbst in eine Zikade verwandelt worden sei, jenes in südlichen Ländern so ungemein häufige, laut zirpende Tierchen. Tithonos ist vielleicht eine Personifikation des Tages; am Morgen ist er frisch und schön und ein geliebter Gatte des Frührots, dann kommen die heißen Stunden mit ihrer verzehrenden ausdörrenden Kraft und verwandeln ihn in einen kraftlosen Greis, von dem die lebensfrische Eos sich für immer scheidet. Die Kinder aus dieser ungleichen Ehe sind *Emathion* und *Memnon*. Memon ward ein sagenberühmter Held des troianischen Krieges; er war König der östlichen Aithiopen, ein rüstiger Kriegsmann und der schönste aller Männer vor Troia. An vielen Orten Asiens wurde er als ein schöner, früh verstorbener Jüngling gefeiert und beklagt; vielleicht ist er, der dunkle Aithiop, ein Bild der Nacht und sein Bruder Emathion des Tags *(emar)*. – Dem *Astraios* (Sternenmann) gebar Eos die Winde. *Argestes*, *Zephyros*, *Boreas* und *Notos*, sowie den Morgenstern und die übrigen *Sterne*. Daß Eos als Mutter der Winde gilt, beruht möglicherweise auf der Beob-

achtung, daß sich oft mit dem Erscheinen des Frührots ein stär-
kerer Windeshauch erhebt. – Eine besondere Verehrung genoß
Eos weder bei den Griechen noch bei den Römern; bei diesen
heißt das Morgenrot *aurora*. Die Kunst stellte sie dar als eine
prächtige, meist geflügelte Gestalt, entweder auf einem Wagen
mit Flügelrossen oder als Führerin der Sonnenrosse; sie trägt
bisweilen eine Fackel.

24. Iris

Iris ist die Göttin des Regenbogens, der wunderbaren Brücke zwischen Himmel und Erde. *Thaumas*, der »Wundermann« und die Okeanine *Elektra*, »schimmernder Glanz«, sind ihre Eltern. Da der Regenbogen das Symbol der Verbindung zwischen Himmel und Erde ist, so eignet sich Iris, die Schnelle, zur Botin der Götter; beschwingt mit goldenen Flügeln eilt sie zur Erde nieder, ins Meer, selbst in die Unterwelt, um die Befehle der Götter zu überbringen, windesschnell, »wie der Schnee aus Wolken daher fliegt oder der Hagel, vom Nordwind getrieben« (Homer). Von Hermes, der ein ähnliches Amt hat, unterscheidet sie sich wenigstens bei späteren Dichtern dadurch, daß dieser mehr auf Befehl des Zeus tätig ist, während Iris besonders der Hera als Botin und Dienerin zugesellt ist. Im Bilde ist Iris der Nike ähnlich, eine leichte geflügelte Gestalt, oft mit einer Kanne in der Hand, denn sie trug, so glaubte man, den Wolken das Wasser zu. – Das schweifende Gerücht findet sich bei Homer als *Ossa* personifiziert; sie heißt wohl auch Botin des Zeus, doch hat sie nicht wie Iris eine bestimmte Bestellung. Ihr entspricht die lateinische *Fama*, eine dichterische Personifikation, die Vergil beschreibt als ein Übel, rasch wie kein andres, das, zuerst klein aus Furcht, sich bald hoch in die Lüfte erhebt, so daß es zwar auf dem Boden hinschreitet, aber sein Haupt in den Wolken birgt. Die Erde gebar sie als letztes Kind im Zorne gegen die Götter, ein schauerlich Wunder mit schnellen Flügeln, das so viele Augen, Ohren und Zungen hat als Federn. Bei Nacht fliegt sie zwischen Himmel und Erde zischend im Schatten, schlaflos, bei Tage sitzt sie auf Dächern und hohen Türmen und schreckt die Städte, nach Erdichtetem und Verkehrtem ebenso begierig, wie sie Verkünderin der Wahrheit ist.

25. Die Sterne

Einzelne Sterne und Sterngruppen sind schon früh in die Mythologie hereingezogen worden. Wir nennen zunächst die *Hyaden* und *Pleïaden*. Beide Gruppen galten als schwesterliche Scharen von Nymphen, die aus irgend einem Grunde unter die Gestirne versetzt worden seien; sie waren die Töchter des Atlas, des Titanen, der das Himmelsgewölbe trägt und der Aithra, der »Heitren«, die nach anderen auch Pleïone hieß. Die *Hyaden*, die »Regnenden«, weil es mit dem Aufgange und Untergange dieses Gestirns zu regnen pflegt oder nach falscher Erklärung des Namens die »Schweinchen«, wurden als dodonaiische Nymphen mit Zeus, der als Himmelsgott den Regen sendet und selbst *Hyes*, der »Regnende«, der »Befeuchtende«, heißt, zusammengebracht; sie sollten ihn als Kind auferzogen haben. Auch galten sie als nysaiische Nymphen für die Ammen des Dionysos, der ebenfalls den Beinamen *Hyes*, der »Feuchte«, hatte; für diese Verdienste hatte sie Zeus unter die Sterne versetzt. Ihre Zahl und ihre Namen werden verschieden angegeben, die Siebenzahl ist die gewöhnlichste. – Die *Pleïaden*, von den Römern *Vergiliae* (Büschel) genannt, das Siebengestirn, waren bei den Griechen von großer Wichtigkeit für Landbau und Schiffahrt; ihr Aufgang in der Mitte des Mais verkündete die Nähe der Ernte sowie den Beginn der für die Schiffahrt günstigsten Zeit, ihr Untergang Ende Oktober aber den Anfang der winterlichen Stürme und Regengüsse, wo der Schiffer das Meer flieht und der Landmann an die neue Aussaat denkt. Der Name der Pleïaden wird verschieden erklärt; sie sollen das »Regengestirn« oder »die Sterne der Schiffahrt« bedeuten. Am richtigsten ist es wohl, den Namen mit *peleia*, Taube, zusammenzubringen; denn die Pleïaden wurden als ein Flug Tauben gedacht.

Schon Homer erzählt von den Tauben, die dem Zeus die nährende Ambrosia bringen; wenn sie aber durch die Plankten, die Irrfelsen, hindurchfliegen, wird immer eine getötet, doch Zeus macht stets die Zahl wieder voll. Das sind die sieben Plejaden, von denen nur sechs deutlich sichtbar sind. Man sagte, die siebente halte sich verborgen aus Scham, weil sie allein von den Schwestern mit einem sterblichen Manne vereint gewesen sei. Der Grund, warum die Plejaden in Sterne verwandelt worden seien, sollte entweder der Schmerz über den Tod ihrer Schwestern, der Hyaden, oder über die Leiden ihres Vaters Atlas sein, oder man dichtete, der riesige boiotische Jäger *Orion* habe sie fünf Monate lang verfolgt; da habe sie Zeus auf ihr Flehen in Tauben und darauf in Sterne verwandelt. Das Sternbild des Orion nämlich bewegt sich fünf Monate lang neben den Plejaden und den Hyaden her. Ihre Namen sind: *Maia*, die auf dem Kyllene dem Zeus den Hermes gebar; auf diesem in Arkadien gelegenen Berge sollen auch die Plejaden selbst geboren sein. Die zweite ist *Elektra*, von Zeus Mutter des Dardanos, die dritte *Taygete*, die Nymphe des Taygetosgebirges, von Zeus Mutter des Lakedaimon. *Sterope* oder *Asterope* gebar dem Ares den Dinomaos, den König in Pisa, *Merope* war mit einem sterblichen Manne vermählt, mit Sisyphos, dem Könige von Korinth, und gebar ihm den Glaukos. Auch *Alkyone* und *Kelaino* sind Stammütter heroischer und göttlicher Geschlechter geworden.

Orion, eins der schönsten Sternbilder, wird schon von Homer neben den Plejaden und Hyaden genannt. Man hat wohl eigentlich zu scheiden zwischen einem Sternbilde des Namens und einem riesenhaften Jäger Orion, vielleicht einem alten boiotischen Heros; später sind beide vermischt worden. Es gab über ihn verschiedene Mythen; von seinem frühen Tode ist schon vorangehend erzählt. Bei Homer jagt er noch in der Unterwelt über die Asphodeloswiese hin wilde Tiere, die er einst auf einsamen Bergen getötet hatte, in der Hand eine ganz aus Bronze gefertigte, ewig unzerbrechliche Keule; so sah ihn Odysseus im

Hades, so jagte er nach anderer Vorstellung am Himmel, begleitet von seinem wütenden Hunde *Seirios*, die Hyaden und Pleïaden (Schweinchen und Tauben) vor sich her, während die Bärin
im hohen Norden ängstlich nach ihm ausschaut. Auf der weinreichen Insel Chios dichtete man das Märchen: Orion habe
zuerst um *Side*, dann um die Töchter des *Oinopion* gefreit; da
aber der wilde Riese in der Trunkenheit allzu zudringlich ward,
schläferte ihn Oinopion mit Hilfe des Dionysos und der Satyrn
ein und blendete ihn. Darauf geht Orion durchs Meer nach
Lemnos in die Schmiede des Hephaistos, setzt dessen Schmiedegesellen *Kedalion* auf seine Schulter und läßt sich zu der
Sonnenburg im Osten führen, wo er sich an den Strahlen des
Helios sein Augenlicht von neuem entzündet. Nun kehrt er zur
Rache nach Chios zurück, aber er findet den Oinopion nicht,
denn dieser hat sich in eine unterirdische Kammer geflüchtet.
Man hat das Märchen auf Grund der Namen Side »Granate«,
Oinopion »Weintrinker« und Kedalion »Feuerbrand« so gedeu-
tet: *Das Sternbild* Orion, das zuerst die Granate, dann die
Traube gereift, verschwindet zur Zeit der Weinernte am westli-
chen Himmel: Orion hat sich betrunken, taumelt nieder und
verliert sein Augenlicht. Doch im nächsten Sommer kommt er
wieder von Osten, dem Sonnenaufgange, her mit strahlendem
Auge; vor der Sonnenglut, die er wütend mit sich bringt, zieht
sich der Pfleger des Weinstocks in eine Zisterne zurück; auf
Chios mußten nämlich im Sommer die Weingärten aus Brunnen und Zisternen bewässert werden. (Andre freilich meinen,
die Sage könne nicht auf das Sternbild, sondern müsse auf den
Riesen Orion bezogen werden; denn Lüsternheit und tölpelhaf-
tes Wesen sind eigentümliche Züge der Riesen in vielen Sagen.)
   Seirios, Sirius, der Hundsstern, der Hund des Orion schon
von Homer genannt, der hellste Fixstern am Himmel, bringt
mit seinem Frühaufgange die heißeste Jahreszeit, die Hunds-
tage, mit sich. Um die verderblichen Wirkungen des Sirius abzu-
wenden, Versengung des Landes, Krankheiten und Tod von

Menschen und Vieh, stiftete man an verschiedenen Orten religiöse Sühngebräuche. So feierte man in Argos das Fest des Hundetotschlags. Man schlug alle Hunde, deren man habhaft wurde, tot, opferte Lämmer und stellte Prozessionen von Frauen und Jungfrauen an, die um den *Linos* klagten, den schönen Knaben, den die Hunde zerrissen hatten. Wie Linos, so hält man auch den von seinen Hunden zerrissenen *Aktaion* für ein Bild frischer Jugendblüte in der Natur und in der Menschenwelt, die durch die verderbliche Wut des Hundssterns vernichtet wird.

Unter den einzelnen Sternen ist noch der *Morgenstern* ausgezeichnet; er heißt *Heosphoros*, »Bringer des Morgenrots« oder *Phosphoros*, »Lichtbringer«, d.i. auf lateinisch *Lucifer*. Derselbe Stern heißt als Abendstern *Hesperos*. Phosphoros tritt in die Mythologie ein als ein Vater des *Keyx*, des Gemahls der *Alkyone* oder *Halkyone*, einer Tochter des Windgottes Aiolos. Beide Gatten fielen durch ihren Stolz. Er nannte sie Hera, sie ihn Zeus; deshalb verwandelte Zeus den *Keyx* in eine Seemöwe, die Halkyone in einen Eisvogel. Eine andere Sage erzählt: König *Keyx* und seine Gemahlin Halkyone liebten sich mit der größten Zärtlichkeit; als daher Keyx für längere Zeit übers Meer fahren mußte, verfiel Halkyone in tiefe Trauer. Keyx kam durch Schiffbruch um, ohne daß sein Vater, der seinen Tod sah, ihm helfen konnte; seine Gattin, durch einen Traum von dem Unglück benachrichtigt, geht zum Ufer des Meeres und sieht eben die Leiche ihres geliebten Gemahls in den Wellen daherschwimmen. Sie stürzt sich zu ihm ins Meer und beide werden in Eisvögel verwandelt. Auch jetzt noch bleibt ihre Liebe und Ehe bestehen. In der Winterzeit, sieben Tage vor und sieben Tage nach dem kürzesten Tage, sitzt Halkyone brütend auf ihrem Neste, das über dem Wasser hängt; dann ist der Weg übers Meer gefahrlos, denn Aiolos hält während der Zeit die Winde in sicherem Gewahrsam, damit seine Enkel nicht von stürmender Flut gefährdet werden.

Andere Sternbilder waren *Arktos*, die »Bärin« (der große Bär), in der Nähe des Nordpols, ein für die Schiffahrt wichtiges Gestirn, mit dem *Arkturos* (oder *Arktophylax*), dem »Bärenhüter«. Die Arktos wurde für die verwandelte *Kallisto* gehalten. Man nannte sie auch den Wagen und den Arktophylax *Bootes*, den »Ochsentreiber«; er war der in ein Sternbild verwandelte *Ikarios* mit seinem Becher. Die Römer nannten wegen der steten Kreisbewegung das Sternbild *Septentriones*, eigentlich *septem triones*, die »sieben Dreschochsen«. (Dreschochsen, die im Kreise über das Getreide getrieben werden und mit ihren Hufen die Körner heraustreten, sind noch heute im Süden statt der Dreschflegel gebräuchlich.)

Mit der Zeit wurden die Sternmythen immer häufiger; namentlich haben die Alexandriner sich bemüht, die Gruppen des Sternenhimmels, die man mit Menschen-und Tiergestalten umschrieb, mythologisch zu beleben.

26. Die Winde

Die Winde sind schon bei Homer zu göttlichen Wesen personifiziert. Als Achilleus die Leiche seines Freundes Patroklos auf dem Holzstoße verbrannte, betete er zu den Winden, daß sie kämen und die Glut anfachten und spendete ihnen aus goldenem Becher; und die schnelle Iris trug seine Bitten zu ihnen. Sie traf sie in dem rauhen Thrakien in dem Hause des Zephyros beim Gelage, denn sie sind lustige Gesellen. – Die Winde hatten an verschiedenen Orten Griechenlands einen Kult. Zu Sikyon war ein Altar der Winde, an dem jährlich einmal der Priester bei Nacht opferte; in Delphi opferte man den Winden in dem heiligen Bezirk der *Thyia*, der »Stürmenden«. Die vier Hauptwinde heißen bei Homer: *Euros* (der meist *trockne* Ostwind, *Vulturnus*), *Notos* (der *feuchte* Süd, *Auster*), *Zephyros* (der *dunkele*, der milden Regen bringende Westwind, *Favonius*) und *Boreas* (der *brausende* Nord, *Septentrio* oder *Aquilo*). Hesiod nennt den Ostwind nicht Euros, sondern *Argestes*, den »Klaren, Hellen«, weil er von dem Aufgange der Sonne herkommt. Wir haben gesehen, daß Eos und Astraios die Eltern dieser Winde sind, der »wohltätigen« Winde im Gegensatze zu den verderblichen. Deren Vater soll Typhoeus sein, das unter der Erde liegende Ungeheuer, das ursprünglich den tobenden, mit zerstörender Gewalt aus der Erde, aus den Vulkanen hervorbrechenden Dampf, dann aber überhaupt den verderblichen Sturmwind bezeichnet. Von den genannten vier Hauptwinden ist *Boreas* der wildeste und stärkste; er sollte in dem rauhen Thrakien, das ja von Griechenland aus nördlich liegt, seine Behausung haben. Dorthin raubte er sich die attische Königstochter *Oreithyia*. Als daher bei dem Herannahen des Xerxes die Athener von dem Orakel den Rat erhielten, sie sollten ihren Schwager

215

zu Hilfe rufen, opferten sie dem Boreas und flehten um seine Hilfe; und wirklich zerstörte Boreas am Vorgebirge Sepias einen Teil der persischen Flotte. Deshalb errichteten ihm die Athener am Flusse Ilissos einen Altar. Dem Boreas steht *Zephyros* entgegen, der mildeste der Winde, der auch bei Athen einen Altar hatte. Durch seinen milden, Regen bringenden Hauch fördert er das Wachstum der Pflanzenwelt, weshalb man ihm die Frühlingshore *Chloris* zur Gemahlin und *Karpos*, »Frucht«, zum Sohne gab. Er liebt die Blumen des Frühlings; auch soll er den *Hyakinthos* geliebt haben; da aber Apollon bei dem schönen Jünglinge den Vorzug erhielt, so trieb er bei ihrem Diskosspiele aus Eifersucht die Diskosscheibe dem Hyakinthos aufs Haupt, daß er starb. Von den beiden andern Winden gibt es keine Mythen.

Bei Homer herrscht in dem Westen auf der Insel *Aiolie* ein Winddaimon *Aiolos*, der »Bewegliche«, »Schnelle«, ein Sohn des Hippotes, des »Reitersmannes«. Ihn hatte Zeus in jenen Meeren zum Herrn der Winde gemacht, daß er sie wehen lasse und ruhen nach seinem Willen. Seine schwimmende Insel war rings mit bronzenen Mauern und hohen Felsen umgeben; da lebte er in reichem Hause mit seiner Gattin und seinen Kindern herrlich und in Freuden bei ewigem Schmause, zu dem rauschende Musik ertönte; das Leben in »Saus und Braus« ist also ein Kennzeichen der Winde. Er hatte sechs Söhne und sechs Töchter, die hatte er paarweise miteinander vermählt; die Söhne bedeuten vielleicht die stärkeren Winde, die Töchter die linden Lüfte. Übrigens kommt Aiolos weder sonst bei Homer noch auch bei Hesiod vor und genoß auch nirgends in Griechenland Verehrung; er und seine Insel waren ein märchenhaftes Gebilde der Poesie. Später hat man ihn mit dem thessalischen Aiolos, dem Stammvater der Aiolier, vermengt oder auch die Insel Lipara oder Strongyle, eine der aiolischen Inseln bei Sizilien, für seinen Wohnort ausgegeben. Dort sitzt er nach der Vorstellung späterer Dichter auf Anordnung des Zeus, der die

tobenden Stürme in tiefe dunkle Höhlen unter einem gewaltigen Felsenberge eingeschlossen hat, mit dem Zepter in der
Hand, auf seinem hohen Felsensitze über den verriegelten Pforten der Höhle und wacht, daß die Stürme nicht insgesamt her-
vorbrechen und Meer und Land und den Himmel in ihrer Wut
mit sich fortreißen; nach bestimmten Gesetzen läßt er bald diesen, bald jenen aus dem Felsverschlusse losstürmen. – Ein aus
dem 1. Jahrhundert vor Christi stammendes, noch wohl erhalte-
nes achteckiges Gebäude in Athen heißt heute im Volksmunde
Aiolostempel; denn es trägt auf seiner Außenseite einen Fries
mit (ziemlich ungeschickten) Darstellungen der acht Hauptwinde. Im Altertum war der Bau nicht ein Tempel, sondern ein
Uhrturm (außen befanden sich Sonnenuhren, im Innern eine
Wasseruhr); auf seinem Dache stand eine Windfahne.

II. Die Götter der Gewässer

1. Poseidon (Neptunus)

Der gewaltige Herrscher des Meeres ist *Poseidon*, der Sohn des Kronos und der Rhea, bei Hesiod der ältere, bei Homer der jüngere Bruder des Zeus. Als die Kronossöhne die Titanen niedergeworfen und die Herrschaft ihres Vaters gestürzt hatten, fiel bei der Verlosung der Weltherrschaft dem Poseidon das weite Reich der Gewässer zu. Schon bei Homer und Hesiod übt Poseidon durchaus die unbestrittene *Herrschaft im Meere*, wie Zeus im Olympos und auf der Erde, wie Hades in der Unterwelt. Sein Zepter und seine gewaltige Waffe ist der Dreizack *(tridens*, bei Schiller noch Trident, eine Bezeichnung, die jetzt ungebräuchlich geworden ist), das Zeichen seiner Macht; damit erregt er die Wellen zum Sturme und bändigt sie wieder, wie es ihm gut dünkt. Wie Zeus im Olympos, so hat er in der Tiefe des Meeres seinen Herrschersitz; dort steht ewig unerschüttert sein schimmernder goldener Palast, *Aigai* geheißen. Da stehen ihm seine stürmischen bronzehufigen Rosse mit goldenen Mähnen und sein goldener Wagen, mit denen er über die Meeresflut hinfährt; die Rosse fliegen leichten Schwungs dahin, und kein Tropfen benetzt die bronzene Achse. Dann freut sich das ganze Meer und glättet seine Wellen und die Tiere des Meeres kommen herauf aus der Tiefe von allen Seiten und umhüpfen spielend den dunkel gelockten König der Flut.

Da sich also schon bei den frühesten Dichtern das Bild des Poseidon als Königs der Gewässer so ausgeprägt findet, wie es auch in der späteren Zeit ist, so hat man lange Zeit nicht gezweifelt, diese Auffassung des Gottes als die ursprüngliche und echte anzusehen. Demgemäß hat man sich bemüht, alle anderen Eigenschaften Poseidons von dieser seiner Grundeigenschaft aus zu erklären. Zum Beispiel hat man, wenn Poseidon bei Homer häufig der Erderschütterer heißt, dies einfach so gedeutet, daß der Herr des Meeres, der die weite Wasserfläche aufwühlen kann, auch das Land, das auf dem Meere schwimmt, zu bedrohen imstande ist. Wenn ferner Poseidon öfter mit Stieren in Verbindung gebracht wurde, deren einige aus dem Meere aufsteigen und das Land verwüsten, so hat man in ihnen ein Abbild der verwüstend einbrechenden Meereswogen sehen wollen. – Es muß aber bemerkt werden, daß diese Deutung jetzt nicht mehr als ganz sicher gelten kann. Man nimmt heute zum Teil an, daß Poseidon gar nicht von Anfang an ein Meeresgott gewesen ist; dann fallen natürlich auch alle Erklärungen seiner Eigenschaften, die man auf dieser Grundlage aufbaut. Vielmehr soll Poseidon in seinem ältesten Kulte in Boiotien ein in den Höhlungen der Erde hausender, *stierförmiger Daimon* gewesen sein, der sich durch unterirdisches Gebrüll vernehmbar machte und Erderschütterungen bewirkte. An anderen Stellen, aber auch in Boiotien, empfand man vielleicht das Dröhnen der Erdtiefe als das Wiehern eines *roßförmigen* Gottes. Dieser als Stier und Hengst gedachte Gott mag nun der ursprüngliche Poseidon gewesen sein, dem man erst später die Herrschaft über das Meer zuschrieb. Für den Griechen der klassischen Zeit ist freilich Poseidon durchaus das, als was er auch unseren Gebildeten geläufig ist, der Gott des Meeres. Aber schon wegen der Folgen, die die Ansicht über die Grundbedeutung des Gottes für die Erklärung aller seiner anderen Eigenschaften hat, mußte die abweichende Ansicht kurz angeführt werden.

Wir kehren nun zu Homer zurück. Da ist besonders interessant das *Verhältnis*, in dem Poseidon zu seinem Bruder *Zeus* steht. Wie hehr und gewaltig nämlich auch der Beherrscher des Meeres ist, dem Herrscher Zeus, der weiser ist und stärker und älter als er und die ganze Welt in Händen hat, ist er untertan und fügt sich seiner Obmacht; ja er leistet ihm bisweilen einen freundlichen Dienst. So wird er einmal in der Ilias aufgeführt, wie er dem Bruder, der eben vom Ida zum Olympos zurückgekehrt ist, gefällig die Rosse abspannt und den Wagen besorgt. Zeus seinerseits erkennt ihn als den ehrwürdigsten der Götter nach ihm an und sieht darauf, daß der Bruder in seiner Ehre nicht verkürzt werde. Als Poseidon den Odysseus wegen der Blendung seines Sohnes, des Kyklopen Polyphemos, verfolgte

Poseidon Münze aus dem 6. Jahrhundert

und von seiner Heimat fern hielt, scheute sich Zeus lange, obgleich er den gottesfürchtigen Odysseus liebte, in die Rechte seines Bruders einzugreifen; erst, als dieser einst bei den fernen Aithiopen abwesend war, wagte er mit den übrigen Göttern im Olympos die Rückkehr des Odysseus zu beschließen, in der Voraussicht, Poseidon werde sich fügen und sich nicht allen Göttern insgesamt entgegensetzen. Bisweilen aber kommen die beiden mächtigen Götter in Zwiespalt. Die Troianer haßt Poseidon seit alter Zeit, und deshalb ist er im troianischen Kriege gegen sie und mischt sich öfter selbst unter die Kämpfer zugunsten der Griechen. Einst aber wollte Zeus den Troianern eine Zeit lang die Oberhand in der Schlacht geben und ließ durch Iris den Poseidon vom Schlachtfelde wegrufen. »Wenn du des Zeus Gebot verachtest«, sprach Iris, »und nicht eilig folgst, so droht er, er werde selbst, zu schrecklichem Kampfe gerüstet, dir entgegentreten; doch rät er dir, seinen Arm zu vermeiden, denn er ist, das weiß er, viel gewaltiger an Kraft und auch älter.« Da erzürnte der heftige, durch den Kampf erhitzte Gott und sprach: »Wahrlich, das nenne ich hochmütig gesprochen! Mir will er mit Gewalt den Willen hemmen, der ich an Würde ihm gleich bin! Wir sind drei Brüder, die Söhne des Kronos, Zeus und ich und Hades und dreifach ward alles geteilt durchs Los und jeder gewann einen Teil der Herrschaft. Drum folge ich nimmer dem Befehle des Zeus, der bleibe, so stark er auch ist, in dem ihm beschiedenen Teile. Seinen Söhnen mag er befehlen und seinen Töchtern mit hochfahrenden Worten, nicht mir!« Da fragte Iris: »Soll ich, Herrscher, dieses ungestüme trotzige Wort melden? Weißt du nicht, daß dem Älteren die Erinyen beistehen?« Und durch diese Mahnung kam der erzürnte Gott wieder zur Erkenntnis seiner Stellung, so daß er, wiewohl ungern, das Schlachtfeld verließ und sich unmutig in die Tiefe des Meeres zurückzog. »Wahrlich«, sprach Zeus, »so war es besser, daß er den verderblichen Grimm meines Zornes vermied; nicht ohne vielen Schweiß wären wir auseinander gekommen.«

Zu diesem *stürmischen* und heftig aufbrausenden *Charakter* stimmen nun die Handlungen des Gottes in seinem eigenen Elemente. Wenn er, von raschem Zorne erfaßt, mit dem Dreizack ins Meer stößt, dann erheben sich die brausenden Wogen und schlagen tobend wider die Küste, daß die Erde erzittert, daß die Felsen zerbrechen und weithin das Land von den Fluten verheert wird. Hierher gehört auch die schon erwähnte Tätigkeit der Erregung von *Erdbeben*, entweder als ursprüngliche oder als erst später übertragene Eigenschaft des Gottes. Die Dichter bezeichnen ihn einerseits als den »Erdumgürter«, den »Erdhalter«, »Erdträger«, andererseits mit dem häufigen Beiwort des »Erderschütterers«: wir sehen es oft in der Mythologie, daß ein Gott der ein Unglück sendet, es auch verhüten kann; daher die sich scheinbar widersprechenden Beinamen. In Thessalien hat Poseidon das enge Felsental *Tempe* geschaffen, indem er die Berge Olympos und Ossa durch ein Erdbeben auseinanderriß, oder, um ein mythisches Bild zu gebrauchen, indem er mit gewaltigem Stoße seines Dreizackes die Felsen spaltete. Das war allerdings zum Heile Thessaliens, das den »Felsenspalter« Poseidon hoch verehrte; denn dadurch erhielt der das Land weithin mit seinen Gewässern erfüllende Peneios einen freien Abfluß zum Meere. Gewöhnlich aber schrieb man solche Ereignisse, zumal wenn sie verderblich wirkten, dem Zorne des Gottes zu. Einst befahl das delphische Orakel den kleinasiatischen Ioniern, zur Einrichtung ihres Poseidonkultus von der achaiischen Stadt *Helike,* wo sich von alters her ein berühmtes Heiligtum des Gottes befand, Abbilder ihres Kultusbildes zu verlangen; die Einwohner von Helike aber verweigerten den ionischen Gesandten die Bitte und hinderten sie sogar, auf ihren Altären dem Gotte zu opfern. Da strafte sie der Zorn des Gottes. Mitten in der Nacht schickte er ein furchtbares Erdbeben, und die Stadt versank in die Fluten des Meeres (373 v. Chr.). Auch das Erdbeben, das 464 v. Chr. die Stadt *Sparta* zerstörte und den lakedaimonischen Staat in die schlimmste Lage brachte, wurde dem Poseidon zugeschrieben, da die Spartaner durch einen Frevel die Heiligkeit seines Tempels in Tainaron verletzt hatten.

Wie aber Poseidon als Erderschütterer zerstörend wirkt, so kann er auch Länder und Inseln aus dem Grunde des Meeres erheben und fest und sicher gründen. Und daher ist denn auch weiter der Glaube entstanden, daß er, der leicht mit des Tridentes Stoß die Felsen aus dem Schoße der Erde zu brechen und in seinen starken Händen zu schwingen vermag, hier und da gewaltige Grundmauern aufgeführt und bei der *Erbauung von Städten* geholfen habe. So hatte er in Gemeinschaft mit Apollon dem troianischen Könige *Laomedon* die starken Mauern seiner Burg erbaut; als aber der undankbare und wortbrüchige Laomedon den bedungenen Lohn nicht zahlte, schickte der erzürnte Gott zur Strafe ein Seeungeheuer, dem des Königs Tochter *Hesione* zum Fraße ausgesetzt werden mußte. Wir haben hier eine zweite Art der Strafe, deren sich Poseidon in seinem Zorne gegen die Menschen bedient; er schickt furchtbare *Ungeheuer*, die das Land verheeren und die Menschen würgen. Als Theseus ihn gebeten, seinem Sohne Hippolytos den Tod zu senden, ließ er, während Hippolytos mit seinem Rossegespann am Ufer des saronischen Meerbusens hinfuhr, aus schäumendem Wogenschwalle einen wilden furchtbaren Stier hervorstürzen, der mit seinem Gebrüll die ganze Gegend erfüllte und die Rosse des Jünglings in Schrecken setzte, daß sie ihn zu Tode schleiften.

Poseidon, der den Wogen des Meeres gebietet, hat dieses wilde Reich der Gewässer dem Verkehre der Menschen zugänglich gemacht; er ist der *Gott der Schiffahrt*, der den Fahrzeugen der Menschen die feuchten Pfade der See bahnt. Doch wem er nicht wohl will, dem schickt er den Sturm, daß sein Schiff zerbricht und er in der tiefen Flut den Tod findet. Ist er dem Schiffer gewogen, so glättet er ihm die Wellen und gewährt ihm günstigen Fahrwind; und haben die Windgötter seinen Willen auf dem Meere sich zu toben erlaubt, oder hat eine andere Gottheit, wie Athena den von Troia heimkehrenden Griechen oder Hera dem Aineias, einen Sturm erregt, dann beschwichtigt er wohl mit raschem Gebote die empörte Flut, verscheucht die Winde und das dunkle Gewölk und führt das gefährdete Schiff unter dem heiteren Strahle der Sonne in den Hafen. Dann aber versäumte der Gerettete nicht, dem Herrscher durch Opfer und Gebet zu danken und, hat er in der Not ein Gelübde getan, dies zu erfüllen. Auch der Fischer, der auf den Fang hinausfährt mit Netz und Harpune, darf nicht vergessen, zu Poseidon zu beten, wenn er einen reichen Fang wünscht und sichere Fahrt. Der *Gott* ist der Patron der *Fischer*; ist doch sein Dreizack nichts anderes als die dreizackige Harpune, mit der der Fischer den Thunfisch stößt, jenen im mittelländischen Meere so häufigen und für die Volksernährung so wichtigen Fisch, der wegen seiner Größe mit Netzen nur schwer gefangen werden kann.

Mit diesem Walten auf der See ist aber die Wirksamkeit Poseidons nicht zu Ende. Er ist weiter ein *Gott der Quellen*, entweder, weil er ursprünglich ein in der Tiefe der Erde hausender Gott war, oder, will man ihn lieber als alten Meeresgott fassen, weil man glaubte, daß das Gewässer des Meeres das feste Land nicht bloß umfließt, sondern auch in allen seinen Tiefen durchdringt; denn fast überall, wo man nur in den Schoß der Erde eindringt, zeigt sich Wasser. Freilich ist nicht zu leugnen, daß eine Verbindung des Meergottes Poseidon mit dem Gotte der *Quellen* und der durch diese bewirkten *Fruchtbarkeit* auf Schwierigkeiten stößt. Denn »die salzige Meerflut nährt keine Pflanzen und Weidetiere, sondern tötet oder schädigt sie.« Das hat darauf geführt, daß man in Poseidon auch einen alten Gott der regenbringenden Winde hat sehen wollen. Wie dem auch sei, den Griechen galt das ganze unabsehbare Gebiet der Gewässer, der Quellen, die in Bächen und Strömen wieder dem weiten Meere zufließen, als ein großes Reich, das Reich Poseidons; und wenn auch die einzelnen Quellen und Flüsse wieder ihre besonderen Gottheiten haben, ihre Nymphen und Flußgötter, so sind diese doch alle gleich den übrigen Meergöttern dem einen Herrscher untertan. Da so Poseidon alles auch in der Erde verbreitete Wasser beherrscht, so ward dieser Gott des »unfruchtbaren« Meeres hie und da, wie zu Troizen, als der »befruchtende«, als der »Pflanzenernährer« verehrt, dem man die Erstlinge der Früchte weihte. An mancher Stelle hat er durch sein einfaches Machtwort oder durch den Stoß seines Dreizakkes oder durch den Hufschlag seiner Rosse eine wohltätige Quelle aus dem Felsen oder aus dem leichten Sande hervorsprudeln lassen.

Als der in ältester Zeit verehrte Gott der Feuchte, der die Fruchtbarkeit der Erde fördert, wurde denn auch Poseidon früher in Boiotien besonders in ehelicher Gemeinschaft mit *Demeter* gedacht, der Göttin der fruchtbaren, nährenden Erde; in späterer Zeit aber, als er fast ausschließlich als Meeresgott betrachtet wurde, gab man ihm die Meeresgöttin *Amphitrite* zur Gemahlinx(siehe Gemahlin.

Die *Lieblingstiere* des Poseidon sind das *Roß* und der *Stier*, und die älteste, allerdings weit vor Homer liegende Zeit dachte wohl den Gott in Gestalt dieser Tiere. Später, als die Götter Menschengestalt angenommen hatten, machte man den Roßgott zum Schöpfer des Rosses; er habe es, sagte man, aus der Quelle aufsteigen lassen und nähre es mit dem saftigen Graswuchs an deren Rande. Von solchen mythischen Quellrossen erzählte man an verschiedenen Orten. Als sich dann Poseidon zum Meeresgotte entwickelte, fand man noch eine andere Beziehung des Gottes zu seinem Lieblingstiere: die schäumenden Wogen, die sich wild hintummeln über das Meer und hoch sich bäumend wider die Felsen stürmen, verglich man im Altertume – wie noch heute in Italien – allgemein mit dem mutig vorstürmenden schäumenden Rosse. Poseidon, der streitbare starke Herrscher, vermag diese wilden Meeresrosse zu bändigen; so soll er auch, der »Rossefürst«, zugleich mit der »Rossefürstin« Athena, mit der er an verschiedenen Orten zugleich unter diesem Namen verehrt ward, dem Rosse zuerst Zaum und Zügel angelegt und die Menschen die Bändigung und den Gebrauch dieses edlen Tieres gelehrt haben. Auch das Schiff ist ein Roß, das kühn, gleich den hüpfenden Wogen des Meeres selbst, über das weite nasse Gefilde Poseidons dahinstürmt. (Von manchen freilich wird das Roß auch als ein Symbol der windgejagten Wolke angesehen; diese finden dann in dem »Rossefürsten« eine Stütze für ihre Ansicht, daß Poseidon ein alter Gott der Winde gewesen sei.) Der streitbare Rossebändiger wurde ferner auch der *Vorsteher* und Kampfeshort *der ritterlichen Wettkämpfe*, wie sie zu Olympia und auf dem Isthmos gefeiert wurden. In den Rennbahnen hatte er einen eigenen Altar, an dem ihm diejenigen, die sich zum Wagenkampfe rüsteten, ihre Opfer und Gebete darbrachten. Als Pelops nach Pisa zog, um die gefährliche Wettfahrt mit Oinomaos zu wagen, rief er den Rosseposeidon um seine Hilfe an, und der Gott gab ihm den Sieg.

Außer Roß und Stier war dem Poseidon der *Delphin* heilig, der Freund der ruhigen See, das Bild rascher Seefahrt. Aus der Verbindung von Roß und Delphin entstand der *Hippokampos*, ein Roß mit Fischschwanz, das uns noch jetzt in der modernen Kunst durch seine Verwendung zum Brunnenschmuck als Symbol des Wassergottes geläufig ist. Unter den Bäumen ist ihm die *Fichte* geweiht, weil aus ihr das Schiff gebaut wird, vielleicht auch wegen ihres dunklen Grüns, der Farbe des Meeres.

Geopfert wurden dem Poseidon besonders schwarze Stiere mit Rücksicht auf das dunkle Element des dunkelgelockten Gottes, aber als dem Gotte der heiteren See auch weiße Stiere. In Argos stürzte man ihm in die Quelle *Deine* (die »Furchtbare«) gezäumte Rosse.

Der *Kultus* des *Poseidon* war in ganz Griechenland verbreitet. Schon in den ältesten Zeiten wurde der segensreiche, befruchtende Gott an vielen Orten verehrt, namentlich auch in solchen Gegenden, die mit dem Meere in keiner Berührung standen. Dies deutet darauf hin, daß er ursprünglich kein Meeresgott gewesen ist. Später finden wir natürlich seine Verehrung besonders an Meeresküsten. Wir haben zahlreiche Sagen von *Länderstreitigkeiten* und einem Ländertausche, den Poseidon mit anderen Göttern vorgenommen; vielleicht ist dies eine Erinnerung daran, daß die Kultorte des Gottes gewechselt und sich verschoben haben. Um Attika stritt er mit Athena, um Argos mit Hera, aber an beiden Orten unterlag er; Korinth teilte er mit Helios. Delphi soll er in alter Zeit mit der Erdgöttin Ge gemeinschaftlich besessen haben, wieder eine Spur davon, daß er einst Herr der Erdtiefe war; aber er trat ihr, so sagte man seinen Anteil gegen den Besitz der Insel Kalaureia ab.

In *Thessalien* gehen viele Stammsagen des Landes auf Poseidon zurück. So galt er für den Vater der berühmten Helden *Pelias* und *Neleus*, der Zwillingssöhne der *Tyro*. Von ihrer Mutter ausgesetzt, wurden diese von einer Stute und einer Hündin ernährt, und als sie unter den weidenden Pferden zu kräftigen

Jünglingen erwachsen waren, töteten sie zuerst die böse Stiefmutter ihrer Mutter, *Sidero* (die »Eiserne«), weil diese die Tyro schmählich mißhandelt hatte, und wurden dann von ihrem Vater reich gesegnete Könige, die dessen ritterliche Künste in glänzender Weise pflegten: Pelias ward König in dem reichen Jolkos, wo er in der Argonautensage eine wichtige Rolle spielt; Neleus gründete sich eine Herrschaft in Pylos in der Peloponnes, wo sein Sohn, der reisige *Nestor*, ein besonderer Verehrer und Schützling des Stammgottes blieb. Überhaupt war die *Peloponnes* reich an Kultusstätten des Gottes. Auf dem Vorgebirge Tainaron war im Heiligtume des Poseidon das Bild eines Delphins zu sehen, auf dem ein Mann ritt, entweder Poseidon selbst oder Apollon Delphinios. Dies Bild hat vermutlich die erste Veranlassung zu der bekannten Sage von dem Dichter *Arion* gegeben, den ein Delphin auf seinem Rücken durch das Meer getragen und an die Küste ausgesetzt haben sollte. In der Peloponnes lag auch die schon oben erwähnte Stadt Helike und ferner das bedeutende Poseidonheiligtum des europäischen Festlands, das auf dem Isthmos von Korinth. Der Tempel lag, umgeben von zahlreichen andern Heiligtümern, auf einer Anhöhe in einem Fichtenhaine, in dem jedes dritte Jahr die zu einem griechischen Nationalfeste gewordenen isthmischen Spiele gefeiert wurden. Theseus, der Stammheld der Jonier, sollte diese Spiele eingesetzt haben. Der Siegeskranz wurde aus Fichtenzweigen gewunden. Auch die *Jonier in Kleinasien* hielten, da Seefahrt und Handel ihr hauptsächliches Gewerbe war, den Dienst des Poseidon in hohen Ehren und gründeten ihm zahlreiche Heiligtümer. Das berühmteste war das des helikonischen Poseidon auf dem Vorgebirge Mykale, wo der Bund der zwölf ionischen Städte Kleinasiens die gemeinsame Poseidonsfeier der *Panionien* beging.

Sohn des Poseidon und der Amphitrite ist *Triton*; doch hat der Gott außerdem noch eine große Zahl von Söhnen, was darin seinen Grund hat, daß die Stämme und zahlreichen

Städte, die ihn verehrten, ihre Stammväter und Gründer von ihm ableiteten. So heißen seine Söhne: *Pelasgos, Hellen, Aiolos, Achaios, Boiotos, Minyas, Doros, Theseus, Nauplios, Taras*, die Stammväter der Städte Nauplia und Tarent und viele andere. Eine zweite Klasse von Söhnen Poseidons sind starke riesige Unholde, in denen das Rauhe und Gewaltige, Trotzige und Ungestüme seiner eigenen Natur hervortritt. Hierher gehören in der Sage von Odysseus der Kyklop *Polyphemos* und die riesigen, gewalttätigen *Laistrygonen*, in der Theseussage *Korynetes, Skiron, Kerkyon, Prokrustes*, manche Ungetüme in der Heraklessage, in der Argonautensage *Amykos* und andere.

Die Kunst stellt den Poseidon seinem Bruder Zeus ähnlich dar, erhaben und gewaltig, doch fehlt ihm die ruhige Klarheit und Majestät des olympischen Herrschers.

Sein stets bärtiges Gesicht, von eckigeren Formen, zeigt etwas Heftiges, seine kräftige, gedrungene Gestalt ist von derberer Muskulatur, die Brust breit; das dichte Haar ist feucht und fällt etwas wild vom Haupte nieder.

Die Statuen zeigen ihn in verschiedener Stellung und Auffassung, entweder als den aufgeregten Gott der stürmischen Meereswogen und der Erdbeben, mit dem geschwungenen Dreizack einherschreitend, oder in der ruhigen Haltung eines sicheren Beherrschers seines Elementes, den einen Fuß auf einen Felsen oder auf einen Delphin gestützt, mit ruhigem und scharfem Blicke über die weite See hinschauend in seiner Rechten den Dreizack als Stütze.

Dreizack und Delphin, in älterer Zeit auch der Thunfisch, sind überhaupt seine gewöhnlichsten Attribute.

Auf Gemälden wurde er öfter auf einem Stiere oder auf einem Pferde reitend dargestellt, oder zu Wagen mit seinen stürmenden Rossen, umgeben von den Tieren und den verschiedenen Göttern des Meeres.

Der römische Wassergott *Neptunus* hatte ursprünglich keine Beziehungen zum Meere. In historischer Zeit wird er aber durchaus mit dem damals ebenfalls zum Meeresgott gewordenen griechischen Poseidon gleichgesetzt.

Neptuns Gemahlin, *Salacia*, deren eigentliche Bedeutung unklar ist, deutete man nun in Anlehnung an das Wort *salum* als Göttin der Salzflut und sie wurde hie und da der Amphitrite gleichgesetzt.

2. Amphitrite und Triton

Die Gattin des Poseidon war eigentlich wohl Demeter. Später heißt seine Gemahlin *Amphitrite*. Es ist interessant zu sehen, wie sich diese Göttin allmählich entwickelt; in der Ilias wird sie gar nicht erwähnt, die Odyssee kennt sie als Meergöttin, aber noch nicht als Poseidons Gattin und als solche nennt sie endlich Hesiodos. Von dessen Zeit an steht sie neben dem meerbeherrschenden Gotte wie Hera neben Zeus; durch Poseidon ist sie eine Königin der See geworden. Sie war eine Nereïde. Als sie einst mit ihren Schwestern auf Naxos am Strande des Meeres den Reigen tanzte, sah Poseidon die schöne liebliche Gestalt, und rasch entschlossen raubte er sie und erhob sie zu seiner Gattin; nach anderer Sage floh die Jungfrau vor ihm und barg sich in weiter Ferne bei Atlas, aber der Delphin verriet Poseidon ihren Aufenthalt und ward deswegen von ihm aus Dankbarkeit unter die Sterne versetzt. Der Vermählung geht also auch hier, wie so oft in der Mythologie ein Brautraub voraus. – Homer nennt Amphitrite immer nur in Beziehung zu den Wogen des Meeres oder zu den Meereswundern und Seeungeheuern, die sie pflegt und bisweilen den Schiffern zum Schreck aus der Tiefe heraufsendet. Bei Hesiod ist sie die Mutter des *Triton* (dessen Name auch in dem seiner Mutter *Amphitrite* und im Beinamen der Athena *Trito*geneia wiederkehrt), der *Rhode* oder *Rhodos* (der Rauschenden) und der *Benthesikyme* (der Wogerin der Tiefe). Spätere Dichter gebrauchten Amphitrite geradezu zur Bezeichnung des Meeres. Amphitrite verkehrt auch als Herrin der See noch gerne mit ihren Schwestern, den Nereïden, denen sie in ihrer Gestalt ganz ähnlich erscheint, nur daß sie durch verschiedene Attribute königlicher Herrschaft vor ihnen ausgezeichnet ist. Man stellte sie oft in deren Gesellschaft dar, umringt von allerlei Tieren der See, eine schöne reizende Göttin, der Aphrodite ähnlich, mit feuchtem fließendem Haupthaar, das wohl auch mit einem Netze umflochten war. Zur Bezeichnung der Meeresgöttin trug sie bisweilen an den Schläfen Scheren des Seekrebses.

Der Sohn des Poseidon und der Amphitrite war *Triton*. Sein Name ist wie der der Amphitrite und Tritogeneia unerklärt; auch die vielfach angenommene Ansicht, er bedeute »Rauscher« oder »Brauser«, ist nicht sicher. Freilich scheint das Lärmen so recht seine Sache gewesen zu sein; er führte gewöhnlich eine große gewundene Muscheltrompete, auf der er so laut und gewaltig trompetete, daß, wenn er in der Mitte des Meeres stand, alle Küsten im Ost und im West widerhallten. Als die Götter mit den Giganten um die Herrschaft rangen, blies er mit solcher Macht in die Muschel, daß selbst die wilden Riesen vor solchen Tönen die Flucht ergriffen. Nach der gangbarsten Ansicht späterer Zeit bediente er sich seiner Muscheltrompete besonders im Auftrage seines Vaters, um die Wellen des Meeres bald zu erregen, bald zu beschwichtigen. Homer nennt ihn nicht; nach Hesiod wohnt er in der Tiefe des Meeres bei Vater und Mutter im goldenen Palaste, ein riesiger und mächtiger Gott. In der Folge aber wird sein Ansehen beschränkt. Er galt für einen Daimon des mittelländischen Meeres oder auch für den Gott des Tritonsees in Libyen, als solcher kommt er besonders in der Argonautensage vor. Als die Argonauten in jenen See kamen, zeigte er ihnen den Weg zum Mittelmeere und schob die Argo mit starker Hand dahin und die dankbaren Schiffer errichteten ihm und Poseidon Altäre. Mit Staunen betrachteten sie den seltsamen Gott; vom Kopfe bis zum Leibe herab hatte er die schöne Gestalt eines Menschen, aber vom Leibe an ging sein Körper in einen lang gestreckten zweigabeligen Fischschwanz aus. In dieser Gestalt ward der Gott in späterer Zeit gewöhnlich gedacht, eine abenteuerliche Doppelgestalt von Mensch und Tier, wie die Kentauren, die Pane und Satyrn; und so wie diese mit den Mainaden und Nymphen den Bakchos und die Ariadne bei ihrem Aufzuge zahlreich umschwärmen, ebenso umtummeln Tritonen, als niedere Seewesen in der Mehrzahl gedacht, mit ihren Muscheltrompeten lärmend und schwärmend mit den Nereïden und andern Seegottheiten die majestätisch durch die Fluten dahinziehenden höheren Götter des Meeres, Poseidon und Amphitrite. Ein später griechischer Schriftsteller beschreibt diese Tritonen folgendermaßen: sie haben grünes Haupthaar, feine, sehr harte Schuppen, Kiemen unter den Ohren, menschliche Nasen, breiten Mund mit Tierzähnen, meergrüne Augen, statt der Füße einen Schweif wie die Delphine. Kommen zu dem menschenähnlichen Oberleibe und dem Fischschweife noch zwei Vorderfüße eines Pferdes, so nennt man diese Gestalten *Kentaurotritonen* oder *Ichthyokentauren*, d. h. Fischkentauren.

3. Nereus und die Nereïden

Nereus war der älteste Sohn des *Pontos*, einer Personifikation des Meeres, und der *Gaia*, der Erde. Wie andere niedere Meeresgötter, heißt er Meergreis oder einfach der Greis. Aus diesem Namen hat man geschlossen, diese Götter seien alle mächtige Meergottheiten gewesen, die vor dem sich zum Meeresgotte entwickelnden Poseidon hätten zurücktreten müssen. Nereus ist, wie Hesiod sagt, ein milder Greis ohne Falsch und Trug, der der ewigen Satzungen stets eingedenk ist und gerechten Rat übt. In der Sage tritt bei ihm die vielen Seegöttern eigentümliche Gabe der Weissagung besonders hervor. Als Herakles nach den goldenen Äpfeln der Hesperiden ausgezogen war, überraschte er den Nereus im Schlafe und fesselte ihn, damit er ihm verkünde, wie er zu den Hesperiden gelangen könne; denn die Weissagegötter sind mit ihrem weisen Rate nicht sogleich jedem dienstbar. Auch Nereus widerstrebte anfangs und verwandelte sich in allerlei Gestalten, eine Fähigkeit, die den Wassergöttern ebenfalls eigen ist; doch da Herakles ihn nicht losließ, so weissagte er ihm endlich untrüglich. Diese Sage ist der homerischen von Proteus ähnlich. In den bildlichen Darstellungen des Nereus sind wie bei ähnlichen Meergöttern an Augen, Kinn und Brust statt der Haare zackige Blätter einer Seepflanze angedeutet.

Auf dem Grunde des Meeres wohnen bei dem greisen Vater die schönen, lieblichen *Nereïden*, seine fünfzig Töchter. Ihr Name bedeutet nichts anderes als »Töchter des Nereus«, dieser Name aber wird »Gott des Nasses« gedeutet. Die Zahl fünfzig sieht man nur als runde mythische Zahl für eine unbestimmte Vielheit an; tatsächlich reden auch einige von hundert Nereïden. Die zahlreichen Töchter des Nasses nun hat man als eine Perso-

234

nifikation der Meereswellen gedeutet, deren »Spielen, Tanzen und Schimmern, Plätschern, Kosen und Plaudern die Vorstellung einer zahlreichen Schwesternschar« erwecke. Die Deutung der Namen, die die Dichter den Nereïden geben, führt aber vielleicht darauf, diese Meermädchen nicht bloß als Wellen, sondern überhaupt als Personifikation des Meeres, seiner Eigenschaften und Gaben – Doris, die »Geberin«, eine Tochter des Okeanos, ist ihre Mutter – zu fassen. Sie erregen das freundliche Wellenspiel und den Wogenschwall an den Küsten und auf der hohen See, dessen Anblick den Menschen erfreut, sie erwekken das melodische Rauschen, sie schaffen die Ruhe der See und führen das Schiff gnädig über das Meer dem Hafen zu. Der Gewinn der Schiffahrt und des Handels ist ihre Gabe, und – wenn die Deutung einiger Namen richtig ist – selbst die Herden am Ufer gedeihen unter ihrem Schutze.

Hesiod hat den ganzen Chor der Nereïden mit Namen aufgeführt; andere Dichter folgen ihm zum Teil, teils weichen sie, wie auch die Vasenmaler in ihren Nereïdendarstellungen, von ihm ab und nennen andere, so daß wir im ganzen beinahe hundert Nereïdennamen kennen. Die Aufzählung bei Hesiod erstreckt sich über zwanzig Verse, die nur die Namen, hie und da mit Zusätzen wie: die Liebliche, die mit rosigen Ellbogen, die an Aussehen Untadelige geben. Man hat nun in diese – unleugbar in einem Dichtwerke recht langweilige und unpoetische – Liste Ordnung und poetischen Zusammenhang zu bringen gesucht, indem man die von dem Dichter in Gruppen oder einzelne Verse zusammengefaßten Nereïden auch nach ihrer Bedeutung zusammenzufassen suchte. Damit tut man dem alten boiotischen Dichter zu viel Ehre an und die Deutungen sind höchst gezwungen: so soll der Dreiverein Melite (die Honigsüße – Anmutige), Eulimene (die Schönbuchtige) und Agaue (die Erhabene) den »anmutigen und erhabenen Anblick des buchtenreichen Meeres« vergegenwärtigen. Aber auch ohne diese künstliche Erklärung bleiben die Namen einzeln betrachtet doch höchst anmutig; zu bewundern ist die Phantasie der Griechen, die eine solche Fülle wohllautender Mädchennamen zu ersinnen wußte, die teils die weibliche Schönheit an sich schildern, teils aber deutliche Beziehung zum Meere ausdrükken. Freilich bleibt die Erklärung mancher Namen nicht ganz sicher, so daß im folgenden oft mehrere Möglichkeiten der Deutung angegeben werden müssen. Bloße Schönheitsnamen sind wohl *Erato*, die Liebliche (von anderen auf den lockenden Reiz des Wassers bezogen), *Agaue*, die Hehre, *Euagore* und *Leiagore*, die Wohlredende und die Sanftredende (vielleicht auf das Gemurmel der Wellen bezüglich), *Kallianassa*, die schöne Herrin, *Melite*, die Honigsüße, *Thaleia*, die Blühende, *Euarne*, die Lämmerzarte (auch auf die am Gestade weidenden Herden gedeutet), *Galateia*, die mit milchweißer Haut, *Glauke*, die Glänzende (Glanz der Augen oder Meeresglanz?). Deutlich auf das Meer und seine Gaben beziehen sich *Doris, Doto*, Geberin, *Eudore*, Geberin des Guten, *Halie (hals*, Meer), *Amatheia, Psamathe (amathos, psamathos*, Sand), *Eïone* und *Aktaie (eïon* und *akte*, flacher und felsiger Strand), *Eulimene*, die Schönbuchtige, *Galene*, die Windstille, *Nesaie, Neso (nesos*, Insel), *Sao*, Bergerin (im Hafen), *Pontoporeia*, Meerfahrerin. Mehrere Namen sind mit *hippo*, Roß, zusammengesetzt, wie *Hippothoe, Hippono(m)e, Menippe:* Woge und Roß sind oft verglichen. Auf die Wogen, ihre Schnelligkeit und Kraft beziehen sich auch Namen wie *Dynamene*, die Mächtige, *Pherusa*, die Tragende, *Kymo, Kymodoke, Kymothoe (kyma*, Woge), *Thoe*, die Schnelle, vielleicht *Autonoe*, die Eigensinnige, auf das Unregelmäßige und ewig Abwechselnde des Wogenschlags zu deuten. Auch die wesentlichste Eigenschaft ihres Vaters Nereus, die Weissagungsgabe, eignet den Nereustöchtern; darauf deuten Namen wie *Pronoe, Protomedeia*, die vorher Denkende, zuerst Sinnende, vielleicht auch *Apseudes* und *Nemertes*, die Untrüglichen.

Die Nereïden wurden sehr häufig von der Kunst dargestellt, liebliche Mädchengestalten, jede der Schwester ähnlich und doch keine der andern gleich, vereinigt zu schönen spielenden Gruppen oder auf Delphinen und Seepferden (Hippokampen) ruhend und reitend, umgeben von Meerungeheuern, von Tritonen und andern niedern Wesen der See, durch deren groteske Gesellschaft die schlanken, in den mannigfaltigsten Lagen sich darstellenden Körperformen nur noch anmutiger hervortreten. Solche geräuschvolle lustige Schwärme bildeten besonders auch den Hintergrund bei Darstellung des meerbeherrschenden Paares Poseidon und Amphitrite. – Daß diese wohlwollenden, hilfreichen Göttinnen der See an Küsten und auf Inseln einer sorglichen Verehrung genossen, ist natürlich. Und noch heute kennt das griechische Volk die Neraïden, auch Mädchen oder gute Fräulein genannt, die zum großen Teil noch ganz dieselben Eigenschaften wie die Nereïden haben – ein Rest des Heidentums im Christentume, wie wir ihn auch sonst fanden und auch in Deutschland oft finden.

Die ausgezeichnetsten unter den Nereïden waren *Amphitrite* und *Thetis*. Von diesen gelangte die erstere durch ihre Ehe mit Poseidon zu den höchsten Ehren, sie ward Königin der See. Ganz anders wandte sich das Geschick der Thetis. Hera hatte sie aufgezogen, und als sie zu lieblicher Schönheit aufgeblüht war, warben um ihre Hand die höchsten Götter, Zeus und Poseidon. Da aber ward ihnen das Orakel der Themis bekannt, der Sohn der Thetis werde größer werden als sein Vater; deswegen standen sie ab von ihrer Bewerbung aus Furcht, der Thetis Sohn könne einst ihre eigene Herrschaft stürzen, und vermählten die schöne Göttin mit einem sterblichen Manne, mit Peleus. Ihr Hochzeitsfest wurde geehrt durch die Gegenwart aller Götter, die mit reichen Hochzeitsgaben nahten. Jedoch die ungleiche Ehe der Unsterblichen mit dem Sterblichen ist ohne Bestand, nach kurzer Zeit verläßt Thetis den Gemahl wieder und kehrt zurück in die Tiefe des Meeres zu dem greisen Vater und ihren Schwestern; aber durch diese kurze Verbindung mit der sterblichen Menschheit ist die Göttin in alle Leiden des irdischen

Lebens hineingezogen. Ihr Sohn ist Achilleus, der große Held vor Troia, dem unsterblicher Ruhm beschieden war, aber ein kurzes Leben. Die Mutter weiß, daß er in der Blüte seiner Jugend fallen muß und sucht vergebens das Verhängnis von ihm fern zu halten. So lange der geliebte Sohn lebt, von Schmerz und Leid nicht unberührt, hängt ihr zärtliches Mutterherz mit wehmütiger Sorge an seinem Geschick; sie hört in der tiefen See seine Klagen und kommt herauf, um mit ihm zu trauern und ihn zu trösten, und als ihn endlich das verhängte Todeslos trifft, da klagt sie laut, die Schmerzensreiche, mit all ihren Schwestern, daß weithin das ganze Meer von ihrem Jammer widertönt. Wie all ihre Schwestern, so hat sie ganz besonders ein mildes weiches Herz, das wohlwollend den Bedrängten und Schutzbedürftigen Hilfe gewährt. Dionysos, Hephaistos, ja selbst der Vater Zeus erfreuten sich ihres Schutzes.

Wir heben aus der Schar der Nereïden noch eine hervor, die schöne *Galateia*, ein hartherziges Mädchen, dem wir aber doch seinen unempfindlichen Sinn so sehr nicht verargen können. Sie hatte das Glück, von *Polyphemos* geliebt zu werden, dem ungeschlachten rohen Kyklopen, der in der Blüte seiner Jugend von der allherrschenden Macht der Liebe nicht verschont blieb; doch die Grausame floh die Werbung des stattlichen Gesellen oder erlaubte sich höchstens mit ihm einen schalkhaften Scherz, – ein Gegenstand, den die späteren Dichter, namentlich Theokritos, öfter mit Humor behandelt haben. Der junge Polyphem hatte die schöne Nereïde gesehen, als sie in das Gebirge ging, um dort Blumen zu pflücken, und der Jüngling zeigte ihr den Weg zu den blumenreichsten Stellen. Von der Zeit an war's um ihn geschehen. Doch er liebte nicht wie andere Leute, die in zarter Weise der Geliebten Locken und Rosen und Äpfel senden; seine Liebe war eine blinde tobende Wut, in der er alles andere vergaß. Seine Schafe gingen unbewacht auf der Weide und kehrten oft ohne ihn zur Höhle zurück; währenddes saß er ganze lange Tage am Ufer und besang in seiner Weise die Schönheit der Geliebten und beschwor sie, das nasse Meer zu verlassen und bei ihm zu wohnen in seiner schönen Grotte. Ist er nicht schön, so ist er doch reich an Schafen und Milch und an Käse, und die Syrinx versteht er zu blasen, wie keiner; und er verspricht ihr auch elf junge Hirschkälber, alle mit Bändchen um den Hals, und vier junge Bären. Und doch verschmäht ihn die harte stolze Nymphe! All sein Singen ist umsonst.

4. Ino Leukothea und Melikertes
oder Palaimon

Ino Leukothea heißt bei Pindar eine Genossin der Nereïden und wird von ihm mit ihrer Schwester Semele als Beispiel wunderbaren Schicksalswechsels aufgeführt; durch großes Leid gelangte sie zu hoher Ehre. Ino, die Tochter des Königs Kadmos in Theben, war vermählt mit *Athamas*, dem Könige von Orchomenos, dem sie den *Learchos* und *Melikertes* gebar. Als sie den Sohn ihrer Schwester Semele, Dionysos, erzog, erzürnte Hera und versetzte den Athamas in Raserei, so daß er den Larchos tötete und Ino mit Melikertes verfolgte. In wilder Hast gejagt, stürzte sie sich mit ihrem Sohne ins Meer, und beide wurden, gerettet von den Nereïden, zum Lohne für die Erziehung des Dionysos in die Reihe der Meeresgötter aufgenommen. So gelangte die Sterbliche zu göttlicher Ehre. Wie die viel geprüfte Nereïde Thetis, so ist auch sie, die durch harte Leiden hindurchgegangen, eine besonders freundliche und hilfreiche Göttin geworden, die gerne denen, welche sich auf dem Meere in Not befinden, ihre rettende Hand bietet. Den Beinamen *Leukothea* (Weiße Göttin) deutet man als Göttin des ruhigen glänzenden Meeres, der heiteren Meeresruhe, die den Seeleuten zum Heile nach dem Sturme eintritt. Als der zürnende Poseidon dem Odysseus in der Nähe der Phaiakeninsel sein Floß durch den Sturm zertrümmert hatte, erschien die rettende Leukothea und gab Odysseus ihren Schleier, auf dem er glücklich zu dem Lande der Phaiaken schwamm.

Melikertes hat eine lange Entwicklung durchgemacht, ehe er in der Form der Sage, wie wir sie eben darstellten, auftritt. Er heißt ursprünglich Melkart und ist der Stadtgott von Tyros in Phoinikien; sein Name hängt mit dem aus der Bibel bekannten Moloch zusammen (und so wie dieser, empfing übrigens noch Melikertes-Palaimon in Tenedos Kinderopfer). Phoinikische

Seefahrer brachten seinen Kult nach Griechenland, besonders nach der Küste von Megara und dem Isthmos von Korinth. Als nun Poseidon der herrschende Meeresgott wurde, mußte sich Melkart mit einer bescheideneren Stellung begnügen. Entweder ordnete man ihm dem Poseidon als einen niederen Meeresgott unter, oder man identifizierte ihn anderwärts mit Herakles; wahrscheinlich davon erhielt er dessen Beinamen *Palaimon* (der Ringer). Aus dem mächtigen Stadtgotte wurde so ein hilfreicher Gott des stürmischen Meeres, weshalb ihn schließlich die Römer, die ihn von den Griechen übernahmen, mit ihrem Gotte *Portunus* identifizierten. Dieser ist zwar ursprünglich ein Gott jedes Eingangs, mag er durch das Tor *(porta)* oder durch den Hafen *(portus)* stattfinden; aber später wurde er ausschließlich zu einem Gotte, der die gefährdeten Schiffe sicher in den Hafen führt. – Die Korinthier wußten von der eigentlichen Abstammung des Gottes nichts; sie erzählten, die Fluten hätten den Leichnam des Melikertes an den Isthmos in den Hafen Schoinus getragen; dort habe ihn Sisyphos, der König von Korinth und Bruder des Athamas, gefunden und begraben und ihm zu Ehren auf Befehl der Nereïden die isthmischen Spiele eingesetzt, die später an Poseidon übergingen. So lange die Spiele dem Palaimon galten, erhielt der Sieger einen Eppichkranz, bei den poseidonischen Spielen einen Fichtenkranz.

5. Proteus

Proteus, d.i. der Uralte oder vielleicht der Weissager, war ein
ähnliches Wesen wie Nereus, ein dem Poseidon untergebener
weissagender Meergreis. Er hatte nur eine Tochter, *Eidothea,*
d.i. die wissende Göttin, eine Prophetin wie ihr Vater und
freundlichen hilfreichen Sinnes, ähnlich wie die Nereïden. Von
Proteus erzählt die Sage: Als *Menelaos* auf seiner Heimfahrt
von Troia in den östlichen Gewässern umherirrte, wurde er
durch Windstille zwanzig Tage lang auf der Insel Pharos in der
Nähe von Ägypten zurückgehalten, so daß ihm die Lebensmittel auszugehen drohten und er Gefahr lief, mit seiner ganzen
Mannschaft umzukommen. Da erbarmte sich sein die Göttin
Eidothea, indem sie ihm riet, ihren Vater Proteus zu überfallen
und zur Weissagung zu zwingen; und sie war ihm selbst bei
dem Anschlage gegen den Greis behilflich. Jeden Tag nämlich
trieb Proteus, der die Robben Amphitrites weidete, um die Mit-
tagszeit seine Herde aus der Tiefe der See herauf auf die sandige Küste der Insel Pharos, wo sich die Tiere auf dem heißen
Sande zum Schlafe hinstreckten, während er selbst in dem
Schatten der Felsen sich dem Schlummer überließ. Eidothea
barg den Menelaos mit dreien seiner Gefährten auf dem Sande
unter den Fellen von vier Robben, die sie eben auf dem Meeres-
grunde von der Herde ihres Vaters geschlachtet. Proteus zählte
nun die Herde durch, und als er kein Stück vermißte, legte er
sich selbst zur Ruhe nieder. Da wurde er plötzlich von Menelaos und seinen drei starken Gefährten überfallen; zwar verwandelte er sich ränkevoll in einen furchtbaren Löwen, dann in
einen Drachen, einen Panther und ein großes Wildschwein,
zuletzt in fließendes Wasser und in einen aufsprossenden Baum,
aber da Menelaos auf den Rat der Eidothea ihn nicht losließ, so

nahm er zuletzt wieder seine gewöhnliche Gestalt an und weissagte ihm untrüglich. Er verkündete ihm, wie er die Götter, die
ihm die Windstille gesandt, wieder zu versöhnen habe, und
sagte ihm, was während seiner Abwesenheit seinen Freunden
und seinem Hause Gutes und Böses widerfahren sei; zuletzt
offenbarte er ihm, er selbst werde nicht sterben, sondern als
Eidam des Zeus mit Helena ins Elysion eingehen. Darauf
tauchte der Greis wieder in das Meer. So erzählt Homer in der
Odyssee. Später machte man den Proteus zu einem Könige von
Ägypten und gab ihm (nach der sandigen Küste von Pharos?)
eine Gemahlin *Psamathe,* d.i. Göttin des sandigen Ufers. Zu
diesem Könige von Ägypten sollte Paris, als er die Helena entführt hatte, gekommen sein; aber Proteus nahm ihm die Helena ab und gab ihm statt ihrer ein Schattenbild der Geraubten
nach Troia mit. Nach Troias Fall erhielt Menelaos aus seinen
Händen die wahre Helena zurück.

6. Glaukos

Glaukos hat vielleicht seinen Namen vom Glanze des Meeres-
spiegels und war ursprünglich ein Gott der Schiffer und Fischer, der an der boiotischen Küste, besonders in dem boiotischen Fischerdorfe Anthedon, verehrt ward. Die Einwohner
von Anthedon behaupteten, er sei ein schöner Fischer ihres
Dorfes gewesen. Einst schüttelte er seine gefangenen Fische,
die schon halb tot waren, aus seinem Netze auf dem Ufer aus
und sah mit Verwunderung, wie sie durch Berührung mit den
Kräutern, auf die sie gefallen waren, wieder so munter wurden,
als wären sie im Wasser. Er aß von dem Wunderkraute und
fühlte sich darauf plötzlich wie von göttlicher Begeisterung ergriffen und getrieben, in das Meer zu springen, wo ihn Okeanos
und Tethys in einen Meergott verwandelten. Der Ort bei Anthedon, wo er ins Meer gesprungen, hieß der Glaukossprung. – In
der Argonautensage hieß es, Glaukos habe die Argo erbaut und
gesteuert. In der Seeschlacht der Argonauten mit den Tyrrhe-
nern blieb er allein unverwundet und wurde darauf nach dem
Willen des Zeus ein Meergott. Er galt dann gleich Nereus und
Proteus als Prophet, der aus den Fluten tauchend den Argonauten freiwillig weissagte. Auch sonst gibt es viele Sagen von ihm;
er war im ganzen Mittelmeergebiet bis nach Spanien hin bekannt. Besonders erzählte man viel von seiner Liebe zu Ariadne
auf Naxos, zu Skylla, als diese noch nicht in ein Ungeheuer
verwandelt war, zu den Nereïden und anderen schönen Jungfrauen. Seine Gestalt dachte man sich ähnlich der des Triton; er
war ein starker Wassergott mit zottigem Haupthaar und Bart,
und sein Unterleib lief in einen gekrümmten Fischschweif aus.

7. Okeanos und sein Geschlecht, die Okeaniden und Flüsse

Der Gott *Okeanos* ist die Personifikation eines großen Weltstromes (nicht -meeres), der mit seiner tiefen, sanft hinströmenden Flut die Erde und das Meer im Ringe umfließt, und aus dem Meer und Flüsse und Quellen ihren Ursprung haben. Bei Homer aber heißt er sogar *Vater der Götter;* wir finden also hier schon Spuren der Ansicht, die später der erste Philosoph, Thales, vertrat, alles sei aus dem Wasser entstanden. Vermählt ist er nach Homer mit *Tethys,* der »Mutter«, »Nährerin«. Er steht an Rang vor allen Göttern und nur dem Zeus nach; doch beteiligt er sich nicht am Weltregimente und kommt nicht zur Götterversammlung. Offenbar hat ihm Zeus, weil er nicht am Titanenkampfe teilnahm, seine Würde ungeschmälert gelassen und ihm ein ruhiges geehrtes Alter gestattet; so lebt er nun in stiller Zurückgezogenheit und kümmert sich nicht um die übrige Welt.

Anders ist die Darstellung bei Hesiod. Nach dessen Theogonie, die ja auch sonst von Homer abweicht, ist Okeanos *einer der Titanen,* ein Sohn des Uranos und der Gaia, der mit Tethys die Gottheiten alles strömenden Gewässers der Erde, der Flüsse, Bäche und Quellen erzeugte, dreitausend Söhne, die *Flußgötter,* und dreitausend Töchter, die *Okeaniden* oder *Okeaninen,* Gottheiten der Quellen und Bäche. Durch diese Kinder ist Okeanos mit der Allmutter Tethys der Grund alles Lebens, denn das tausendfache Geäder der durch und über die Erde strömenden und rieselnden Wasser erweckt ja erst Blühen und Gedeihen. Von den vielen Flüssen, den Okeanossöhnen, nennt Hesiod nur fünfundzwanzig, von den Okeaniden einundvierzig. Wir führen einige dieser schön klingenden, bedeutungsvollen Namen an. Ein Teil davon bezieht sich auf die segensreiche, Reichtum spendende Wirkung des Wassers wie *Doris*, die Geberin, *Polydore*, die Gabenreiche, *Pluto*, die Reiche, andere schildern das Wasser in seinen Eigenschaften, seiner Schnelligkeit, Kraft und Anmut, wie *Hippo*, die Roßschnelle (Welle), *Okyroë*, die schnell Strömende, *Kalliroë*, die schön Strömende, *Janthe*, die Laue, zum Bade Ladende, *Petraia*, die Felsige, über Felsen dahin Hüpfende, oder die Felsquelle, *Kalypso*, die Verborgene, die Quelle der verborgenen Grotte, *Admete*, die Unbändige, *Plexaure*, die die Luft Schlagende, *Galaxaure*, die die Luft mit milchweißem Schaum Erfüllende; auch *Peitho*, die Überrederin, die durch ihr süßes Plätschern und Flüstern das Herz bezaubernde Welle, wird hierher gehören. Daneben stehen nun aber andere Namen, wie *Dione*, die Göttliche, *Eurynome*, die weit Waltende, *Idyia*, die Wissende, *Tyche*, das Geschick, und ähnliche. Von diesen könnte man am ehesten noch Idyia auf das Wasser beziehen, da ja, wie wir sahen, die Wassergötter die Gabe der Weissagung besitzen. Die anderen Namen aber haben ersichtlich keine direkte Beziehung zur Natur des Wassers. Sie vertreten vielmehr jene Ansicht, nach der aus dem Wasser »als dem Urelemente die Entstehung *aller Dinge und aller* in der Welt waltenden *Götter*« hergeleitet wurde; Dione ist ja ein Name, der direkt mit Zeus zusammenhängt. Diese Ansicht fanden wir oben bei Homer vertreten. Nun sondert Hesiod die hierauf bezüglichen Namen nicht etwa aus, sondern er vermischt sie mit den anderen. Hieraus folgt, daß er sich gar nicht bewußt war, die Namen zweier verschiedener Systeme zu geben; man darf also hier ebensowenig wie oben in der Liste der Nereïden versuchen, Hesiods Namen der Okeaniden zu Paaren und Dreivereinen zusammenzustellen, die zueinander in Wechselbeziehung stehen sollen. – Zu diesen Namen, die das ganze Bereich des Lebens umfassen, ist bedeutungsvoll einer als letzter gestellt, der uns plötzlich in die dunklen Einöden des Todes versetzt. Es ist der Name der in der Tiefe des Schattenreiches hinströmenden *Styx*, der selbst den seligen Göttern ein Grauen erweckt.

Zeus hat sie »zum großen Schwure der Götter« gemacht, heißt es bei Hesiod. Wenn unter den olympischen Göttern ein Streit entsteht, der durch einen Eid geschlichtet werden muß, so sendet Zeus die Iris zu dem Hause der Styx, daß sie in goldener Schale zum großen Schwure dort Wasser hole, und wenn einer der Unsterblichen die Wasserspende ausgießt und einen falschen Eid leistet, so liegt er, von schwerem Schlafe umhüllt, atemlos und lautlos ein großes Jahr lang da, und weder Nektar noch Ambrosia kommt über seine Lippen. Und ist diese Krankheit vorüber, so kommt eine neue, noch schwerere Buße über ihn; neun Jahre bleibt er verbannt von dem Rate und dem Tische der Götter, und erst im zehnten ist's ihm vergönnt, sich wieder zu den Unsterblichen zu gesellen.

In den Mythen kommen die Okeaniden wenig vor; das hat seinen Grund darin, daß die *Nymphen* überall an ihre Stelle getreten sind. Eine desto wichtigere Rolle dagegen spielen in den Sagen der einzelnen Landschaften ihre starken Brüder, die Flußgötter. Sie sind in ihren Landschaften die Urheber alles Lebens, denn durch die befruchtende Kraft ihres Elementes sproßt und gedeiht die Pflanzenwelt, die Nahrung der Tiere und der Menschen. Darum wurden sie als die Ernährer und Pfleger der aufwachsenden Landesjugend verehrt, denen die Jünglinge zum Danke für die Erhaltung und Pflege ihres Lebens ihr Haupthaar weihten. So gelobte Peleus dem Flußgotte seines Landes *Spercheios* ein heiliges Opfer und die Locken des Achilleus, wenn dieser glücklich aus dem Kampfe vor Troia in die Heimat zurückkehre. Auch wurden sie an vielen Orten als die Schöpfer der ersten Landeskultur und als die ersten Könige angesehen, von denen die herrschenden Geschlechter im Lande sich ableiteten, wie *Inachos* in Argos. Als solche mächtig wirkende, segensreiche Götter hatten sie ihre eigenen Altäre und heiligen Haine und zum Teil ihre besonderen Priester. Ihre Wohnung war die Tiefe des Flusses selbst oder eine Felsengrotte an dessen Quelle. Man dachte sie sich in verschiedenen

Gestalten, die sie wie alle Götter des flüssigen wandelbaren Elements leicht wechseln konnten, namentlich in der einer Schlange oder eines Stiers; denn der Stier war nicht nur ein Symbol der Fruchtbarkeit, sondern erinnerte auch durch seinen wilden, mit Gebrüll vorstrebenden und wühlenden Lauf an die mächtig dahinbrausende, aufwühlende und zerstörende Strömung des Flusses. Dargestellt wurden die Flußgötter in vollständiger Tiergestalt oder durch einen Stierleib mit einem bärtigen und gehörnten Menschenhaupte, oder man fügte umgekehrt an die menschliche Gestalt den Stierkopf. Sehr häufig gab man ihnen aber auch die volle Menschengestalt und bildete sie je nach der Größe und Würde des Stromes bald als greise Männer, bald als Jünglinge; mit Schilf und Wasserpflanzen bekränzt, Füllhörner im Arme, liegen sie behaglich da und gießen aus einer Urne die Fluten ihres Stromes. Am bekanntesten sind von Statuen dieser Art die des Nil im Vatican in Rom und die Flußgötter (Nil und Tiber) auf dem Capitolsplatze in Rom.

Der vornehmste aller griechischen Ströme ist der *Acheloos* oder *Acheloïos* (jetzt Aspro-potamo, der weiße Fluß, so nach seinem weißen Schlamme genannt), der vom Pindosgebirge herkommt und zwischen Akarnanien und Aitolien dem ionischen Meere zuströmt. Er ist der König der Flüsse, der wegen seiner Macht und Stärke neben Okeanos genannt ward; sein Name bedeutet wahrscheinlich in seinem ersten Bestandteile das Wasser, wenn er mit *aqua*, deutsch Ache (Steinach, Achalm) zusammenhängt. Man verehrte ihn nicht bloß in seinem eigenen Gebiete, sondern weit und breit in ganz Hellas, man schwur bei ihm und rief ihn bei Opfern und Gebeten an. Zu dieser weit verbreiteten Ehre des Acheloos hat das Orakel zu Dodona besonders beigetragen; denn es soll immer am Ende seiner Sprüche befohlen haben, dem Acheloos zu opfern. – Die *echinadischen Inseln*, die vor der Mündung des Acheloos liegen, erhielten durch ihn ihren Ursprung. Einst opferten nämlich vier Nymphen an seinem Ufer den dort heimischen Göttern und vergaßen ihn selbst; da riß er im Zorne den Boden, auf dem sie opferten, und sie selbst mit sich fort ins Meer, und so entstanden aus ihnen und dem fortgerissenen Boden vier Echinaden. Die fünfte war *Perimela*, des *Hippodamas* Tochter, die der Vater aus Zorn über ihre Liebe zu dem Flußgotte ins Meer geworfen und Poseidon auf des Acheloos Bitten in eine Insel verwandelt hatte. Die *Sirenen*, die aus der Odysseussage bekannten Sängerinnen des Meeres, stammten von ihm, als einem Repräsentanten der Wassergötter, und von der Muse Melpomene. Bekannt ist sein Kampf mit Herakles um die schöne aitolische Königstochter *Deïaneira*. Das Horn, das ihm Herakles im Kampfe ausbrach, füllten die Naïaden mit Früchten und machten es zu einem Füllhorn gleich dem Horne der Amaltheia; nach anderer Sage tauschte der Flußgott sein Horn gegen das Segenshorn der Amaltheia wieder ein. Dieses Füllhorn ist das uns noch jetzt geläufige Symbol der strömenden Fülle und des Reichtums; die Sage führt es auf einen Flußgott zurück zur Bezeichnung des Segens und Überflusses, den der Fluß durch seine befruchtenden Gewässer seiner Landschaft gewährt.

Wir erwähnen unter den Flüssen, an die sich Mythen anknüpfen, noch den *Alpheios*. Er entspringt in Arkadien und fließt, nachdem er sich mehrmals unter der Erde verloren hat, nach Elis hinüber, wo er durch einen der alpheïschen Artemis geweihten Hain in das Meer mündet. Er liebte die Artemis; diese aber floh vor ihm in die Gegend von Letrinoi unfern der Mündung des Alpheios, und um vor seinen Verfolgungen gesichert zu sein, bestrich sie bei einem nächtlichen Tanze sich und den sie umgebenden Nymphen das Gesicht mit Schlamm, so daß der Flußgott sie von ihren Begleiterinnen nicht unterscheiden konnte und sich entfernte. Die Letriner aber bauten der Artemis Alpheiaia einen Tempel. Auch in Syrakus kannte man die Sage vom verliebten Alpheios; doch lautete sie dort etwas anders und ist mit der *Arethusa* in Verbindung gebracht; dies ist eine starke Quelle süßen Wassers auf der der Artemis geheiligten Insel Ortygia, einem Stadtteile von Syrakus. Alpheios, so erzählte man, war ein schöner Jäger Arkadiens; er entbrannte zu der jagenden Nymphe Arethusa (die die jagende Artemis vertritt) in heißer Liebe. Doch diese floh vor ihm nach der Insel Ortygia, wo sie zur Quelle ward. Alpheios aber wird nun in einen Fluß verwandelt, der sich in wilder Leidenschaftlichkeit durch die Felsenhöhlen Arkadiens stürzt und selbst im Meere nicht Ruhe findet; wie er in Arkadien unter die Erde getaucht ist, so taucht er auch unter den Wellen des Meeres durch, um auf Ortygia seine Fluten mit denen der geliebten Arethusa zu vereinen. Wenn man zu Olympia eine Schale in den Alpheios warf, so kam diese, glaubte man, in der Arethusa wieder zum Vorschein, und schlachtete man in Olympia Stieropfer, so trübten sich die Wellen der Arethusa.

III. Die Gottheiten der Erde und der Unterwelt

1. Die Nymphen

Die *Nymphen* bilden den Übergang von den Göttern der Gewässer zu denen der Erde, denn sie gehören beiden Gebieten an. Sie sind Göttinnen von niederem Range; ihr Name bedeutet *Mädchen*, eigentlich heiratsfähiges Mädchen, denn er hängt mit *nubere* zusammen. Überall auf der Erde und in den süßen Gewässern sind sie verbreitet und repräsentieren das anmutige, bewegte und schaffende Leben der Natur. Der Grieche hatte einen zarten Sinn und warmes Gefühl für die Natur; nichts ist törichter, als wenn man, was hie und da geschieht, den Alten Natursinn abspricht. Nur betrachtete man die Erscheinungen der Natur mit anderem Auge als wir; überall, im Sprudel des Quells und im üppigen Wachstum der Trift, im Sprossen und Blühen von Baum und Strauch auf der Flur und im geheimnisvollen Dunkel des Waldes, sah der Grieche etwas Hehres und Heiliges, ein göttliches Leben und Walten, aber die bewegenden und schaffenden Kräfte im Innern der Dinge gestalteten sich vor seiner phantasievollen Seele sogleich zu göttlichen Wesen, die unabhängig waren von der bloßen Materie. Und die liebliche, gewissermaßen »weibliche Seite, das Zarte, Graziöse, Empfindsame der Natur« brachte ihm die Vorstellung der Nymphen, der lieblichen freundlichen Göttermädchen, die an den Quellen und Bächen und Flüssen, in Hain und Wald, auf Berg und Trift, in Tälern und in Grotten, überall, wo das Geräusch und Gedränge der Menschenwelt das Stilleben der heiligen Natur nicht stört, ein göttlich-heiteres Leben führen. In heimlichen Grotten und in entlegenen schattigen Waldtälern spinnen und weben sie, spielen und baden, singen und tanzen sie. Man sieht, daß sie etwa mit unseren Nixen und Elfen verglichen werden können.

Auszugehen hat man bei der Erklärung der Nymphen von den *Wassernymphen*. Als solche erscheinen sie wesentlich bei Homer. Sie wohnen an den Quellen der Flüsse, auf feuchten Wiesen und in feuchten Grotten; von letzteren ist aus der Beschreibung der Odyssee besonders bekannt die Nymphengrotte am Phorkyshafen in Ithaka mit Tropfsteingebilden wie Amphoren, Tüchern und Webstühlen. Ein Sondername der Nymphen des süßen Wassers ist *Naïaden*. Diese sind nicht nur Quellnymphen, sondern sie sind auch zu Göttinnen von Flüssen und stehenden Gewässern geworden, ja zu Göttinnen ganzer Landschaften, denen der ihnen unterstehende Fluß Gedeihen gibt. Eine weitere Tätigkeit der Naïaden ist, gemäß der Heilkraft des Wassers, die Heilung von Krankheiten und ferner die Weissagung, weil man diese entweder den Wassergöttern oder den Heilgöttern öfter zuschrieb. Als Göttinnen der Weissagung sollten sie den Apollon erzogen haben. Wie sie aber Heilung bringen, so können sie auch Verderben senden: wer eine Nymphe erblickte, wurde wahnsinnig, und daher nannte man die Wahnsinnigen *nympholeptoi*, Nymphenerfaßte. Weiter sind sie als Göttinnen des Wassers natürlich auch solche der Fruchtbarkeit; so haben wir sie als Geberinnen von Früchten schon bei der Besprechung des Acheloos kennen gelernt. Durch diese Tätigkeit treten sie in Verbindung mit Chariten und Horen und mit Demeter. Ferner sehen wir sie als Hochzeitsgöttinnen. Dazu mag mehreres beigetragen haben: die Bedeutung ihres Namens, ihre Beziehung zu Demeter, die ja auch Göttin der Ehe ist, und der Umstand, daß man vor der Hochzeit ein Bad zu nehmen gewohnt war. Die Göttinnen, die auf den Wiesen Gras und Blumen gedeihen lassen, sind natürlich auch Hüterinnen des Viehstands und treten dadurch in Beziehung zu Hermes und zu Pan. So befremdet es nicht, daß die Nymphen speziell Hirten-

gottheiten geworden sind, denen auch die Lieblingsbeschäfti-
gung der Hirten, Gesang und Flötenspiel, nicht fremd ist; daher wird man von den Nymphen, die schon durch die Weissagung Beziehungen zu Apollon hatten, auch dessen Begleiterinnen, die Musen, ableiten können.

Schon bei Homer finden sich neben den Naïaden auch die
Drestiaden oder *Dreaden, die Bergnymphen.* Ursprünglich sind
auch sie Göttinnen des Nasses, nämlich der von den Bergen
strömenden Quellen. Bald nahm man sie aber als Sondergöttin-
nen, die nun einerseits mit den Waldkobolden, den Satyrn und
Silenen (und dadurch mit Dionysos) verbunden wurden, andererseits mit der Herrin der Wälder, Artemis, ursprünglich selbst
einer Göttin der Fruchtbarkeit. Sie wurden besonders von Jägern verehrt. Ein anderer Name für diese unter den Bäumen
des Waldes lebenden Nymphen ist *Dryades.*

Davon ist zunächst streng zu scheiden die Gruppe der *Baumnymphen, Hamadryades,* wenn auch das spätere Altertum diesen Unterschied nicht macht. Hamadryaden haben keine Verbindung mit dem Naß, sondern sind die Seelen der Bäume;
hama ist dasselbe Wort wie unser deutsches *zu-sam-men, drys*
bedeutet (Eich)baum. Mit den Bäumen zusammen entstehen
und sterben sie, während die eigentlichen Nymphen als Göttinnen natürlich unsterblich sind; doch auch diesen Unterschied
beachtete man später nicht. In einem homerischen Hymnos
heißt es von den Hamadryaden: Hochwipfelige Eichen und Tannen sprossen auf, doch wenn nach langer Zeit die Stunde ihres
Todes naht, dann welken die herrlichen Bäume hin, und zugleich mit ihnen verläßt die Seele der Göttinnen das Tageslicht.
– Wenn eine Hamadryade bat, ihren Baum zu verschonen, und
man fällte ihn doch, so geschah es wohl, daß durch den Zorn
der Nymphe, deren Lebensfaden plötzlich abgeschnitten ward,
Unheil über den Frevler und sein ganzes Geschlecht kam.

Die Nymphen sind schon bei Homer göttlich, nehmen an der
Götterversammlung teil und genießen von seiten der Menschen

göttliche Ehren; doch bekleiden sie keinen sehr hohen Rang. Verehrt wurden sie auch später in Griechenland und sonst ganz allgemein, doch gemäß ihrer Natur als niedere Gottheiten nicht in eigenen Tempeln, sondern an Altären oder in Hainen und Grotten und an Quellen. Besonders häufig war ihre Verehrung in Attika. In späterer Zeit baute man auch in den Städten prachtvolle *Nymphaien*, in denen man Hochzeiten zu feiern pflegte; denn die bräutliche Jungfrau genoß, wie oben erwähnt, die besondere Huld jener jugendlichen Göttinnen. Die in neuerer Zeit in Kleinasien und Nordafrika aufgedeckten antiken Städte sind besonders reich an Nymphaien.

Die Opfer, die man den Nymphen darbrachte, waren Ziegen und Lämmer, Öl und Milch; an manchen Orten waren Weinopfer für sie verboten. Weihgeschenke an die Nymphen mit Darstellungen dieser Göttinnen sind zahlreich erhalten. Man bildete sie als schlanke Mädchen von reizender Anmut, entweder nackt oder in leichter Bekleidung, das blühende, hold gelockte Haupt wohl auch mit Blumen und Kränzen geschmückt. Die Naïaden charakterisierte man gewöhnlich durch Urnen, Muscheln, Schilf und dergl., das man ihnen in die Hände gab.

In der Sage treten die Nymphen als Töchter des Zeus auf. Ihre Mutter nennt Homer nicht; spätere geben als solche Themis an. Oft werden sie aber auch als Töchter von Stromgöttern der einzelnen Landschaften bezeichnet, und von ihnen stammen der Sage nach die Heroen der Landschaften ab. Weiter weiß die Sage von ihnen, den allzeit freundlichen, hilfreichen, Leben und Nahrung spendenden Wesen noch zu berichten, daß sie Ammen von Götterkindern gewesen seien; Zeus und Dionysos, die ihrer sorglichen Hut anvertraut waren, pflegten sie mit süßer Nahrung.

Soweit von den Nymphen im engeren Sinne. Im weiteren Sinne werden auch z. B. *Kalypso*, die Tochter des Atlas, *Kirke*, *Lampetie* und *Phaëthusa*, die Töchter des Helios, *Thoosa*, des Phorkys Tochter, u. a. Nymphen genannt; ja auch die Okeaniden, die bei Hesiod ungefähr die Stelle der Nymphen vertreten, kann man unter die Nymphen im weiteren Sinne rechnen, sowie die Nereïden die *Nymphen des Meeres* genannt werden können.

2. Ge oder Gaia (Tellus).

Gaia, die Erde, ist eine uralte, ehrwürdige Göttin, deren heilige Macht man bei Eiden neben Zeus, Helios, Himmel und Unterwelt anrief und durch Opfer ehrte. Als die Griechen und Troianer vor Troia einen feierlichen Vertrag schlossen, schlachteten sie ein schwarzes Lamm der Ge, dem Helios ein weißes und ein drittes Lamm dem Zeus. Hier ist die Erde rein persönlich gedacht; doch ist diese Auffassung nie recht durchgedrungen, und die Göttin »mit der breiten Brust«, die »riesig große«, der weite »unerschütterliche Sitz aller Dinge« hat sich nie recht von der Vorstellung der Erde als eines Körpers lostrennen können. Auch war ihr Kultus nicht weit verbreitet; sie wurde von andern Göttinnen ähnlicher Bedeutung, wie Demeter und Rhea, deren Wesen sich mehr individualisiert hat, verdunkelt und zurückgedrängt.

Ge ist die Allerzeugerin, die Allmutter, die alles Lebendige aus ihrem Schoße geboren hat und stets aufs neue gebiert. Sie läßt die Pflanzen sprossen und Früchte tragen und spendet den Tieren in Wald und Feld und dem weit verbreiteten Geschlechte der Menschen ihre Nahrung. Wem sie gewogen ist, dem reifen die Saaten ährenschwer, dem füllt sich das Haus mit reichem Überflusse, ihn umblüht Glück und Freude, und die Schar seiner Kinder wächst fröhlich und gedeihlich auf; denn Gaia ist vor allem eine gnädige Pflegerin und Nährerin der Jugend. Aber die Göttin, die das Leben heraufsendet, fordert es auch seinerzeit wieder zurück, ihr mütterlicher Schoß ist zugleich auch das Grab aller ihrer Kinder. So hat ihr Wesen eine doppelte Seite; die eine ist freundlich dem Lichte zugekehrt, die andere ragt hinab in das tiefe Dunkel, in das Reich der Finsternis und des Todes. Und aus dieser furchtbaren, Grausen erre-

genden Tiefe gebar sie, eine Göttin starker Zeugungskraft, einst
schreckliche gewalttätige Riesen und Ungeheuer, die sich feindlich gegen Ordnung und Gesetz empörten und sich störend in
das Reich des Lichtes eindrängten, die *Titanen* und *Giganten*,
Typhaon, den Drachen *Python* und andere. Kaum hatten die
Götter der Ordnung und des Lichtes die einen niedergeworfen,
so stieg wieder eine neue Gefahr herauf. Eines dieser Ungeheuer war *Tityos*, der Riese aus Panopeus, er wurde von Arte-

mis oder Apollon erschossen oder von Zeus mit dem Blitze
erschlagen. In der Unterwelt liegt er gefesselt, ausgestreckt über
neun Morgen Landes, und zwei Geier fressen ihm die Leber,
den Sitz der Begierde.

Ferner ist als Eigenschaft der Gaia ihre Weissagungsgabe zu
erwähnen, die ihr deswegen zugeschrieben ward, weil aus den
Schlünden der Erde die zur Weissagung begeisternden Dämpfe
aufsteigen und die begeisternden Quellen aus ihrer Tiefe hervorspringen. Doch verlegte man diese ihre Tätigkeit als Weissa-
gegöttin in die ältesten Zeiten zurück. Sie soll zuerst das delphische Orakel besessen und auch zu Olympia vor alters ein Orakel

gehabt haben. Zu der Zeit, als Kronos und die Olympier um die Weltherrschaft stritten, tat sie bald dieser, bald jener Seite ihren klugen prophetischen Rat kund; nach der Einrichtung der neuen Weltordnung aber unter Zeus übernahmen andere Götter das Prophetenamt. Zu Delphi hatte Ge ein Heiligtum, ebenso zu Olympia. Auch in der Orakelstätte Dodona wurde sie verehrt, wie man aus dem alten Liede der dodonaiischen Priesterinnen ersieht.

Dargestellt wird Ge meist auf der Erde liegend oder aus ihr aufsteigend.

3. Rhea, Kybele (Cybele)

Rhea oder *Rheia*, die Schwester und Gattin des Kronos, wird
bei Homer nur wenig erwähnt und zwar als Mutter des Zeus
und der übrigen Kroniden, und auch bei Hesiod hat sie nur als
solche Bedeutung. Eine Gottheit des Kultus scheint sie nur in
sehr geringem Grade gewesen zu sein; auch in späterer Zeit
findet man sie nur an wenigen Stellen verehrt, und immer in
Verbindung mit Kronos, mit Zeus oder einem andern ihrer
Kinder. Früh erscheint dann neben Rhea in Griechenland eine
Göttermutter ohne bestimmten Namen, anfänglich von ihr ge-
trennt, im 5. Jahrhundert etwa zuerst mit ihr vermischt. Auch
diese griechische Göttermutter ist für uns sehr wenig deutlich;
sie wird es erst durch ihre Vermischung mit einer dritten Gottheit, der phrygischen Göttermutter *Kybele* oder *Kybebe*, und
erst seit dieser Verschmelzung, die aber vielleicht schon in frühe
Zeit zu verlegen ist, ist *Rhea Kybele* auch im Kultus zu größerer
Bedeutung gelangt.

Diese asiatische Göttin, *die Große Göttin, die Mutter, die
Große Mutter, die Bergmutter, die Göttermutter,* wurde in vielen
Landschaften Kleinasiens unter verschiedenen Namen und in
verschiedener Umgebung verehrt; sie stellte die große Mutter
Natur dar, die allerzeugende Erde, die nicht nur alle Erdenge-
schöpfe, sondern auch die Götter hervorgebracht hatte. Namentlich waren die Bergeshöhen, die Wälder und dunklen Grotten
der Gebirge ihr Aufenthalt. Dort zieht sie umher auf ihrem
Wagen, gezogen von einem Löwengespann, umbraust von der
lärmenden Musik der ihr dienenden daimonischen Wesen und
vom Wilde der Berge umtummelt, von Löwen und Pardeln und
Bären und andern Tieren, die ihr Leben und Nahrung verdanken und mild und zahm ihr huldigen. Doch geht ihr Walten

über dieses wilde Bergleben hinaus; die nährende große Segens-
mutter hat auch den Acker- und Weinbau eingeführt, sie ist eine
Gründerin der Städte und Burgen, die, wohl geschützt und befestigt auf den Berghöhen gelegen, dem Leben der Menschen
eine sichere Wohnstätte bieten, und zum Zeichen dessen trägt
sie die Mauerkrone auf dem Haupte.

Auf den Bergen fanden auch ihre hauptsächlichsten Kulte
statt, wie in Phrygien auf dem Berge *Dindymon*, in Troas auf
dem *Idegebirge*, in Lydien auf dem *Sipylos* und dem *Tmolos*.
Ihr ältestes Heiligtum hatte sie im phrygischen Galatien in der
Gegend des Flusses Sangarios auf dem Berggipfel des Dindymon, der Agdos hieß, in der Nähe der Stadt Pessinus; daher
ihre Namen *Agdistis, Dindymene,* die *pessinuntische Göttin.*
Auf dem Berge war ein höhlenartiges Heiligtum, *Kybela* genannt, in dem sich ihr uraltes Bild befand, ein vom Himmel
gefallener Meteorstein, der 204 v. Chr. nach Rom gebracht ward.
Den Tempel in der Stadt sollte der alte König *Midas* gebaut
haben, ein Sohn und Liebling und der erste Priester der großen
Göttin, den sie mit unendlichem Segen und Reichtum über-
schüttete. Die Priesterschaft dieses pessinuntischen Kultus, die
Galloi, übte vor alters die Herrschaft über das Land und besaß
großen Reichtum, später jedoch sank ihr Ansehen. Über den
Kultus ist wenig bekannt; im allgemeinen weiß man, daß er
einen üppig wilden, orgiastischen Charakter hatte. Die Priester
und Verehrer zogen unter wildem Geschrei, mit Becken, Pauken und gellenden Flöten lärmend durch die Berge und Wälder
und versetzten sich in rasenden Taumel, in dem sie sich blutig
verstümmelten. Mit solch rauschendem Lärme zog ja auch die
Göttin selbst durch die Gebirge, umgeben von ihren *Korybanten.* Diese Korybanten sind eigentlich halbgöttlich-daimonische
Wesen und Diener der großen Göttin, die einst nach einem
starken Regengusse aus der Erde, den Bäumen gleich, emporge-
stiegen sein sollen. Wie man aber die Rhea, die auf Kreta den
Zeus geboren haben soll, mit der Kybele identifizierte, so er-

klärte man auch die kretischen *Kureten*, die Diener der Rhea und des jungen Zeus, denen Rhea die Beschützung des neugebornen Zeus übertragen hatte, mit den Korybanten für gleichbedeutend. Sie hielten in Waffenrüstung vor der Höhle des Zeus auf dem Ida Wache und machten einen ähnlichen Lärm wie die Korybanten, indem sie einen Waffentanz aufführten, bei dem sie mit ihren Speeren die Schilde schlugen, damit, so sagte man, der verfolgende Kronos das Geschrei des Knäbleins nicht hörte. Eine dritte Art von mythischen Dienern der Rhea Kybele sind die *idaïschen Daktylen*, ursprünglich die Umgebung der großen Mutter auf dem troischen Ida, die das erste Eisen geschmiedet haben sollen; und da diese nun auch mit den vorher genannten Kureten und Korybanten vermengt und für gleich gehalten wurden, so schrieb man ihnen sämtlich die Kunst zu, die Metalle, woran die Gebirge Kleinasiens reich waren, zu gewinnen und zu bearbeiten; und das war wieder der Grund, warum man sie mit den lemnischen und samothrakischen *Kabeiren* vermischte.

Ein Wesen, das mit Kybele in enger Verbindung stand, war *Attis, Attes* oder *Atys*, dessen Grab bei Pessinus gezeigt ward. Er war ein phrygischer Jüngling, der, von seiner Mutter als Knabe ausgesetzt, in den Wäldern von einem Bocke aufgezogen und später von Kybele wegen seiner hohen Schönheit geliebt wurde. Aber nach der Bestimmung seiner Verwandten sollte er die Königstochter von Pessinus, die ihn ebenfalls liebte, heiraten. Als eben der Hymenaios gesungen ward, erschien plötzlich die große Göttin und erfüllte die Gäste mit Schrecken und Geistesverwirrung; Attes floh rasend ins Gebirge und verstümmelte sich unter einer Fichte, so daß er starb, seine Seele aber ging in die Fichte über. Freilich weichen die Sagen über Atys in den Einzelheiten sehr voneinander ab; als Grundzug tritt hervor, daß er, ein schöner Geliebter der Kybele, zu ihrem großen Leide in der Blüte seiner Jahre durch Tod oder durch Verstümmelung dahinschwindet. Die Fichte spielt stets eine Rolle in der Sage;

Kybele machte sie zu ihrem heiligen Baume; auch ordnete sie dem geliebten Jüngling ein jährliches Trauerfest an. Am ersten Tage des Festes war große Trauer; man hieb eine Fichte im Walde ab, heftete an ihren Stamm ein Bild des Attis und trug sie, mit Wollenbinden umwunden und bekränzt mit Veilchen, der Hoffnung des Frühlings, in den Tempel der Göttin. An den folgenden Tagen suchte man den Entschwundenen unter lärmender Musik in verzweifelter Trauer in dem Gebirge, wobei man sich blutig verstümmelte, bis endlich unter eben so maßloser Freude der Verlorene gefunden ward. – Die Ähnlichkeit dieser Feier mit der Adonisfeier liegt auf der Hand. Auch haben beide Sagen dieselbe Grundlage; Atys bedeutet wie Adonis die absterbende und wieder auflebende Natur.

Der Kultus dieser großen Mutter Rhea Kybele verbreitete sich über ganz Griechenland und kam auch nach Rom. Man vermengte sie mit der Göttin Gaia und mit Demeter, sowie später mit der ägyptischen Isis. In Griechenland wurde die Göttermutter besonders in Athen verehrt. Pheidias verfertigte für ihr Heiligtum, das Metroon (d. i. Heiligtum der Mutter), eine berühmte Statue. Die Athener kannten eine Geschichte über die Einführung des Dienstes ihrer Göttermutter aus Asien nach Athen; aber diese ist unglaublich, und es wird sich bei der athenischen Göttermutter wohl nicht um die phrygische, sondern um die alte griechische Gottheit handeln, die im Anfange dieses Kapitels erwähnt ist. Denn im Metroon war das Staatsarchiv, und dies wird man doch nicht wohl in den Tempel einer fremden Gottheit verlegt haben. – Dagegen ist der Kult der phrygischen Göttermutter im Jahre 204 n. Chr. direkt von Pessinus nach Rom überführt worden, und zwar auf Befehl der sibyllinischen Bücher, die dadurch eine Vertreibung Hannibals versprachen. Man feierte in Rom der Göttin das Fest der *Megalesien* (d. i. Fest der großen Mutter); doch war die Teilnahme an dem asiatischen orgiastischen Dienste der Göttin, der dem Ernste und der Würde des römischen Wesens widersprach, den Römern

verboten. Diesen versahen Phryger (Galli genannt) und Phryge-
rinnen, die an den Festen der Göttin ihr Bild unter lärmender
Musik durch die Straßen trugen und für ihre Göttin Gaben
bettelten. Solche Bettelpriester der Rhea zogen auch in Griechenland, wo ebenfalls der eigentliche ausländische Dienst der
Göttin in geringem Ansehen stand, von Ort zu Ort umher und
trieben allerlei Zauberei und Gaukeleien mit Schlangen, weissagten und heilten Kranke.

Für die bildliche Darstellung der Rhea Kybele wurde die Sta-
tue des Pheidias in dem Metroon zu Athen das Musterbild. Sie
wurde gewöhnlich thronend dargestellt, auf dem Haupte eine
Mauerkrone oder auch den *kálathos*, lat. *modius*, d.i. das
Fruchtmaß, worunter der Schleier herabwallt. Löwen sitzen zur
Rechten und Linken ihres Thrones, oder ein Löwengespann
zieht sie auf einem Wagen, oder sie reitet auf einem Löwen. Die
Handpauke (Tympanon) ist ihr gewöhnliches Attribut.

4. Dionysos oder Bakchos (Bacchus, Liber)

Dionysos und Rhea Kybele haben ungefähr denselben Kreis des Wirkens; beide walten hauptsächlich im Leben der Natur, und im Kultus finden wir bei beiden eine lärmende und schwärmende Begeisterung, in der der Mensch sich der Natur in die Arme wirft. Aber doch sind beide Kulte nicht gleich: der Kybeledienst der Asiaten ist viel wilder, ein wahnsinniger Sinnentaumel, in dem der einzelne Mensch sich verstümmelt und jede menschliche Regung übertäubt. Nun fordert wohl auch die Verehrung des Dionysos manchmal eine leidenschaftliche Hingabe an die Natur, aber der Gott erscheint doch auch in milderen, heiteren Formen, und während der Asiate nach unten gezogen wird und sich im Sinnentaumel verliert, zeitigt die Verehrung des Dionysos edle Früchte der Kultur.

Dionysos ist allen Gebildeten als Gott des Weines bekannt. Aber so sicher und richtig diese Ansicht für das spätere Altertum ist, so trifft sie doch für die frühesten Zeiten nicht das Rechte. Freilich gehen die Ansichten der Forscher über die Frage, welches denn nun eigentlich die *Grundbedeutung* seines Wesens *und* seine *Urheimat* sei, weit auseinander. Die einen nehmen an, Thrakien sei die älteste Stätte seines Kults, streiten aber darüber, ob darunter das eigentliche, später so genannte Thrakien, oder das in Nordgriechenland gelegene, »mythische« Thrakien zu verstehen sei; andere behaupten, der Dionysoskult sei von Ansiedlern aus Griechenland erst nach Thrakien gebracht worden. Als eigentliches Wesen des Gottes bezeichnen die einen das eines Vegetationsgottes; andere sagen, er sei in der einen Gegend ein Gott der ganzen Natur, auch der Menschen, gewesen, an einer anderen nur Vegetationsgott, wieder an einer anderen, in Attika, nur Weingott; und auch noch andere Erklärungen werden versucht. Auch die Deutung des Namens Dionysos ist unsicher.

Auf alle solche noch unklare Fragen kann hier nicht weiter eingegangen werden. Wir begnügen uns mit der Erklärung, daß in der historischen Zeit des Altertums Dionysos ein Gott der Wein- und Obstkultur war, wobei die köstliche Traube mit ihrem feurigen begeisternden Rebensafte seine vorzüglichste und herrlichste Gabe darstellt, und erzählen zunächst die hauptsächlichsten Sagen, die das Altertum von ihm kannte.

Dionysos ist der *Sohn des Zeus und der* Thebanerin *Semele*, der Tochter des Kadmos. Ihr hatte Zeus, der sie liebte, die Gewährung eines jeden Wunsches versprochen; da ließ sich Semele von der eifersüchtigen Hera zu der Bitte verleiten, Zeus möge ihr in seiner ganzen himmlischen Herrlichkeit, mit der er der Hera zu nahen pflege, erscheinen. Zeus muß den Wunsch erfüllen; er tritt vor Semele als majestätischer Himmelskönig mit Blitz und Donner; aber das Feuer ergreift das Haus und das entsetzte Weib, und sie gebiert sterbend ein unreifes Kind, das auch von den Flammen verzehrt worden wäre, wenn nicht kühlender Efeu der Erde entsproßt wäre und mit blätterreichen Zweigen den teuern Leib des Götterkindes umwoben hätte. Zeus nimmt das »feuergeborene« Kind aus dem Brande und näht es in seinen Schenkel, um es zur Stunde seiner Reife wieder ans Licht zu bringen. Dionysos ward also, um zu vollendeter Reife zu gelangen, zweimal geboren. Man hat diese sonderbare Sage zu deuten versucht; aber wieder herrscht hier Unklarheit. Dionysos erscheint, so sagen die einen, hier als ein alter Feuergott; eine andere Erklärung, die weniger richtig zu sein scheint, mag hier wegen ihres poetischen Gehaltes stehen: Wie die Semele das Dionysoskind, so vermag auch die mütterliche Erde nicht den Rebensaft in der Traube zu seiner höchsten Vollendung zu führen; ist die Traube gereift und vom Stocke genommen, der sie bisher genährt, dann bedarf es noch einer weiteren Zeit, in welcher der Saft der Rebe, das aus der Erde stammende, aber im dunklen Laube von dem Feuer des Himmels durchglühte Kind, alle irdischen Bestandteile niederschlagen muß, um als himmlischer Trank rein und klar hervorzutreten.

Zeus übergab das neugeborene Knäblein dem Hermes, der es der Schwester der Semele, *Ino,* zur Erziehung brachte. Als aber Hera, die das Zeuskind haßte, deswegen Ino und ihren Gemahl Athamas mit ihrem Zorne verfolgte, übergab Hermes das Kind den Nymphen von *Nysa,* unter deren liebevoller Pflege es in kühler duftiger Grotte wunderbar gedieh und schnell heranwuchs. Zum Danke für diesen Dienst wurden die Nymphen später von Zeus als Hyaden unter die Gestirne versetzt. Nysa, ein unerklärter Name, mit dem wohl der des Gottes Dio-nys-os selbst zusammenhängt, war ursprünglich vielleicht nur ein Ort der Phantasie; doch haben schon früh verschiedene Landschaften, die den Gott verehrten, den Namen Nysa und die Ehre, den Götterknaben gehegt und gepflegt zu haben, für sich beansprucht. Ein Berg Nysa lag in Thrakien, doch verlegte man ihn später, je mehr die Griechen die Welt kennen lernten, in immer weitere Fernen bis nach Arabien, Indien und Ägypten; Städte dieses Namens werden erwähnt in Boiotien, Thrakien, auf Euboia und auf Naxos, sowie in später Zeit auch in Asien und Afrika. Ebenso wird übrigens auch der Geburtsort des Gottes in Lokalsagen verschieden angegeben; er sollte geboren sein in Naxos, in Elis, Kreta, Indien usw.

Nachdem Dionysos von den Nymphen erzogen worden war, schweifte er mit seinen Ammen, bekränzt mit Efeu und Lorbeer, in den waldigen Tälern und den Bergen umher, in tobender Lust und mit schallendem Lärme, daß weithin die Wälder widerhallten. Aus diesen begeisterten Nymphen sind die *Bakchen* (Bakchantinnen) oder *Mainaden* (die Schwärmenden und Rasenden) geworden. Die Mainaden, sowie andere Bergnymphen, ferner Pan, die Satyrn und Silenos bilden die rauschende Begleitung des schwärmenden Gottes, der als lärmende Gottheit die Namen *Bakchos* und *Bromios* führt; sie sind sein gewaltiges Heer, mit dem er auszieht in die Welt, um sich Anerkennung zu verschaffen, er selbst von weichlichem Ansehen und in langen weibischen Kleidern, aber ein Gott voll begeisterten Mutes und von unwiderstehlicher Kraft, und seine Begleitung nur bewaffnet mit dem von Reben und Efeu umwundenen Thyrsosstabe; so zieht er durch die Lande, um seinen Kultus zu verbreiten und den Menschen seine segensreichen Gaben zu bringen, durch Kleinasien und Syrien und Ägypten bis fernhin nach Indien. Wohl stellte sich dem seltsamen Heere mancher Feind entgegen, aber die begeisterte Schar kämpft mit unwiderstehlicher Kraft, und mancher Widersacher wird hart bestraft. Überall führt der siegreiche Gott seinen Dienst ein, lehrt den Weinbau und die Behandlung der Früchte, gründet Städte und gibt Gesetze und stellt Denksteine auf in den eroberten und beglückten Ländern, die gerne seine Göttlichkeit anerkennen. Solche Sagen von Zügen des Dionysos in Asien waren nicht sehr alt, doch wurden sie schon vor Alexander dem Großen erzählt; als aber durch den Zug dieses Helden, der auf den Spuren des Dionysos und des Herakles in Asien vorzudringen wähnte, der Dionysoskult sich bis nach Indien hin verbreitete, wurden sie neu belebt und nach dem Vorbilde jenes Heldenzugs verarbeitet und ausgedehnt.

Auch in Europa fand Dionysos mannigfachen Widerstan bei der Verbreitung seines Dienstes. Als er in dem berg- und waldreichen Thrakien auf dem nysaiischen Gefilde mit seinen Ammen trunken umherschweifte, fiel der wilde König der Edonen, *Lykurgos*, der Sohn des Dryas, über sie her und verfolgte sie mit dem Rinderstachel, daß die Bakchantinnen flohen und die heiligen Geräte des Gottes zur Erde fallen ließen und Dionysos selbst aus Furcht vor dem wilden Manne in die Wellen des Meeres sprang, wo Thetis ihn in ihrem Schoße aufnahm. Die Götter aber haßten darauf den Frevler; Zeus machte ihn blind und kürzte sein Leben. Diese Erzählung Homers wurde später weiter ausgeführt. Bald nach jener ruchlosen Tat, heißt es, wurde das thrakische Land von Unfruchtbarkeit heimgesucht, Lykurgos aber ward rasend und tötete seinen Sohn Dryas mit dem Beile, indem er ihn im Wahnsinne für eine Weinrebe hielt; oder er schnitt sich selbst die Beine ab, im Wahne, Weinstöcke zu zerstören. Nach der Tat verlor sich der Wahnsinn, nicht aber die Unfruchtbarkeit, und Dionysos erklärte, sie werde dauern, so lange Lykurgos lebe. Deshalb führte das Volk seinen König auf den Berg Pangaion und fesselte ihn dort, worauf Dionysos ihn durch Pferde zerreißen ließ.

Ähnlich wie dem Lykurgos ging es dem *Pentheus;* dessen Schicksal hat der athenische Tragiker *Euripides* (gestorben 406 v. Chr.) in einem »*Bakchen*« betitelten Trauerspiel dargestellt, dem wir hier folgen:

Schon hatte Dionysos mit seinen Mainaden Asien durchzogen bis fern nach Indien hin und seinen Kultus verbreitet und den Menschen seine Gaben gebracht, hatte Städte gegründet und Gesetze gegeben und alle Lande beglückt. Nun kam er auch nach Europa und wandte sich zuerst nach Theben, seiner heimatlichen Stadt, wo man sich besonders sträubte, seine Göttlichkeit anzuerkennen. Dort herrschte damals Pentheus, der Sohn der Agaue und des erdentsprossenen Echion, dem sein Großvater, der altersschwache Kadmos, die Regierung überlassen. Seine Mutter Agaue, sowie deren Schwestern Autonoë und Ino hatten oft ihre Schwester Semele verlästert, sie habe die Ehe mit dem Göttervater erlogen, und ihr Sohn Dionysos sei ein sterbliches Kind; darum habe Zeus auch mit dem Wetterstrahle der Semele Gemach zerschmettert und sie selbst durch die Flammen verzehren lassen. Pentheus glaubte der bösen Zunge der Frauen und widersetzte sich in übermütiger Eifersucht jeder Verehrung des gefeierten Verwandten.

Jetzt erscheint Dionysos, um Rache zu nehmen und seine Göttlichkeit zu beweisen. Er erfüllt die Mutter des Pentheus sowie ihre Schwestern und alle Frauen und Jungfrauen der

Kadmeierstadt mit bakchantischer Raserei, daß sie Spindel und Webstuhl verlassen und hinauseilen in die Wälder des Kithairon, wo sie unter grünenden Tannen auf den Felsenhöhen in schwärmender Feier dem Bakchos huldigen. Auch Kadmos selbst und der Seher Teiresias, die ehrwürdigen Greise, die die göttliche Natur des Dionysos längst erkannt, wollen, mit dem Efeukranze festlich geschmückt, zum Kithairon hinauswandern, um in würdiger Feier den neuen Gott zu verherrlichen. Da tritt ihnen Pentheus entgegen, der junge Herrscher. Er kommt eben nach kurzer Abwesenheit in sein Land zurück und hat gehört, wie die Frauen der Stadt aus ihren Häusern zu dem Feste des falschen Bakchos geeilt sind und das Waldgebirg durchrasen und den neu erfundenen Gott mit Reigentänzen feiern. Im Zorneseifer gegen solche Ausgelassenheit und sittenverderbende Neuerung hat er durch seine Diener eine Anzahl der schwärmenden Frauen schon ergreifen und in den Kerker werfen lassen; auch die andern noch, selbst seine Mutter und Ino und Autonoë hofft er zu fangen und zur Vernunft zurückzubringen. Besonders aber hat er es auf den Führer der fremden Bakchantenschar abgesehen, den gaukelnden Zauberer, der die thebanischen Frauen zu solchen Ausschweifungen verleitet hat. Er weiß nicht, daß dieser Zauberer Bakchos selbst ist, und auch kein anderer ahnt in ihm den Gott. Dionysos ist, um seine Strafe sicher durchzuführen, in der Gestalt eines Bakchosdieners aufgetreten; ein schöner Jüngling von anmutig blühender, fast weiblicher Gestalt und Miene, mit schwarzem Auge, mit reichem wallendem Lockenhaar, weiß und zart wie eine Jungfrau, so war er in Theben mit seinen Bakchantinnen erschienen. Kein Wunder, wenn die Frauen durch den üppigen Jüngling betört werden; allein daß ernste Greise, wie Teiresias und Kadmos, sich auch von dem Gaukler hinreißen lassen, das ist dem Pentheus unbegreiflich. Er macht ihnen in seinem aufgeregten Zorne die heftigsten Vorwürfe und verschließt eigensinnig sein Ohr allen Bitten des Kadmos, allen Belehrungen des Teiresias über die neue Religion. Im Gegenteil, er wird dadurch nur noch zu stärkerem Widerstande gereizt und befiehlt sogleich, den fremden Betrüger aufzusuchen und gebunden ihm vorzuführen; bittere Feste soll er im Thebanerlande feiern, der Tod der Steinigung ist ihm gewiß.

Nicht lange, so bringt die ausgesandte Dienerschar den gesuchten Jüngling in Fesseln herbei. Sie erzählen, wie er auf dem Kithairon sich freundlich ihnen von selbst dargeboten und lächelnd sie geheißen habe, ihn zu binden und zu Pentheus zu führen; sie berichten zugleich, daß die Bakchantinnen, die Pentheus habe einkerkern lassen, von selbst ihrer Bande entledigt worden seien und wieder auf dem Gebirge mit ihren Genossinnen jubelnd umherschweifen, den Gott preisend, der sie gerettet. Durch dieses wunderbare Ereignis wird der Verblendete nicht gewarnt; mit höhnendem Spotte tritt er seinem Gefangenen entgegen, der selbst den rohen Dienern ehrfurchtsvolle Scheu eingeflößt hat. Auch des Fremdlings Furchtlosigkeit und ruhige Würde, seine Zuversicht auf den Schutz seines mächtigen Gottes gegenüber dem Hohne und den Drohungen des jungen Herrschers bringen diesen nicht zur Besinnung. Er befiehlt, den Gefangenen gefesselt nahe an der Roßkrippe in einem finsteren Stalle eingesperrt zu halten, bis er ihn zum Tode führen lasse; seine Gefährtinnen aber, die Mainaden, will er verkaufen lassen oder daheim als Mägde am Webstuhle halten.

Der Gefangene wird abgeführt ins Haus des Pentheus, der selber folgt und mit eigener Hand den Verhaßten in seinem Kerker anketten will. Da kommt schon der Geist des Gottes sinnverwirrend über ihn. Einen Stier findet er an der Krippe, und indem er diesen, schnaubend vor Wut und an allen Gliedern von Schweiße triefend, mit Seilen bindet an Knie und Huf, wähnt er seinen Feind zu binden, der währenddes ruhig daneben sitzt und ihn betrachtet. Jetzt bebt das Haus, die Marmorsäulen wanken, erschüttert von der unsichtbaren Macht des Bakchos; vom Grabe der Semele, die in ihrem Gemache wetterumleuchtet verbrannt war im Feuer des Zeus, steigt eine Feuersäule empor. Als Pentheus das sieht, glaubt er das ganze Haus in Flammen, stürzt hierhin und dorthin und ruft die Sklaven herbei, das Feuer zu löschen; doch all deren Mühen ist umsonst. Nun glaubt er den Gefangenen aus seinen Banden entflohen; mit gezücktem Schwerte fliegt er in das innere Haus. Da hält ihm Dionysos im Vorhof ein Scheinbild entgegen; darauf wirft er sich voll Wut und haut mit dem Schwerte auf ihn ein und glaubt ihn zu erwürgen. Plötzlich bricht der ganze Bau zusammen. Pentheus stürzt entsetzt zur Erde, und das Schwert entfällt seinen Händen. Der Gefangene aber tritt ruhig aus dem eingestürzten Gebäu hervor zu seinen Bakchantinnen, die vor dem Hause voll Schreck der Zerstörung zugesehen und sie als ein Werk ihres Gottes erkannt haben. Nicht lange, so dringt auch Pentheus wieder aus den eingestürzten Hallen hervor und sucht verstörten Sinnes nach dem Fremdling, der seinen Händen entflohen. Erstaunt sieht er ihn vor sich stehen, ruhig und ohne Furcht. Während der König mit stärkeren Banden droht, kommt ein Hirte vom Kithairon herbei, um ihm von den Orgien der thebanischen Frauen, die er selbst mit angesehen, zu berichten.

»Ich trieb«, so erzählte er, »am frühen Morgen meine Herde den Berg Kithairon hinan bis oben zur Höhe. Siehe, da erblickt' ich drei Weiberscharen, Autonoë an der Spitze der einen, deine Mutter Agaue führte den zweiten, Ino den dritten Chor. Sie lagen noch alle in Schlummer hingestreckt; die einen lehnten ihren Rücken ans Gezweig der Fichten, andere hatten sorglos das Haupt am Boden auf der Eichen Laub geworfen, aber züchtiglich, nicht, wie du sagst, der Liebe frönend und vom Wein und Flötenlärm berauscht. Deine Mutter aber jauchzte plötzlich laut auf mitten unter den Backchen und hieß sie aus dem Schlafe die Glieder wecken, da sie vom Gebirg der Stiere Gebrüll vernommen. Jene, dem Schlaf entrafft, erhoben sich in sittsamer Zucht, jung und alt, Weiber und Jungfrauen in buntem Gemisch. Und zuerst nun ließen sie das aufgebundene Haar auf die Schultern niederfallen, dann banden sie das bunte Hirschfell um und gürteten es mit Schlangen, die ihre Wangen zahm umspielten. Andere trugen Rehe oder wilder Wölfe Brut an der säugenden Brust, das Haupt umkränzt mit Eichenlaub und Efeu. Und eine nahm jetzt den Thyrsosstab und schlug ihn wider den Felsen, da sprang aus dem Gestein eine Quelle lauteren Wassers; eine andere stieß den Stab in den Boden, daraus sandte der Gott eine Quelle von Wein empor. Wer nach einem Trunke weißer Milch Begehren trug, der ritzte mit der Fingerspitze nur das Erdreich und hatte Milch in Fülle; aus dem Efeugrün der Thyrsosstäbe flossen Ströme von Honig, daß, wenn du es gesehen, du anbetend den Gott gefeiert hättest, den du stets verhöhnst. Wir Rinderhirten und Schäfer nun traten zusammen und begannen ein Gespräch über die Wunder, die wir sahen. Und einer, der oft zur Stadt kam und gewandt im Reden war, sprach zu uns: »Ihr Bewohner der heiligen Berghöhen, sollen wir nicht des Pentheus Mutter Agaue dort aus der Bakchosfeier entführen? Der König wird's uns danken.« Der Vorschlag gefiel uns, und wir versteckten uns in die Büsche und lauerten. Und zur bestimmten Stunde schwangen jene die Thyrsosstäbe zum Festesjubel und riefen den lärmenden Bakchos an, den Sohn des Zeus; und der ganze Berg und sein Wild stimmten ein in den Jubel, und alles rings erbebte von dem wilden Lauf. Da nahte Agaue im Tanze und hüpfte an mir vorbei. Ich sprang auf aus meinem Versteck und griff nach der Königin; aber: »Auf, meine flüchtigen Hunde«, schrie sie, »die Männer jagen mir nach; wohlan, folgt mir, folgt, die Hände bewaffnet mit dem Thyrsosstab!« Da flohen wir von dannen aus Furcht, daß die Bakchantinnen uns zerfleischten. Aber in die weidende Rinderherde rangen sie nun ein ohne Stahl und Waffe. Die eine faßte mit Kraft eine brüllende Kuh, andere zerrissen zarte Kälber; Schenkelstücke und Füße wurden auf- und niedergeworfen, und zerrissene Glieder hingen blutend am Gezweig der Fichten.

272

Trotzige Stiere mit wütendem Horn wurden zu Boden geworfen, von tausend Jungfrauenhänden überwältigt, und im Augenblicke war des Tieres Fell vom Leibe gerissen. Darauf, Vögeln gleich im Laufe gehoben, flog die Schar in die Ebene hinab, wo an den Strömungen des Asopos fruchtreiche Ähren dem Thebanervolke sprossen; wie ein feindliches Kriegsheer fielen sie die Städte Hysiai und Erythrai am Fuße des Kithairon an und zerstörten alles. Die Kinder rafften sie aus den Häusern und trugen sie auf den Schultern ohne Band; doch fiel keines zu Boden. Erzürnt warfen die Männer sich ihnen entgegen mit den Waffen in der Hand. Da war ein seltsam Wunder zu schauen; denn von der Männer scharfem Speere floß kein Blut, die Weiber aber verwundeten mit dem Thyrsos die Männer und warfen sie in schmähliche Flucht, nicht ohne die Hilfe eines Gottes. Darauf kehrten die Weiber zurück zu den Quellen, die der Gott ihnen emporgesandt, und wuschen von den Händen sich das Blut. So nimm den Gott denn, Herrscher, auf in unsere Stadt, wer er auch sei; denn seine Macht ist groß. Und eins auch brachte er uns Menschen, wie die Sage erzählt, den Weinstock, der jegliches Leid verscheucht; ohne des Weines Genuß, sagt man, ist keine Freude mehr auf Erden.«

Obgleich Dionysos in dem, was der Hirte erzählt, genugsam seine Macht bekundet hat, wird Pentheus doch in seiner Verfolgungswut nur noch bestärkt und zum äußersten Widerstande getrieben. Er bietet seine ganze Heeresmacht auf, um dem Unfuge der Weiber zu steuern. Dionysos mahnt ihn zwar, daß es töricht sei, in Waffen einem Gotte zu widerstehen, daß er besser tue, dem Gotte zu opfern, als seinen Zorn zu reizen; er aber weist seinen Rat mit Erbitterung zurück: das Blut der verbrecherischen Weiber soll das Opfer sein, das er dem Gotte bringt. Da endlich führt Dionysos ihn seiner verhängnisvollen Strafe entgegen. Er versetzt ihn in völlige Gemütsverwirrung und überredet ihn, in weiblicher Kleidung mit ihm hinaus zum Kithairon zu ziehen, um dort die Weiber in ihrem rasenden Treiben zu beobachten. Während sie durch die Straßen von Theben gehen, scheint ihm sein Führer Dionysos ein gehörnter Stier zu sein, er sieht eine doppelte Sonne und ein doppeltes siebentoriges Theben. Auf dem Kithairon kommen sie, vorsichtig ihre Schritte bergend und ohne ein Wort zu reden, an ein von Felsen umschlossenes Tal, wo in dem Schatten der Tannen die bakchische Schar sitzt; die einen schmücken den Thyrsos mit neuem Efeu, andere ergötzen sich dem Bakchos zu Ehren mit Wechselliedern. Pentheus, der die Frauen nicht sieht, spricht zu Dionysos: »Fremdling, wo wir jetzt stehen, sehe ich das Festgetümmel der Mainaden nicht; dort von dem Hügel oder von der Tanne möcht' ich die Greuel besser erblicken.« Da ergreift Bakchos einen hoch zum Himmel ragenden Tannenbaum und beugt ihn nieder bis zum Grund, daß er sich krümmt wie ein Bogen. Dann setzt er den Pentheus auf einen Zweig des Baumes und läßt diesen langsam sich wieder aus den Händen emporrecken, damit er seine Last nicht fort in die Lüfte schnellt. Sobald Pentheus ruhig oben sitzt, dem Auge der Mainaden sichtbar, verschwindet Dionysos, und seine Stimme ruft vom Äther herab: »Jungfrauen, da bring' ich euch den, der euch und mich und meine Orgien verhöhnt hat; wohlan, straft ihn!« Und zugleich schleudert er den Blitzstrahl seines Vaters herab auf die Erde. Die Frauen, die den Ruf nicht recht vernommen, stehen horchend da und schauen hierhin und dorthin. Da ertönt zum zweitenmal des Gottes Mahnung. Sobald die Töchter Thebens den Ruf des Dionysos deutlich gehört, springen sie auf gleich schnellen Waldtauben und stürzen vorwärts, des Pentheus Mutter Agaue und ihre Schwestern und alle Bakchanten. Von des Gottes Geist zur Wut entflammt, stürmen sie durch den Bergstrom und über die Höhen, und als sie den König auf der Tanne sitzen sehen, erklimmen sie den gegenüberliegenden Felsen und werfen von da Steinblöcke nach seinem Haupt und Thyrsosstäbe. Doch umsonst, der Baum, auf dem er ratlos sitzt, ist zu hoch. Da reißen sie Äste von den Eichen, um die Wurzeln des

Baumes auszugraben; aber auch das führt so schnell nicht zum Ziele. Zuletzt ruft Agaue: »Wohlauf, Mainaden, umstellt den Baum und faßt ihn, daß wir das lauernde Waldtier fangen und er die geheimen Reigen des Gottes nicht verrate.« Die nun fassen die Tanne mit tausend Händen und reißen sie aus dem Boden. Der unglückliche Pentheus fällt herab mit Geheul und Klaggeschrei; denn er sieht sein Unglück nah. Zuerst greift ihn die Mutter mit Mörderhänden an. Er aber reißt von dem Haar die Binde, damit die Mutter ihn erkenne und nicht töte, und ruft, ihre Wange berührend: »Ich bin's- Mutter, dein Sohn Pentheus, den du im Hause des Echion gebarst; erbarm' dich mein, Mutter, und erwürge dein Kind nicht ob seiner Schuld.« Doch die Mutter schäumt und rollt wild die Augen, sinnverwirrt wird sie von dem Gotte fortgerissen und hört den Sohn nicht; sie faßt seinen linken Arm, stemmt ihm den Fuß auf den Leib und reißt ihm, von des Gottes Kraft erfüllt, die Schulter aus. Ino und Autonoë rasen in gleicher Weise und helfen ihn zerfleischen, der ganze Schwarm dringt vereint mit Mordgeschrei auf den Unglücklichen ein. So lange er noch Odem hat, seufzt er laut; die Mainaden antworten mit Jauchzen. Die trägt eine Hand, eine andere einen Fuß mit der Sandale; die Seiten sind zerrissen, und mit blutigen Händen werfen sie gleich Bällen sich des Pentheus Glieder zu. Zerstückelt liegt sein Leib umher auf den Felsen und im dichten Gebüsch, nicht leicht zu finden. Das unselige Haupt steckt Agaue, die Mutter, auf ihren Thyrosstab – sie hält es fürs Haupt eines jungen Löwen –, trägt es jubelnd zu den Mauern Thebens und ruft den Bakchos an, den siegverleihenden Jagdgefährten. Hier zeigt sie es triumphierend als herrliche Beute dem ganzen Volke und ihrem Vater Kadmos; der kommt eben mit Teiresias von seiner Bakchosfeier auf dem Kithairon und trägt klagend die zerrissenen Glieder seines Enkels in den Armen heim. Da weicht endlich der Wahn von Agaue, und sie erkennt ihr gräßliches Werk und die wohlverdiente Strafe des Bakchos, dem sein eigenes Haus hatte Trotz bieten wollen.

Wir haben den Inhalt der euripideïschen Tragödie so ausführlich angegeben, weil er ein treffliches Bild von dem wilden, uns seltsam berührenden Charakter der orgiastischen Dionysosfeier gibt, und weil sich manche wichtige Züge darin finden, z. B., daß mehrfach der Stier erscheint, oder daß nur Frauen unter sich das Fest feiern, während zuschauende Männer der Strafe verfallen. Eine andere Frage ist es freilich und schwer zu beantworten, warum gerade die Frauen und diese wesentlich die wichtige Rolle bei dem Feste spielten; eine andere Frage ferner, ob denn solche Frauenfeiern in Griechenland wirklich stattgefunden haben, oder ob nicht Euripides und andere hier ein Bild asiatischer Orgien geben. Dieses ist wahrscheinlicher. Denn wenn man auch das rein Sagenhafte wie die Zerstückelung des Frevlers abzieht, so bleibt doch das wilde Toben der Frauen auf den Bergen in *diesem* Maße und die Zerstückelung von Vieh und Wild unglaublich, da ja die griechische Frau fast stets ein sehr verschlossenes Haremsleben führte. Und wenn die Kunst rasende Mainaden in höchster Vollendung darstellte, so waren das doch wohl nicht dem wirklichen Leben entnommene Figuren. – Doch zurück zu den Sagen.

Auch in *Orchomenos* in Boiotien fand Dionysos Widerstand. Einst zog der Priester des Bakchos durch die Straßen der Stadt und forderte die Frauen und Jungfrauen auf, ihr gewohntes Tagewerk zu unterbrechen und das Fest des Gottes zu feiern. Alle verlassen Wollkorb und Webstuhl, und das gelöste Haar mit Bändern durchwunden, den umlaubten Thyrsosstab in den Händen, eilen sie hinaus und schwärmen dem großen Gotte zu Ehren unter fröhlichem Jauchzen, unter dem lärmenden Schall der Trommeln und Flöten in den nahen Wäldern umher. Nur die *Töchter des Minyas*, des Königs von Orchomenos, Alkathoë, Leukippe und Arsippe, bleiben fern von dem Feste, da sie die Göttlichkeit des Bakchos nicht anerkennen wollen. Sie verlachen solch törichtes Treiben und sitzen ruhig zu Hause mit ihren Mägden am Spinnrocken und am Webebaum. Den ganzen Tag bis zur Abenddämmerung sind ihre geschäftigen Hände in Bewegung, und sie erleichtern sich das Werk durch die zeitkürzende Erzählung von mancherlei Märchen und wunderbaren Geschichten. Als sie auch spät noch ihrem Fleiße keine Ruhe gönnen, ertönt auf einmal durch das Haus der Schall von Flöten und Pauken, es duftet von Myrrhen und Krokos, die Webstühle mit dem Gewebe fangen an zu grünen von Efeu und von Weinranken, und die Fäden am Spinnrocken wandeln sich in Reben. Das Haus beginnt zu beben und zu wanken, flammende Fackeln durchleuchten die Räume, und Scharen wilder Tiere stürmen heulend umher. Voll Schrecken eilen die Frauen hierhin und dorthin und suchen, geblendet von dem Scheine der Fackeln, dunkle Winkel. Doch o Wunder! – wie's geschah, man sah es nicht – um ihre zusammengeschrumpften Glieder ziehen sich plötzlich Flügel einer dünnen Netzhaut; als häßliche *Fledermäuse* fliegen sie umher. Auch jetzt lassen sie das Haus nicht und hassen noch immer den Wald und das sonnige Licht.

So erzählt Ovid in den Metamorphosen die Verwandlung der Minyastöchter. Nach einer andern Form der Sage erschien der Gott selbst in Gestalt einer Jungfrau in dem Gemache der Frauen und redete ihnen zu; da sie ihm aber nicht gehorchten, verwandelte er sich in einen Stier, einen Löwen, einen Panther, und Milch und Nektar strömte aus ihren Webstühlen. Auf dieses Wunder hin bestimmten sie durchs Los eine, *Leukippe*, zur Teilnahme an der Feier, denn sie wollten ihr häusliches Werk nicht ganz unterbrechen. Leukippe zerriß in wildem Taumel ihren eigenen Sohn *Hippasos*, und auch ihre Schwestern stürmten nun rasend durch die Berge, genossen Lorbeer und Efeu und Taxos und wurden endlich in Vögel oder Fledermäuse verwandelt.

Auch auf den Inseln und dem Meere ließ sich der Gott huldigen. Eine oft und mit mancherlei Veränderungen und Ausschmückungen erzählte Sage ist die von der Bestrafung der rohen Gewalt und niederen Gewinnsucht *tyrrhenischer Seeräu-*

ber, die, obwohl vermahnt, in Dionysos den Gott nicht erkannten. Ovid erzählt die Sage so:

Tyrrhenische Schiffer unter der Führung des Jünglings Akoites legten einst auf einer Fahrt nach Delos bei heranbrechender Nacht an der Küste von Chios an. Dort führte ihnen einer der Schiffer, der nach Wasser ausgegangen war, einen Jüngling von jungfräulicher Gestalt zu, den er, wie er glaubte, als gute Beute auf dem leeren Gefilde gefunden hatte. Der Gefangene, mehr Knabe noch als Jüngling, schwankte wie betäubt von Wein und Schlaf und vermochte kaum zu folgen. Akoites betrachtete sich Gesicht und Gang und Gewand und glaubte an der ganzen Gestalt nichts zu sehen, was einem Sterblichen ähnlich war; das sagte er seinen Genossen, zu dem Jüngling aber sprach er: »Wer du auch seist, sei uns gnädig und gib uns Segen zu unserer Arbeit! Verzeihe auch diesen!« Jedoch einer aus der rohen Schar der Schiffer rief: »Für uns brauchst du nicht zu beten!« und sogleich stimmten seinem Worte alle andern bei; die Raubsucht hatte sie ganz verblendet. »Und doch werd' ich nicht leiden«, sprach Akoites, »daß dies Schiff die heilige Last aufnehme und uns unglücklich mache; hier habe ich am meisten zu befehlen.« Mit diesen Worten stellte er sich ihnen entgegen und wehrte ihnen den Eingang ins Schiff. Da faßte ihn Lykabas, der verruchteste unter den rohen Gesellen, mit der Faust an der Gurgel und hätte ihn ins Meer geschleudert, wäre er nicht, obgleich betäubt, an einem Taue hangen geblieben. Der frevelnde Schwarm lobte lachend die Tat und führte nun den Gefangenen in das Schiff in der Absicht, ihn irgendwo um guten Preis als Sklaven zu verkaufen. Jetzt erst schien das Geschrei den fremden Jüngling aus seinem Taumel zu wecken und ihm nach schwerem Rausche die Besinnung wiederzukehren. »Was macht ihr?« sprach er, »welcher Lärm? Sagt, Schiffer, wie bin ich hierher gekommen? wohin wollt ihr mich bringen?« »Fürchte nichts«, sprach Proreus, »und sage nur, in welchen Hafen du gebracht sein willst, wir setzen dich dort ans Land.« »Nach

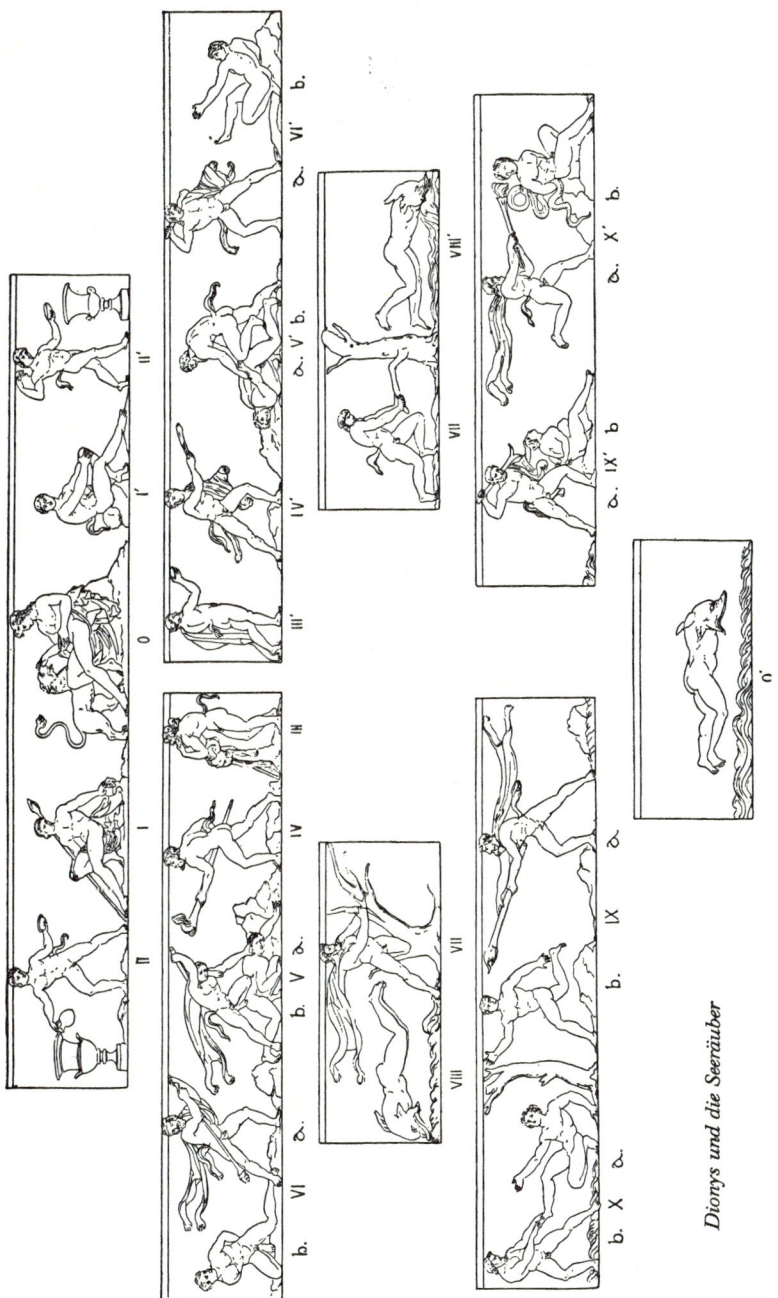

Dionys und die Seeräuber

Naxos«, antwortete der Jüngling, »wendet euren Lauf, das ist meine Heimat, und euch soll's ein gastliches Land sein.« Trugvoll schwur nun die Rotte bei allen Göttern, so solle es geschehen, und sie hießen den Akoites die Segel aufspannen. Naxos lag zur Rechten; als aber Akoites rechts hin die Segel stellte, winkten sie ihm zu und zischelten ihm ins Ohr: »Was machst du, Rasender, welcher Wahnsinn erfaßt dich? Wende doch links!« Akoites staunte und sprach: »So übernehme ein anderer die Lenkung!« und sagte sich von dem Dienste des Frevels los. Alle schalten und schmähten ihn in dumpfem Gemurr, und Aithalion rief höhnend: »Ja, auf dir allein ruht unser aller Heil!« Und damit trat er für Akoites ans Steuer und lenkte das Schiff von Naxos ab.

Der Gott Bakchos – denn das war der Jüngling – stellte sich jetzt, als ob er nun erst den Betrug merkte, und indem er vom Hinterdeck des Schiffes aus über das Meer hinschaute, sprach er wie weinend: »Nicht das Gestade dort, ihr Schiffer, habt ihr mir versprochen nicht nach diesem Lande wollt' ich fahren. Was hab' ich euch getan? Welch ein Ruhm für euch, wenn ihr Jünglinge den Knaben täuscht so viele den einen?« Akoites saß schon lange weinend da; die frevelnde Rotte aber lachte sein und trieb mit angestrengtem Rudern das Fahrzeug rasch durch die Flut. Da auf einmal blieb das Schiff unbeweglich mitten in den Wogen stehen, als stünde es auf trockenem Lande. Verwundert schlugen die Schiffer mit doppelter Kraft die Ruder und zogen alle Segel auf, um das Fahrzeug von der Stelle zu bringen. Aber Efeugeranke schlang sich plötzlich hemmend um alle Ruder und hängte sich mit seinen Blütentrauben rings um die Segel. Der Gott selbst, die Stirne mit beerenreichem Kranze umschlungen, schwang in der Hand einen Thyrsosstab, von Weinlaub umrankt, und um ihn her lagerten täuschende Truggestalten von Tigern und Luchsen und gefleckten Panthern. Wild sprangen die Männer empor, ungewiß, ob aus Wahnsinn oder aus Furcht. Und zuerst sank Medon mit krummem Rücken zusammen, und dunkle Flossen trieben an dem verkrüppelten Körper. »In welche Wundergestalt verwandelst du dich?« rief Lykabas; doch während er sprach, zog sich Mund und Nase in die Breite, und seine Haut wurde härter. Libys wollte eben das feststehende Ruder anstemmen, da sah er seine Hände zusammenschrumpfen und sich in Flossen verwandeln. Ein anderer wollte die verwickelten Taue lösen, da hatte er keine Arme mehr und sprang mit krummem Rücken, die Füße zu einem krummen Schwanze verwachsen, in die Wogen hinab. Nach allen Seiten sprang die verwandelte Rotte ins Meer, sie tauchten hinab und tauchten herauf, wälzten und drehten sich wild wie im Tanze und bliesen aus den weiten Nüstern das Wasser, eine lustig sich tummelnde Schar von *Delphinen*. Von zwanzig – denn so viel waren in dem Schiffe – blieb nur einer übrig, Akoites. Während er bang und zitternd vor Schreck dastand, nahte ihm der Gott und ermutigte ihn durch seinen Zuspruch. »Fürchte dich nicht, Akoites«, sprach er, »und lenke das Schiff nach Naxos.« Auf der Insel angelangt, brachte Akoites dem mächtigen Gotte am flammenden Altare ein Dankopfer für seine Rettung dar.

Im Gegensatz zu den bisher erzählten Sagen schildern andere, wie Dionysos auch an vielen Orten freundlich aufgenommen wurde, so besonders von *Oineus*, dem Könige von Kalydon in Aitolien, und dessen Gemahlin *Althaia*. Der Gott schenkte dem freundlichen Wirte die Rebe, und dieser legte nun an den Abhängen der aitolischen Berge die ersten Weingärtern an.

Nach *Attika* kam Dionysos zur Zeit des Königs Pandion; er ward von *Ikarios*, dem Stammheros der Gemeinde Ikaria, wo der erste Wein in Attika gebaut worden sein soll, sofort als Gott erkannt und seiner Würde gemäß aufgenommen. Dionysos gab Ikarios den Weinstock und lehrte ihn dessen Anbau. Darauf zog Ikarios auf einem Wagen mit gefüllten Weinschläuchen im Lande umher, um die köstliche Gabe des Bakchos zu verbreiten, ähnlich wie der attische Heros Triptolemos im Dienste der

Demeter umherzog, um den Ackerbau bei den Menschen einzuführen. Aber auch Ikarios stieß, wie anderswo der Gott selbst,
auf Widerstand. Einst teilte er unter Hirten seine Weinschläu-
che aus; diese berauschten sich aber an dem Weine, und da sie
noch nicht wußten, was ein Rausch war, hielten sie sich für
vergiftet. Deshalb schlugen sie den Ikarios tot und warfen ihn in
einen Brunnen oder begruben ihn unter einem Baume auf dem
Hymettos. Seine Tochter *Erigone* irrte, von dem Hunde *Maira*
begleitet, nach dem Vater suchend umher und fand endlich auf
Anzeigen ihres Hundes das Grab; sie erhängte sich an dem
Baume, unter dem der Vater lag. Dionysos versetzte den Ikarios
mit seinem Becher als *Bootes* oder *Arkturos*, die Erigone als
Jungfrau und den Hund Maira als *Hundsstern* unter die Gestirne; über das Land aber, wo sein treuer Diener und Freund
erschlagen worden war, verhängte er Pest und bakchantischen
Wahnsinn, so daß sich die Jungfrauen Attikas nach dem Vorbilde der Erigone erhängten. Das Orakel versprach Erlösung
von dem Übel, wenn man die Leichname des Ikarios und seiner
Tochter auffinde und den Frevel sühne. Da man die Toten nicht
fand, so stiftete man zum Andenken an Erigone für die attischen Jungfrauen ein jährliches Schaukelfest, an dem man allerlei Bilder und Masken an Bäumen aufhängte und schaukelte
und Vater und Tochter durch Opfer von Früchten versöhnte. So
wurde die von dem Gotte verhängte Strafe im Bilde wenigstens
noch immer vollzogen. Die Deutung dieser Sage ist unsicher.
Eines kann man *vielleicht* feststellen, daß die aufgehängten Bilder und Masken ein Überbleibsel von *Menschenopfern* sind, die
man in alter Zeit dem Dionysos darbrachte, und die später eine
humanere Kultur durch stellvertretende Sinnbilder beseitigt hat.
Auch anderwärts fielen dem Dionysos in alter Zeit Menschenopfer, doch wurde überall der blutige Gebrauch gemildert; so in
Orchomenos, wo, wie wir gesehen, die Minyastöchter sich dem
Gotte widersetzt hatten. An dem Feste der *Agrionien* mußte
ihm eine Jungfrau aus dem Geschlechte des Minyas geopfert

werden; doch durfte sie in späterer Zeit entlaufen und wurde von dem Opferpriester nur zum Scheine verfolgt.

Unter den weinreichen Inseln des Archipelagos war *Naxos* von Dionysos am meisten geliebt und bevorzugt. Die Naxier behaupteten, bei ihnen sei Dionysos geboren und erzogen, wenigstens weile er gerne auf der fruchtbaren schönen Insel, wo man ihn so hoch hielt. Dort wurde neben ihm *Ariadne* (die

Münze von Parion in Mysien (stark vergrößert)

»Hochheilige«?) verehrt, die Tochter des Minos, die Theseus von Kreta entführt, aber auf Naxos, während sie schlief, zurückgelassen hatte. Während sie über die Treulosigkeit des verschwundenen Geliebten trauert, naht ihr der Gott und erwählt sich die liebliche Jungfrau zur Gemahlin. Die Götter kommen alle zu der fröhlichen Hochzeit und beschenken die nach der Trauer so hoch beglückte Braut mit schönen Gaben, Aphrodite und die Horen mit einer herrlichen Krone, die später als leuchtender Sternenkranz an den Himmel versetzt ward; Zeus aber gibt ihr die Unsterblichkeit, und der liebende Gemahl führt sie ein in den Olympos. Dort lebt sie in ewiger Freude an seiner Seite, wie Hebe mit Herakles.

Unter die olympischen Götter ist Dionysos, ein jüngerer Gott als die übrigen, erst eingegangen, nachdem er auf Erden überall seine Verehrung und eine damit zusammenhängende mildere Kultur eingeführt hat, ähnlich wie Herakles, der ebenfalls in Theben geborene Zeussohn, in den Kreis der Himmlischen eintrat, nachdem er auf Erden im Sinne der Kultur siegreich gewirkt hatte. Nach Vollendung seiner Erdenlaufbahn ging Dionysos auch, wie einst Herakles im Dienste des Eurystheus, in die Unterwelt; von dort führte er seine Mutter Semele, die als sterbliches Weib bisher bei den Toten geweilt, herauf zur Gemeinschaft der seligen Götter. Unter dem Namen *Thyone* lebt sie mit dem Sohne im Olympos.

Ganz andere Vorstellungen von Dionysos als die beim Volke verbreiteten treffen wir in den griechischen *Mysterienkulten*, über die bei Demeter ausführlicher gesprochen wird. In den Mysterien der Demeter erscheint Dionysos unter dem Namen *Iakchos* als Sohn des Zeus und der Demeter und als Bräutigam der Persephone; wie diese Kore, das Mädchen, so heißt er auch *Koros*, der Knabe. Die Sekte der *Orphiker* aber, die im 6. Jahrh. v.Chr. unter Peisistratos blühte, erzählte von dem Dionysos-*Zagreus*, dem Sohne des Zeus und der Persephone, den Zeus zum Weltherrscher bestimmt hatte; aber die Titanen überfallen das Kind und zerreißen es; dann kochen und verzehren sie seine Glieder. Athena jedoch rettet das zuckende Herz und bringt es dem Zeus; der verschlingt es und erzeugt nun den Dionysos aufs neue. Die Titanen aber werden von Zeus mit dem Blize erschlagen und zu Asche verbrannt; aus dieser gehen die Menschen hervor, die also zum Teil titanischer, zum Teil dionysischer Natur sind; denn die Titanen hatten ja vorher den Dionysos verzehrt. Eine genaue Deutung dieser Sage ist nicht möglich.

Schon die Gelehrten des Altertums haben bemerkt, daß *Ho-*

mer den Dionysos zwar kennt, aber einen größeren Kultus des Gottes nicht erwähnt. Ebenso trinken zwar die homerischen Helden Wein, aber noch nicht als »Gabe des Dionysos«; diese Bezeichnung findet sich erst bei Hesiod. Daraus folgt also, daß der Dienst des Gottes in Griechenland nicht uralt ist; aus den erzählten Sagen sehen wir ferner, daß er sich erst seine Anerkennung erkämpfen mußte und sich nur allmählich allgemein verbreiten konnte. Der Widerstand mag darin seinen Grund gehabt haben, daß das Orgiastische, Aufgeregte seines Kults, die Versenkung in den üppigen Genuß sinnlicher Lebensfülle der nüchternen Einfachheit und dem strengen Ernste einer älteren Zeit widersprach.

Der *Weinbau* und *Weingenuß* hat zwei außerordentliche Vorteile. Der des *Wein-* (und Obst-)*baus* liegt darin, daß er den Menschen viel mehr zur Seßhaftigkeit zwingt als der Getreidebau. Ein nomadisierendes Volk, das zu letzterem übergeht, braucht deshalb noch nicht dauernd seßhaft zu werden, sondern nur für die Zeit der Aussaat bis zur Ernte; dann kann es weiterziehen. Die Aufzucht junger Obstbäumchen und Weinstöcke aber bannt den Menschen auf viele Jahre an eine Stelle. Nun ist aber Seßhaftigkeit die Grundlage aller höheren Kultur. Deswegen kann man mit Recht behaupten, daß z.B. unsere germanischen Vorfahren erst dadurch ein Kulturvolk wurden, daß die Römer Obst- und Weinbau bei ihnen einführten. Ähnliches muß in Griechenland der Fall gewesen sein, doch ist dies in der Verehrung des Dionysos nicht besonders ausgedrückt. Vielmehr haben die Griechen den von Schiller im Eleusischen Feste ausgeführten Gedanken, daß Bodenkultur eins sei mit höherer Kultur überhaupt, am meisten in ihrem Kulte der Demeter, der Göttin des Ackerbaues, ausgesprochen. Aber hie und da erinnerten sie sich auch bei Dionysos, dem der Demeter verwandten Gotte, ähnlicher Wohltaten; sie nannten ihn einen *Gesetzgeber*, wie die Demeter eine Gesetzgeberin, und stellten gerne die beiden Gottheiten einander an die Seite.

Auch der *Weingenuß* äußert auf ein Volk eine wunderbare tiefgreifende Wirkung. Einerseits sorgt Dionysos durch seine Gabe für das *leibliche* Wohl der Menschen, er stärkt und hebt die Kräfte des Körpers, er gibt ihm Gesundheit und hält verheerende Seuchen fern; aber in noch viel höherem Maße schafft der Wein bei mäßigem Genusse der menschlichen *Seele* ein gesundes Gedeihen. Der Wein erfreut des Menschen Herz, er beflügelt die Seele und hebt sie empor über die gewöhnlichen Sorgen und die niederen Bestrebungen des Alltagslebens; er führt die Menschen zusammen zu froher heiterer Geselligkeit, wo die Chariten einziehen und die Musen, Eros und Aphrodite, in deren Kreise der Gott selber so gerne weilt. Darum pries man den Dionysos als den *Allerfreuer,* den *Befreier* und *Sorgenlöser,* als den Urheber eines fröhlichen, freier sich bewegenden Lebens.

Daß der Weingenuß das menschliche Gemüt beseligt und zu allem Hohen und Edlen begeistert, das zeigen uns die herrlichsten Schöpfungen des Dionysoskultes, die *Komödie* und *Tragödie.* Wie sich im Gottesdienste des *Dionysos* diese beiden Dichtungsgattungen allmählich entwickelt haben und wie sie zu ihren sonderbaren Namen kamen, – Tragödie bedeutet wohl Bocksgesang –, ist uns im einzelnen nicht ganz klar; Tatsache aber ist, daß in der guten Zeit des griechischen Altertums *Theateraufführungen* immer als *Gottesdienst für Dionysos* betrachtet wurden und nur an seinen Festen stattfanden, und daß das Theater nicht als weltliches Gebäude, sondern als Heiligtum des Gottes galt. In der ältesten Zeit mag es Sitte gewesen sein, daß bei der ausgelassenen Freude der Dionysosfeste sich Sänger und Tänzer zum Scherze in Bocksfelle hüllten: das ist eine der Grundlagen des dramatischen Spiels, die Verkleidung. Oder man schilderte die Freuden und Leiden des Gottes selbst, seine Kämpfe und Siege teils durch Absingen von Liedern, teils durch sinnlich-dramatische und mimische Darstellung: an die Stelle der Bocksfelle trat die Verkleidung in menschliche Gewänder zur Darstellung des Gottes, dazu die Maske. Aus solchen rohen Anfängen erwuchs dann nicht etwa nur das griechische *Drama*, sondern *das der ganzen heutigen Kulturwelt*. Denn alle unsere Theateraufführungen sind gewissermaßen Abkömmlinge der griechischen, und die Entwicklung der dramatischen Kunst unserer Kulturvölker läßt sich direkt an das griechische Drama anknüpfen – wie wenige auch von unseren modernen Theaterbesuchern daran denken mögen, daß sie das Erbe des alten Weingottes genießen.

Dionysos tritt uns im Drama als musischer Gott entgegen und kommt dadurch in *Verbindung* mit seinem strengeren, erhabeneren Bruder *Apollon*. Eine solche Vereinigung war möglich, weil das Wesen der beiden Götter, obgleich an sich verschieden, dennoch durch die begeisternde Natur, die beiden eigen war, sich in manchen Punkten berührte. Beide sind Freunde und Beschützer der Musik und der Poesie, auch Dionysos heißt *Musenführer* wie Apollon; auch war er, wenngleich nicht in dem Umfange wie Apollon, ein Weissagegott, denn der Begeisterung gehört der Blick in die Zukunft. – In *Delos* soll schon Theseus bei dem Dienste des Apollon dionysische Reigentänze eingeführt und durch Beimischung dionysischen Kults den Ernst des apollinischen gemildert haben. Selbst in *Delphi* erhielt Dionysos einen Platz neben Apollon, ja man behauptete in späterer Zeit, Dionysos habe an dem Orakel gleichen Anteil mit jenem, und ihm habe früher der Dreifuß gehört. Die zwei Gipfel des über Delphi emporragenden Parnassos waren unter die beiden Götter verteilt, und beiden zu Ehren brannten an den Festen des Dionysos auf jenen Höhen heilige Feuer.

Unter den *Dionysosfesten* sind uns am besten die *attischen* bekannt; es waren vier. Sie fallen in den Winter und Frühling und tragen einen fröhlichen, aber harmlosen, nicht orgiastischen Charakter. Im Dezember beging man die *kleinen Dionysien*, auch die *ländlichen* genannt, weil sie auf dem Lande gefeiert wurden. Sie wurden begangen mit allerlei Lustbarkeiten

manchmal recht derber Art, durch festliche Aufzüge, Chorrei-
gen und komische Tänze, wobei man wohl in allerlei Mumme-
reien, in den Masken von Panen und Satyrn, Silenen und Bakchantinnen manchen mutwilligen Scherz trieb und improvisierte
Spiele und Lieder aufführte. In diesem lustigen Treiben also
lagen die Keime des attischen Dramas. Zu den Lustbarkeiten
der ländlichen Dionysien gehört wohl sicher das Schlauchhüp-
fen oder der Schlauchtanz auf einem Beine, den Knaben und
Jünglinge auf aufgeblasenen, mit Öl bestrichenen Weinschläuchen unter vielem Scherz und Gelächter aufführten. Man führte
dies auf den alten Ikarios zurück, der in der Freude des Weinge-
nusses auf einem Weinschlauche herumgesprungen sein soll;
den Schlauch hatte er sich aus dem Fell eines Bockes gemacht,
der ihm die Reben benagt. In der Stadt Athen selbst feierte man
im Januar die *Lenaien* (das Kelterfest), die aus den ländlichen
Dionysien gleichsam als ihre Nachfeier entstanden. Neben son-
stigen bakchischen Vergnügungen bildeten den Glanzpunkt des
heiteren Festes die Aufführungen von Komödien und Tragö-
dien. – In den ersten Beginn des Frühlings, den Blumenmonat
Anthesterion (Februar), fallen dann die dreitägigen *Antheste-
rien*. Am ersten Tage zapfte man den um diese Zeit völlig ausge-
gorenen Wein der letzten Lese an; den versuchte dann die ganze
Hausgenossenschaft in froher Gemeinschaft, Herren und Sklaven miteinander, denn bei dieser Dionysosfeier war kein Unterschied des Standes. Der zweite, der Haupttag, hieß das »Kan-
nenfest«. Mit Blumen bekränzt, versammelte man sich zu einem großen öffentlichen Schmause, bei dem jeder Gast seine
besondere Kanne in einer ganz besonderen Form, gefüllt mit
auserlesenem Weine, vor sich hatte und unter Trompetenschall
um die Wette getrunken wurde. Auch luden die Lehrer ihre
Schüler, von denen sie an diesem Termine das Schulgeld erhalten hatten, zum Weintrinken ein; alle Kinder über drei Jahre
waren mit Blumen bekränzt. Neben der Lust des Festes gab es
aber auch ernste, mystische Gebräuche zu befolgen, deren Sinn

uns nicht ganz klar ist. Namentlich brachte an diesem zweiten Tage die Gemahlin oder zukünftige Gemahlin des Archon Basileus (obersten Priesters) mit vierzehn von diesem gewählten und von ihr vereidigten Ehrenjungfrauen ein geheimes Opfer dar und wurde dann selbst mit Dionysos förmlich vermählt. Der dritte Tag, das »Topffest«, war vorzugsweise ein Sühnfest der Unterirdischen, vergleichbar dem katholischen Feste Aller Seelen. Man kochte in Töpfen ein Gericht »aus allen (Arten von) Samen« zum Opfer für den chthonischen Hermes und die Geister der Verstorbenen, die, wie man glaubte, mit der zum Lichte kehrenden Persephone zur Oberwelt aufstiegen, und deren man daher zu Beginn des Frühlings in Liebe gedachte. – Das glänzendste Fest des Dionysos waren die *großen Dionysien*, auch die *städtischen* genannt, weil sie im Gegensatze zu den kleinen in der Stadt gefeiert wurden; sie fielen in den März. An diesen Tagen zeigte die durch ihren feinen Geschmack weithin berühmte Stadt der von allen Seiten, vom Lande und aus der Fremde zusammengeströmten Menge ihre Pracht und ihren Reichtum und erfreute sie durch die schönsten Kunstgenüsse, durch glänzende Prozessionen und dionysische Festzüge, durch Aufführung von dithyrambischen Chören und dramatischen Kunstwerken. – Von diesen attischen Festen, die bei allem Glanze in der Blütezeit doch einen harmlosen Charakter zeigen, sind andere zu scheiden, in denen das Wilde und Orgiastische immer mehr hervortritt. Sie wurden besonders von thebanischen Frauen auf dem Kithairon, von den attischen und delphischen auf dem Parnassos, von den Spartanerinnen auf dem Taygetos gefeiert, waren also Frauen- und Bergfeste. Ihr Verlauf ist oben nach dem Inhalt der euripideïschen Bakchai geschildert. Wenngleich wir nun sahen, daß sich das Zerreißen von lebenden Böckchen und Rehkälbchen und das Verzehren des rohen zuckenden Fleisches schwerlich unter den griechischen Frauen ereignet hat, so ist doch sicher, daß in manchen Dionysosfesten ein wilder Zug des Sinnentaumels lag. Hierzu mag der Einfluß der asiatischen Kybelefeste viel beigetragen haben.

Heilig war dem Dionysos unter den Pflanzen außer der *Rebe* der *Efeu.* Es ist schwer zu sagen, was ein Gott der Wein- und Obstkultur mit dieser Pflanze zu schaffen hat, die sich aller Veredelung widersetzt und nur bittere Früchte trägt. Entweder wird man gerade durch den Efeu darauf geführt, den Dionysos als Gott überhaupt aller Vegetation anzunehmen, für die der üppig rankende Efeu ein besonders passendes Sinnbild war; oder der Grund der Zuweisung des Efeus an Dionysos ist rein äußerlich der der Ähnlichkeit mit dem rankenden Weine. Außerdem war dem Dionysos seit seiner Verbindung mit Apollon der *Lorbeer* geweiht, ferner unter den Baumfrüchten besonders die *Feige.* Von den Tieren ist ihm der *Bock* heilig, der ihm auch besonders geopfert ward, weil er, wie die Alten sagten, ihm seine Reben schädigt, wahrscheinlicher aber als Sinnbild der Fruchtbarkeit. Aus demselben Grunde wurden auch der *Esel* und der *Stier* mit ihm verbunden. Dionysos selbst wurde hie und da in der Stiergestalt gedacht, was ihn wohl als großen Erzeuger und Befruchter darstellt; so in Elis, wo ihn die Frauen bei seinem Feste mit dem alten Hymnos anriefen: »Komm, Heros Dionysos, zu dem heiligen Tempel der Eleier mit den Chariten, stürmend mit dem Stierfuß, würdiger Stier, würdiger Stier!« Man bildete auch den Gott in Stiergestalt ähnlich wie die Flußgötter oder bezeichnete seine Stiernatur auf der Stirne durch Andeutung von hervorsprossenden Stierhörnchen. Auch die *Schlange* ist dem Dionysos heilig, entweder als treue Hüterin der Weinberge, da sie die Reben und ihre Frucht von Ungeziefer befreit, oder als ein Symbol der aus der Erde hervorwachsenden Pflanzenkeime und Rebensprossen, ferner der *Delphin,* da Dionysos auch Beziehungen zum Meere hatte, und schließlich *Tiger, Pardel* und *Luchs.*

Die *Kunstdarstellunggn* des Dionysos können wir sehr weit zurückverfolgen; aus allerältester Zeit ist uns ein richtiger Fetisch in Säulenform, der den Dionysos darstellte, bezeugt. Die eigentliche Kunst stellte in älterer Zeit den Gott bärtig und

würdevoll, oft mit einer Rebe oder Efeuranke dar. Eine spätere
Statue dieser Art steht im Vatikan und wurde nach einer ihr im
Altertum irrtümlich aufgemeißelten Inschrift lange als Sarda-
nappallos oder ganz verfehlt auch als »indischer« Dionysos bezeichnet. Der Gott zeigt hier eine Mischung von Würde und
Üppigkeit, im Gesicht einen leisen Zug von Schwermut; er ist
in lange, fast weibische Gewänder gekleidet. – Die Blütezeit der
Kunst hat aber, namentlich unter Skopas und Praxiteles, Dionysos als lieblichen bartlosen Jüngling gebildet, auf der Scheide
zwischen Knaben- und Jünglingsalter, mit Körperformen, die
ohne ausgearbeitete Muskulatur weich ineinander fließen und
die halb weibliche Natur des Gottes ankündigen. Die Züge seines Antlitzes zeigen manchmal eine ekstatische Begeisterung,
manchmal eine selige Berauschung und eine süße weiche Zer-
fahrenheit, als wenn sich seine Seele zwischen Schlummer und
Wachen in einem entzückenden Traume wiegte; und doch ahnt
man hinter dieser träumerischen Weichheit die Kraftfülle eines
mächtigen Zeussohnes. Sein Haupt ist umflossen von reichen,
bis auf die Schultern herabwallenden Locken und bekränzt mit
Efeu und Weinlaub. Der Körper ist, ein umgeworfenes Rehfell-
chen ausgenommen, gewöhnlich ganz nackt, doch trägt er auch
bisweilen einen kurzen, den Unterkörper verhüllenden Mantel
oder ein langes weibliches Gewand; die Stellung ist gewöhnlich
bequem angelehnt oder gelagert, sehr selten thronend. Sein
stützendes Zepter und zugleich seine Waffe ist der Thyrsos,
eine lange, von Efeu und Weinranken und Bänderschmuck um-
wundene Stange von Rohr oder Holz; oben ist an ihr ein Pinien-
zapfen wie eine Lanzenspitze befestigt. Die Kunst hat ferner in
zahlreichen Kompositionen die Ereignisse und Taten aus dem
Leben des Dionysos dargestellt, mit besonderer Vorliebe aber
behandelte sie den sogenannten *Thiasos*, den Bakchosschwarm:
Bakchantinnen, Nymphen und Musen, Pane und Silene, Satyrn
und Kentauren umschwärmen in bakchischer Begeisterung den
hohen Gott, der in süßer trunkener Ruhe herniederschaut auf

das Getümmel dieser ihm huldigenden Wesen niederer Natur, oft in Gemeinschaft mit seiner holden Braut Ariadne, die er selig umfangen hält.

Dionysos hieß bei den Römern *Liber* oder *Bacchus* und wurde als ländlicher Segensgott neben Ceres verehrt. Manche nehmen an, der Dionysosdienst sei durch die Griechen Unteritaliens zu den italischen Völkern und auch nach Rom gekommen, und der römische Name Liber sei eine Übersetzung des griechischen Dionysosbeinamens Lyaios, des Befreiers, Sorgenlösers. Richtiger ist wohl, daß Liber ein altitalischer Gott ist, der dann mit Dionysos gleichgesetzt wurde. Die Aufnahme des griechischen Dionysos hat jedenfalls schon ziemlich früh stattgefunden, und das alte Fest der *Liberalia* am 17. März (an dem auch die erwachsenen Knaben die *toga virilis* bekamen) galt nun dem neuen Gotte. Auch die ausschweifenden nächtlichen Orgien kamen nach Rom und wurden unter dem Namen *Bacchanalia* im geheimen von Männern und Frauen auf eine so schamlose, ja verbrecherische Weise gefeiert, daß sie im Jahre 186 v. Chr. vom Senate aufgehoben und die zahlreichen Teilnehmer – Livius berichtet von über siebentausend – hingerichtet oder eingekerkert wurden. Für die Gemahlin des Liber galt *Libera*; sie wurde mit Persephone, später auch wohl mit Ariadne gleichgestellt.

5. Satyrn

Die *Satyrn* mögen ursprünglich einmal Wetterdaimonen gewesen sein; andere sehen sie als gute Geister der Sättigung an. Bei Hesiod sind sie die Brüder der Nymphen, und da diese das Naturleben darstellen, so müssen wir wohl auch bei den Satyrn eine ähnliche Bedeutung vermuten. Und diese Bedeutung ist, welches auch der Charakter der Satyrn in ältester Zeit gewesen sein mag, für die späteren Perioden durchaus vorhanden. Vertreten nämlich die Nymphen das Zarte und Liebliche der Natur, so ist dagegen in den Satyrn und den ihnen verwandten Panen das Rauhe und Struppige, das Eckige und Zackige, das Schreckende oder Neckische des Berg- und Waldwesens ausgedrückt. Mit den Nymphen, ihren Schwestern, treiben sie sich gerne in Wäldern und Bergen umher, tanzen und springen, scherzen und musizieren, immer lustig und froh, aber der Wein, die Gabe des Dionysos, darf ihnen nicht fehlen. Diesem Gotte haben sie sich für immer ergeben und sind seine unzertrennlichen Begleiter. Von Natur sind sie eigentlich bocksgestaltig; allmählich aber verschwindet das Tierische bei ihnen mehr und mehr, sie werden Menschen, die freilich noch Ziegenbeine und Hörner tragen, denen aber schon der Bart, das Merkmal des Ziegenbocks, fehlt. Am Ende des 5. Jahrhunderts schließlich sind sie fast ganz menschlich, und in den Satyrn des Praxiteles (4. Jh.) ist fast nichts Tierisches mehr zu erblicken. Auf Praxiteles geht wohl eine Statue eines schönen jungen Satyrs zurück, der eben die Flöte geblasen hat und nun in träumerischer Stimmung an einen Baumstamm gelehnt vor sich hinblickt. Wie beliebt dieses Werk im Altertume war, geht daraus hervor, daß es in zahlreicheren Wiederholungen erhalten ist als jede andere antike Statue. Hier ist an dem Satyr nichts tierisch als die spit-

zen Ohren. Ungefähr von der Zeit des Praxiteles an aber werden die Satyrn dann wieder derber und bäuerischer dargestellt
und erscheinen als Landleute mit Hirtenstab und Ziegenfell. –
Die Dichter schildern die Satyrn als harmlos neckisch, immer
der niederen Sinnenwelt verbunden, »ein nichtsnutziges leicht-
fertiges Geschlecht«, wie Hesiod sie nennt; sie sind mutwillig
und durchtrieben, roh und lüstern, feig und träge und zu keiner
Arbeit anstellig. Spielen und Zechen, Schwärmen und Lärmen
ist ihre liebste Arbeit, der Thyrsosstab, Flöte und Syrinx, Weinschlauch und Becher ihr liebstes Gerät, und ihr liebster Krieg ist
die Verfolgung der Nymphen und Mainaden.

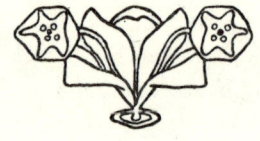

6. Silenos, Marsyas und Midas

Silenos ist zunächst ein anderer Name für Satyros. Besonders aber hieß so ein älterer bevorzugter Satyr, der Sohn einer Nymphe und des Hermes oder des Pan. Ihm war die Gnade geworden, in Nysa der Erzieher und Lehrer des jungen Dionysos zu werden, und auch später ist er stets in der Nähe des Gottes, der ihn vor allen liebt. Die Satyrn aber ehren ihn als den Begünstigten ihres Gottes und als ihren väterlichen Freund und Führer. Doch bedarf er selbst oft ihrer leiblichen Führung; denn er ist stets berauscht und voll süßen Weines, so daß er selten seinen Füßen trauen kann. Fett und rund wie ein Weinschlauch, läßt sich der heitere, gemütlich trunkene Alte mit der Glatze und dem Gesichte eines echten Trunkenboldes von seinen geschäftigen jüngeren Freunden stützen und führen, oder er reitet auf seinem Lieblingstiere, dem Esel, dienstwillig von ihnen gehalten und bewacht, damit er nicht falle. Den Weinschlauch kann er nie missen; hat dieser liebe Freund ihn mit seiner süßen Gabe gelabt, so dient er ihm nachher noch als Lehne und Stütze. Während aber der alte Trunkenbold fast nie Herr ist über seinen schwerfälligen Körper, ist dagegen seine berauschte Seele nur um so freier. Er ist ein antiker Perkeo, ein weiser seliger Alter, der das gewöhnliche Treiben der Welt als eitle Torheit verachtet und in seiner Weisheit sein Genüge findet, ein würdiger Lehrer des großen Dionysos. Auch erschließt ihm die dionysische Begeisterung den Blick in die Zukunft; er ist ein begeisterter Seher, der sich aber, wie die alten Meergreise Proteus und Nereus, erst durch die Gewalt der Fesselung entschließt, seine Weisheit zu offenbaren. – Dachte man sich die Silene in der Mehrheit den Satyrn ähnlich, so waren sie kaum von diesen zu unterscheiden; unter ihnen aber war dann unter dem Namen *Papposilenos* (Vater [Papa] Silen) ein alter Silen ausgezeichnet durch ganz behaartes und tierisches Aussehen. – Eine besondere Art von Silenosdarstellungen, die schönste von allen, zeigt weder den Ausdruck des Gewohnheitssäufers, sondern statt seiner einen milden Ernst, noch das Tierische, das nur durch die spitzen Ohren angedeutet ist. Es sind jene berühmten Statuen des Silenos, der das ihm zur Pflege übergebene Dionysosknäblein auf den Armen wiegt und es mit inniger Zuneigung anblickt. Hier ist alles Rohe oder Komische unterdrückt, der Gott erscheint als liebevoller Pfleger des Kleinen.

Auch Kleinasien und speziell Phrygien kannte einen Silen, den *Marsyas*. Wie die griechischen Silene im Dienste des Dionysos, so stand Marsyas in dem der Kybele, die ja dem orgiastischen Dionysos verwandt ist; er galt für den Erfinder der asiatischen, im Dienste der Kybele gepflegten Flötenmusik. Die Griechen, die diese Sage kennen lernten, hatten bereits eine andere, die die Erfindung der Flöte der Athena zuschrieb. Sie vereinigten aber die beiden Angaben so: Athena erfand zwar die Flöte, erkannte aber bald, daß das Blasen ihr schönes Gesicht entstelle, warf sie weg und sprach einen Fluch über sie aus, daß der, der sie aufhebe, schwere Strafe leiden sollte. Marsyas war der Unglückliche, der die Flöte fand; er brachte es auf ihr bald zu einer solchen Fertigkeit, daß er es wagte, sich mit Apollon in einen musikalischen Wettstreit einzulassen unter der Bedingung, der Besiegte solle sich ganz in die Gewalt des Siegers geben. Apollon siegte mit seinem Kitharaspiel über die Flöte des Marsyas und schund ihn, nachdem er ihn an eine Fichte aufgehängt hatte. In einer Höhle zu Kelainai in Phrygien, in der der Fluß Marsyas seine Quelle hatte, hing die Haut des geschundenen Marsyas, und man erzählte, sie bewege sich freudig, wenn man auf der Flöte in phrygischer Tonart spiele, bei der apollinischen Musik der Kithara aber bleibe sie ruhig. Diese Haut des Marsyas in der Höhle zu Kelainai wird in Wahrheit nichts anderes gewesen sein als ein einfacher Wasserschlauch, der ursprünglich deswegen dorthin gekommen ist, weil die phrygischen Silene zugleich als Quell- und Flußgötter betrachtet wurden, so daß man dem Marsyas einen Wasserschlauch als Symbol oder Wahrzeichen geben konnte. Auch in Griechenland kommen Fälle vor, wo Silen Quellen hervorspringen läßt.

Bei dem Wettstreite des Apollon und Marsyas, zu dem sich viele Zuhörer versammelt hatten, soll auch *Midas* zugegen gewesen sein. Diesen Midas, den Sohn des Gordios und der Kybele, machte die Sage zu einem weichlichen, ungeheuer reichen König von Phrygien und erzählte von ihm, daß er das Flötenspiel des Marsyas der Musik des Apollon vorzog; deswegen habe dieser dem schlechten Kritiker Eselsohren angesetzt. Diese Eselsohren hat man so erklärt, daß Midas eigentlich ein Silen gewesen sei, und zwar eselsgestaltig oder wenigstens eselsohrig, so wie die griechischen Satyrn bocksgestaltig oder bocksohrig waren. Auf Midas als phrygischen Silen deutet auch sein Zusammenhang mit Quellen. Der Sage nach nämlich mischte der König Midas eine Quelle mit Wein, um den (griechischen) Silen zu berauschen und zu fangen. Diese berühmte Midasquelle wurde in verschiedene Gegenden verlegt; manche hielten dafür die Quelle des Marsyasflusses.

7. Pan

Pan, d. i. der Weidende (der Name hängt mit *pa-sco* weide zusammen), war ein alter Wald- und Hirtengott der arkadischen Berge, der erst allmählich unter den übrigen Griechen bekannt und verehrt wurde; bei Homer und Hesiod ist er noch gar nicht erwähnt. Er war der Sohn des Hermes, des in Arkadien heimischen Freundes der Herden, ein Gott von wunderlicher Bocksgestalt, gleich bei seiner Geburt gehörnt und bärtig, krummnasig, behaart, mit Schwanz und Ziegenfuß, so daß seine Mutter erschreckt vor dem Knaben entfloh. Sein Vater aber freute sich des kleinen Sohnes, nahm ihn in den Arm und trug ihn hinauf zum Olympos, um ihn dem Zeus und den übrigen Unsterblichen zu zeigen. Alle Götter ergötzten sich an dem seltsamen Wesen, am meisten Dionysos; »und sie nannten ihn Pan, da er *Aller* Herzen erfreut«. So erklärt der Verfasser des homerischen Hymnos auf Pan fälschlich den Namen des Gottes, der seinem Wortlaute nach auch »all« bedeuten kann. Im Olympos aber ist des Pan bleibende Stätte nicht; er liebt den Wald und die Berge und baumreichen Gründe mit ihrem Wild und ihren Herden. Hirten und Jäger sind seine Schützlinge; wie diese streicht er bald umher durch das dichte Gebüsch und erfreut sich an der stillen Waldeinsamkeit, bald klettert er mit seinem flüchtigen Bocksfuße wild und keck an den zackigen Felsen hinauf bis hoch auf die äußersten Spitzen und schaut spähend mit scharfem Blick nach dem Wilde und seinen lieben Herden aus. Und wenn er am Abend ermüdet ist von der Jagd und seinem rastlosen Treiben, dann läßt er sich wohl auf einem Felsvorsprung am freundlichen Quell nieder und bläst auf seiner Syrinx die lieblichsten Weisen, daß die Quell- und Baumnymphen von nah und fern herankommen und beim Tanze auf dem grünen blumigen Plan die Töne seiner Flöte mit ihrem süßen Gesange begleiten. Da hält er sich nicht länger, er stürzt sich selbst in den tanzenden Chor und ergötzt sein Herz an lustigen Sprüngen. Das ist ein fröhliches Treiben; je größer der Lärm, desto größer die Lust.

Unter den Nymphen hatte Pan manche Geliebte; so die Echo und die Syrinx. Echo gehörte zu den Dreaden und war die Nymphe des Widerhalls. Sie vermochte weder zuerst zu reden noch, wenn ein anderer sprach, zu schweigen; dann aber gab sie von dem vielen, was der andere gesprochen, nur die letzten Worte zurück. Man hielt sie für eine Geliebte Pans; denn in der Stille des Waldgebirges, wo Pan ja gern weilt, vernimmt man oft ein Echo. Aber da dieses unfaßbar ist und stets den flieht, der es aufsucht, so wurde die Liebe Pans gewöhnlich als nicht erhört angesehen, und diesen Gedanken vergeblichen Nachjagens führten dann die Dichter folgendermaßen spielend weiter: Pan liebte Echo, Echo liebte einen Satyr, und der liebte wieder eine andere; so liebte jeder und ward geliebt, und doch fand keiner in der Gegenliebe des Wunsches Erfüllung.

Ohne die Nymphen und lärmende Lust ist der Hirtengott der Berge nicht gut zu denken; doch wenn in der Mittagsstunde unter dem Drucke der Sonnenglut die ganze Natur schmachtend niederliegt und ringsum alles schweigt und ruht, dann ruht auch Pan irgendwo im schattigen Gebüsch oder in kühler Grotte, und der Hirte hütet sich wohl, ihn durch lauten Lärm zu stören. So gewogen Pan nämlich sonst auch den Hirten und den Jägern ist, wenn sie ihn ehren und ihm die gebührenden Opfer bringen, Böcklein und Lämmer, Milch und Honig und Most, so haben sie doch ein gewisses Grauen vor dem Gotte, der so geheimnisvoll in den Wäldern haust. Pan kann nämlich gerade während des Mittagsschlafs Alpdrücken und schreckhafte Träume hervorrufen (was später dazu führte, daß er überhaupt zum Traumgott, ja zu einem durch Träume weissagenden Gotte wurde). Noch mehr Unheil stiftet er aber in seinem Unmute –

»denn er ist reizbar, und jäher Zorn setzt sich ihm gleich auf die Nase« – durch den sogenannten *»panischen Schrecken«*. Die Hirten beobachteten nämlich, daß »selbst vollkommen zahme Herdentiere, namentlich Schafe und Ziegen, manchmal ohne irgend einen merkbaren Grund in den heftigsten Schrecken geraten und dann wie besessen nach einem Punkte hinstürzen, selbst wenn dieser höchst gefährlich für sie ist, wie Feuer, ein Abgrund oder tiefes Wasser, und so elend zugrunde gehen«. Diese Erscheinung schrieb man dem Pan zu und dehnte sie auch auf Menschen aus, indem man auch deren aus unbekannten Gründen entstandenen Schrecken panisch nannte. Man fabelte, Pan trete oft dem Wanderer auf einsamem Waldpfade schreckhaft entgegen, oder seine furchtbare Stimme töne bisweilen entsetzlich aus dem Walde. Weiter glaubte man auch in den Schlachten die plötzliche Flucht des Feindes dem Pan zu verdanken, und so ist es gekommen, daß der Hirtengott zu einem kriegerischen Gotte wurde, der bisweilen sogar bewaffnet dargestellt worden ist. Hierzu trug übrigens noch bei, daß ja auch Hirten und Jäger, Pans eigentliche Schützlinge, oft ihren Beruf mit dem des Soldaten vertauschen; bekanntlich war das gerade bei den Bewohnern des eigentlichen Panlandes Arkadien der Fall. Als kurz vor der marathonischen Schlacht der athenische Eilbote Pheidippides nach Sparta geschickt wurde, um gegen die herannahenden Perser die Hilfe der Spartaner zu erbitten, soll ihm vom parthenischen Gebirge aus Pan zugerufen haben, er sei ein Freund der Athener, wenn auch diese ihn bisher nicht geehrt hätten, und wie er ihnen bis jetzt schon viel Gutes getan, so werde er auch später ihnen hilfreich sein. Nach dem Siege über die Perser erinnerten sich die Athener des panischen Schreckens, der die Feinde in die Flucht gejagt, als der Wohltat Pans, weihten ihm dankbar unterhalb der Burg in dem Burgfelsen die noch heute sichtbare Pansgrotte und ehrten ihn alljährlich durch Opfer und Fackellauf. Auch zu Marathon weihte man dem Gotte einen Berg und eine Grotte mit Zellen

und Bädern und mit ziegenähnlichen Felsen, die man Pans
Herde nannte. Ferner stellte man auf der kleinen Insel Psytta-
leia bei Salamis, wo die Athener zum zweiten Male die Perser
in die Flucht schlugen, dem Pan zu Ehren Statuen auf. Um
dieselbe Zeit stiftete zu Theben Pindar, der fromme Dichter,
dessen Lieder der Gott selbst gesungen haben soll, ihm zugleich mit der Kybele ein Heiligtum in der Nähe seines Hauses.
Obwohl sich aber der Panskult im 5. Jahrh. von seiner engeren
Heimat Arkadien nach Attika und Boiotien verbreitet hatte, blieb
doch der Gott ohne größere Bedeutung. Diese erlangte er erst
etwa vom 3. Jahrh. an in einer Zeit, als man mit der zunehmenden Entwicklung der Großstädte das Landleben wieder schätzen lernte und sich aus dem städtischen Luxus heraus wieder
nach ländlicher Einfachheit sehnte. Weiter erhöhte sich die Bedeutung Pans dadurch, daß die stoischen Philosophen den alten
Gott des einfachen Hirten- und Jägerlebens aus Mißverstand
seines Namens zum Gotte des *Weltalls* machten und den Ton
seiner Syrinx als die Harmonie der Sphären deuteten. – Pan
trat auch mit anderen Göttern in Verbindung, zunächst, als ein
Freund der Musik und fröhlichen Lust, mit der großen Bergmutter Kybele, der in ihrer asiatischen Heimat Marsyas, ein
ähnliches Wesen wie Pan, gesellt gewesen war. Noch enger aber
schloß er sich dem Dionysos an, in dessen Gefolge wir schon
ähnliche Wesen gesehen haben. In dem dionysischen Schwarme
der Satyrn und Silene ist er ein munterer und possierlicher
Springer und Tänzer und ein zudringlicher Liebhaber der Nymphen. In dieser Gesellschaft dichtete man dann auch mehrere
Pane; den alten Pan machte man zum Vater von zwölf Söhnen,
und man umgab die Pane wieder mit Pansfrauen und Panskin-
dern; *Panisken* heißen die junge Pane, wie die jungen Satyrn
Satyrisken. Und alle diese verwandten Wesen, Pane und Satyrn
und Silene, wurden allmählich so miteinander vermischt, daß
kaum mehr ein Unterschied zu erkennen ist. Dazu kamen dann
auch noch ähnliche italische Götter, die Wald- und Feld- und

Herdengötter *Faunus* und *Silvanus*, die ebenfalls nach griechischem Beispiele in Faune und Silvane vervielfältigt und ganz mit den Panen identifiziert wurden.

Die ältere Kunst stellt den Pan in menschlicher Bildung dar, nur durch ein bocksartiges Gesicht, durch borstiges Haar, keimende Hörnchen und wohl auch durch einen Ziegenbart charakterisiert; später bildete man ihn bocksfüßig, gehörnt, krummnasig und ließ seine Häßlichkeit besonders dadurch hervortreten, daß man neben ihn einen schönen Jüngling Daphnis stellte, den er im Syrinxspiel unterrichtet.

PHAIDON VERLAG
Redaktionsbüro/Pressestelle
Im Teelbruch 60

4300 Essen 18

Name	
Straße	
Ort	
Tel.	

Lieber Leser,

Sie haben diese Karte in einem Buch aus unserem Verlagsprogramm gefunden. Sollten Sie an weiteren Informationen unserer umfangreichen Veröffentlichungen interessiert sein, so schicken Sie uns diese Karte unter Angabe Ihrer Interessengebiete einfach zu. Wir dürfen Sie dann laufend und kostenlos über unsere Neuheiten informieren.

Vielen Dank für Ihre Mühe, die sich lohnt.

Ihr
PHAIDON VERLAG
Redaktionsbüro/Pressestelle
Im Teelbruch 60, 4300 Essen 18

Ihre Interessen:

☐ Bibliothek der Weltliteratur
☐ Klassikerbibliothek
☐ Bibliothek der Weltgeschichte
☐ Geschichtsschreiber der Antike
☐ Historiker des deutschen Altertums
☐ Erzählungen des Mittelalters
☐ Bibliothek der Philosophie

Weitere Interessensgebiete

_____
_____
_____
_____
_____

8. Priapos

Priapos, ein Sohn des Dionysos und der Aphrodite oder einer Nymphe, wurde besonders zu Lampsakos am Hellespont verehrt als ein in den dionysischen Kreis gehöriges Wesen, als ein Gott, der den Gärten und Weinbergen Fruchtbarkeit und den Herden Gedeihen schenkt. Sein Dienst war später weit verbreitet, wie in Griechenland, so in Italien. Man pflegte seine grotesken Statuen in Gärten und Weinpflanzungen aufzustellen. In dem dionysischen Thiasos erscheinen auch Priape in der Mehrheit.

9. Kentauren

Unter die dionysischen Wesen sind auch die *Kentauren* aufgenommen. Sie waren schon den alten Heroensagen als leidenschaftliche Freunde des Weines bekannt und stehen als rohe Daimonen des Wald- und Berglebens von halbtierischer Natur und halbtierischer Körperbildung mit den Panen und Satyrn auf gleicher Stufe. Wie der Bildung der Satyrn die Gestalt des Bockes zugrunde liegt, so ist in der der Kentauren die Rossegestalt mit der menschlichen verschmolzen. Die ältere Kunst hat die beiden Gestalten einfach so verbunden, daß an den Körper eines Mannes sich nach hinten der Leib eines Rosses unvermittelt anschloß; ungefähr seit der Zeit des Pheidias aber (ca. 450 v. Chr.) setzte man auf Bauch und Brust eines Pferdes einen menschlichen Oberleib in schönster harmonischer Verbindung, so daß die beiden Organismen sich gegenseitig zu durchdringen scheinen; der Kopf aber ist teils rein menschlich, teils erinnert er in seiner Gesichtsbildung sowie durch die spitzen Ohren und das borstige Haar an die Satyrn. Auch Kentaurenfrauen (Kentauriden) bildete man, die in ihrem menschlichen Oberkörper sich mehr der reizenden Form der Nymphenbildung annähern. In den ältesten Sagen waren die Kentauren rauchhaarige, zottige, Berg und Wald bewohnende Ungetüme – Tiere nennt sie Homer – in den thessalischen Gebirgen Dite und Pelion, ein rohes, gewalttätiges Bergriesengeschlecht voll tierischer Begier und von wilder Lebensweise; sie aßen rohes Fleisch und kämpften mit Felsen und Baumstämmen z.B. gegen Herakles und gegen Theseus, Peirithoos und die Lapithen. Dieser Charakter der Kentauren hat dazu geführt, in ihnen eine Personifikation von Wild- und Gießbächen zu sehen, und in der Tat läßt sich nicht leugnen, daß die Vergleichung bis ins einzelne durchgeführt werden kann. Erstens sahen wir schon, daß Wellen und Wogen oft mit Rossen verglichen werden. Ferner ist der ungestüme Charakter Kentauren und Gießbächen zugleich eigen. Die engere Heimat der Kentauren, Thessalien, ist besonders reich an Sturzbächen. Diese reißen lebende Herden mit sich fort, sind also »rohfressend«, und richten durch Felsen und Baumstämme, die sie mit sich führen, Schaden an. Weiter sind die Kentauren sterblich, so wie die Wildbäche schnell anschwellen und schnell vertrocknen. – Das rasende Tosen der Wildwasser hat nun wohl dazu geführt, auch den Kentauren Raserei, d.i. Trunkenheit zuzuschreiben; so mögen sie in den Kreis des Dionysos gekommen sein. Hier erscheinen sie übrigens dann auch ohne ihre natürliche Roheit und Wildheit; mild und zahm schreiten sie nun vor dem Wagen des Gottes einher und musizieren auf dem Horne oder der Lyra, oder sie ziehen dienstwillig den Wagen des Dionysos und der Ariadne.

Ausgezeichnet vor den übrigen Kentauren ist der weise und gerechte *Chiron*, auch vorzugsweise »der Kentaur« genannt, der in einer Grotte des Pelion wohnende Sohn des Kronos und der *Philyra*, während die andern Kentauren Söhne oder Enkel des

Frevlers Ixion und einer Wolke heißen (auch dies eine Stütze für die Erklärung als Wildbäche). Chiron hat sich über den Zustand roher Natürlichkeit, der den übrigen Kentauren eigen ist, emporgehoben und durch Tugend und höhere Erkenntnis zu reiner Menschlichkeit veredelt. Zu dem Leben der Natur, dem er seinem ursprünglichen Wesen nach verbunden war, bleibt er aber immer noch in engerer Beziehung. Die Natur erfüllt ihn mit ihrem prophetischen Geiste, und er erkennt ihre heilsamen Kräfte, wie sie in Gras und Kräutern verborgen liegen. Er ist ein geschickter kundiger Arzt, dessen edles wohlwollendes Herz den Menschen seine Kunst und seine Weisheit zum Heile gedeihen läßt. Die ruhmreichsten Helden der Vorwelt, Peleus, Achilleus, Iason, Kastor und Polydeukes, der Seher Amphiaraos, der Arzt Machaon und viele andere sind von ihm in aller Weisheit und Tugend erzogen worden und haben von ihm die Heilkunde, die Weissagung, die Musik gelernt, sowie auch die Gymnastik, denn in seinem Wesen ist der milden Weisheit tierische Stärke und Raschheit gepaart. Die beiden berühmtesten Helden des griechischen Altertums, Herakles und Achilleus, standen mit ihm, der erste in freundschaftlichem, der andere in verwandtschaftlichem Verhältnisse. Seine Tochter Endeïs war die Großmutter des Achilleus, und Herakles kehrte gerne auf seinen Zügen bei dem edlen Freunde gastlich ein; doch brachte dem Chiron, obwohl er im Gegensatz zu den anderen Kentauren eigentlich unsterblich war, die Freundschaft des Herakles den Tod.

10. Demeter und Persephone (Ceres und Proserpina)

Demeter ist die Tochter des Kronos und der Rhea und Schwester (sowie Gattin) des Zeus, eine milde ehrwürdige Göttin. Ihr Name bedeutet die »Mutter Erde«, dasselbe also, was Ge ist. Doch ist Ge immer mit ihrem Elemente selbst, dem weitgebreiteten, erzeugenden und nährenden Erdboden, eng verwachsen geblieben, so daß man sie kaum als eine sich frei bewegende Persönlichkeit betrachten kann; Demeter aber hat sich über ihr Naturelement erhoben und steht als frei waltende Gottheit über ihm. Während man also bei Gaia an die *Erde* selbst denkt, wie sie die Pflanzen aus ihrem Schoße heraufsendet, erscheint Demeter als eine über die Zeugungskräfte des Erdbodens gebietende *Göttin*, nach deren Willen und durch deren Macht die Erde ihre Früchte trägt. Kurz und treffend hat dies Ovid ausgedrückt:

Haec praebet causam frugibus, illa locum.

Auch dadurch unterscheidet sich Demeter besonders von Gaia und der verwandten Kybele, daß sie vorzugsweise eine Göttin der Feldfrüchte, des Getreides ist, die dem Menschen die wichtigste und unentbehrlichste Nahrung spendet, »das Mark der Männer«, wie Homer das Brot nennt; ferner stiftet sie als Thesmophoros wenigstens nach späterer Anschauung ein friedliches gesittetes Leben, die Ehe und alle bürgerliche wie staatliche Ordnung. Da ihr Wirken so in mannigfaltiger Weise segensreich in das Menschenleben eingreift, so verehrte man sie mit besonderer Frömmigkeit, und man dachte sie auch am liebsten auf der Erde unter dem von ihr geliebten Menschengeschlechte weilend; zum Olympos in den Rat der Götter ging sie selten. Zurückgezogen von dem bewegten Treiben und Kampfe der Götter- und Menschenwelt, wie es uns z.B. in den Gedichten

Homers vorgeführt wird, liebt sie die Stille und den Frieden eines ländlichen Lebens.

Demeter ist die Mutter alles natürlichen Lebens auf Erden; zunächst aber dachte man doch besonders an das pflanzliche Leben in Kraut und Blüte, in Saat und Frucht. Die gesamte Pflanzenwelt ist ihre Tochter, persönlich vorgestellt in *Persephone* oder *Kore*, d. i. »Jungfrau«, »Mädchen«, und dieses Verhältnis zu ihrem Kinde ist eine Hauptseite ihres Wesens und der Mittelpunkt ihres Mythos. Wir haben das Verhältnis einer großen Lebensmutter zu dem von ihr gehegten Naturleben schon in mehreren mythischen Gruppierungen dargestellt gesehen, wie in der Liebe der Rhea Kybele zu Atys, der Aphrodite zu Adonis; aber reiner und edler und inniger als in der leidenschaftlichen Liebe dieser asiatischen Paare ist jene Beziehung ausgedrückt in der echt griechischen Verbindung der Demeter und Persephone, der Mutter und Tochter. Dieses mütterliche Verhältnis ist der Boden der tiefsten und reichsten Gemütswelt. Demeter liebt ihre Tochter mit der ganzen Macht eines reichen hoffnungsvollen Mutterherzens und findet in der Gemeinschaft mit ihr das höchste Glück; als aber das geliebte Kind ihr entrissen wird in die Tiefe der Schattenwelt, wohin sie ihr nicht folgen kann, da tobt sie ihren Schmerz nicht aus in wilder orgiastischer Trauer wie Kybele, sondern sie verfällt einem trostlosen Grame, der um so tiefer ihr Gemüt erfaßt, je stiller er ist.

Persephone, die Tochter der Demeter, hatte zum Vater den Zeus, und der versprach sie kraft seines väterlichen Rechtes, ohne daß die Mutter etwas davon ahnte, dem Herrscher der Schattenwelt zur Gemahlin. *Hades* raubte die Braut und führte sie in sein unterirdisches Reich. Diesen Raub der Persephone erzählt der homerische Hymnos auf Demeter ungefähr folgendermaßen. Persephone ergötzte sich in Gesellschaft ihrer Gespielen, der Okeaninen, mit Blumenpflücken auf der nysaiischen Flur; sie füllten in jugendlicher Heiterkeit den Busen ihrer Gewänder mit Rosen, Krokos und Lilien, mit Hyakinthen

und Narkissos. Nun erblickte Persephone einen weithin duften-
den prächtigen Narkissos – eine Blume betäubenden Geruches,
der man deswegen geheimnisvolle Kräfte zuschrieb –; diesen
hatte Gaia nach dem Willen des Zeus dem Hades zugunsten
aufsprießen lassen, und die Jungfrau wurde verlockt, sich von
der übrigen Schar zu trennen, um die herrliche Blume zu pflük-
ken. Da öffnete sich plötzlich die Erde; der Fürst der Schatten
stürzte mit seinem Wagen aus dem Schlunde hervor und entführte das erschreckte Blumenkind in sein dunkles Reich. Keine
von ihren Gespielen sah den Raub, aber Persephones Schrei,
der weithin durch die Gebirge und bis in die Tiefen des Meeres
erscholl, ist zur Mutter gedrungen, und diese erfaßt Schreck
und Schmerz. Sie zerreißt die Kränze, die ihr Haupt umblühen,
kleidet sich in ein dunkles Gewand und eilt suchend durch alle
Länder. Neun Tage zieht sie so umher ohne Speise und Trank
und ohne Bad, am zehnten geht sie hinauf zu Helios, dem All-
schauenden, und fragt ihn, wer die Tochter ihr geraubt habe;
und der verkündet ihr die Wahrheit. Nun meidet sie voll Zorn
gegen Zeus, der keine Rücksicht genommen hat auf ihr Mutter-
recht, die Versammlung der seligen Götter und wandert traurig
und unerkannt unter den Menschen umher, bis sie in die Nähe
von *Eleusis* in Attika kommt. Hier setzt sie sich in Gestalt eines
alten Weibes im Schatten eines Ölbaumes an einem Brunnen,
dem »Jungfrauenbrunnen«, nieder auf einen Stein, der der
»Stein der Trauer« hieß. Da kamen die Töchter des *Keleos*,
Königs in Eleusis, um Wasser zu schöpfen, trafen sie hier und
führten sie unter dem Namen *Deo* (so hieß Demeter zu Eleusis)
in das väterliche Haus zu ihrer Mutter *Metaneira*, damit sie
deren neugeborenes Knäblein *Demophoon* als Wärterin pflege.
In dunklem Gewande, verhüllten Hauptes, folgte sie still und
traurig den Mädchen; als sie aber die Schwelle des Gemaches
betrat, berührte sie mit dem hohen Haupte die Decke, und
göttlicher Glanz umstrahlte die Türe, so daß Metaneira, die
Königin, die mit dem Knäblein dasaß, sich voll Scheu und Ehr-

furcht von ihrem Sessel erhob, damit die Fremde sich darauf niederlasse. Doch die Göttin will nicht sitzen auf einem glänzenden Sessel, sie bleibt in stummer Trauer stehen, bis die Magd *Jambe* (»Spott«, Personifikation der Neckereien und Scherze am Demeterfeste) ihr einen schlechten Sitz zurecht macht. Lange saß sie mit verhülltem Haupte da, regungslos und ohne ein Wort zu reden, ohne Speise oder Trank anzunehmen, denn der Anblick einer glücklichen Mutter mochte ihren Schmerz von neuem erregt haben; da brachte endlich Jambe sie durch Necken und Scherz zum Lächeln und erheiterte ihr Gemüt soweit, daß sie einen Milchtrank von Gerstenmehl, Wasser und Polei, der ihr fortan heilig blieb, annahm. Auch ist ihr von der Zeit an bei ihren Festen der Scherz lieb. Nun pflegte sie im Hause des Keleos den Knaben Demophoon, und er gedieh unter ihren göttlichen Händen wunderbar. Statt ihn mit gewöhnlicher Erdenkost zu speisen, salbte sie ihn, um ihn unsterblich zu machen, mit Ambrosia, trug ihn an ihrer Brust und hauchte ihn an mit ihrem süßen Götterhauche; des Nachts aber steckte sie ihn heimlich wie einen Holzbrand ins Feuer. Und sie hätte ihn dadurch unsterblich gemacht, wenn nicht die Mutter, erstaunt über des Kindes rasches Gedeihen, sie neugierig einst in der Nacht beobachtet und belauscht und, als sie ihr Kind in das Feuer legen sah, laut aufgejammert hätte. Erzürnt nahm Demeter das Kind aus dem Feuer und legte es auf den Boden. Darum behielt Demophoon seine sterbliche Natur; weil er aber auf den Knien und in den Armen der Göttin geruht, wurde ihm doch ewige Ehre zu teil. Die Göttin gab sich darauf zu erkennen und befahl, ihr am Quell Kallichoros einen Tempel zu bauen und dort durch besondere Gebräuche, die sie lehren werde, ihren Zorn zu beschwichtigen. Rasch war der Tempel vollendet, in dem nun Demeter wohnte, fern von den seligen Göttern, und in ihrem Gram und Zorne sandte sie Mißwachs und Hungersnot über die Erde, so daß dem Menschengeschlechte der Untergang drohte und den Unsterblichen der Verlust ihrer Opfer und

Ehren. Darum sandte Zeus die Götter einen nach dem andern zu ihr, um sie zu besänftigen; sie aber wollte nicht eher den Olympos betreten und die Früchte der Erde wachsen lassen, als bis die Tochter ihr wiedergeschenkt sei. Zeus sah sich also gezwungen, den Hermes in die Unterwelt zu schicken, um Persephone zur Mutter zurückführen zu lassen; Hades aber gab der Persephone, ehe sie ihn verließ, listigerweise einen Granatkern zu essen, damit sie nicht immer auf der Oberwelt bliebe. Der Granatapfel war ein Symbol der Ehe, und das Kosten des Granatkerns in dem Mythos besagt, daß Persephone mit Hades vermählt war; deshalb durfte sie sich nicht auf immer von ihm trennen. Zeus bestimmte daher, Persephone solle abwechselnd zwei Teile des Jahres auf der Oberwelt bei der Mutter, den dritten Teil aber in der Unterwelt bei Hades verleben. Zwei Teile des Jahres grünt und blüht in Griechenland die Natur, dann weilt das zarte Blumenkind Persephone bei der Mutter und erfreut sich am Lichte, während des dritten Teils, des Winters, ist das blühende Leben der Pflanze dem Tode verfallen, Persephone ist hinabgezogen in die dunkle Behausung des Hades; während dieser Zeit trauert und zürnt Demeter, die verlassene Mutter, und die Öde in der winterlichen Natur ist eben das Werk ihres Zornes.

Als der Ort, wo Persephone von Hades geraubt ward, wird in dem homerischen Hymnos die nysaiische Flur angegeben, deren Lage nicht bestimmt werden kann. Man verlegte sonst den Raub nach Eleusis und nach anderen Orten, wohl besonders dahin, wo sich tiefe Schluchten vorfanden, die als Niedergänge zum Hades galten. In späterer Zeit nahm man besonders die Gegend von Enna in Sizilien, der fruchtbaren, von Demeter so sehr geliebten Insel, als Ort des Raubes an; bei Syrakus aber sollte Hades mit der Braut niedergefahren sein durch die Quelle *Kyane*, die »Dunkele«, deren tiefer dunkler Grund bis zur Unterwelt hinabführt. Ovid erzählt: Als der Räuber mit der hilferufenden Jungfrau in diese Gegend kam, erhob sich die Nymphe

Kyane, eine Freundin und Gespielin Persephones, aus ihrer Quelle und stellte sich mit gebreiteten Armen ihm entgegen; aber der erzürnte Gott stieß mit gewaltiger Hand sein königliches Zepter in die Wellen und bahnte sich durch den Grund des Quells einen Weg in die Tiefe. Die Nymphe, voll Trauer über den Raub der Göttin und die Verletzung ihrer heiligen Flut, härmte sich ab in Tränen, dermaßen, daß ihr Körper zerfloß und sich mit dem Wasser des Quells vereinte. Demeter aber zündete sich Fackeln an den Flammen des Ätna an und irrte rastlos, die Tochter suchend, Tag und Nacht auf der Erde umher, bis ihr die Quelle Arethusa offenbarte, was sie auf ihrer Flucht vor Alpheios in der Tiefe der Erde gesehen, wie Hades ihre Tochter in die Unterwelt entführt habe.

Seit Demeter mit der Göttermutter Rhea Kybele identifiziert ward, nahm die Trauer der nach dem geraubten Kinde suchenden Göttin einen Charakter an, der ihrem ursprünglichen sinnig ernsten Wesen durchaus nicht entsprach. Statt in stiller tiefer Trauer umherzuwandern, schweift sie in wildem Schmerze mit tobendem Lärme, wie er der asiatischen Kybelereligion eigen ist, zürnend durch die Länder. Ein Chorlied in der »Helena« des Euripides, in dem Rhea und Demeter ganz zu einem Wesen zusammengeflossen sind, beschreibt den orgiastischen Schmerz der suchenden Mutter folgendermaßen. »Die bergliebende Göttermutter stürmte einst mit flüchtigem Fuße durch waldige Gründe, durch der Ströme hinstürzende Flut und das Gewoge des tief brausenden Meeres, suchend mit Sehnsucht nach der entrückten Jungfrau. Weithin schallte der helle Ton der Bakchosklappern, und mit der Göttin auf dem geschirrten Löwenwagen schweiften die sturmfüßigen Jungfrauen, Artemis mit dem Bogen und mit dem Speere gewappnet Athena, umher nach dem Mägdlein, das mitten aus dem Reigen der Jungfrauen geraubt ward. Doch Zeus, herabschauend von seinem himmlischen Sitze, gewährte ihnen nicht, sie zu finden. Als die Mutter dem qualvollen Irren ein Ziel setzte – nicht fand sie den listigen Räuber –, da zertrümmerte ihr Zorn der idaiischen Nymphen eisbedeckte Warten und verwüstete die schneeigen Wälder der Felsenberge; den Menschen sandte sie keine Frucht empor aus der Furche des verdorrten Gefilds und gewährte ihnen nicht den Segen der Kinder; nirgends wuchs lieblicher Ranken schönlaubiger Zweig den Herden. Scharen der Menschen sanken ins Grab, kein Opfer brannte den Göttern, sie hemmte des tauenden Bergquells silbernen Flutensturz im unvergeßlichen Leide ob der Tochter. Da sie aber die Festfreude störte den Göttern und dem Menschengeschlechte, sprach Zeus, um zu stillen den verderblichen Zorn der Mutter: Wohlan, hehre Chariten und ihr Musen, geht und scheucht der Deo, die um die Jungfrau zürnt, ihr Leid mit Reigen und Festgesang! Und Kypris nahm da zuerst, die Schönste der Seligen, das laut donnernde Erz zur Hand und rindshäutene Pauken: da lächelte die Göttin wieder, nahm in die Hände die tief tönende Flöte und erfreute sich ihres harmonischen Klanges.«

Das Leid der Demeter ward dem Menschengeschlechte zum Heil. Wo sie auf ihrer traurigen Wanderung freundlich aufgenommen ward, da schenkte sie ihre segensreiche Gabe, die Frucht der Ähren; sie lehrte das Pflügen und das Säen und das Geschäft der Ernte, sowie die Bereitung des Brotes. Auch gab sie den Menschen außer dem Getreide noch manche andere Frucht. Die Sikyonier rühmten sich, von ihr den *Mohn* empfangen zu haben, eine Pflanze, die, wegen der Masse ihrer Samenkörner ein Symbol der Fruchtbarkeit, der Demeter neben der Ähre als ein besonderes Attribut zugeteilt wurde; die Einwohner von Pheneos in Arkadien wollten die *Hülsenfrüchte*, ein Geschlecht in Attika die Feigen aus ihren Händen erhalten haben. Und diesen ihren Gaben schenkte die wohlwollende Göttin, wenn sie nicht durch Frevel gereizt ward, zu jeder Zeit Gedeihen, sie ließ sie wachsen und reifen durch milden Regen und durch Sommerglut und überhäufte so die Menschen mit Segen und mit Reichtum. *Plutos*, die Personifikation des Reichtums, ward ihr Sohn genannt. Aber die Wohltaten, die Demeter den Menschen gebracht hat, gehen über diesen materiellen Segen hinaus; die Gründung fester Wohnsitze, die Erbauung der Städte, die Einführung der Ehe und eines friedlichen und gesetzlichen Staatslebens, alles dies sind Stiftungen der Demeter, deren man sich bei der Feier ihrer Feste dankbar erinnerte.

Hoch begnadet von der Göttin war vor allen anderen Orten *Eleusis* in Attika, nördlich von der Insel Salamis. Sie gab den Eleusiniern das Saatkorn und lehrte sie die Bebauung des Akkers; das erste Getreide soll auf dem rharischen Gefilde bei Eleusis gesät worden sein, und zum Andenken daran wurde jährlich dieses Feld feierlich gepflügt. Namentlich lehrte sie aber auch die Herrscher in Eleusis, den *Keleos, Eumolpos, Diokles* und *Triptolemos,* ihren heiligen Dienst, die geheimnisvollen eleusischen Weihen, die den Menschen Heil bringen diesseits und jenseits. Eleusis galt als der Ort, von wo aus der Demeterkult und der Bau des Saatkornes nicht bloß über Attika, sondern über einen großen Teil Griechenlands und der übrigen Länder der Erde verbreitet worden sein soll. Wie im attischen Ikaria der Heros Ikarios von dem bei ihm eingekehrten Dionysos die Weinrebe empfing und bestimmt ward, die Weinkultur und den Dionysoskultus ringsum zu verbreiten, so wurde in Eleusis der Held *Triptolemos* von der dort eingekehrten Demeter ausersehen, ihre Gaben wie ihren Kult in die Welt zu tragen. Triptolemos wird in dem homerischen Hymnos neben Keleos unter den Fürsten von Eleusis genannt; sonst heißt er auch ein Sohn des Königs *Eleusis,* aber auch Sohn des Keleos, und es wird erzählt, als Demophoon, der jüngstgeborene Sohn des Keleos, durch die störende Dazwischenkunft seiner Mutter Metaneira in dem Feuer der Demeter verbrannt sei, habe diese zum Ersatze dem älteren Bruder Triptolemos einen Wagen mit geflügelten Drachen und den Weizensamen geschenkt, damit er sich durch dessen Verbreitung unsterblichen Ruhm erwerbe. Nach anderer Sage ist er ganz an die Stelle des Demophoon getreten, so daß er als Knäblein von der Göttin gepflegt und aufferzogen wird; immer ist er ein besonderer Liebling der Göttin, der als jugendlicher Held auf dem durch die Luft getragenen Drachenwagen ausgesandt wird, um in allen Ländern ihren Dienst und den Ackerbau einzuführen. Das erwähnte rharische Feld bei Eleusis sollte Triptolemos zuerst mit dem von ihm erfundenen Pfluge geackert und mit Gerste besät haben; dort zeigte man auch seinen Altar und die sogenannte Tenne des Triptolemos. Auf seinen Wanderungen im Dienste seiner Göttin kam er unter andern auch nach dem Hirtenlande Arkadien, wo der König *Arkas* von ihm das Getreide erhielt, ferner nach Achaia zu dem Könige *Eumelos*, d.i. dem »schafreichen« Hirten, und auch dieser wandte sich dem Ackerbau zu und stiftete mit Triptolemos die Stadt *Aroe*, d.h. Ackerstadt. Doch fand er auch Widersacher, wie in Skythien den Barbarenkönig *Lynkos*. Dieser nahm zwar den Triptolemos auf; da er aber von ihm hörte, welche köstliche Gabe er den Völkern umher bringe, wünschte er neidisch, selbst der ruhmreiche Verbreiter solcher Gaben zu werden, und überfiel in der Nacht seinen Gast. Als er aber eben das Schwert in die Brust des Schlafenden stoßen wollte, verwandelte Demeter den Frevler in einen Luchs. Dieser heißt im Griechischen »*lynx*«.

Ein anderer Frevler an der Göttin war *Erysichthon*. Dieser ist zwar seinem Namen nach, der der »Erdaufreißer«, der »Pflüger« bedeutet, eigentlich auch ein Heros des Ackerbaues wie Triptolemos, aber der Mythos stellt ihn nicht wie diesen als einen Liebling und Verehrer der Demeter dar. Er war ein Sohn des Triopas und König in Thessalien; einst brach er mit zwanzig Sklaven in den heiligen Hain der Demeter ein, um sich Bäume zu einem Speisesaale zu fällen. Die Göttin erschien in der Gestalt einer Priesterin und mahnte ihn, von seinem ruchlosen Beginnen abzustehen; er aber fuhr sie schnöde an und ließ sich in seinem Werke nicht stören. Da nahm die Göttin ihre wahre Gestalt an und strafte ihn mit nie zu stillendem Heißhunger, weshalb er auch *Aithon*, der »Heiße«, der »Brennende«, genannt ward. Wie ein Feuer durch zugeschobene Nahrung nur immer größer wird und stets mehr zu verzehren verlangt, so wuchs der brennende Hunger des Erysichthon nur immer mehr, je mehr er aß; zuletzt hatte er seine ganze reiche Habe aufgezehrt und saß als Bettler an den Wegen. Nach einer andern Wendung der Sage verkaufte er, als er sein ganzes Vermögen verzehrt hatte, seine Tochter *Mestra*, um sich von dem Erlöse zu nähren. Mestra aber erhielt von Poseidon die den Wassergöt-

Aussendung des Triptolemos

tern eigene Gabe der Verwandlung; sobald sie verkauft war, nahm sie eine fremde Gestalt an. Der Käufer vermißte nun seine neue Sklavin und fragte die in der Verwandlung auf ihn zukommende Mestra vergeblich nach dieser; sie aber kehrte unbehindert zu ihrem Vater zurück, der sie dann immer von neuem verkaufte, um seinen Hunger zu stillen. Doch auch das half nichts; zuletzt trieb ihn die furchtbare, stets wachsende Krankheit, sich die eigenen Glieder vom Leibe zu fressen. –

Man erklärt den Heißhunger des Erysichthon dadurch, daß »Eßlust die unausbleibliche Folge der Erntearbeit« sei. Dieser gewaltige Hunger würde, so glaubt man wenigstens, als *Strafe* gerade über den Erdaufreißer verhängt, weil man es von einer besonderen Anschauung aus als einen Frevel aufgefaßt habe, die Erde mit dem Pfluge »wie mit einer Waffe« zu verwunden. Im goldenen Zeitalter spendete ja der Boden seine Gaben von selbst; aber die habgierigen Menschen, damit nicht zufrieden, suchten ihm immer mehr und mehr abzuringen. Die Geschichte von der Mestra wird erst später hinzersonnen sein.

Der Kultus der Demeter war allgemein in Griechenland verbreitet, doch ist er immer, wie sie selbst sich vom Olympos ferne hielt, in einer gewissen Absonderung von der Religion der olympischen Götter geblieben. Dies erklärt sich einesteils daraus, daß ja Demeter selbst Erdgöttin ist, andererseits aus ihrer Verbindung mit Persephone. Denn diese erscheint bei Homer noch durchaus als grause Unterweltsgöttin, und so haften die Gedanken des Demeter-Persephonekults am Leben der Erde und leiten hinab zu der dunklen Tiefe, zu dem Sitze des Todes. An denselben Tagen, an denen man im Frühjahre das Heraufsteigen der Persephone aus der Unterwelt feierte, brachte man auch den Seelen der Verstorbenen, die mit Persephone zugleich auf kurze Zeit wenigstens auf die Oberwelt zurückkamen, Opfer dar. An diesen der Demeter und Persephone geweihten Tagen bestärkte sich der Gedanke an eine Fortdauer der menschlichen Seele nach dem Tode; die sicherste Gewähr der Unsterblichkeit aber wurde den Menschen gegeben in den von Demeter selbst eingesetzten heiligen Weihen, den Mysterien. In den Leiden dieser Erde, bei dem Schreckgedanken des Todes und in den Schmerzen der Trennung ist die Tröstung, die die Mysterien geben, der höchste Segen; ihn hat die milde Göttin Demeter, deren eigenes Herz den tiefsten Schmerz des Erdenlebens gefühlt hat, den Menschen gnädig gewährt.

Die berühmtesten *Mysterien der Demeter* waren zu *Eleusis,* wo neben ihr, ihrer Tochter und minder bedeutenden Gottheiten noch Dionysos unter dem Namen Iakchos in den Kultus aufgenommen war. In den ältesten Zeiten mag dieser Dienst wohl nur aus einfachen ländlichen Festen bestanden haben, die sich auf Saat und Ernte und die Segnungen des Ackerbaues, auf das Ersterben und Wiederaufleben der Natur bezogen. Wir wissen das nicht genau; ebenso ist uns bekannt, wie und wann in den Dienst jene Vorstellung eines seligen Lebens nach dem Tode gelangte, die schon in sehr früher Zeit seinen wesentlichen Bestandteil bildet. Tatsache ist zunächst nur, daß der Dienst ein Geheimkult war, in den der einzelne sich durch mystische (geheime) Gebräuche einweihen lassen mußte. Dann aber war man – und darin sind die Mysterien unseren Logen vergleichbar – zu strenger Geheimhaltung des Erfahrenen verpflichtet, und man hat im Altertum diese Pflicht auch gewissenhaft erfüllt. So kommt es, daß wir über das Wesen der Mysterien recht wenig Genaues wissen. Das in den Mysterien Überlieferte bestand nicht in einem Dogma, einem Credo, einer bestimmten Lehre, sondern es war wohl an sich etwas Dunkeles und Geheimnisvolles, mehr geahnt und empfunden als klar gedacht. Daraus erklärt sich einerseits, warum sich der Dienst als Geheimdienst entwickelte, der nicht jedem ohne weiteres zugänglich gemacht werden konnte, andererseits wiederum, weshalb unsere Nachrichten darüber so dunkel und unklar sind. Übrigens hat man auch vermutet, der Demeterkult sei die Religion eines unterdrückten Volksstammes gewesen und habe deshalb im geheimen gepflegt werden müssen.

In ältester Zeit, bis etwa zum 7. Jahrhundert, war Eleusis ein selbständiger Staat, und sein Demeterkult wurde nur von Eleusiniern geübt. Später wurden die Feste der eleusinischen Göttinnen von Athenern und Eleusiniern gemeinsam gefeiert, und zwar teils in Athen, teils in Eleusis, das aber immer der Hauptsitz des Kultus blieb. Diese Feste wurden durch ihre Heiligkeit und durch den Aufwand, den der athenische Staat dafür machte, die wichtigsten und glänzendsten Feste von ganz Griechenland, zu denen jährlich viele Tausende von nah und fern zusammenströmten, und das Heiligtum von Eleusis, das *Telesterion*, war »die Wallfahrtskirche der ganzen griechisch-römischen Kulturwelt«. An vielen Orten (wenngleich nicht an allen, wo der Name Demeter Eleusinia vorkommt), sind Dienst und Mysterien der Demeter nach dem Vorbilde von Eleusis eingerichtet worden.

Die Feste zerfielen eigentlich in Eleusinien und Mysterien; doch werden diese beiden Namen auch miteinander verwechselt. Die *Eleusinien,* in Eleusis alle zwei und, als große Eleusinien, mit besonderer Pracht alle vier Jahre gefeiert, bestanden in turnerischen (gymnischen), ritterlichen (hippischen) und musischen Wettkämpfen (Agonen). Die *Mysterien* fielen ins Frühjahr und den Herbst. Im Monat Anthesterion (Mitte Februar bis Mitte März) beging man an dem Flusse Ilissos in der athenischen Vorstadt Agrai bei dem Tempel der eleusischen Demeter die *kleinen Mysterien* (Eleusinien) unter allerlei mystischen Gebräuchen. Im Spätjahre wurden vom 14. Boëdromion (September bis Oktober) an die berühmten *großen Mysterien* (Eleusinien) gefeiert. An den ersten Tagen fanden zu Athen allerhand Vorbereitungen zu dem Hauptteile des Festes statt, Aufzüge, Opfer und Opferschmäuse, Reinigungen, Waschungen, Fasten u. dergl. Am fünften Tage zog man auf der sogenannten heiligen Straße von Athen zu dem vier Stunden entfernten Eleusis. Dieser Zug hieß der Iakchoszug, weil er besonders dem lärmenden Iakchos, der als sein Anführer galt, geweiht war. Außer den Obrigkeiten und Priestern beteiligten sich daran viele Tausende, bekränzt mit Myrten und Eppich, Ähren und Ackergeräte und Fackeln in den Händen, und ergötzten sich unterwegs in ausgelassener Heiterkeit an allerhand Lustbarkeiten, Tänzen, Gesängen und Neckereien. Die Zeit des Zuges war so gewählt, daß man nach Anbruch der Nacht in Eleusis ankam, wo dann in dieser und den folgenden Nächten auf der thriasischen Ebene am Ufer des Meeres und um den Quell Kallichoros, sowie in

dem großen, von Perikles prachtvoll neu erbauten Mysterienge-
bäude, dem Telesterion, verschiedene Feierlichkeiten veranstal-
tet wurden.

Alle, die diese Mysterienfeste mitfeierten, hießen Mysten,
Eingeweihte, doch war nach dem Grade der Weihe noch ein
Unterschied zwischen Mysten im engeren Sinne und Epopten,
d.i. den Schauenden. Diejenigen nämlich, die sich in die Mysterien einweihen ließen, wurden zuerst im Frühjahre in die kleinen Mysterien eingeführt und nahmen dann im Herbste desselben Jahres als Mysten an den großen Mysterien zwar schon teil,
gelangten aber erst nach Verlauf mindestens eines Jahres zur
völligen Weihe als Epopten.

Über die Hauptfeier im Weihetempel also mußte ein geheimnisvolles Schweigen beobachtet werden, nicht deswegen, damit
die Sache einem größeren Kreise unbekannt bleibe – denn viele
Tausende von athenischen Bürgern und Fremden sind geweiht
worden, und später wurde die Weihe überhaupt niemandem
außer Mördern verweigert – sondern damit das Heilige nicht
durch Hinaustragen ins profane Leben entweiht würde. Bei der
Feier spielt eine Rolle ein Mischtrank, wohl aus Wasser, Mehl
und Polei, wie ihn einst Demeter nach langer Irrfahrt im Hause
des Keleos getrunken haben sollte, und den auch die Mysten
genossen, eine heilige Kiste und ein Handkorb *(kalathos)*, aus
denen man etwas nahm und in die man etwas legte, ferner das
»Zeigen« durch den Hierophanten, der davon seinen Namen
(Zeiger des Heiligen) hatte, und das vielleicht in der Darbie-
tung heiliger Gegenstände zur Berührung oder zum Kusse bestand, und am Ende der Feier schließlich eine Wasserspende
aus eigentümlichen Gefäßen, wobei man mit den einen *gegen
Aufgang*, mit den anderen *gegen Niedergang* spendete. Der
Hauptteil der Feier aber war ein heiliges Drama, bei dem den
Geweihten die Geschichte der Demeter, der Persephone und
des Iakchos mit Erscheinungen dieser Götter, mit Ausrufungen
und Gesängen unter großer Pracht dargestellt wurde. Beson-

ders wird der gewaltige seelische Eindruck der ganzen Feier, der erschütternde Übergang vom Dunkel zur Helle, von Angst zu Freude und beseligendem Anschauen hervorgehoben. Ein Schriftsteller sagt davon: »Zuerst Irrgänge und mühevolles Umherschweifen und gewisse gefährliche und erfolglose Gänge in der Finsternis; dann vor der Weihe selbst alle Schrecknisse, Schauer und Zittern, Schweiß und ängstliches Staunen. Hierauf bricht ein wunderbares Licht hervor, freundliche Gegenden und Wiesen nehmen uns auf, in denen sich Stimmen und Töne und die Herrlichkeiten heiliger Gesänge und Erscheinungen zeigen.« Wahrscheinlich ging der furchtbare Weg durch alle Schrekken der Unterwelt hindurch, bis sich dann endlich den Geängsteten das heitere selige Leben im Elysion eröffnete und die Götter selbst erschienen, deren Anschauen als das Höchste und Beseligendste gerühmt wird. »Das Evangelium von der Erlösung des Menschen aus der Welt der Sünde und des Scheins ist hier zuerst in voller Klarheit verkündet worden, nicht durch Worte, sondern durch erbauliche Bilder, an denen der an das Schauen gewöhnte Sinn der Hellenen Gefallen fand«, und die Eingeweihten zogen aus den Weihen eine tiefe Erbauung und die seligsten Hoffnungen über das zukünftige Leben. »Dreimal selig jene Sterblichen«, sagt Sophokles, »die diese Weihen geschaut haben, wenn sie zum Hades hinabgehen; ihnen ist allein ein Leben in der Unterwelt, den andern eitel Drangsal und Not.« Und Pindar sagt: »Selig, wer jene geschaut hat, ehe er unter die hohle Erde hinabsteigt; er kennt des Lebens Ende, er kennt den von Zeus verheißenen Anfang.«

Die eleusinischen Mysterien standen lange, bis in die Zeiten der römischen Kaiser, bei den Griechen in hoher Achtung; den Höhepunkt ihrer Blüte hatten sie in der Zeit von den Perserkriegen an bis zu den ersten Jahren des peloponnesischen Krieges. Allmählich verloren sie durch Vermischung mit Mysterien fremder Gottheiten ihren echt griechischen Charakter. Wie schon früh durch orphische Einflüsse Demeter mit der Rhea Kybele,

Persephone mit Hekate und dadurch wieder mit Artemis, und Iakchos ganz mit dem Dionysos-Zagreus verschmolzen waren, was jedenfalls auf die Haltung der Mysterienfeier von nicht geringem Einflusse gewesen ist, so wurden später seit der alexandrinischen Zeit auch die Mysterien der ägyptischen Isis mit den eleusinischen vermengt.

Unter den übrigen Festen der Demeter nennen wir noch die *Thesmophorien,* ein seit den ältesten Zeiten an vielen Orten Griechenlands und namentlich auch zu Athen im Monat Oktober zur Zeit der Aussaat vier Tage lang gefeiertes Fest. Der Name bedeutet »das Fest der Satzungen«, und man nahm deswegen früher an, man habe sich dabei die Gründung gesetzlicher Ordnungen, die man der Göttin des Ackerbaues verdankte, vergegenwärtigt. Schon die griechischen Gelehrten nämlich deuteten den Beinamen der Demeter *Thesmophoros* so, wie ihn auch Schiller im Eleusischen Feste aufgefaßt hat, daß erst durch die Kultur des Bodens auch menschliche Kultur, Recht und Sitte, entstanden sei; denn *thesmós* heißt Recht, Satzung, *-phóros* Bringer(in). So richtig nun der dieser Auffassung zugrunde liegende Gedanke ist, so wird doch die Erklärung des Wortes falsch sein. Denn wir wissen, daß die Thesmophorien nur von Frauen begangen wurden; das wäre bei der gegebenen Auffassung unbegreiflich, da ja die Männer auch den Segen der Satzungen, *thesmoí,* genießen. Vielmehr wird die Entwicklung so gewesen sein: Demeter, die Göttin der mütterlichen Erde und der *Fruchtbarkeit,* wird zunächst zu einer Göttin *der Frauen* und ihrer Rechte, namentlich aber zu einer Begründerin und Schützerin *der Rechte* und Bräuche *der Ehe;* deswegen vollzog die Demeterpriesterin die Trauungen. Schon bei Homer aber findet sich für den »Brauch der Ehe« die Bezeichnung *thesmós, dies* Wort also gab der Demeter den Beinamen Thesmophoros, und erst eine spätere Zeit, die sich der *Ehe*göttin Demeter nicht so bewußt war wie der Ackerbaugöttin, erklärte den Namen Thesmophoros in der oben angegebenen und von Schiller angenommenen Weise. Die Thesmophorien aber sind immer ein Fest für die Göttin der gesetzlichen Ehe geblieben.

Man opferte der Demeter Schweine, Stiere, Kühe als Tiere besonderer Fruchtbarkeit, auch Früchte und Honigwaben. Von der Kunst wurde sie der Hera ähnlich dargestellt, nur mütterlicher, weicher und milder, mit einem Ährenkranze, mit der mystischen Fackel, mit Ähren und Mohn in den Händen, mit einem mit Blumen oder mit Ähren und Früchten gefüllten Körbchen, mit der mystischen Kiste, in der geheimnisvolle Symbole der Mysterien verschlossen waren.

Ceres, die römische Getreidegöttin, hat ihre italische Eigentümlichkeit schon früh völlig abgestreift und sich mit der griechischen Demeter so identifiziert, daß man keinen Unterschied der beiden Gottheiten mehr erkennt. Neben ihr verehrte man *Libera* und *Liber*, die den griechischen Gottheiten Kora und Koros, d.i. Persephone und Iakchos, entsprechen. Das Fest der Ceres, die *Cerealien*, wurde im Frühlingsmonat April von den Plebeiern gefeiert; denn die Göttin, die den Menschen das Brot gibt, wurde besonders von dem niederen Volke verehrt; die Patrizier feierten statt der Cerealien einige Tage vorher die Megalesien, das Fest der großen Göttermutter Kybele, die, wie wir gesehen, allmählich mit der griechischen Demeter verschmolzen war. An den Cerealien veranstaltete man Spiele im Zirkus, wobei Blumen und Nüsse unter das Volk geworfen wurden, man lud sich zu prächtigen Mahlzeiten ein und übersandte sich Blumenkränze. Außerdem begingen die vornehmsten Frauen im Anfang Dezember im Hause eines Prätors oder eines Consuls in rauschender bakchantischer Feier ein nächtliches mystisches Fest der sogenannten *Bona Dea*, d.i. der guten Göttin, einer der Demeter sehr verwandten, rein italischen Gottheit. Männern war die Gegenwart streng verboten.

11. Hades und Persephone (Pluto und Proserpina)

Hades, oder mit seinem älteren Namen *Aïdes, Aïdoneus*, war der Sohn der Rhea und des Kronos. Als er mit seinen beiden Brüdern die Herrschaft des gestürzten Vaters teilte, übernahm er das nächtliche Dunkel unter der Erde, das Reich der Unterwelt; er ward der Herrscher über alle unterirdischen Gottheiten und über die Toten. Er und sein finsteres Reich bilden einen schroffen Gegensatz zu dem Reich des Lichtes und zum Olympos, wo Zeus herrscht, der zugleich auch über ihn, wie über Poseidon, die Macht hat; und auch die Namen dieser beiden Brüder enthalten ihrer Bedeutung nach denselben Gegensatz. Während der Name des Zeus auf den lichten Himmel und den heiteren Tag hinweist, bedeutet Aïdes den »Unsichtbaren«, den Herrscher des Dunkels. Diese Bedeutung des Namens drückt sich auch noch einmal in dem Hauptattribute des Gottes aus, in seinem der Tarnkappe der nordischen Mythologie ähnlichen, unsichtbar machenden Helme, einer Waffe, die ihm im Titanenkampfe die Kyklopen gebracht haben sollten, wie dem Zeus den Blitz und dem Poseidon den Dreizack. Wie Zeus im Olympos thront mit seiner Gemahlin Hera, so thront er, der unterirdische Zeus, wie ihn die Griechen oft nennen, mit seiner Gemahlin Persephone in der Tiefe der Unterwelt, in dem furchtbaren Reiche der Finsternis und des Todes, beide gleich finster und schrecklich, und er sorgt ängstlich, daß seine dunkle Behausung allem Lichte und den Blicken der Oberwelt verschlossen bleibe. Als eines Tages sich die Götter in den Kampf vor Troia mischten, Zeus laut donnerte und Poseidon die Erde erschütterte mit seinem Dreizack, da erschrak bang, so erzählt Homer, der Schattenfürst Aïdoneus; schreiend sprang er vom Throne auf voll Furcht, daß der Erderschütterer Poseidon ihm von oben die

Erde aufrisse und den Menschen und Unsterblichen seine Behausung sichtbar würde, fürchterlich dumpf und voll Wust, wovor selbst den Göttern graute.

Von allen Göttern ist Hades der verhaßteste unter dem Menschengeschlecht; denn unerbittlich, eisernen Herzens reißt er mit gewaltiger unwiderstehlicher Hand die Menschen ohne Unterschied aus dem heiteren süßen Leben hinab in das traurige Reich ewiger Nacht, dessen Tore er fest verschlossen hält, so daß keiner mehr zum Licht der Sonne zurückkehren kann. Seine Opfer treibt er sich, nach dem Dichter Pindar, mit einem Stabe hinab in die Unterwelt; deswegen nennt ihn Aischylos den »Völkerführer«, *Agesilaos*. Nach anderer Auffassung steht Hermes als Seelenführer in des Hades Dienst und führt ihm mit goldenem Stabe die Seelen zu. Hades nimmt sie alle auf, er ist der »Vielaufnehmer«, *Polydegmon* oder *Polydektes*, bei dem alle Unterkunft finden.

Eines so furchtbaren Gottes, der allem Leben und aller Freude feind ist, gedachte man nicht gerne. Er wird nur selten bei den Dichtern erwähnt; wie ein schreckhafter Schatten taucht er bisweilen in dem heiteren poetischen Leben der olympischen Götter auf. Außer dem Raube der Persephone erzählte man sich wenig Mythen von ihm. Auch wurde er nur an wenigen Orten verehrt. Aber der Gott des Todes hat diesen absolut schrecklichen Charakter nicht behalten; man hat ihm allmählich eine mildere Seite abzugewinnen gesucht, wobei die eleusinischen Mysterien der Demeter und der Persephone, die dem Tode seinen Schrecken genommen, von nicht geringem Einflusse gewesen sind. Der Gott der unterirdischen Tiefe wird auch als ein Segensgott angesehen, der zugleich mit Demeter für das Menschengeschlecht die nährenden Gewächse aus der Erde aufsteigen läßt; aller Reichtum, der den Menschen zu teil wird, was das Feld trägt und was auf der Weide sproßt, das Gold und alle andern Metalle entstammen ja dem Schoße der Erde, dem Machtgebiete des Hades. Er ist daher der »Reiche« und der

»Reichtumspender«, *Pluton* oder *Pluteus*. Mit diesem freundlichen Namen nannte man später gerne den sonst so furchtbaren Gott, und auch die Römer haben gerade diese milde Bezeichnung von den Griechen angenommen. Bei ihnen heißt nämlich der Unterweltsgott, den sie sich ganz in griechischer Weise dachten, *Pluto* oder *Dis*, welches letztere nur die lateinische Übersetzung von Pluto ist (*di[ve]s* reich). Auch die griechischen Namen *Eubulos* und *Eubuleus*, der »Wohlratende«, sowie *Klymenos*, der »Erlauchte«, verdanken ihre Entstehung dem Bestreben, den gewöhnlichen, schlimm klingenden Namen des Gottes zu umgehen. So nannte man auch die furchtbaren Erinyen gerne Eumeniden, die »Wohlwollenden«. Als ein Gott, dem das Mitleid mit dem Schmerze der Menschen nicht fremd ist, erscheint Pluto in einer Erzählung, die uns hinunterführt in das Reich des Todes, in der von *Orpheus* und *Eurydike*. Die Schicksale dieses unglücklichen Paares schildert *Ovid* folgendermaßen:

Orpheus war der berühmteste Sänger des mythischen Altertums. Er stammte aus Thrakien und war ein Sohn des Flußgottes Diagros und der Muse Kalliope. Seine Gemahlin war die liebliche Eurydike, eine Nymphe des Peneiostales. Kaum aber war er mit der innigst geliebten Gattin vermählt, so ward sie ihm schon durch den Tod entrissen. Sie pflückte mit ihren Gespielinnen, den Naïaden, Blumen auf der Frühlingsau; da trat sie im hohen Grase auf eine giftige Schlange und starb durch den Biß. Ihre Begleiterinnen, die Nymphen, weinten laut, daß weithin durch das thrakische Land Berge und Täler von ihren Klagen erfüllt wurden. Orpheus selbst saß einsam mit seiner Laute und sang seinen tiefen Schmerz vom Morgen bis zum Abend, vom Abend bis zum Morgen in so süßen, so ergreifenden Klagen, daß die ganze Natur davon bewegt ward, Bäume und Felsen, die Vögel der Luft und die Tiere des Waldes. Zuletzt entschloß er sich, in das Schattenreich hinabzusteigen, ob er vielleicht die Beherrscher der Toten zur Rückgabe der Geliebten bewegen könne. Er ging durch den Erdschlund bei Tainaron

in die Tiefe hinab und durchschritt mutig die ihn umdrängen-
den Scharen der Toten. Als er zu dem Throne der unterirdischen Beherrscher gekommen war, begann er sein wunderbares Saitenspiel und sprach: »Ihr Götter des unterirdischen Reiches, ich bin nicht herabgestiegen, um neugierig diese dunkle
Welt des Tartaros zu durchspähen, auch nicht, um das dreiköp-
fige Ungeheuer, den schlangenumspielten Kerberos, zu fesseln;
sondern um meiner Gattin willen komme ich, die mir der giftige Biß einer Schlange in der Blüte der Jahre geraubt hat. Ich
habe versucht, das Leid zu tragen, doch kann ich's nicht. Die
Liebe besiegt mich; sie hat ja auch euch vereint, wenn die alte
Sage nicht lügt. Bei diesen Orten voll Schrecken, bei dieser
schweigenden Öde eures Reiches flehe ich euch an, erneuert
Eurydikes grausam verkürztes Leben. Wollt ihr es nicht, so laßt
mich hier, so erfreut euch an unser beider Tode.«

Während Orpheus solches sprach und zu seinen Klagen die
Saiten rührte, zerflossen voll Mitleid die blutlosen Schatten in
Tränen. Tantalos vergaß nach den fliehenden Wellen zu ha-
schen, und Sisyphos saß, seines Leids vergessend, ruhig lauschend auf dem Steine seiner Qual. Zum erstenmal ließen sich
selbst die Erinyen rühren und netzten mit Tränen ihre Wangen,
und Persephone mit ihrem finstern Gatten vermochte nicht,
den Bitten des Sängers zu widerstehen. Sie rufen Eurydike herbei und erlauben ihr, mit dem Gatten zur Oberwelt zurückzukehren; doch fügen sie zugleich die Bedingung hinzu, daß Orpheus nicht eher seine Blicke nach der ihm folgenden Gattin
zurückwende; als bis er das Reich des Lichtes erreicht habe;
sonst sei ihre Gnade vergebens.

Die Liebenden steigen den langen steilen Pfad hinauf durch
die öde Stille; schweigend folgt Eurydike dem schweigenden
Gatten. Schon sind sie nah an den Pforten des Tages, da wendet
Orpheus, von Besorgnis und Liebe überwältigt, das Auge nach
der Gattin um, und sofort gleitet diese zurück; vergebens breitet
sie ihre Hände nach der Umarmung des Geliebten aus, und

zum zweiten Male sterbend, spricht sie mit kaum vernehmlicher Stimme ihr letztes Lebewohl. Trostlos eilt Orpheus der in das Dunkel zurückweichenden Gattin nach; aber Charon, der Fährmann, der die Toten über die Wasser des Flusses Acheron an der Grenze der Unterwelt führt, setzt ihn, trotz Bitten und Klagen, nicht ans andere Ufer. Sieben Tage lang sitzt nun Orpheus am Ufer des unterirdischen Flusses ohne Speise und Trank und weidet sich nur an seinem Grame und seinen Tränen. Endlich kehrt er unter Klagen über die Grausamkeit des Hades zurück in die einsamen Täler der thrakischen Berge. Hier lebte er noch drei Jahre lang, fern von aller Welt, seinem Schmerze und seiner Trauer. Sein Lied war sein einziger Trost; damit bezauberte er Wälder und Felsen und die Tiere der Wildnis.

Einst saß er auf einem grünen sonnigen Hügel und sang seine traurigsüßen Weisen. Die Bäume, von den holden Klängen gelockt, rücken in Scharen herbei und gewähren lauschend ihrem Sänger kühlen Schatten; die Felsen drängen sich bezaubert heran, die Vögel des Waldes verlassen das Dickicht, das Wild seine Schluchten, und alle horchen still und zahm den süßen Liedern. Da sehen ihn thrakische Frauen, die dem Bakchos zu Ehren ihr Fest lärmend in den Bergen feiern. Schon längst sind sie erzürnt über den Sänger, der nach dem Verluste seiner Gattin kein Herz zeigt für andere Frauen; nun stürzen sie wütend auf ihn ein. »Da seht unsern Verächter!« ruft die erste, die ihm naht, und wirft ihren Thyrsosstab ihm ins Antlitz. Indes die Blätter, die den Thyrsos bis zur Spitze umwanden, schützen den Sänger vor einer Wunde. Eine zweite schleudert einen Stein. Im Wurfe von den Tönen der Stimme und der Leier besiegt, fällt der Stein zu seinen Füßen, als bät' er um Verzeihung. Aber der Tumult wächst, es steigert sich die Wut; das Geschrei und Geheul, der Lärm der Flöten und Hörner, das Getöse der Pauken übertönt den Klang der Saiten, und nun dringen die Steine ungehemmt auf den Sänger und röten sich mit seinem Blute.

Die Rasenden stürzen selbst über ihn her, wie eine Meute wütender Hunde über einen verendenden Hirsch, schlagen ihn mit ihren Thyrsen, mit Ästen und Steinen, bis durch den Mund, der Felsen gerührt und Raubtiere gezähmt hat, seine Seele entweicht.

Über seinen Tod klagen die Vögel des Hains und das Wild der Berge, harte Felsen, die so oft seinen Gesängen gefolgt sind, vergießen Tränen, die Bäume entblättern aus Trauer ihr Haupt, und die Nymphen der Bäume und Gewässer, die Dryaden und Naïaden, zerraufen sich in dunkeln Gewändern weinend das Haar. Die Glieder des unglücklichen Sängers liegen zerstreut umher; sein Haupt und seine Laute werfen die rasenden Weiber in den Hebrosfluß, und wunderbar! während die Wellen sie dahintragen, klagt leise die Laute, leise Klagen murmelt die tote Zunge, und die Ufer antworten mit leisen Trauerklängen. So schwimmen Haupt und Laute durch den Fluß zum Meer, übers Meer hinüber zu dem Gestade von Lesbos, der Sängerinsel, wo später Alkaios sang und die gefeierte Sappho, wo die Nachtigallen lieblicher schlagen, als anderswo auf der Erde. Der Schatten des Sängers aber ging hinab in das Reich des Todes, wo er vordem schon gewandert, und suchte und fand seine Eurydike, die er liebend umschloß, um sie nie mehr zu lassen. –

Auch *Persephone, Persephoneia*, die Gemahlin des Hades, wurde gleich diesem in zwiefacher Weise aufgefaßt. Die ältere Vorstellung, wie wir sie bei Homer finden, entspricht der früheren Auffassung des Hades; erhaben und ehrwürdig, ernst und streng thront sie neben ihrem finsteren Gatten, eine unterirdische Hera neben dem unterirdischen Zeus, mit dem sie die Herrschaft über die Toten teilt und die Flüche und Verwünschungen der Sterblichen vollstreckt. In der späteren Zeit aber gilt sie, wie wir sahen, als Personifikation der blühenden Natur in ihrem Werden und Vergehen und wohnt bald als zarte blumenliebende Göttin bei der Mutter, bald bei dem Gatten. Sie wurde eine milde und gnädige Göttin und eine Hauptfigur der Mysterien; an ihr Schicksal knüpften die Eingeweihten ihre Hoffnung auf Unsterblichkeit. – Der Name der Göttin erscheint in den verschiedensten Formen. Wir finden neben *Perse-* oder *Phersephone* auch *Pherre-*, *Pherophatta* u. a. Wenn man diesen Namen, für den von Alten und Neuen sehr viele Deutungen versucht sind, richtig als die »glänzend Strahlende«, das »strömende Licht« erklärt, so würde das darauf hinweisen, daß Persephone in allerältester Zeit (vor Homer!) eine Licht- (Mond-) Gottheit gewesen ist. Die Alten dachten freilich bei dem zweiten Bestandteile des Namens meist an das griechische Wort *phonos*, Mord, Tod. – Eine geläufige Bezeichnung der zarten Demetertochter war der Name *Kore*, das »Mädchen«, die »Jungfrau«. Der römische Name *Proserpina* ist eine Entstellung des griechischen Wortes Persephone. –

Geweiht war dem Hades die Kypresse, die bis auf den heutigen Tag Grabesschmuck geblieben ist, und der betäubende Narkissos; als Opfer brachte man ihm und der Persephone besonders schwarze Schafe dar. Statuen und Büsten gibt es wenige von ihm. Man stellte ihn seinen Brüdern Zeus und Poseidon ähnlich dar, nur mit düstereren Zügen und mit in die Stirne hereinhangendem Haar und wildem ungepflegtem Barte, gewöhnlich in ein weites Gewand gekleidet. Der Hund *Kerberos* steht ihm zur Seite. Seit der alexandrinischen Zeit verschmolz *Sarapis* oder *Serapis*, ein ägyptischer Gott der abgeschiedenen Seelen, mit dem griechischen Hades, und dessen Bilder zeigen den Gott in der milderen Auffassung. Seine Züge sind edel und von mildem gütigem Ausdruck, auf dem Haupte trägt er den Modius, das Fruchtmaß, oder den Kalathos, den Fruchtkorb, ein Symbol des Reichtums der Erde; um seine Stirne zieht sich ein Kranz von Sonnenstrahlen, ein Attribut, das beweist, daß hier ein unterirdisches Wesen der Finsternis mit einem Wesen des Lichtes zusammengeschmolzen ist, nämlich der unterirdische Zeus mit dem olympischen Zeus oder dem Helios. – Persephone wurde von der Kunst entweder als die strenge Gemahlin des Hades dargestellt, der Hera ähnlich, nur ernster und düsterer, oder als die jugendlich zarte Tochter der Demeter, oder als die mystische Braut des Iakchos, mit einem Efeukranze, mit Fackeln, mit Zepter und der mystischen Kiste.

12. Chanatos und Hypnos

(Tod und Schlaf)

Außer den Todesgöttern Hades und Persephone hatten die Griechen noch eine besondere Personifikation des Todes, den Daimon *Thanatos* (lat. *Mors*). In der Geschichte des Sisyphos wird erzählt, er habe den ihm von Zeus zugesandten Tod gefesselt, so daß lange kein Mensch mehr starb. In des Euripides »Alkestis« tritt Thanatos auf in schwarzem Gewande und mit schwarzen Flügeln, ein finsterer Opferpriester der Unterwelt mit dem Svhwerte in der Hand, mit dem er denen, die den Unterirdischen als Opfer geweiht sind, eine Locke vom Haupte schneidet, um sie alsdann ins Schattenreich hinabzuführen, ein Daimon, feindlich den Menschen, verhaßt den Göttern. Auch die für ihren Gemahl freiwillig sterbende Alkestis wollte er eben hinabziehen, da ergriff ihn am Grabeshügel Herakles und entriß ihm seine Beute wieder. – Schon bei den ältesten Dichtern, Homer und Hesiod, finden wir die Vorstellung von dem Zwillingspaare *Thanatos* und *Hypnos*, »Tod« und »Schlaf«. Zeus läßt bei Homer seinen vor Troia gefallenen Sohn Sarpedon den Zwillingen übergeben, daß sie ihn schnell in sein Heimatland Lykien tragen, wo seine Verwandten ihn nach Gebühr bestatten sollen. Bei Hesiod heißen sie die Söhne der Nacht, mit der sie in der Tiefe der Unterwelt wohnen. Die Mutter führt in Dunkel gehüllt den Schlaf allnächtlich herauf auf die Oberwelt, da wandelt er umher auf der Erde und über das weite Meer, sanft und freundlich den Menschen; dem Tode aber starrt erbarmungslos das eiserne Herz in der Brust, und wen er erfaßt von den Menschen, den hält er fest, ein Entsetzen sogar den unsterblichen Göttern. So schrecklich aber auch der nachtumhüllte lebenvernichtende Thanatos erscheint, so trägt doch die Verbindung mit seinem Bruder, dem lieblichen Schlafe, dazu bei, das Furchtbare in seiner Vorstellung zu mildern; der Tod wird dem Schlafe gleichartig gedacht, nur ist er ein Schlaf, aus dem man nimmer erwacht. Auf dem Kasten des Kypselos, einer mit Figuren gezierten hölzernen Lade, welche die Kypseliden, die Tyrannen von Korinth, nach Olympia geweiht hatten, waren die beiden Zwillinge abgebildet als Knäblein in den Armen der Mutter Nacht; in dem rechten Arme hielt sie einen weißen schlummernden, in dem linken einen schwarzen Knaben, einem Schlummernden ähnlich. Die spätere Kunst bildete den Tod entweder dem Schlafe als seinem Zwillingsbruder gleich, oder man unterschied ihn als einen ernsten bärtigen Mann von Hypnos, der als lieblicher weicher Jüngling dargestellt ist. Schließlich, in alexandrinischer Zeit, erscheint Thanatos als schöner Knabe oder Jüngling, dem Eros ähnlich, bisweilen an eine Kypresse gelehnt, mit gesenkter oder gelöschter Fackel.

Hypnos (lat. *Somnus*) wurde als lieblicher Knabe oder Jüngling, in späterer Zeit auch als Greis dargestellt. Beiderlei Gestalten sind meist am Haupte oder an den Schultern geflügelt und tragen als Attribute Mohnzweige und ein Schlummerhorn, aus dem sie den Schlaf auf die Menschen niedergießen; auch führt der Gott einen einschläfernden Stab, mit dem er die Schläfen der Menschen berührt. Hypnos ist wie Thanatos ein mächtiger Gott, ein Allbesieger, der nicht bloß die Menschen, sondern auch die Götter und selbst den Zeus vermag. Homer erzählt, wie ihn einst Hera aufsuchte und freundlich bat, er möge das leuchtende Auge des Zeus einschläfern, damit, während der Gott schlummere, Poseidon den vor Troia bedrängten Griechen beistehen könne. Sie versprach ihm zum Lohne einen goldenen Sessel und einen Schemel, daß er sich behaglich beim Mahle die Füße ausruhen könne. Aber der Gott des Schlafes fand Bedenken. »Jeden der andern Götter«, sprach er, »möchte ich wohl einschläfern, aber dem gewaltigen Donnerer Zeus wage ich nicht mehr zu nahen und ihn in Schlummer zu versenken, wenn er nicht selbst es will. Oder gedenkst du nicht mehr jenes Tages, da Herakles von Ilion heimfuhr, das er zerstört, und ich dir zuliebe dem Zeus die Sinne betäubte? Währenddes schicktest du brausende Stürme über den verhaßten Zeussohn Herakles, daß er nach Kos verschlagen ward, weit von der Heimat. Da erwachte Zeus, und im Zorne schleuderte er die Götter im Saale umher und suchte nach mir, und er hätte vernichtend mich ins Meer gestürzt, hätte nicht die Nacht, die Bändigerin der Götter und Menschen, mich gerettet; zu ihr floh ich, und so sehr Zeus auch tobte, er hielt sich zurück, denn er scheute sich, die schnelle Nacht zu betrüben. Und jetzt verlangst du wieder heilloses Werk von mir?« Aber Hera wußte ihm seine Bedenken zu benehmen und versprach ihm zum Lohne die Pasithea, eine der jüngeren Chariten, als Gattin. Nun eilten beide zum Ida, wo Zeus weilte, und nachdem Hypnos eine Zeitlang sich in Gestalt eines Raubvogels in den Zweigen der höchsten Tanne versteckt gehalten, wiegte er den Zeus in süßen Schlummer ein.

Die *Träume* heißen bei Ovid und anderen Söhne des Schlafes und der Erde, bei Hesiod Söhne der Nacht, Brüder des Todes und des Schlafes. Nach Homer wohnen sie im fernen Westen am Okeanos, am Eingange zum Totenreiche, wo auch die Nacht wohnt mit Thanatos und Hypnos; weiter heißt es bei Homer, die Wohnung der Träume habe zwei Pforten, eine von Elfenbein, die andere von Horn, und durch die erste kämen die täuschenden, aus der hörnernen die wahren Träume.

13. Keres

Für die Beurteilung nicht nur der griechischen, sondern auch vieler anderer Religionen hochwichtig ist die Erkenntnis, daß sich viele Völker die *Seelen der Verstorbenen* als böse Daimonen gedacht haben. Von diesen glaubte man, daß sie, besonders bei Nacht, auf der Erde umhertobten – die wilde Jagd der deutschen Sage ist nichts anderes als ein stürmisches Umherziehen schädlicher Seelen –, und daß sie dabei über die Menschen Mißwachs, Seuchen und andere Not brächten; ferner sollten sie Kinder rauben, sich auf die Schlafenden setzen, um ihr Blut zu trinken, ja sogar die noch Lebenden töten. Solche Seelen hatten beim griechischen Volke Namen verschiedener Art, wie *Keren, Sirenen, Harpyien, Empusa, Lamia* u. a. In späterer Zeit ist die Bedeutung dieser Wesen als Seele nicht immer klar geblieben. Ziemlich deutlich sieht man noch die verderbliche Natur bei der *Empusa*, einem Popanz mit Eselsfüßen, der Menschen frißt, und den *Lamien*, die in Gestalt schöner Frauen schönen Jünglingen Blut und Kraft aussaugen und ihr Fleisch verzehren. Andere von ihnen, wie die aus der Odyssee bekannten *Sirenen*, haben in der Sage ihre Natur völlig verändert, so daß man sie lange fälschlich für Meeresgöttinnen gehalten hat. Die *Keren* aber haben schon bei Homer die Wandlung durchgemacht, daß das Wort *ker* manchmal einfach Tod, gewaltsamen Tod, namentlich den auf dem Schlachtfelde, bedeutet, der Plural aber die mannigfachen Todesarten.

Die Keren sind Töchter der Nacht, finstere unglückselige Gottheiten, die plötzlich und unentrinnbar dem Menschen nahen und ihn in das freudenlose Haus des Hades führen. Bei Homer tobt *Ker*, die Verderbliche, mit *Eris* und *Kydoimos* (Zwietracht und Getümmel) in der Schlacht umher, und das Gewand flattert ihr um die Schultern, rot von Männerblut; hier ergreift sie einen eben Verwundeten, der noch lebt, da einen Unverwundeten, dort wieder schleppt sie einen Toten an den Füßen fort; gleich sterblichen Menschen treiben sich die Göttinnen umher und kämpfen und entreißen sich die Leichen der Gefallenen. In ähnlicher Furchtbarkeit erscheinen die Keren bei Hesiod auf dem Schlachtfelde; von düsterer Farbe, mit den weißen Zähnen knirschend, furchtbaren Blicks, blutig und schrecklich, kämpfen sie um die sinkenden Streiter, begierig ihr schwarzes Blut zu trinken. Sie schlagen ihre langen Krallen in die Verwundeten, die daliegen oder eben fallen, und saugen ihr Blut, und wenn sie sich gelabt, werfen sie die Leichen hinter sich, um sich von neuem in das Kampfgetümmel zu stürzen. Gerade dieses Bluttrinken ist aber ein Kennzeichen, das auf die Deutung der Keres als Seelen hinweist. Man hatte beobachtet, daß mit dem Verluste des Blutes das Leben aufhört, und sah daher im Blute den Sitz der Lebenskraft, der Seele. Nun folgerte man weiter, daß eine Seele ohne Körper, also ohne Blut, kein richtiges Leben führen könne, und stellte sich deswegen die Seelen als blutgierig vor. Diese Eigenschaft findet sich bei den Sirenen, die die Schiffer anlocken, um ihr Blut zu trinken; und Odysseus muß, um die Seelen in der Unterwelt aus ihrem Halbtode zu erwekken und sie zum Reden zu bringen, ihnen Blut geben. – Infolge dieser furchtbaren Eigenschaften werden die Keren, die Hunde des Hades, wie ein Dichter sie nennt, geeignet zur Bezeichnung alles Schrecklichen und Vernichtenden; auch die Erinyen werden so genannt, und wie diese werden öfter die Keren als Rachegöttinnen aufgefaßt, die unbarmherzig strafen.

14. Erinyen (Furien)

Im vorigen Kapitel ist gesagt, daß die Vorstellung von den schädlichen Seelen sich im einzelnen oft gewandelt hat. Zu solchen Seelen gehörten wohl ursprünglich auch die Erinyen; aber auch sie sind nicht mehr ohne weiteres als solche kenntlich, sondern sie sind vielmehr göttliche Wesen geworden, die im Dienste der Unterwelt stehen. Möglich ist übrigens auch, daß sie von Anfang an Dienerinnen der Unterwelt waren und nur in ihrer schädlichen Wirkung den Seelen gleichen; wir können für diese in die älteste Zeit hinaufgehenden Vorstellungen nichts ganz Sicheres behaupten. Ihr Name wird am passendsten – so schön von alten griechischen Gelehrten – als die »Zürnenden« gedeutet; sie sind die *Göttinnen* des zürnenden Fluchs und der *rächenden Strafe*. Wenn heilige Rechte im Menschenleben verletzt werden und der tief Gekränkte in schmerzlichem Unwillen und im Gefühle der angetanen Schmach in Verwünschungen und Flüche ausbricht, dann erheben sich die furchtbaren Göttinnen aus der Tiefe der Erde, gleichsam die verkörperten Flüche, und züchtigen den Frevler durch schweres Unheil. Namentlich machen sie sich auf zum Rachewerk, durch Nacht und Dunkel wandelnd, wenn Eltern von ihren Kindern oder wenn der ältere Bruder, dem nach dem Familienrechte ähnliche Ehren wie den Eltern gebühren, von den jüngeren Geschwistern gekränkt werden; ebenso, wenn dem Gastfreunde, dem Schutzflehenden, dem Flüchtlinge, dem Bettler ihr Recht nicht gewährt wird; denn sie haben auf Erbarmen und schützende Aufnahme Anspruch. Bei Homer ist ihre Bedeutung schon so erweitert, daß sie auch strafende Rächerinnen des Meineides und jedes anderen Frevels sind, und weiter treten sie noch als *unheilbringende Schicksalsgöttinnen* auf, die mit Zeus und den Moiren den Menschen zu verderblicher Tat verblenden. In mancher Beziehung haben sie mit Nemesis gleiches Amt, auch darin, daß sie über der Aufrechterhaltung der einmal gegründeten Weltordnung wachen. Als z. B. Achilleus in die Schlacht auszog, um an Hektor den Tod seines Freundes Patroklos zu rächen, und sein Roß Xanthos ihm selbst mit menschlicher Stimme den baldigen Tod weissagte, da schlossen die Erinyen den Mund des Tieres, daß es nicht gegen die Gesetze der Natur weitersprach.

Jedoch sind bei Homer die Erinyen noch nicht bestimmter individualisiert; bald spricht er von einer, bald von mehreren Erinyen, und auch über ihre Namen und ihre Abstammung findet man nichts bei ihm. Auch Hesiod nennt ihre Zahl und ihre Namen nicht; er läßt sie entstehen bei der ersten blutigen Freveltat, die in der Welt begangen ward. Als nämlich Kronos vatermörderisch den Uranos verstümmelte, erwuchsen die Erinyen aus den Blutstropfen, die von Uranos niederfielen auf die Erde, und zugleich kam alles Verderben in die Welt. Bei Aishylos sind die Töchter der *Nyx* (Nacht), bei Sophokles des *Skotos* (der Finsternis) und der *Ge* (Erde). In den »Eumeniden« des Aischylos treten sie als ein ganzer Chor auf, später erscheinen sie in Athen in der Dreizahl, noch später finden sich ihre Einzelnamen: *Alekto* (die nie Rastende, die unermüdliche Verfolgerin), *Teisiphone* (lateinisch *Tisiphone*, die Rächerin des Mordes) und *Megaira* (die feindliche).

Bei den Tragikern haben die Erinyen im ganzen dieselbe Bedeutung, wie bei den früheren Dichtern; sie sind einerseits strafende und verderbliche Wesen, die den Sünder auf alle Weise heimsuchen, durch Ausstoßung aus der menschlichen Gesellschaft, durch äußeres Mißgeschick und die Qualen des Gewissens, und selbst in der Unterwelt lassen sie ihn nicht los; doch wer sich rein und unsträflich hält, über den haben sie keine Gewalt. Andererseits besteht auch noch die Vorstellung von den Erinyen als *Unheilstifterinnen*, und diese wird so weit ausgedehnt, daß selbst Verderben bringende Frauen, wie *Helena* und

Medeia, den Namen Erinys erhalten. – Besonders aber treten die Erinyen bei den Tragikern als *Rächerinnen der Blutschuld* auf, des Vater- und Muttermordes, des blutigen Frevels an den durch die Natur geheiligten Rechten der Familie. Sie sind grausige uralte Wesen des unterirdischen Tartaros, greise scheußliche Jungfrauen, denen kein Gott in Freundschaft naht und kein Mensch. Wie nach einem notwendigen Naturgesetze treffen sie den, der durch Mord gefrevelt, ohne Rücksicht auf die besonderen Umstände der Tat, ohne Ansehen der Person und der Verhältnisse. Wer Blut vergießt, des Blut soll wieder vergossen werden; dieses Urgesetz zu vollziehen, ist ihr Ehrenamt. Mit scharfem Blicke spüren sie sogleich das Verbrechen auf, und wie Jägerinnen, wie blutgierige Hunde verfolgen sie ihr Wild über die Erde hin und über das Meer und lassen es nicht los, bis sie sein Blut geschlürft; mag der Verbrecher auch noch so hoch wandeln, sie fällen ihn, flieht er auch noch so schnell, sie erhaschen ihn, sie umkreisen ihn, schlingen um ihn den bannenden Reigen und singen ihm den schauerlichen Bindegesang, der den Geist mit Entsetzen erfüllt und in Wahn und Verwirrung stürzt. So heften sie sich an die Sohlen des *Orestes,* des Muttermörders, ohne Rücksicht darauf, daß Apollon selbst ihn die Tat geheißen, daß er mit dieser eine unvermeidliche heilige Pflicht gegen den Vater geübt hat. Sie jagen ihn, als die Rachegeister der erschlagenen Mutter, sinnverwirrend von Land zu Land, bis er in Athen auf dem Areopag Rettung findet. Dort nehmen sich seiner gegen die uralten Dienerinnen des strengen, Blut um Blut fordernden Gesetzes, die kein Erbarmen und keine Versöhnung kennen, Apollon und Athena an; sie wollen auch dem blutigen Verbrechen in billiger Erwägung der Schuld Sühne und verzeihende Gnade zu teil werden lassen. Die besiegten Erinyen zürnten zwar ob der ihnen angetanen Schmach und drohen, das attische Land durch Mißwachs und Seuchen und jegliches Unheil heimzusuchen, doch weiß Athena sie zu begütigen, indem sie ihnen fromme Verehrung im Lande verspricht. Durch den Kult aber werden sie aus »Zürnenden« zu *Eumeniden,* »Wohlwollenden«; als solche wohnen sie in Athen in der Grotte des Areopags, heilbringende Gottheiten, die dem Erdreich und den Tieren Fruchtbarkeit und den Menschen Segen gewähren. – Auch *Oidipus,* der unglückliche thebanische König, der den Vater erschlagen und in Blutschande mit der Mutter gelebt, wurde von den furchtbaren Göttinnen sein Leben lang verfolgt, obgleich er die Verbrechen ohne Willen und Wissen verübt hatte. Doch auch ihm wurde am Ende seines Lebens auf dem attischen Hügel Kolonos im Haine der Eumeniden Verzeihung zu teil; die versöhnten Göttinnen entrücken ihn in Gnaden der Erde, und er stieg in wunderbarer Weise durch einen Erdschlund zu ihrem Sitze in die Tiefe hinab.

In Attika wurden die Erinyen an den beiden genannten Orten, auf dem *Areopag* und auf dem *Kolonos,* mit großer Scheu und Ehrfurcht und mit einfachen weinlosen Trankopfern, einem Honigtrank mit Wasser gemischt, verehrt. Zwar galten sie als die Versöhnten, die sich dem Guten und Reuevollen gnädig und huldreich erwiesen, doch fürchtete man stets ihren Zorn; denn wenn sie durch Verbrechen gereizt wurden, so machten sie sich zu erbarmungsloser Verfolgung auf. Den schlimm klingenden Namen Erinyen vermied man und nannte sie gewöhnlich *Semnai,* die »Ehrwürdigen«, oder auch *Eumeniden.* Diese Bezeichnung ist in Athen vielleicht erst durch die Dichtung des Aischylos eingeführt worden; heimisch war sie ursprünglich in Sikyon, wo wie an manchen andern Orten der Peloponnes die Göttinnen von alter Zeit her verehrt wurden. Auch in der Peloponnes nahm man eine Umwandlung der Erinyen in Eumeniden an und knüpfte diese immer an die Geschichte des Orestes. So erzählte man in Parhasia, einer Landschaft Arkadiens, Orestes habe dort nach seiner blutigen Tat die Zeit seiner Verbannung zugebracht und sei von den *Manien,* den »rasenden und rasend machenden Göttinnen«, d. i. den Erinyen, in Wahnsinn versetzt worden, so daß er sich einen Finger abbiß. Nicht weit von dem Orte, wo dies geschehen, dem Heiligtume der Manien, lag »der Ort der Heilung« mit einem Heiligtume der Eumeniden; hier sollen sie dem Orestes weiß erschienen sein als die Versöhnten, während sie ihn früher als die *schwarzen* Erinyen verfolgt hatten. – In der spätgriechischen und römischen Zeit drängte man die Erinyen immer mehr in die Unterwelt hinab, wo sie als furchtbare Rächerinnen, als Straf- und Plagegeister in der Umgebung und im Dienste des Pluton und der Persephone hausen; nur zuweilen kommen sie auf die Oberwelt, um einem Menschen Mordgedanken oder Wahnsinn einzuflößen.

Aischylos, der in seinen »Eumeniden« die Göttinnen als Chor auftreten ließ, hat zuerst ihr äußeres Aussehen festgestellt. Nach dem Vorbilde der Gorgonen und Harpyien führte er sie als grauenvolle Unholdinnen vor in langen schwarzen Gewändern mit blutrotem Gürtel, als alte scheußliche Frauengestalten mit Schlangenhaaren, blutigen triefenden Augen, hervorhängender Zunge, gefletschten Zähnen, geiferndem Munde; wie Jagdhunde bellen sie im Schlafe, sie lecken Blut aus den Leichnamen. Später stellte man sie als schnelle geflügelte jungfräuliche Jägerinnen dar, die Fackeln und Schlangen in den Händen tragen, mit Schlangen im Haar, mit schrecklichem Blick, jedoch oft ohne abschreckende Gesichtszüge. Die Semnai und Eumeniden aber wurden als ehrwürdige, ernste Frauen dargestellt.

15. Hekate

Hekate ist wohl keine rein griechische Gottheit. Freilich scheint ihr Name, der die »fernhin Wirkende« bedeutet, echt griechisch zu sein. Aber einmal kommt sie bei Homer noch gar nicht vor, und zweitens liegen – was wichtiger ist – ihre Hauptkultstätten meist in Kleinasien. So darf man vielleicht annehmen, daß sie eine alte kleinasiatische Landesgottheit war, in der eine griechische Göttin durch Vermischung aufgegangen ist. Für die Verbreitung des Hekatedienstes in Griechenland haben wohl besonders die Orphiker gewirkt, bei denen wir überhaupt oft Verbindungen heimischer Gottheiten mit fremden finden. Ursprünglich war Hekate wohl eine *Mondgöttin*. Aus Hesiod ersehen wir aber, daß sie bei den nachhomerischen Griechen als eine in allen Reichen der Natur, im Himmel, auf der Erde, im Meere und in der Unterwelt mächtig wirkende Gottheit angesehen wurde. Hoch verehrt von Zeus und allen Göttern, gewährte sie den Menschen vielfachen Segen, Weisheit in der Volksversammlung und auf dem Richterstuhle, Glück und Sieg im Kriege und in den Wettkämpfen, günstige Seefahrt und beutereiche Jagd, Reichtum der Herden und den Segen blühender Kinder. Zu Eltern gab man ihr den *Perses* oder *Persaios* und die *Asterie*, den »Sternenhimmel«; doch finden sich über ihre Abstammung noch verschiedene andere Angaben. Auch wurde sie nach orphischer Weise mit manchen andern ähnlichen Gottheiten vermengt, wie mit Artemis, die auch (von alters her?) den Beinamen Hekate, die »Fernhintreffende«, hatte, später besonders mit den mystischen Göttinnen Demeter, Persephone, Rhea Kybele. Sie wurde in den Mysterien der Demeter und Persephone mit diesen eng verbunden als Gesellschafterin beider und als Tochter der Demeter und hatte selbst an manchen Orten ihren eigenen Geheimkult, wie zu Aigina.

Dreigestaltige Hekate

Durch ihre Verbindung mit Persephone wurde dann Hekate zu einer vorzugsweise *unterirdischen* Göttin, die nun nicht mehr gütig ist, wie sie Hesiod schilderte, sondern die mächtig und furchtbar unter den Schatten herrscht. Der Grund zu diesem Wechsel der Anschauung lag vielleicht auch darin, daß ja das fahle Licht des Mondes dem Menschen oft unheimlich und schreckhaft ist. Die unterirdische Göttin hat ein düsteres, *gespenstisches Wesen;* sie schickt nächtliche Spukgestalten aus der Unterwelt herauf den Menschen zum Schreck und zum Verderben, wie die Empusa und die Lamien, oder sie selbst kommt aus der Tiefe herauf und schwärmt, begleitet von stygischen Hunden, mit den Seelen der Verstorbenen und allerlei schreckhaften Daimonen in unheimlich nächtlicher Stunde auf den einsamen Straßen und auf den Gräbern umher, die gewöhnlich an den Straßen lagen. Besonders oft wird sie *Trivia* genannt, d.i. Göttin der Dreiwege; denn an den Dreiwegen, d.h. da, wo ein Weg sich in zwei gabelt, vermutete man besonders ihre Wirksamkeit. Man glaubt, daß die Griechen und andere alte Völker (auch die Germanen) sich die Dreiwege deshalb als ganz besonders schrecklich und spukhaft vorstellten, weil ja hauptsächlich an ihnen den nächtlichen Wanderer Ratlosigkeit und Unsicherheit befällt. Wenn man Geister aus der Tiefe heraufbeschwören wollte, dann rief man unter allerlei magischen Beschwörungsformeln Hekate, die große Beherrscherin der Geister, an; die Nähe der schrecklichen Göttin verkündeten die erschrockenen Hunde mit Winseln und Geheul.

Hekate ist ferner die *Göttin alles Zaubers* und die Patronin der Zauberer und Zauberinnen, die in stillen Mondnächten die durch das Mondlicht der Hekate mit Zauber erfüllten Kräuter im Gebirge aufsuchen und durch ihre Gunst und Hilfe ihren Zauber üben. Die großen Zauberinnen des Altertums, wie *Kirke* und *Medeia,* haben von Hekate ihre Kunst gelernt und heißen ihre Dienerinnen; in ihrem Namen führen sie Wolken und Winde herbei und vertreiben sie, sie regen das Meer auf und hemmen die Flüsse in ihrem Laufe, Berge und Felsen erschüttern sie und ziehen den Mond vom Himmel herab; sie zwingen durch ihre Zauberkünste die Herzen zur Liebe, verwandeln Menschen in allerlei Gestalten, verjüngen das Alter, beleben aufs neue die Toten und dergl. All der schlimme Wust des Aberglaubens der späten griechischen und römischen Zeit fand seine Trägerin in Hekate.

Die Kunstdarstellungen der Hekate zeigen zwei Typen. Entweder wird die Göttin eingestaltig dargestellt; diese Auffassung ist die älteste und findet sich das ganze Altertum hindurch. Daneben steht eine zweite, der späteren Kunst eigentümliche: Hekate ist dreigestaltig, d.h. sie ist dreileibig und dreiköpfig, oder, wenn einleibig, wenigstens dreiköpfig. Für diese sonderbare Form gibt es drei Erklärungen. Am wahrscheinlichsten ist man durch die drei Erscheinungen des Mondes auf diese Auffassung gekommen, diese werden durch solche Statuen veranschaulicht, da man bei ihrer Betrachtung in den drei Köpfen stets »links eine dem Gesichte des zunehmenden Mondes entsprechende Profilstellung, gerade vor sich eine dem Vollmond ähnliche Enfacestellung, rechts das Profil des abnehmenden Mondes hat«. Andere Erklärungen der Dreiform könnten die sein, daß man sie für Hekate als Göttin der Dreiwege, oder als Herrscherin in den drei Reichen des Himmels, der Erde und der Unterwelt wählte. Die letzte Auffassung ist im Altertum am verbreitetsten, aber am wenigsten wahrscheinlich. Als Mondgöttin und als mystische Gottheit trug Hekate Fackeln in den Händen und bisweilen auch einen Halbmond über der Stirne, als unterirdische Göttin einen Schlüssel in der Hand. Späte orphische Dichter geben ihr einen Pferde-, einen Hunde- und einen Löwenkopf. An ihren Lieblingsplätzen, den Dreiwegen, sowie auch vor und in den Häusern richtete man ihre Bilder, Hekataia, auf, ähnlich wie dem Hermes die Hermen, damit sie das Haus und den Wanderer vor Unglück beschütze. An den Dreiwegen stellte man ihr auch als einer Unheil zu- und abwendenden Gottheit am Morgen des neuen Mondes (dies ebenfalls eine Erinnerung an die Mondgöttin) Speisen aus, Honigkuchen, Fische, Eier, Käse, die dann von armen Leuten verzehrt wurden. Geopfert wurden ihr Hunde, ferner wie den Erinyen und anderen unterirdischen Göttern Honig und schwarze weibliche Lämmer.

IV. Besondere Gottheiten der Römer

1. Janus

Janus war einer der vornehmsten Götter der Römer. Er wurde oft neben Juppiter genannt und hatte den ehrenden Beinamen Vater; in den Gesängen der Salier hieß er der Gott der Götter. Gelehrte des Altertums und der Neuzeit haben sich viele Mühe gegeben, sein ursprüngliches Wesen herauszufinden, und man hat mancherlei Deutungen aufgestellt; die wahrscheinlichste ist folgende. Die Römer hatten eine Menge Götter für die Gegenstände des täglichen Gebrauches, deren Namen denen dieser Gegenstände ähnlich oder gleich sind. So gab es eine Göttin *Vesta* (= Hestia; *hestia* heißt auf griechisch der Herd), eine *Cardea*, Göttin der Türangeln *(cardines)*, einen *Limentinus*, Gott der Schwellen *(limina)*, ja eine *Fornax*, Göttin des Backofens *(fornax)*. Danach würde *Janus* ein *Gott der Haustüren (ianuae)* und *Durchgänge (iani)* sein. Als solcher schützt er den Ein- und Ausgang und trägt, wie der Türhüter *(ianitor)* der römischen Häuser, einen Schlüssel und zur Abwehr unberufener Eindringlinge einen Stock in den Händen. Aus dieser seiner Tätigkeit sucht man auch die merkwürdige Form, in der er dargestellt wurde, zu erklären; man bildete ihn doppelköpfig, so daß er nach zwei Seiten hin blickte, wie ja auch die Türhüter des Hauses ihre Aufmerksamkeit nach zwei Seiten hin, auf die Hereinkommenden und auf die Herausgehenden, zu richten hatten.

Hieraus kann sich nun eine andere Bedeutung des Gottes insofern entwickeln, als die Vorstellung des Orts mit der der Zeit eng verwandt ist. Was das bedeuten soll, erläutern wir am besten an einem Beispiele. Die Wörter Eingang und Ausgang bedeuten zunächst etwas *Örtliches, die Stelle,* wo man aus- und

345

eingeht. Reden wir aber vom Eingang einer Feier, vom Ausgange des Jahres, so bedeuten die Wörter die *Zeit* des Beginnes und Schlusses. Ebenso ist es im Latein, und auf Grund dieser Übertragung wird nun der Gott des Eingangs der *aller Anfänge*.

Der Anfang des Jahres war ihm geheiligt wie der Beginn der Monate (die sogenannten *kalendae*) und der Tage. An jedem Morgen riefen ihn die Priester an als den Eröffner des Tages, als den Torhüter des Himmels, der die Pforten des Himmels öffnete und schloß; am ersten Tage des Monats erhielt er Opfer von Wein, Kuchen, Weihrauch u. a. Der erste Monat des Jahres war (und ist) nach ihm genannt und ihm besonders geweiht, und der erste Tag des Jahres war sein vorzüglichstes Fest. An diesem Tage enthielt man sich aller schlimmen Worte, man sprach nur Schönes und Gutes, das von glücklicher Vorbedeutung für das Jahr war, begrüßte sich wie heute noch mit Glückwünschen und beschenkte sich mit Süßigkeiten, zum Zeichen, daß das Jahr süß sein möge. – Dieser Gott des Anfangs ist nun deswegen für alle privaten und öffentlichen Verhältnisse sehr wichtig geworden, weil der Römer dem Anfange eine große Bedeutung beilegte und von einem guten oder schlimmen Beginne den glücklichen oder unglücklichen Fortgang einer Sache vornehmlich abhängig glaubte. »Alles liegt im Anfange«, sagt Janus selbst im Festkalender des Ovid; »auf den ersten Ton lauscht ihr mit ängstlichem Ohre, nur der erste Vogel, der sich zeigt, ist dem Augur bedeutungsvoll.« Darum rief man ihn beim Anfange jeder Arbeit und jeden Geschäfts an, beim Beginne der Saat und der Ernte, beim Antritte eines Amtes usw. In jedem Gebete und mit jeder frommen Spende wendete man sich zuerst an Janus, an den großen Götterfesten erhielt er die ersten Opfer und Gebete; denn er öffnete den Gebeten die Tore des Himmels. Weil Janus der Gott aller Zeitanfänge war, so dichtete man, er habe zu allererst vor Saturnus und Juppiter in Italien geherrscht und allen Göttern ihre Tempel gegründet.

Eine besonders feierliche Verehrung ward dem Janus bei der

Eröffnung eines Krieges zu teil, wenn die kriegerische Mannschaft durch die erschlossenen Tore ins Feld rückte. Der Gott hatte auf dem Forum ein, wie man sagte, schon von Numa gegründetes Heiligtum, das aus zwei durch Mauern oder Schranken verbundenen Torbögen bestand. War dieser »Tempel« des Janus' (so nannte man den Bau, obwohl es kein Tempel war) geöffnet, so bedeutete das, daß der Staat unter den Waffen stand, geschlossen aber zeigte er an, daß Friede war. Wenn daher ein Krieg beschlossen war, so öffnete der Consul in feierlicher Weise die Doppelpforten des Janustempels und ließ vielleicht sogar die gesamte bewaffnete Mannschaft hindurchmarschieren, und so lange der Krieg dauerte, blieben die Pforten offen, wie Ovid angibt, damit dem in den Krieg gezogenen Volke die Rückkehr offen stehe.

2. Vertumnus

Vertumnus ist der Bedeutung seines Namens nach der Gott der Wandlung, und zwar zunächst derjenigen, der die Früchte von der Blüte bis zu ihrer Reife unterworfen sind. Von ihm kommt die Blüte des Lenzes wie der Erntesegen des Sommers und des Herbstes; am meisten aber tritt die Beziehung zu der reifen Frucht bei ihm hervor. Er ist vorzugsweise der *Gott des* reifenden *Herbstes*, weshalb auch in dieser Jahreszeit, im Oktober, sein Fest, die *Vertumnalia*, gefeiert wurden. *Pomona*, die Göttin des Obstes, wurde ihm zur Gemahlin gegeben. Ovid erzählt in den Metamorphosen, wie Vertumnus um die Göttin freite. Die schöne jugendliche Pomona erweckte die Liebe aller Götter der Flur, doch spröde entzog sie sich allen Werbungen und hielt sich eingeschlossen in ihren Gärten, nur mit der Pflege der Bäume und ihrer Früchte beschäftigt. Auch Vertumnus suchte Eingang. Er verwandelte sich in allerlei Gestalten und erschien bald als Schnitter, bald als Mäher oder als Pflüger, dann als Winzer, als Gärtner, als Krieger und Fischer; doch ohne Erfolg. Endlich fand er Eingang in Gestalt eines alten Weibes, lobte die herrlichen Früchte und küßte die schöne Gärtnerin; dann benutzte er eine Ulme, an der sich eine traubenschwere Rebe hinaufrankte, zum Beweise, daß das Weib sich an den Mann anschließen müsse, um im Leben die rechte Stütze zu haben, und empfahl ihr den schönen Vertumnus zur Ehe. Da seine Vorstellungen vergebens waren, verwandelte er sich wieder in seine ursprüngliche jugendliche Gestalt und bezauberte in dieser die Göttin so, daß sie sich entschloß, seine Gemahlin zu werden. – Wie in dieser Fabel dem Gotte Vertumnus die Eigenschaft der Verwandlung selbst im höchsten Grade eigen ist, so führten die Römer jede Art von Wandlung und Wechsel auf seine Wirksamkeit zurück, den Wechsel der Jahreszeiten, die Wandelbarkeit des menschlichen Sinnes, den Austausch der Waren usw. – Man dachte ihn als schönen Jüngling mit einem Kranze von Ähren oder von grünem Laube auf dem Haupte, mit dem Füllhorn im Arme, dem griechischen Dionysos ähnlich; die Pomona hat die Gestalt einer Herbsthora.

3. Terminus

Terminus war der Gott der Grenze. Der Grenzstein, der unter seiner Hut stand, hatte eine ganz besondere Heiligkeit und wurde unter religiösen Zeremonien, die dem Terminus galten, gesetzt. Man zündete in einer Grube ein Feuer an und schlachtete darüber ein Opfertier, so daß das Blut in die Grube floß; dann wurden Früchte und Weihrauch hineingeworfen, Honig und Wein hineingegossen und zuletzt der bekränzte und gesalbte Grenzstein eingesetzt. Jährlich im Februar, nach dem alten römischen Kalender dem letzten Monate im Jahre, also an der Grenze des Jahres, feierte man das Fest der *Terminalia* zur Erinnerung an die Heiligkeit der Grenze. An diesem Tage kamen die Besitzer der aneinander stoßenden Felder an dem gemeinschaftlichen Grenzsteine zu einem ländlichen Feste zusammen. Sie bekränzten jeder auf seiner Seite den Grenzstein, errichteten aus aufgeschichtetem Holze einen Altar und opferten Korn und Honig und Wein in die Flamme; zuletzt schmauste man gemütlich zusammen. Auch der Staat feierte die Terminalia an der alten Grenze des Weichbildes der Stadt auf der Straße nach Laurentum zu zwischen dem 5. und 6. Meilensteine. Auf dem Capitol hatte der Grenzgott einen heiligen Stein in dem Tempel des Juppiter, zum Zeichen, daß der Terminus mit seinem Grenzsteine unter der Obhut des höchsten Gottes stehe. Man erzählte, als unter Tarquinius Superbus der Juppitertempel gegründet werden sollte, seien mehrere Heiligtümer von dem Platze, wo man den neuen Tempel bauen wollte, unter feierlichen Zeremonien an andere Orte versetzt worden; aber Terminus habe sich geweigert, seine Stelle zu verlassen, denn die Grenze darf nicht verrückt werden. Man schloß daher das Heiligtum des Gottes in den Juppitertempel ein, ließ aber über seinem heiligen Steine das Dach offen.

4. Silvanus

Silvanus ist seinem Namen nach der Waldgott. Er schirmt das
Wachstum und das Gedeihen der Bäume des Waldes und die
Herden, die bei den Alten gewöhnlich in die Wälder getrieben
wurden; aber auch das Gedeihen der Obstbäume und der
Früchte des Feldes hing von ihm ab. Er war also ein Gott der
Wälder, Fluren, Gärten und Herden, ein ländlicher Segensgott,
den der Landmann als seinen besonderen Schützer betrachtete.
Selbst das Haus des Bauern stand unter der Obhut des Silvanus. Man errichtete ihm gewöhnlich drei Standbilder, das eine
am Hause, das zweite in der Mitte der Flur und das dritte auf
der Grenze des Besitztums, die auch seiner Aussicht anvertraut
war. Im Herbste feierte man ihm ein Erntefest und opferte ihm
die Erstlinge der Baumfrüchte, Trauben und Ähren. Doch hatte
Silvanus auch eine furchtbare schreckhafte Seite als Bewohner
der wilden unkultivierten Waldesregion; die seltsamen Bilder
und gespenstigen Laute, die den Wanderer in dem Zwielichte
der Waldeseinsamkeit necken und schrecken, sind von ihm gesandt. Bisweilen läßt er bei Nacht seine furchtbare Stimme aus
dem Waldesdickicht ertönen, daß alles ringsum mit Entsetzen
erfüllt wird.

5. Faunus

Faunus, der »Günstige«, der »Gütige«, hatte fast dieselben Eigenschaften wie Silvanus. Er war auch ein Gott des Waldes und des Feldes und der in den Wäldern weidenden Herden, von denen er die räuberischen Wölfe fernhielt; deshalb hieß er auch *Lupercus*, der »Wolfsabwehrer«(?). Andererseits hatte auch er die Lust, die Menschen zu schrecken; diese trieb ihn sogar dazu, in ihre Wohnungen einzudringen, um sie als *Incubus* (Alpdrücken) im Schlafe zu ängstigen. Eine Eigenschaft hat er vor Silvanus voraus; er ist auch Weissagegott, der durch Träume, durch rätselhafte Stimmen und Rufe die Zukunft verkündete. Spätere Schriftsteller machten ihn zu einem Könige von Latium, einem Sohne des weissagenden Picus, Enkel des Saturnus, die auch beide für latinische Könige galten; sein Sohn soll König Latinus gewesen sein. – Dem Gotte Faunus feierten die Hirten und Landleute am 5. Dezember im Freien die *Faunalia*, ein heiteres ländliches Fest, an dem auch die Sklaven, die Gehilfen beim Landbau und der Wartung des Viehes, sich einer lustigen Freude überlassen durften. Unter dem Namen Lupercus feierte man ihm am 15. Februar die *Lupercalia* unter eigentümlichen Sühngebräuchen, deren Sinn uns im einzelnen nicht ganz klar ist; jedenfalls sollten dadurch Hirten und Herden entsühnt und Unsegen und Unfruchtbarkeit abgewendet werden. Man opferte Ziegen und Böcke und führte dann zwei Jünglinge herbei; deren Stirne berührte man mit dem blutigen Opfermesser, wischte aber das Blut sogleich mit Wolle wieder ab, die in Milch getaucht war, und die Jünglinge lachten danach laut auf. Nach dem Opfer und Opferschmause liefen die Priester, die Luperci hießen, nur mit einem aus den Fellen der Opfertiere geschnittenen Schurze bekleidet, in den Straßen umher und schlugen die ihnen Begegnenden mit Riemen, die aus denselben Fellen geschnitten waren. Dem Geschlagenen brachte das Segen. Wegen dieser Sühngebräuche heißt der Monat, in den das Fest fällt, *Februarius*, von *februare*, »reinigen«, »sühnen«. Das Fest soll bei den Römern von Romulus und Remus eingeführt worden sein, nach Latium aber, glaubte man, hatte es Euander gebracht, ein aus Arkadien vertriebener Einwanderer. Dieser nämlich sollte den Dienst des arkadischen Pan, der nachmals Faunus oder Inuus genannt worden sei, nach Italien verpflanzt haben. Die Römer haben Silvanus wie Faunus mit dem griechischen Pan identifiziert und auch nach dem Beispiele der Griechen Faune und Silvane in der Mehrzahl angenommen. – Dem Faunus stand ein gleichbedeutendes weibliches Wesen zur Seite, *Fauna* oder *Luperca*.

6. Penaten

Die *Penaten* waren die Hausgötter, welche die Einheit und den Bestand der Familie schützten. Mit ihrem Namen verbanden die Römer den Begriff des Innersten des Hauses und aller der Güter, die es enthielt. Ihre Bilder, meist aus Bronze, waren in dem innersten Raume des Hauses, in dem großen Saale, der gewöhnlich der Aufenthalt der Familie war und für den Mittelpunkt des Hauses galt, in der Nähe des Herdes aufgestellt; solche Bronzefigürchen sind noch heute zu Tausenden erhalten.

Der Herd mit seiner immer währenden Flamme war ihr heiliger Altar: da fanden die Mitglieder der Familie Schutz und Zuflucht vor Verfolgung, selbst die Obrigkeit mußte den Familienvater an dem Herde und den Penaten unangetastet lassen. Die Penaten nahmen an dem Geschicke der Familie, deren Schutzgötter sie von den Vätern her waren, beständigen Anteil und erhielten bei traurigen und freudigen Ereignissen der Familie ihre Opfergaben. Zahl und Geschlecht und Namen waren bei ihnen ganz unbestimmt; man rechnete unter sie die verschiedensten Götter, die als Schützer des Hauses und der Familie gelten konnten, wie Vesta, Juppiter, die Laren usw. – Auch

der Staat als eine große Familie hatte seine Penaten, die Staatspenaten, deren Bildnisse im Innersten des Vestatempels aufbewahrt waren; aber niemand bekam sie zu sehen. In späterer
Zeit wähnte man, die troischen Penaten und das Palladium von
Troia seien durch Aeneas nach Latium gebracht worden und
befänden sich in dem Vestatempel zu Lavinium oder zu Rom;
jedenfalls kam bei dem großen Forumsbrande unter Kaiser
Commodus aus dem Vestatempel in Rom ein Palladium ans
Licht.

7. Laren

Die *Laren* sind ebenfalls Haus- und Familiengötter und eng mit den Penaten verwandt, mit denen sie oft verwechselt werden. Sie unterscheiden sich von ihnen so, daß die Penaten nur vom Hausherrn oder der Hausfrau verehrt wurden, der *lar familiaris* dagegen von der ganzen *familia*, wozu ja auch die Sklaven gehörten. Ihre Bilder aus Bronze, mit Wachs blank poliert (sie sind ebenfalls in großer Menge erhalten), hatten wie die der Penaten ihren Standort an dem Herde in einem besonderen Schreine *(lararium)*; bei festlichen Gelegenheiten stellte man sie auch wohl auf den Herd. Sie galten als vergötterte Menschenseelen, als die Seelen früherer ausgezeichneter Familienväter des Geschlechtes, die nicht wie sonst die Seelen der Verstorbenen, die Manen, in die Unterwelt gegangen, sondern als Schützer der Familien auf der Oberwelt geblieben waren. Diese Auffassung, die auch Gelehrte des Altertums vertreten, ist aus mehreren Gründen sehr unwahrscheinlich; schon daß man den Lar mit einem Trinkhorn und einer Trinkschale und tanzend darstellte, spricht dagegen. Aber jedenfalls dachte man sich im Altertume die Laren in enger Verbindung mit den Ihrigen und ehrte sie auf das gewissenhafteste. Bei jeder Mahlzeit erhielten sie ihre Portionen auf kleinen Schüsseln vorgesetzt, bei jedem freudigen Familienereignisse opferte man ihnen, bei der Geburt eines Kindes, bei der Rückkehr eines Familiengliedes oder eines Freundes und an Geburtstagen. Wenn der Sohn des Hauses in das Jünglingsalter trat, weihte er die Bulla, ein Amulett, das er bisher als Kind um den Hals getragen, dem Lar; die Braut, die in das Haus einzog, begrüßte ihn beim Eintritt durch eine Spende. Am ersten Tage jedes Monats, den Kalendae, sowie an den Nonae und Idus, Tagen, die einen bestimmten Abschnitt des Monats bezeichnen, ferner an allen Festtagen opferte man ihm und legte ihm frische Kränze auf den Herd. Die Laren walteten übrigens nicht bloß innerhalb des Hauses schützend und fördernd über der Familie, sondern sie beschirmten deren Glieder auch auf der Reise zu Wasser und zu Lande und in den Gefahren des Krieges und überwachten den Feldbesitz.

Larenkapellchen aus Pompeii

Wie das einzelne Haus, so hatten auch ganze Straßen, Geschlechter, die ganze Stadt und der Staat eigene Laren. Die Verehrung dieser Laren müssen wir für ursprünglicher halten als die des *lar familiaris;* die Laren werden eigentlich alte *Ortsgötter* sein. Die Laren der Straßen hatten ihre Altäre und Kapellen an dem Zusammenstoß der Straßen und wurden kurz nach den Saturnalia im Anfang Januar durch ein besonderes Fest geehrt. Ihr Kult war am Ende der Republik verfallen, wurde aber von Augustus erneuert; die Verehrung der Hauslaren hat bis in die letzte Zeit des Heidentums bestanden.

Die Laren waren den Menschen freundlich gesinnt; *Larven (lar-uae)* dagegen und auch *Lemures* hießen die bösen Geister verstorbener Menschen, die die Toten und die Lebenden als umgehende schreckhafte Spukgestalten quälten; deswegen nennen wir ein Schreckbild eine Larve. Die Geister der Verstorbenen überhaupt heißen *Manen,* d.i. die Guten; sie wohnen unter der Erde, kommen aber bisweilen auf die Oberwelt.

8. Mithras

In die Besprechung der römischen Götter schalten wir die eines *persischen*, des Mithras, aus zwei Gründen ein. Einmal hat sich der Kultus dieser Gottheit in der römischen Kaiserzeit so verbreitet, daß man Mithras deswegen beinahe für einen römischen Gott ansehen kann. Zweitens aber bietet grade unser Vaterland besonders reichliche Reste des Mithraskultus, und wer im ehemaligen Römergebiet, am Rheine, Main, Neckar und am Limes den Römerresten nachgeht, findet überall zahlreiche Spuren seiner Verehrung; diese Gegenden haben für die Erforschung des Mithrasdienstes die wichtigsten Monumente geliefert. Abgesehen vom mythologischen Interesse ist das auch deswegen wichtig, weil es beweist, daß in dem riesigen Römerreiche ein Land wie Persien seinen Kultureinfluß bis an den Rhein ausdehnen konnte, – während doch heute, im »Zeitalter des Verkehrs«, diese Länder einander recht fern liegen. Und dieser Einfluß Persiens erstreckte sich in gleicher Weise auch auf den Norden von Britannien, auf die Länder an der Sahara, auf die an der Donaumündung!

Wir sind noch durchaus nicht über alle Teile des Mithraskultus genau unterrichtet. Die Schriftsteller des Altertums nämlich erzählen uns davon wenig, und wir sind mehr auf die Denkmäler angewiesen, die Ereignisse aus dem Leben des Mithras bildlich darstellen. Natürlich ist die Deutung eines Bildes schwer, wenn man die zugrunde liegende Sage nicht kennt, um so schwerer, als die Bilder meist aus der Zeit der sinkenden Kunst und aus den Grenzgebieten des römischen Reichs stammen, in denen die Kunst viel tiefer stand als gleichzeitig in Italien.

Aus solchen Bildern erfahren wir, daß Mithras – eine *Lichtgottheit* – aus einem Felsen geboren wurde, daß er durch einen

Bogenschuß gegen einen Felsen eine Quelle hervorsprudeln ließ, daß er mit dem Sonnengotte in Beziehung trat und auf dessen Wagen fuhr (Abb. oberste Reihe), und vor allem, daß er mit einem Stiere siegreich kämpfte. Diese Szene der Mithrassage muß sehr wichtig gewesen sein, denn sie ist außerordentlich oft dargestellt worden. Unsere Abbildung entstammt dem Relief eines Steines aus Heddernheim, einem Dorfe bei Frankfurt a. M., das den Namen des Kaisers Hadrian trägt. Andere Steine zeigen die vorhergehenden Szenen des Kampfes, der damit endet, daß Mithras dem Stiere das Messer in die Seite stößt; ein Hund und eine Schlange lecken das Blut des Tieres auf, dessen Schwanz in ein Ährenbündel ausgeht. Man deutet dies als eine Darstellung der Schöpfung von Pflanzen und Tieren auf der Erde, deren Entstehung nach der persischen Sage durch den Tod eines Stieres, des ersten aller Lebewesen, veranlaßt wurde; doch sind auch andere Erklärungen gegeben worden.

Nicht aber diese z. T. noch unklaren Sagen machen den Mithrasdienst für uns wichtig, sondern die Ähnlichkeiten, die er mit dem Christentume aufweist. Ein hervorragender Kenner des Mithrasdienstes sagt hierüber: »Wie die Christen, so lebten die Anhänger des persischen Gottes in eng verbundenen Gemeinschaften und gaben sich die Namen »Väter« und »Brüder«; wie jene hatten sie eine Taufe, eine Art Kommunion und Konfirmation; sie ... predigten Enthaltsamkeit, Keuschheit, Entsagung und Herrschaft über sich selbst, sie erzählten von einer Sintflut und glaubten an die Unsterblichkeit der Seele und an die Auferstehung der Toten, an einen Himmel der Seligen und an eine von bösen Mächten bewohnte Hölle.« Unter diesen Umständen gerieten Christentum und Mithrasdienst in einen heftigen Kampf, und die Christen hatten an den Mithrasverehrern stärkere Gegner zu überwinden als an denen, die noch an den alten Griechengöttern festhielten. Eine Zeitlang mag wohl die persische Mithrasreligion sogar die Siegerin im Kampfe gewesen sein, bis dann, vom vierten Jahrhundert an, die jüdisch-christliche Religion immer mehr als Alleinherrscherin durchdringt. Spuren aber des Mithrasdienstes findet man noch in viel späterer Zeit, sowohl in der Religionsgeschichte als in der Kunst: »Mithras, der mit dem Bogen gegen den Felsen schießt, wird zum Moses, der das Wasser aus dem Berge Horeb hervorquellen läßt; Sol, der Mithras über den Ozean entrückt, dient als Vorlage für die Himmelfahrt des Elias auf einem feurigen Wagen, und bis tief in das Mittelalter hinein erhielt sich der stiertötende Gott – dessen Darstellung in der Kunst übrigens nicht für Mithras erfunden, sondern auf diesen auch erst wieder übertragen ist, und zwar von einer stiertötenden Nike in Athen – in den Bildern Simsons, der den Löwen zerreißt.«

9. Der Kaiserkultus

Die Könige des alten Orients beherrschten zum Teil Reiche von einer Ausdehnung, daß ihnen gegenüber die modernen europäischen Staaten als kleine Ländchen bezeichnet werden müssen. Die Machtfülle dieser Herrscher wurde noch dadurch vermehrt, daß ihr Königtum absolut, d. h. nicht wie in unseren Staaten von den Beschlüssen eines Parlaments oder Reichstags abhängig war; der Wille des Herrschers war einfach Gesetz. Bei einer solchen Ausdehnung der Macht des Regenten lag der Gedanke nahe, diesem sogar göttliche Macht zuzuschreiben und ihn wie einen Gott zu verehren. Die Vergötterung der Herrscher war seit alter Zeit in Ägypten üblich, kam seit Alexander dem Großen von da nach Griechenland und gelangte später nach Rom, wo sie sich mit der Zeit immer mehr ausbreitete.

Die göttliche Verehrung der Herrscher beginnt schon unter Cäsar und Augustus. In ihren Resten wirkt sie bis auf unsere Tage. Wenn wir nämlich den siebenten und achten Monat des Jahres Juli und August nennen, so verwenden wir, statt der ursprünglichen Namen Quinctilis und Sextilis, die des *C. Julius Cäsar* und seines Sohnes *Cäsar Augustus.* Die Umnennung des Quinctilis und Sextilis aber weist darauf hin, daß Cäsar und Augustus göttlichen Rang erhalten hatten; denn die Namen einiger der anderen ersten Monate waren, nach der (zum Teil falschen) Auffassung der römischen Gelehrten, ebenfalls von Götternamen abgeleitet und nur die Namen neuer *Götter* konnten in den Kalender gesetzt werden.

Daß der Kaiserkultus wesentlich vom Orient eingedrungen ist, sehen wir daraus, daß anfänglich eine göttliche Verehrung der Kaiser in Rom verboten oder nur in beschränktem Maße erlaubt war, zu derselben Zeit aber in Asien durchaus gestattet wurde. In Rom wurden zunächst die Kaiser nach ihrem Tode unter die Götter versetzt; schon Augustus bezeichnete sich als *divi Iuli filius*, Sohn des vergötterten Julius. Hierbei wendet man also noch nicht das eigentliche Wort für Gott, *deus*, an; in griechischen Urkunden aber steht ganz wörtlich »der Herrscher Cäsar, *Gottes Sohn*, Augustus«. Domitian ließ sich zuerst, wenigstens in privaten Schriftstücken, direkt als *dominus et deus noster* (unser Herr und Gott) bezeichnen. Merkwürdig ist, daß selbst unter den christlichen Kaisern die Vergötterung beibehalten wurde. Auch die Kaiserinnen und andere Mitglieder des Herrscherhauses konnten vergöttert werden.

Die vergötterten Kaiser erhielten nach ihrem Tode oder schon bei Lebzeiten eigne Tempel, in denen besondere Priesterkollegien, wie die Augustales, den Kult ausübten. Attribute, wie die Strahlenkrone, bezeichneten den Kaiser als Gott; sein Palast, ja sogar seine kaiserliche Kasse werden heilig genannt (*hierótatos phìskos*, der heiligste Fiskus).

In der Zeit der Christenverfolgungen führte man die des Christentums Verdächtigen vor das Bild des Kaisers und hieß sie diesem Weihrauch und Wein opfern und Christus verfluchen; taten sie das, so ließ man sie unbehelligt; »denn man sagte, dazu lasse sich der wahre Christ in keiner Weise zwingen«.

10. Personifikationen

Von den zahlreichen Personifikationen der Römer nennen wir nur noch wenige.

1. *Concordia*, die *Eintracht* (bei den Griechen *Homonoia*), war in Rom eine politische Göttin, denn sie bezeichnete besonders die bürgerliche Eintracht; doch wurde sie wenigstens in späterer Zeit auch als eine Beschützerin ehelicher Eintracht verehrt. Sie hatte verschiedene Tempel in Rom; von dem auf dem Forum Romanum stehenden sind noch beträchtliche Reste erhalten. Ein Fest hatte sie am 16. Januar, ein anderes zusammen mit Pax, Salus und Janus am 30. März. Wir sehen sie noch auf Münzen abgebildet, als Matrone, bald sitzend, bald stehend, im linken Arme das Füllhorn, in der Rechten eine Schale oder Blume.

2. *Fides*, die *Treue* (bei den Griechen *Pistis*), wurde besonders mit Rücksicht auf das gewissenhafte Halten der Verträge und der Eide im römischen Staate seit alter Zeit verehrt; in ihrem Kultus beobachtete man einen altertümlichen Brauch. Am Feste der Fides fuhren nämlich ihre Priester auf zweispännigem überdecktem Wagen zu ihrem Tempel und verhüllten dann beim Opfer die Hände bis zu den Fingerspitzen zum Zeichen, daß man die Treue überdecken, d. i. schützen und daß die Hand, die ja den Handschlag leistet, heilig und rein bewahrt werden müsse. Ein Tempel der Fides stand auf dem Capitol in der Nähe des Juppiterheiligtums. Dargestellt wurde sie mit beschränktem Haupte und einem Fruchtkorbe oder Ähren in den Händen.

3. *Juventas* oder *Juventus, Jugend*, war gleich der griechischen *Hebe* die Personifikation der jugendlichen Mannschaft, auf deren Kraft die Erhaltung des Staates beruhte. Sie hatte mehrere Heiligtümer in Rom.

4. *Libertas*, die *Freiheit*, hatte auf dem Aventinus einen Tempel. Auf Münzen findet man sie dargestellt mit einer Mütze, dem Zeichen der Freiheit, in der einen, einem Zepter in der andern Hand; sie steht auf einem Zwei- oder Viergespann und wird von einer fliegenden Victoria bekränzt.

5. *Pax*, die *Friedensgöttin* (bei den Griechen *Eirene*), erhielt zur Zeit des Augustus zu Rom einen Altar, die *Ara Pacis*, der am 30. Januar des Jahres 9 v. Chr. geweiht wurde; man hat ihn jetzt in Rom nach den zahlreich erhaltenen Resten wieder aufgebaut. Man stellte Pax als jugendliches weibliches Wesen dar mit dem Füllhorn, dem Ölzweig, dem Hermesstab, mit Ähren in den Händen und auf dem Haupte.

6. *Pudicitia*, die *Schamhaftigkeit*, als *Aidos* auch bei den Griechen verehrt, war die schönste Tugend der Römerin, wie Virtus die Haupttugend des römischen Mannes. Sie wurde von den patrizischen Frauen als *Pudicitia Patricia* in einem besonderen Tempel verehrt. Als im Jahre 297 v. Chr. Virginia, aus patrizischem Geschlecht, von diesem Dienste durch die patrizischen Frauen ausgeschlossen wurde, weil sie sich mit einem Plebeier vermählt hatte, baute sie ein besonderes Heiligtum der *Pudicitia Plebeia* zum Dienste der plebeischen Frauen. Die Kunst hat die Pudicitia, namentlich auf den Münzen der Kaiserinnen, als eine sittig ins Gewand gehüllte Matrone dargestellt.

7. *Salus*, *Heil*, *Gesundheit*, bedeutete teils im allgemeinen Heil und Wohlfahrt, teils das Wohl des Staates, dann auch, gleich der griechischen *Hygieia*, die Gesundheit. Sie wird dargestellt wie Fortuna, mit dem Steuerruder, einen Globus zu ihren Füßen, oder sitzend, aus einer Schale eine Spende auf einen Altar ausgießend, an dem sich eine Schlange emporwindet.

8. *Spes*, die *Hoffnung*, hatte mehrere Tempel in Rom. Dargestellt wurde sie gewöhnlich als jugendliche, schlanke, leicht einherschreitende, bekleidete Gestalt, in der Rechten eine Blume, mit der Linken das Gewand tief fassend und etwas emporhebend. Der Anker ist kein antikes, sondern ein christliches Attribut der Hoffnung.

9. *Victoria*, die *Siegesgöttin*, der griechischen *Nike* entsprechend, hatte ebenfalls in Rom mehrere Heiligtümer. Sie wurde dargestellt als Jungfrau, der Athena oder Aphrodite ähnlich, mit Flügeln, Palme und Kranz, Trophäen errichtend oder die Taten des Siegers auf einen Schild eingrabend.

10. *Virtus* und *Honos*, kriegerische *Tapferkeit* und die ihr zu teil werdende Ehre. Marius errichtete beiden nach Besiegung der Cimbern und Teutonen aus dem Erlös der Beute einen gemeinschaftlichen Tempel; schon früher waren ihnen von dem Sohne des M. Claudius Marcellus nach dessen Siege bei Clastidium zwei Tempel geweiht worden. *Virtus* wird dargestellt als Jungfrau mit kurzer Tunica, einen Helm auf dem Kopfe, in der Linken eine Lanze, in der Rechten ein Schwert, zugleich den rechten Fuß auf einen Helm stellend. Ihre goldene Statue schmolzen die Römer ein, um den Gotenkönig Alarich bei seiner Belagerung der Stadt abzufinden – die Virtus schwand, als Rom nach Jahrhunderten zum ersten Male wieder vom Feinde bedroht wurde. *Honos* ist eine männliche bewaffnete Figur, den Speer in der Rechten, ein Füllhorn in der Linken.

11. *Roma*, die personifizierte und vergötterte Stadt Rom, erhielt zuerst bei den Griechen und besonders in Kleinasien ihre Verehrung und Tempel; ihr erster Tempel wurde 195 v. Chr. zu Smyrna gebaut. Zu Rom ward ihr zusammen mit Venus unter Hadrian ein prächtiger Tempel errichtet, von dem noch Reste erhalten sind. Eine griechische Ode auf Roma von der Dichterin Melinno, vielleicht gegen Ende der Republik gedichtet, preist sie, die Tochter des Ares, als erhabene, gewaltige, alles bezwingende Göttin, Mutter zahlreicher starker Söhne, die ihren stets unerschütterlichen Thron auf dem Capitolium hat. Auf asiatischen Münzen erscheint sie als eine personifizierte Tyche von Rom, mit einer Mauerkrone, der Lanze, mit einem Füllhorn und andern Attributen des Segens und Heils; auf römischen Münzen ist sie dargestellt als eine kriegerische Heroïne, ähnlich der Minerva oder einer Amazone.

Inhalt